Elizabeth Debold, Idelisse Malavé, Marie Wilson

Die Mutter-Tochter-Revolution

Vom Verrat zur Macht

Deutsch von Susanne Höbel
und Maja Überle-Pfaff

Rowohlt

Die Originalausgabe erschien 1993 unter dem Titel
«Mother Daughter Revolution: From Betrayal to Power»
bei Addison-Wesley Publishing Company; Reading, Massachusetts
Redaktion Ursula Locke-Groß

1. Auflage März 1994

Umschlaggestaltung Angela Dobrick
(Fotos Fred Dott)
Satz Sabon (Linotronic 500)
Gesamtherstellung Clausen & Bosse, Leck
Printed in Germany
ISBN 3 498 01290 8

Für unsere Mütter: Martha, Collie, Emma

Für Idelisses Kinder: Celeste und Gabriel

*Für Maries Kinder: Renée, Kirsten, Gene,
David und Martin*

(Und für Elizabeths zukünftige Kinder)

Inhalt

Einleitung

Elizabeth:

Der Sommer war in jenem Jahr so heiß, daß die geteerten Straßen in Pittsburgh Blasen warfen und meiner Mutter durch die Schuhsohlen hindurch die Füße verbrannten. Sie blieb zu Hause, sooft sie konnte. Während des letzten Drittels ihrer Schwangerschaft, in der sie mich, ihr erstes Kind, erwartete, nahm ihr die Hitze fast den Atem. Sie zog sich einen Stuhl unter die Dusche und saß unter dem Wasserstrahl, um sich abzukühlen. In einer Zeitschrift hatte sie gelesen, daß es einen Einfluß hätte, wenn die Mutter während der Schwangerschaft all das tue, wofür das Kind sich später einmal interessieren sollte. Also hörte sie klassische Musik und las; sie wollte, daß ihr Kind «die höheren Dinge des Lebens» schätzen lernte, zu denen sie so wenig Zugang gehabt hatte. (Bis heute ist sie überzeugt davon, daß es funktioniert hat.) Meine Mutter wollte einen Jungen.

Sie wußte, wie schwer es Mädchen im Leben hatten, besonders als älteste Tochter. Meine Mutter war als Tochter einer gescheiten und resoluten Arbeiterin aufgewachsen, die von ihrem Mann verprügelt wurde, und sie hatte ihre Jugend damit verbracht, in die Schule zu gehen, zu kochen, sich um ihren geistig behinderten Bruder zu kümmern und daneben noch hin und wieder Geld zu verdienen, während ihre Mutter arbeitete. Ihre Mutter glaubte, es sei ihr gutes Recht, einen Teil ihrer eigenen schweren Bürde auf die Tochter abzuwälzen. Sie stritten sich ununterbrochen.

Meine Mutter sehnte sich danach zu heiraten, zu Hause zu bleiben und Kinder zu haben. Sie glaubte den lockenden Versprechungen von romantischer Liebe und Ehe, mit denen in den fünfziger Jahren die Frauen geködert wurden. Der Märchenprinz meiner Mutter war ein großer, gutaussehender, intelligenter und charmanter Mann, dessen Gegenwart sie aufmunterte.

Sie sprachen darüber, wie anders ihr Leben und das ihrer Kinder einmal aussehen sollte. Sie heirateten, und zwei Jahre später war meine Mutter schwanger.

Sie bekam keinen Jungen. Sie bekam mich. Und sie gab sich selbst das Versprechen, daß ich als älteste Tochter nie so würde leben müssen wie sie in ihrer Jugend. Sie hat ihr Versprechen gehalten. Meine Mutter hatte den Mut, den Kreislauf von Generationen zu durchbrechen.

Statt das erträumte Familienleben genießen zu können, entdeckte sie, daß sie sich anstrengen mußte, um den Anschluß an den Mittelstand noch eben zu halten. Mein Vater verschwendete aus einem Kummer heraus, von dem er nie sprach, seine bemerkenswerten Begabungen damit, sich Möglichkeiten auszudenken, wie er seinen Pflichten (zu denen wir gehörten) entgehen konnte, und damit, sich für uns allerlei Quälereien und Demütigungen zu ersinnen. Und als wolle er uns trotz allem bei der Stange halten, war er auch immer wieder einmal geistreich und lustig und, wenn es ihm paßte, sogar liebevoll.

Meine Mutter blieb bei diesem Mann, weil sie keinen anderen Weg wußte, uns eine gute Ausbildung zu bieten. Obwohl sie eine außerordentlich talentierte Näherin, Köchin und Handwerkerin war – sie konnte alles Erdenkliche herstellen oder reparieren –, traute sie sich kein regelmäßiges Erwerbsleben zu und war nicht imstande, sich ein Leben ohne die Unterstützung meines Vaters vorzustellen. Sie opferte sich auf in der Ehe mit einem Mann, der es sich offenbar in den Kopf gesetzt hatte, sie zu erniedrigen und zu zerstören. Doch für mich fand sie Lehrer, die mich retteten, auch wenn sie sich selbst nicht retten konnte.

Henry Duda und Jan Mellinger bewahrten meinen Verstand und meine Seele vor der Zerstörung. Mr. Duda, den ich in der 6. Klasse als Lehrer hatte, gab mir das Gefühl, klug, witzig und beliebt zu sein. Einmal schnauzte er mich zornig an: «Weißt du, was mit dir passieren wird? Du wirst herausfinden, wie das mit Jungen läuft, und dann wirst du deinen Verstand ins Klo spülen.» Ich wußte nicht genau, was er meinte, aber seine finsteren Worte prägten sich mir tief ein. Sie klangen sehr bedrohlich, sehr real. Im nächsten Jahr brachte ich ihm mein Zeugnis, in dem ich fast nur Einsen hatte, nur damit er wußte, daß es mich noch nicht erwischt hatte.

In der 11. Klasse war es dann fast soweit. In Miss Mellingers Englisch-Unterricht brachte ich kaum noch ein Wort heraus, weil ich mich irgendwann zwischen der 6. und der 11. Klasse zum Schweigen verdammt hatte. Doch sie hörte meine Stimme, als wir einmal die verhaßte Hausaufgabe bekamen, ein Gedicht zu schreiben. Miss Mellinger bestärkte mich und gab mir die Erlaubnis, von Orten in mir zu sprechen, von denen ich nicht einmal mehr wußte, daß es sie gab.

Das Geschenk meiner Mutter – eine gute Ausbildung, für die sie sich geopfert hatte – empfinde ich als schwere Belastung. Sie wurde von meinem Vater betrogen und von einer Gesellschaft, die ihr das Gefühl vermittelte, ohne ihn hilflos zu sein; beides hatte zur Folge, daß wir uns zeitweise auch voneinander betrogen fühlten. «Ich weiß», sagte sie mir während eines schwierigen Gesprächs, «daß ich der Grund für deine Arbeit bin, mein Leben.»

Sie hat vollkommen recht. Meine Arbeit ist tatsächlich nur möglich auf Grund ihres Lebens, ihrer tapferen und aufreibenden Bemühungen, mir, meinen Brüdern und Schwestern etwas zu bieten, was sie nie hatte. Es war einer der bewegendsten Momente meines Lebens, als sie mir im Alter von zweiundsechzig Jahren sagte, sie werde nun endlich meinen Vater verlassen. Sie wollte den Rest ihres Lebens darauf verwenden herauszufinden, was *sie* glücklich machte. O ja, sie hat recht. Ich will nicht, daß eine weitere Generation von Müttern ebenso lange warten muß.

Marie:

«Mutter, ich schreibe ein Buch.»
«Worüber?»
«Mütter und Töchter.»
Schweigen.
«Mama?»
Schweigen.
«Was ist los?»
«Du weißt schon.»
«Du brauchst dir keine Sorgen zu machen.»

Meine Mutter hatte eine schwere Kindheit. Sie gehörte zur dritten von drei Generationen von Frauen, die ihre Kinder weggegeben hatten, weil sie zu arm waren, um sie selbst zu versorgen. Sie wurde von einer Pflegefamilie zur nächsten gereicht und zog mit den Familien während der Weltwirtschaftskrise von einem baufälligen Haus ins nächste. Sie war fleißig. Als Mädchen lief sie mit ihrem roten Handwägelchen durch die Nachbarschaft und sammelte Schmutzwäsche ein, die sie nach dem Waschen wieder ablieferte. Sie war erfinderisch. Sie schwört heute noch, daß sie als erste junge Angestellte bei Woolworth die Osterkörbchen mit Zellophan abdeckte. Und sie war und ist schön.

Sie wurde mit sexuellem Mißbrauch fertig, indem sie ihn ignorierte, und sie überlebte die Armut durch harte Arbeit. Alles weitere bewältigte sie mit Kreativität und gutem Aussehen. Während meiner Kindheit arbeitete sie in einem Zahnlabor (sie hat sich mit zweiundfünfzig eine neue Arbeit gesucht). Durch ihre Kindheit ist sie zäh und lebenstüchtig geworden. Da sie die gleichen Chancen nicht bekam, hat sie die Karrieren vieler erfolgreicher Männer gefördert.

Ihre chaotische Kindheit hat sie verbittert und zornig gemacht. Sie hat nie wirkliche Mutterliebe erfahren, und ich danke Gott, daß sie außer Haus arbeitete, denn ihre Wutanfälle waren gefürchtet. Doch was auch immer sie verbal oder handgreiflich von sich schleuderte – mich liebte sie über alles, das wußte ich. Und ich wußte immer, daß ihr Zorn seine Wurzeln in etwas hatte, das mit ihr und mir nichts zu tun hatte.

Sie lehrte mich, daß Schönheit wichtig war – hatte sie ihr nicht beim Überleben geholfen? Sie lehrte mich, daß Männer wichtig waren – sie hatte einen Vater für ihr Kind und konnte damit den Kreislauf von Generationen durchbrechen und mich bei sich behalten. Sie brachte mir bei, die perfekte Frau zu sein und niemals jemanden zu verletzen. Sie hatte weiß Gott genug Verletzungen gesehen. Sie lehrte mich all die Überlebensstrategien, die bei ihr zum Erfolg geführt hatten.

Als ich später, erwachsen geworden, eine Therapie begann, riet mir der Therapeut, der Tatsache ins Auge zu sehen, daß meine Mutter mich auf Grund ihrer Lebensgeschichte einfach nicht lieben könne. Ich nahm all seine hilfreichen Hinweise dankbar an und warf diesen einen über Bord.

Ich war Mitte Dreißig, als ich endlich zu meiner Mutter gehen und ihr helfen konnte, sich selbst eine bessere Freundin zu sein. Das rechnet sie mir noch heute hoch an.

Von ihr lernte ich, meinen Beruf ernst zu nehmen; ich lernte es, lange und ausdauernd zu arbeiten und mir für keine Tätigkeit zu schade zu sein. Für mich war sie die Personifizierung von «Brot und Rosen», weil sie mir die lebensspendende Energie von Schönheit und Ordnung vor Augen führte. Meine Mutter hätte ohne weiteres die Bergpredigt halten können: mit einem Laib Brot und einem Fisch Tausende zu füttern wäre für sie eine Kleinigkeit gewesen. Niemand konnte aus wenig so viel machen und dabei so elegant aussehen. Sie zeigte mir, wie man mit knappen Mitteln Schönheit schaffen und sich amüsieren kann. All ihre Werte und Fähigkeiten haben mich dreißig Jahre lang getragen – durch endlose Stunden der Mühsal, durchbrochen von kleinen Erfolgen, durch den mühsamen Umgang mit geringen Geldmitteln, aber ich habe auch getanzt. Die Zeiten ändern sich.

Sie hat mir viel gegeben. Nun bin ich eine Mutter von Töchtern, die mir viel beibringen. Wenn ich mir leid tue, weil ich hart sein und

Verletzungen einstecken muß, erinnern mich meine Töchter daran, daß ich mich von klein auf wehren konnte. Wenn ich befürchte, daß meine Arbeit mißverstanden wird, stimmen sie mir lachend zu. Dann ziehen sie zehn Möglichkeiten aus dem Hut, wie ich die Schläge abmildern kann. Meine Art zu überleben hat sie kämpfen gelehrt. Es gibt auch gute Nachrichten: wir haben ein Leben lang Zeit, ich schreibe dieses Buch, und meine Mutter hat nichts zu befürchten.

Idelisse:

Meine Mutter näht. Sie nähte für mich, als ich klein war, meist Kleider und Röcke. Sie liebte schwingende Röcke, weite, ausgestellte Röcke, die wie Schallplatten kreisen, wenn man sich um die eigene Achse dreht. Ich liebte sie ebensosehr wie sie und tanzte, wenn ich sie trug.

Sie nähte mir hübsche pastellfarbene Kleider, in gedecktem Rosa, Gelb und Blau. Es waren einfache Kleinmädchenkleider, die am Rücken mit einer großen Schlaufe zugebunden wurden. Aber es waren keine gewöhnlichen Kleider. Entlang des Saums malte und stickte meine Mutter Bilder. Auf einem Kleid tanzten kleine Jungen und Mädchen in mexikanischer Bauerntracht paarweise um Sombreros. Auf einem anderen pickten Entenküken und Hühnchen Körner vom Boden.

Vor dem Osterfest arbeitete sie wochenlang an meiner neuen Garderobe. Wir suchten zusammen Schnitte für das Kleid und den Frühjahrsmantel oder die Jacke aus. Mit ihrem Blick für Farben und ihrer Liebe zu Stoffen führte sie mich durch Regale voller Ballen mit klangvollen Namen: Georgette, Crêpe, Jersey, Kambrik, Leinenbatist. Sie erklärte, welche Stoffe sich für welche Schnitte eigneten, und lenkte mich unmerklich zu genau dem richtigen Stoff für mein Kleid oder meine Jacke – auch zu einem, den wir uns leisten konnten. Einmal bekam ich von ihr sogar einen selbstgemachten Hut und eine Handtasche. Ihr großartiger Umgang mit Nadel und Faden faszinierte mich, und in meinen Augen konnte sie aus einem Stück Stoff so gut wie alles fabrizieren. Meine Mutter half mir – einem armen Kind in einem mittelständischen Stadtteil – nicht aufzufallen, indem sie dafür sorgte, daß ich immer gut angezogen war.

Als ich älter war, wollte ich lieber gekaufte Kleider. Mit dreizehn wurde ich zu meiner ersten Party eingeladen, und meine Mutter ging großzügig mit mir einkaufen. Ich probierte unter ihren kritischen Augen ein Kleid nach dem anderen an. Jedes wurde verworfen. Eines machte mich nicht schlank. Das nächste ließ mich nicht größer aussehen. In dem blauen sah ich zu flachbrüstig aus. In dem roten, grünen oder grauen war meine Taille nicht schmal genug. Mir dämmerte, daß wir gar nicht nach einem Kleid suchten. Wir suchten nach einer Verkleidung, die meine vielen Fehler verdecken und die Jungen glauben machen sollte, ich sei attraktiv, obwohl ich es nicht war. Ich verstand langsam, daß es nicht an den Kleidern so viel auszusetzen gab, sondern an mir. Schließlich fanden wir das perfekte Kleid, die beste Verkleidung. Es war natürlich schwarz.

Meine Mutter begriff das Machtgefüge der Welt. Um durchzukommen, um ungefährdet zu leben, muß eine Frau für Männer attraktiv sein. Je reizvoller du bist, desto mehr wirst du bekommen und um so mehr Sicherheit wird dir geboten. Da sie mich liebte, wollte sie für mich das Beste. Sie versuchte, mich zu einer erfolgreichen Frau zu formen, denn das war ihrer Erfahrung nach die einzig sinnvolle Strategie. Das wußte doch jeder, oder nicht? Wie die meisten von uns wollte sie nicht darüber nachdenken, wie hoch der Preis für sie gewesen war und für mich sein würde. Wozu sollte das gut sein, wenn es ja doch keine Alternativen gab.

Doch meine Mutter achtete darauf, daß ich für alle Fälle gerüstet war. Sie freute sich an meiner Intelligenz und brachte mir, bevor ich in die Schule kam, in wenigen Monaten Englisch bei. Vom Kindergarten bis zum Jurastudium ermutigte sie mich ständig und verteidigte mich gegen den Grundschullehrer, der an meinen Fähigkeiten zweifelte. Sie überschüttete mich mit Lob, wenn ich Erfolg hatte, und zündete Kerzen an, damit mir das Schicksal wohlgesonnen sei.

Auch ich will meine Tochter unterstützen. Celeste, meine «Esti», ist jetzt neun, aufgeweckt und stark und temperamentvoll. Ihr Verstand ist so beweglich wie ihr Körper, und beide so lebhaft wie ihr Humor. Sie findet ihr Äußeres in Ordnung. Als ich sie fragte, warum, was es ist, das sie an sich mag, antwortete sie: «Mir gefällt's einfach, so wie ich bin... weil *ich* es bin.» Das ist eine der wichtigsten Lektionen, die ich von ihr gelernt habe, obwohl es mir nicht immer leichtfällt, daran zu denken. Sie ist da, um mich daran zu erinnern. Und ich bin da, um mit all meiner Macht und all meinem Mut dafür zu sorgen, daß sie ihre Unbedingtheit und Selbstsicherheit, ihren starken Glauben an sich selbst nicht verliert. Keine «unnötigen Verluste» für meine Tochter.

Unsere Geschichte

«Ich will nicht, daß eine weitere Generation von Müttern ebenso lange warten muß.»

«Es gibt auch gute Nachrichten: wir haben ein Leben lang Zeit, ich schreibe dieses Buch, und meine Mutter hat nichts zu befürchten.»

«Keine ‹unnötigen Verluste› für meine Tochter.»

Wir kamen zusammen, wir drei Frauen, weil wir eine revolutionäre Idee aufgespürt hatten. Die Ergebnisse waren gerade erst im Anschluß an das Projekt der Universität Harvard, «Psychologie von Frauen und die Entwicklung von Mädchen», unter der Leitung der Psychologin Carol Gilligan veröffentlicht worden. Das Selbstbewußtsein von Mädchen erfährt während der Pubertät einen starken Einbruch, was die Überschneidung der persönlichen und politischen Sphären in der Entwicklung von Frauen sehr deutlich macht.

Während jüngere Mädchen stark und offenherzig sind und klare Vorstellungen von sich selbst haben, fangen sie mit dem Beginn der Pubertät an, sich an das zu halten, was andere ihnen über das «richtige» Verhalten von Mädchen suggerieren, und beginnen zu erkennen, wie Frauen in unserer Gesellschaft behandelt werden. Zunächst leisten sie Widerstand und trauen sich noch vieles zu. Sie finden sich nicht mit den ständigen Forderungen ab, freundlich, gut und nett zu sein. Doch mit der Zeit werden sie von der Erkenntnis überwältigt, wie wenig die Erwachsenen ihnen zutrauen, wie schnell ihre reifende Sexualität idealisiert oder ausgebeutet werden kann, wieviel Gewalt es gibt, und daß ihnen immer häufiger der Mund verboten wird. Allzu häufig geben sie ihren Widerstand auf und handeln resigniert so, wie die Gesellschaft es von ihnen erwartet. Die Intelligenz und Stärke von Mädchen wird von einer Gesellschaft, die keine dieser beiden Qualitäten wirklich will, verraten.

Die Stimmen der Mädchen, die wir aus der Harvard-Studie heraushörten, klangen in uns nach. Sie schreckten uns aus unserer oberflächlichen Gelassenheit auf, denn wir erinnerten uns an unsere eigenen frühen Widerstände in einer Zeit, als wir selbst unsere Stärke und unseren Mut Stück für Stück aufgeben mußten. Die Untersuchung machte deutlich, daß die Pubertät eine kritische Zeit ist, zeigte aber auch Wege auf, die beschritten werden könnten, um die Kraft und Selbstsicherheit von Mädchen zu festigen. Die Bindung der Mädchen an erwachsene Frauen, insbesondere ihre Mütter, sind ganz entscheidend für ihre Fähigkeit, der Selbstverleugnung zu widerstehen und sich ungehindert zu entfalten.

Uns wurde bewußt, daß die Erziehung einer Tochter in unserer Kultur eine hochgradig politische Sache ist. Mütter befinden sich gegenüber ihren Töchtern in einer ausweglosen Situation. Wenn sie ihnen beibringen, sich in einer Welt, die von Männern und männlichen Wünschen geprägt ist, gut zurechtzufinden, verraten sie das Potential ihrer Töchter. Wenn sie das nicht tun, setzen sie sie ohne Überlebensstrategien einer feindlichen Welt aus. Da wir hartnäckig und/oder optimistisch und/oder naiv sind, gaben wir uns nicht geschlagen: Was wäre, wenn Mütter und Töchter als mächtige Verbündete dem Anpassungsdruck, der auf den Mädchen lastet, Widerstand entgegensetzten? Das klang nach Revolution.

Carol Gilligan forderte jede von uns einzeln auf, sich mit ihr gemeinsam für die Mädchen einzusetzen, indem wir unsere Bemühungen mit den ihren vereinten. Wir fanden diese Chance unwiderstehlich. Idelisse wollte die Welt für ihre Tochter verändern. Marie fand die Idee packend, soziale Veränderungen durch unsere intimsten Beziehungen zu bewirken. Elizabeth fühlte sich herausgefordert, vom Elfenbeinturm wieder ins wirkliche Leben zu springen.

Wir trafen uns bei der «Ms. Foundation for Women», der Marie und Idelisse als Präsidentin und Vizepräsidentin vorstehen. Elizabeth, eine Mitarbeiterin des Harvard-Projekts, stieß im Sommer 1991 als Beraterin dazu. Im Rahmen einer Kampagne der «Ms. Foundation», durch die die Öffentlichkeit erfahren sollte, was mit Mädchen passiert, und in der Programme entstanden, die die neuen Informationen berücksichtigten, stellten wir verschiedenen Frauengruppen die Forschungsergebnisse vor und baten sie um Reaktionen. Die Frauen waren begeistert. Sie erinnerten sich an den eigenen Mut der Kindheit. Aufgrund ihrer Reaktionen fragten wir uns: Könnten Mädchen ihre psychologische Stärke, ihren Mut und ihre Stimme nicht bewahren? Wie sähe die Welt aus, wenn Frauen sagen würden, was sie wissen, und zwar nachdrücklich? Was wäre, wenn die Frauen ihr Verlangen ernst nähmen und mit Selbstvertrauen und Freude ihre geheimsten Wünsche entdeckten? Was geschähe, wenn wir wirklich die Wahrheit sagen würden? Doch wo sollten wir anfangen?

«Ihr solltet jemanden beauftragen, ein Buch darüber zu schreiben – jemanden wie Deborah Tannen», schlug Margie Booth, die Besitzerin einer Werbeagentur, vor, als wir das Problem im Büro der «Ms. Foundation» diskutierten. Elizabeths Augenbrauen schossen nach oben. «Das machen wir selbst», formten ihre Lippen über den Tisch hinweg zu Ide und Marie hin.

Wir wollten ein Buch für Mütter schreiben. Die Frauenbewegung hat das Thema Mutterschaft im wesentlichen ausgeklammert. Während Kinderbetreuung, medizinische Versorgung und andere Sozialleistungen als wichtige Themen betrachtet werden, deren politische Dimension Feministinnen sorgfältig analysiert haben, wurde die Versorgungsarbeit der Mütter weitgehend ignoriert oder aber, im politischen Klima der fünfziger Jahre, auf ihre Funktion als mächtiges Instrument der Unterdrückung reduziert. Doch Mutter-Sein bedeutet Macht. Wir wollten darauf hinwirken, daß Mütter erkennen, welche Rolle sie als verlängerter Arm und für das Weiterbestehen der herrschenden Kultur spielen. Wir wollten ihnen helfen herauszufinden, daß Mütter eine andere Kultur vermitteln können, die sich mehr als Erbe und weniger als Historie versteht.

Was das alles soll

Das Buch untersucht die Frage, wie Mütter mehr Macht bekommen können, indem sie in die Erziehung ihrer Töchter mehr Anteile von sich selbst einbringen. Wir stellen Möglichkeiten vor, wie aus einem Kreislauf des Verrats, den Mütter und Töchter in ihrer Beziehung zueinander erleben, ein wirkungsvoller Katalysator für sozialen Wandel werden kann. Wir sehen, wie Mädchen von einer Kultur, die Frauen generell klein hält, verraten werden. Auf dem Weg vom Verrat zur Macht zeigen wir Mittel und Wege auf, wie Mütter ihre Töchter unterstützen können, wenn sie sich beim Übergang zum Erwachsenwerden gegen unnötige Verluste wehren: gegen den Verlust der eigenen Stimme, den Verlust der Macht und den Verlust der Freiheit, in der Welt zu handeln und zu sein. Die Reise beginnt damit, daß Frauen ihre kräftigen Stimmen aus der Zeit vor der Pubertät wiederfinden und damit die Voraussetzung schaffen, um mit ihren Töchtern «Stimmübungen» zu machen. Danach machen sich Mütter und Töchter gemeinsam ans Werk.

Ein besonders wichtiges Thema des Buches ist der Widerstand. Wir wollen Müttern und Töchtern verschiedene Strategien an die Hand geben, mit denen sie sich gegen die Botschaften unserer Kultur wehren können, die Mädchen zum Schweigen bringen sollen. Wir stellen den Ansatz unserer Gesellschaft und der Entwicklungspsychologie in Frage, die ganz auf Individualismus und Unabhängigkeit eingeschworen ist und wechselseitige Verbundenheit und Abhängigkeit leugnet. Befragungen, die mit Frauen einerseits und in Wohngebieten von Farbigen andererseits durchgeführt wurden, bestätigen, wie wichtig vertrauensvolle Beziehungen für die menschliche Entwicklung sind. Wir halten die Annahme der traditionellen Entwicklungstheorien, daß die Ablösung des Kindes von der Mutter normal und notwendig sei, für fragwürdig. Wir nehmen an, daß Mütter mit Erleichterung hören werden, daß ihre Beziehung zu den Töchtern sich zwar während der Pubertät ändern wird, eine Trennung jedoch für das Selbstbewußtsein der Töchter nicht notwendig ist.

Als erwachsene Töchter brauchen wir eine neue Beziehung zu unseren Müttern. Die Methoden, die wir in bezug auf Töchter empfehlen, sind auch wirksam, wenn wir sie auf das Verhältnis zu unseren eigenen Müttern anwenden. Viele Frauen vergeuden leider ihre Zeit damit, entweder auf keinen Fall wie ihre Mütter werden zu wollen oder das Lebensmuster ihrer Mutter zu wiederholen. Beides kostet Kraft und Lebensenergie.

Wir Frauen müssen uns zusammentun, um unsere Töchter zu befreien. Die meisten Frauen tragen die enorme Verantwortung für die Kindererziehung allein. Wir möchten den Müttern eine Last von den Schultern nehmen und ihnen helfen, die Macht zu beanspruchen, die denjenigen zustehen sollte, die Leben in sich tragen und in die Welt bringen, die jede neue Generation großziehen und versorgen. Die Sorge um die Mädchen verbindet Frauen über die Grenzen von Rasse, Herkunft, sexueller Ausrichtung und Behinderung hinweg. Noch haben wir das große Heilpotential nicht ausgeschöpft, das erschlossen werden kann, wenn Frauen in großem Stil gemeinsam für Mädchen aktiv werden.

Die Mutter-Tochter-Revolution kann nur dann wirksam werden, wenn sie die Tatsache berücksichtigt, daß Mädchen und Frauen in ihrem Leben Gewalt erleben. Die Furcht vor emotionaler und physischer Gewalt bringt Mädchen systematisch zum Schweigen und behindert ihre gesunde Entwicklung zur erwachsenen Frau. Wir sprechen dies in jedem Kapitel des Buches an, so wie es in jedem Kapitel des weiblichen Lebens präsent ist. Die körperliche Unversehrtheit der Töchter ist die größte Sorge der Mütter, mit denen wir sprachen. Damit Frauen und Mädchen sich ungehindert entfalten können, müssen sie erst einmal vor Belästigung, Gewalt und Mißbrauch sicher sein. Und Gewalt wird erst aufhören, wenn sich Frauen zunächst untereinander und dann mit Männern zusammenschließen.

Um eine Gesellschaft aufzubauen, in der Mädchen sicher und unversehrt leben können, müssen wir die Grenzen zwischen Arbeit und Familie, zwischen öffentlichem und privatem Leben aufheben. Die Zuordnung von Männern zur Arbeitswelt und von Frauen zu der Welt der Versorgungsfunktionen und der Liebe verhindert, daß Frauen am öffentlichen Leben teilnehmen können und Männer am privaten Bereich. Diese Trennung, die unserer Gesellschaft notwendig erscheint, bewirkt, daß die Stimmen von Frauen nicht gehört werden.

Beim Verfassen dieses Buches stützten wir uns auf die bahnbrechenden Theorien [1] aus dem Bereich der weiblichen Entwicklungspsychologie bzw. auf Elizabeths weiterführende Gedankengänge und Arbeiten. Carols revolutionäre Vision hat uns die Augen geöffnet. Ihre Arbeitshypothese basiert auf Lyn Mikel Browns glänzender Studie über Mädchen an einer Privatschule in Cleveland, Ohio. Elizabeths erweiterte Theorie untersucht die weibliche Entwicklung explizit in bezug auf die Machtstrukturen, die in unserer Kultur existieren, und deren Unterschiede nach Geschlecht, Rasse und Klassenzugehörigkeit. Sie hat die Arbeit verschiedener Kolleginnen – Annie Rogers, Deborah Tolman, Janie Victoria Ward, Dana Crowley Jack und Jill McLean Taylor – sowie neue Ergebnisse aus der Trauma-Forschung und der Wahrnehmungspsychologie integriert. Elizabeth untersucht die psychologischen Zusammenhänge von Macht, Wissen und Verlangen, die ins Spiel kommen, wenn Mädchen zu verstehen beginnen, was es heißt, in unserer Kultur

Frau zu werden. Die wichtigsten Informationen erhielten wir von einem Team von «Expertinnen», das wir selbst ausgewählt haben: Mütter, die sich neue Methoden der Erziehung ausgedacht hatten, die mit unserem Ansatz prinzipiell übereinstimmten. Wir sprachen mit sehr verschiedenen Frauen, einzeln und zu mehreren, und sammelten jede erdenkliche Strategie, die ihnen und ihren Töchtern weitergeholfen hatte. Wir haben von diesen Sachverständigen viel gelernt. Ihre Erfahrung hat uns inspiriert und uns bewiesen, daß das, was wir vorschlagen, tatsächlich umsetzbar ist.

Was wir zu bedenken geben

Wir haben beschlossen, dieses Buch jetzt zu schreiben, weil wir glauben, daß die Informationen und unsere immer wieder überprüften Schlußfolgerungen zu tiefgreifenden Veränderungen führen könnten. Es ist unsere Absicht, Sie zum Nachdenken anzuregen, Ihnen Ideen anzubieten, Sie zur Kooperation anzuregen. Wir stehen am Beginn, nicht am Ende eines Prozesses. Sie finden hier kein Rezept dafür, wie Sie die perfekte Mutter werden. Wir bieten einige provozierende Thesen. Wir sind sicher, daß diese Thesen und die Fragen, die wir aufwerfen, für viele Frauen und Mädchen von Bedeutung sind. Doch wir beschreiben Muster – der Entwicklung, der Beziehung zwischen Mutter und Tochter –, die nützliche Konstrukte sind und keine absoluten Wahrheiten, die auf das Leben jeder Frau und jedes Mädchens zutreffen. Ihre Erfahrung paßt vielleicht nicht zu diesen Mustern. Wenn das der Fall ist, gehen Sie über die Details hinweg, blicken Sie auf das Thema als Gesamtes, und lehnen Sie weder unsere Gedanken noch Ihre eigene Erfahrung von vorneherein als unnütz ab. Unsere Gedanken sind von unseren Erfahrungen geformt. *Sie* sind die Expertin, die Autorität für Ihr eigenes Leben.

Ein Buch gemeinsam zu schreiben bedeutete, daß keine unserer Stimmen einzeln sprechen würde. Bei einem so persönlichen und bewegenden Thema wie Mütter und Töchter erschien uns der Rückgriff auf eine ganz neutrale Perspektive bedauerlich – und distanzierend. Doch um der Deutlichkeit willen sprechen wir (die Autorinnen) generell von *uns*, wenn wir uns selbst als Verfasserinnen meinen, und von *Frauen* und *Müttern*, wenn wir die Gesamtheit der Frauen und Mütter meinen, zu der wir uns auch zählen.

Informationen über die Gesamtheit der Frauen sind noch dünn gesät. Die wissenschaftlichen Forschungen haben farbige Mädchen und Frauen bisher fast vollständig außer acht gelassen; nur wenige farbige Frauen haben Zugang zu der akademischen Elite. Junge lesbische Frauen und Mädchen mit Behinderungen tauchen ebenfalls praktisch nicht auf. Dieser Informationsmangel ist frustrierend und für uns alle unfair. Was bereits existiert[2], haben wir in unsere Analyse einbezogen, so zum Beispiel die neuesten Harvard-Projekte. Eines beschäftigt sich mit heranwachsenden Mädchen, die in den Innenstädten leben und als «gefährdet» gelten, ein anderes mit präpubertären Mädchen an jeweils einer Privatschule und einer staatlichen Schule. Diese Studien und die landesweite Untersuchung der «Association of University Women» über das Selbstverständnis von Mädchen bestätigen die Vermutung, daß auch für farbige Mädchen die Pubertät eine Zeit der Krisen und Verluste ist. Wir wissen, daß dies kein Buch über alle Frauen und Mädchen ist. Wenn wir von «Frauen» und «Mädchen» sprechen, wollen wir keine falsche Homogenität postulieren. Wir haben versucht, das Gleichgewicht zu halten zwischen der Achtung vor Unterschieden und einer effektiven, präzisen Verständigung. Wir haben dieses Gleichgewicht angestrebt, doch wir wissen, daß wir es nicht völlig erreicht haben.

Im Buch haben wir durchgängig auf die Rasse, Schichtzugehörigkeit, ethnische Herkunft, sexuelle Orientierung oder Behinderung einer Person nur dann hingewiesen, wenn dies für die Argumentation wesentlich schien. Ob derartige Merkmale von Bedeutung sind oder nicht, ist Ansichtssache und unter Frauen nicht unumstritten. Auch wenn wir von «Kultur» oder «Gesellschaft» oder «westlicher Zivilisation» sprechen, beziehen wir uns auf die herrschende

Kultur, die im wesentlichen von privilegierten weißen Männern geschaffen und/oder uns aufgezwungen worden ist.

Nun möchten wir Sie einladen, sich auf eine Entdeckungsreise zu begeben. Wir haben unsere Informationen und Ideen mitgebracht. Bringen Sie Ihre Erfahrung, Ihr Wissen und Ihre Begeisterung mit ein. Wir glauben, daß eine Mutter-Tochter-Revolution die Tür zu einer ganz anderen Welt aufstößt. Wir sind so weit gegangen, wie wir es konnten. Jetzt brauchen wir Sie als Begleiterinnen. Diese Studie legt die Saat für eine neue Revolution, eine Revolution, die das Leben von Frauen und Mädchen, Männern und Jungen zum Besseren und auf Dauer verändern könnte. Wir laden Sie ein, dies beim Lesen selbst zu entdecken.

I
Unnötige Verluste

Idelisse:

«Kurz vor ihrem Tod wendet sich die kleine Meerjungfrau dem Prinzen zu und sagt mit ihrem letzten Atemzug: ‹Dummkopf›! Dies war das einzige Wort, das...» [1] – «Halt, das hast du erfunden!»

«Nein, habe ich nicht. Sieh her!» Ich gebe das Buch meiner neunjährigen Tochter Esti und deute auf den Abschnitt, den ich ihr gerade vorgelesen habe. Sie reißt die Augen auf, als sie sieht, daß in dieser Version des Märchens die kleine Meerjungfrau den Prinzen tatsächlich einen Dummkopf nennt. Ich lächle ihr zu, weil ich weiß, daß sie mich und meine Gute-Nacht-Geschichten kennt und argwöhnt, ich hätte ein Stückchen Dialog erfunden und eingeschoben. Ich frage sie, was sie davon hält, und sie sagt: «Das ist... ungewöhnlich. Das erwartet man nicht in Geschichten.»

Natürlich hat sie recht. Diese Gegenversion des Märchens von Hans Christian Andersen erlaubt sich mit dem Original viele Freiheiten. Die kleine Meerjungfrau verliert ihre grünliche Gesichtsfarbe nie ganz, und ihr Gesicht hat etwas leicht Fischartiges, was aber nicht unattraktiv ist. Der Prinz und sie heiraten eine Woche, nachdem sie «aus dem Dunkel der Nacht» erschien, auf «romantische, geheimnisvolle Weise», aber sie leben nicht auf immer und ewig glücklich miteinander. Sie verstehen sich nie besonders gut und leben sich immer mehr auseinander. Am Ende bringt der Prinz die Meerjungfrau aus Versehen um.

Das ist wahrlich keine Geschichte, die Mädchen gewöhnlich zu hören bekommen. Sie werden mit romantischen Phantasien gefüttert, die zu den Erwartungen unserer Kultur besser passen. Ich versuchte, Esti einige der anderen Geschichten aus derselben Anthologie feministischer Märchen vorzulesen, aber die meisten waren nicht sehr gelungen. Sie langweilten uns. Was also tun?

Wir beschlossen, selbst eine Geschichte zu schreiben. Ich war unsicher, wie ich das mit ihr anfangen sollte. Deshalb fragte ich erst einmal, wer die Heldin sein solle. Sie antwortete rasch: «Himmelsmädchen!» (Ich erfinde seit Jahren Gute-Nacht-Geschichten, in denen als Heldin eine Art Doppelgängerin von Esti auftritt, die ich ‹Himmelsmädchen› nannte, was ihrem Namen ‹Celeste› in etwa entspricht.) «Gut», sagte ich, «aber geben wir ihr noch einen Spitznamen.» Sie dachte eine Weile nach, grinste und sagte: «Dampfwalze.» Als ich mich von meinem Lachanfall erholt hatte, fragte ich, wer noch in der Geschichte mitspielen sollte. «Ihre Mutter, ihr Vater und ein Bruder.»

«Und wie heißen die?» Esti fand, daß ich ihr nicht die ganze Arbeit aufhalsen sollte, und überließ mir die «richtigen» Namen, die Spitznamen würde sie übernehmen. Die Mutter sollte als erste getauft werden. Ich nannte sie «Mercedes», weil ich den Namen schon immer mochte. Esti überlegte kurz und sagte dann, während sie mir direkt in die Augen sah: «Lebenslust.»

1 *Die Krise am Scheideweg*

Wir bezeichnen diesen Ort als Scheideweg in der Entwicklung von Frauen; hier findet ein Zusammentreffen von Mädchen und Frau statt.

Lyn Mikel Brown und Carol Gilligan: «Meeting at the Crossroads»

Durch die Geburt einer Tochter wird eine Frau plötzlich nicht nur mit einem Säugling, einem kleinen Mädchen, einer zukünftigen Frau konfrontiert, sondern auch mit ihren eigenen ungelösten Konflikten aus der Vergangenheit und ihren Hoffnungen für die Zukunft. Mit der Durchtrennung der Nabelschnur, die der Tochter den Atem schenkt, gehört die Mutter Generationen von Frauen an, die unsere Vorfahrinnen zur Welt brachten. Vielleicht noch wichtiger ist, daß dieser Akt der körperlichen Trennung jede Mutter einer Tochter mit der nächsten Generation von Frauen verbindet. Wie durch ein Erdbeben erleben Mütter von Töchtern manchmal eine Umwälzung in ihrem Leben, ein Aufbrechen ihrer tiefsten Gefühle, wodurch das Gleichgewicht, das sie in all ihren Beziehungen bis dahin erreicht hatten, wieder einmal aus dem Lot gerät.

Einige Mütter von Töchtern erleben, daß ihr Verhältnis zur eigenen Mutter sie erneut beschäftigt. «Sobald ich meine Tochter sah», erinnert sich Zena, «und fühlte, wieviel ich mir für sie wünschte, wußte ich, daß meine Mutter alles, was sie mit mir angestellt hat, aus Liebe getan hat.» Als Emily nach der schwierigen Geburt ihre Tochter zum ersten Mal im Arm hielt, durchfuhr sie der Gedanke: «Was soll ich nur tun? Wenn die Entfremdung, die zwischen mir und meiner Mutter herrscht, auch zwischen uns entstehen sollte, könnte ich das nicht ertragen.» Andere Frauen denken vor allem an die Zukunft. Teresa weiß noch, daß sie in das kleine runzlige Gesicht ihrer Tochter schaute und dachte: «Eines Tages werde ich ihren Rücken sehen, wenn sie von mir fortgeht. Weißt du, wir denken kaum an die Rücken unserer Babies. Doch den werde ich sehen, wenn sie anfängt, die Welt zu erforschen. Ich möchte, daß sie vieles kennenlernt. Einiges kann ich ihr beibringen, was ihr im Leben helfen wird.» Es gibt auch Frauen, die nie eine Tochter wollten, weil sie nicht sicher sein konnten, daß deren Leben anders verlaufen würde als ihr eigenes.

Viele Frauen wollen, daß etwas anders wird – ganz gleich, wie gut ihre Beziehung zu der eigenen Mutter war. Als die «Ms. Foundation for Women» und das «Center for Policy Alternatives» 1992 eine landesweite Studie durchführten [1], in der es um die Belange und Prioritäten von Frauen ging, stellten sie fest, daß das, was die Frauen während ihrer täglichen stundenlangen Erwerbs- und Familienarbeit oder Weiterbildung aufrechterhält, die Hoffnung ist, daß die Zukunft ihrer Töchter sorgenfreier ist. Als die befragten Frauen gebeten wurden, einen Brief an ihre Töchter zu schreiben, drückten sie darin die Hoffnung auf eine ganz andere Zukunft aus – mit weniger Streß und mehr Freude. Mütter hoffen auf eine andere Welt und eine andere Partnerschaft für ihre Töchter, und in vielen Fällen war das auch bei ihren eigenen Müttern schon der Fall. Generationen von Frauen haben sich vorgenommen, ihre Töchter anders zu erziehen, und müssen dann erkennen, daß sich die Töchter, wenn sie erwachsen sind, leidenschaftlich genau dasselbe schwören.

Von allen Scheidewegen, an die eine Frau im Laufe ihres Lebens gelangt, ist die Geburt einer Tochter einer der entscheidendsten und folgenreichsten. Der Wunsch, unsere Töchter anders zu erziehen, als wir erzogen worden sind, entsteht manchmal aus dem Zorn auf unsere Mütter und den Schwierigkeiten im Verhältnis zu ihnen. Oder er ergibt sich lediglich aus der Erkenntnis, daß der Erfahrungshorizont unserer Töchter ein ganz anderer sein wird. In jedem Fall werden die Wunden zwischen Generationen von Frauen nur dann verheilen, wenn ein Verständnis für den politischen Kontext der Mutter-Tochter-Beziehung entsteht. Durch andere Vorstellungen von Erziehung geraten wir in einen Widerspruch mit dem Status quo, der in unserer Kultur Patriarchat heißt (ein Synonym für «Zivilisation» in der westlichen Kultur); anders ausgedrückt, gesteht unsere Gesellschaft Männern generell einen höheren Status und größere Vorrechte zu als Frauen. Die Ansichten von weißen Männern sind maßgeblich für die Werte und Strukturen, die die herrschende Kultur zementieren. So wird beispielsweise die Welt der Erwerbsarbeit als wertvoller und wirklicher betrachtet als die Welt von Heim und Herd, weil Lohnarbeit eine Männersphäre ist. Frauen können die Mutter-Tochter-Beziehung nur dann verändern, wenn sie diese Beziehung in einem größeren Zusammenhang sehen und erkennen, wie sie von den Forderungen und Drohungen des herrschenden Patriarchats der weißen Mittelklasse oder von anderen patriarchalen Lebensumständen geformt werden.

Paradoxien des Fortschritts

Die nächste Generation von Frauen wird eine Welt kennenlernen, in der sie anscheinend mehr Möglichkeiten hat, ein erfülltes Leben zu führen, als es Frauen je zuvor hatten. Laut verschiedener Umfragen glaubt eine Mehrheit von Frauen, daß die Frauenbewegung ihr Leben zum Besseren hin verändert hat. Mehr Frauen sind berufstätig und verdienen in einem größeren Spektrum von Berufen mehr denn je zuvor (sie verdienen allerdings immer noch weniger als ihre männlichen Kollegen). Die Klischeefamilie der fünfziger Jahre ist nicht mehr die Norm, und deshalb steht es Frauen eher frei, sich neue Familien- und Lebensverhältnisse zu schaffen. Nicht nur für uns selbst stellen wir uns ein besseres Leben vor, sondern auch für unsere Töchter. Für sie, so finden wir, sollte das Leben noch mehr Freude und Erfüllung bringen.

Doch das ist ein Paradox: heranwachsende Mädchen sind, als Gruppe gesehen, sehr unglücklich. Gerade zu dem Zeitpunkt, da sich ihnen die Welt auftut, bekommen sie oft schwere psychische

Probleme. Neuere umfassende Studien zum Thema Gesundheit bei Jugendlichen[2] deuten darauf hin, daß heranwachsende Mädchen mehr unter Depression, Unsicherheit ihres Aussehens wegen, Eßstörungen (von Magersucht bis Bulimie), Streß und anderen Symptomen psychischer Unausgewogenheit leiden als männliche Jugendliche. Eßstörungen und Schwangerschaften im Teenageralter sind längst nicht mehr entgegengesetzten Enden des sozialen Spektrums zuzuordnen, sondern treten bei Mädchen aller Klassen und Rassen auf. Jedes Jahr bringt die Nachricht, daß der Prozentsatz von Mädchen und Frauen, die zu Opfern von Gewalt und Mißbrauch wurden – vorwiegend durch Verwandte und Bekannte –, zahlenmäßig noch nicht in voller Höhe erfaßt ist.

Wissenschaftler haben das, was mit den Mädchen passiert, als «ein Bild stiller Störungen»[3] beschrieben, weil Mädchen und Jungen ihre Probleme auf unterschiedliche Weise äußern. Jungen neigen eher zum Ausagieren, indem sie ihre Not durch Kriminalität und aggressives Verhalten in die Welt «hinausschreien». Mädchen dagegen wenden ihren Kummer nach innen, sie internalisieren ihn und bekommen Angstzustände oder werden depressiv. Mädchen geben sich eher selbst für ihr Leid die Schuld und tendieren zur Selbstzerstörung. Niedergedrückt von Hoffnungslosigkeit versuchen sich Mädchen vier- bis fünfmal so häufig das Leben zu nehmen wie Jungen. Jungen sind bei Selbstmordversuchen erfolgreicher, weil sie meist gewaltsamere Methoden anwenden, dafür versuchen es verzweifelte Mädchen, wenn es nicht gleich gelingt, immer und immer wieder.

Die Untersuchungen lassen erkennen, daß die Mädchen auch auf schulischem Gebiet zu Beginn der Pubertät an Boden verlieren. Während Mädchen in allen Grundschulklassen bessere Leistungen aufweisen als Jungen, kehrt sich dieser Trend mit Beginn der weiterführenden Schulen um. Viele Mädchen nennen in der Grundschule Mathematik als Lieblingsfach und verlieren danach das Interesse daran – und sie glauben vor allem, daß sie in diesem Fach nicht gut sind. Es hat sich herausgestellt, daß Mädchen in der Schule ganz anders behandelt werden als Jungen. Mädchen nehmen schweigend am Unterricht teil, weil sie weniger häufig aufgerufen werden, denn Lehrer ermutigen Jungen stärker und nehmen sie insgesamt ernster.[4]

Das Verstummen der Mädchen und die Internalisierung ihrer Not und Verzweiflung bewirken, daß «die Hilferufe der Mädchen... immer schwieriger zu hören und leichter zu überhören» sind.[5] Doch es gibt noch schwerwiegendere Gründe, warum der Kummer von Mädchen leichter zu übersehen ist. Erstens leben wir in den Vereinigten Staaten, dem Land, das die Neutronenbombe entwickelt hat, die Menschen tötet, Eigentum dagegen nicht beschädigt. Unsere Gesellschaft gerät offenbar in Panik, wenn Eigentum in Gefahr zu sein scheint. Abscheu zeigt unsere Gesellschaft auch dann, wenn Gewalt sich gegen Unschuldige richtet. In Oregon beispielsweise sieht das Gesetz vor, daß die öffentliche Sicherheit bedroht sein muß, bevor Gelder für Kinder in Problemsituationen bereitgestellt werden. Eine Initiative hat diese Zielsetzung als diskriminierend für Mädchen angeprangert, weil sie impliziert, daß Mädchen andere Menschen seien, und damit die öffentliche Sicherheit insgesamt wesentlich weniger häufig gefährden als Jungen. Obwohl auch Mädchen in letzter Zeit mehr an Gewalttaten teilnehmen, sind Jungen immer noch die Haupttäter. Da also, vom Standpunkt der Gesellschaft aus, Mädchen nicht aggressiv werden und die Gesellschaft nicht bedrohen, wird weder mit ihnen noch für sie viel getan.

Zweitens spiegeln die unterschiedlichen Probleme und Störungen von heranwachsenden Mädchen und Jungen die Unterschiede zwischen erwachsenen Frauen und Männern.[6] Die ganz traditionelle psychologische Perspektive (die sich in stereotypen Äußerungen über Frauen zeigt) sieht die Neigung von Frauen zu Depression, Angstzuständen und anderen Formen von selbstzerstörerischem, stummem Leid einfach als «weibliche Natur». Das angebliche «Rätsel» des Weiblichen hat die Psychologie geplagt, seit Sigmund Freud aufgebracht fragte, was Frauen denn wollten.[7] Frauen innerhalb einer männlichen Kultur sind für das Verständnis des menschlichen Lebens, so wie es die männliche Lebenserfahrung spiegelt, ein Rätsel. Leider stützt sich praktisch jede psychologische

Theorie auf den Mann als Modell. Wenn man annimmt, daß es zur weiblichen Natur gehöre, emotional, depressiv und verängstigt zu sein, warum sollte dann etwas für junge Mädchen getan werden, die sich genau nach diesem Muster verhalten? Aus dieser Sicht sind die Unterschiede zwischen männlichen und weiblichen Jugendlichen nur eine Bestätigung der angeborenen psychologischen Schwachpunkte der Frau. Wozu sollte man versuchen, heranwachsende Mädchen zu «heilen», wenn die «Krankheit» ihr Frausein ist?

Solides empirisches Material, das diese traditionelle Sichtweise der «weiblichen Natur» widerlegt, existiert erst seit kurzem. In einer Untersuchung über die psychische Gesundheit von Kindern (im Alter von vier bis zehn Jahren) erscheinen Jungen weit häufiger mit psychischen Problemen und Verhaltensstörungen belastet als Mädchen. Die bekannten Psychologen Kimberly Schonert-Reichl und Daniel Offer stellen fest: «Vor dem Beginn der Pubertät sind Mädchen psychisch gesünder als Jungen, nach Einsetzen der Pubertät kehrt sich dieser Befund um.»[8] Auch die schulischen Leistungen von Mädchen lassen zu diesem Zeitpunkt nach. Was immer es sein mag, das die angebliche Schwäche im Wesen der Frau bewirkt – es ist in der Kindheit der Mädchen noch nicht vorhanden.

Mädchen verstehen offenbar, daß das Leben für Jungen und Mädchen, für Männer und Frauen sehr verschieden ist. Die Bildungsbehörde des Staates Michigan hat eine Studie veröffentlicht[9], in der sich Schüler darüber äußerten, was es bedeutet, in dieser Gesellschaft ein Mann bzw. eine Frau zu sein. Als sie gefragt wurden, was sich für sie verändern würde, wenn sie dem jeweils anderen Geschlecht angehören würden, sprachen fast 50 Prozent der Mädchen von den Vorteilen, die sie hätten, wenn sie ein Junge wären, dagegen sahen nur 7 Prozent der Jungen einen Vorteil darin, ein Mädchen zu sein. Während es die Mädchen interessant oder aufregend fanden, sich ein Leben als Junge vorzustellen, gaben 20 Prozent der Jungen äußerst feindselige, abwertende Antworten. Eine erstaunlich hohe Anzahl von Jungen sagte, sie würden Selbstmord begehen, wenn sie ein Mädchen wären. Ein Junge schrieb: «Ich würde mich auf der Stelle umbringen, indem ich mich anzünde, damit niemand weiß, daß es Absicht war.»

1990 führte die «American Association of University Women» (AAUW) eine landesweite Umfrage durch, um herauszufinden, ob und wie sich das Selbstverständnis und das Selbstbewußtsein von Mädchen in der Pubertät verändert. Die AAUW war von früheren Ergebnissen des Harvard-Projekts, die den Beginn der Pubertät für Mädchen als Krise darstellte, aufgestört worden und wollte mehr erfahren. Die Umfrage enthielt grundlegende Fragen darüber, was Jungen und Mädchen von sich und ihren Fähigkeiten halten. Im Grundschulalter waren 60 Prozent der Mädchen und 67 Prozent der Jungen mit sich zufrieden. In der High-School waren es nur noch 29 Prozent der Mädchen, während immer noch fast die Hälfte der Jungen eine gute Meinung von sich hatte. Die Pubertät ist zwar für Jungen *und* Mädchen eine schwierige Zeit, doch die Selbsteinschätzung der Mädchen verschlechtert sich mit zunehmendem Alter immer mehr. Am krassesten ist der Einbruch im Selbstwertgefühl zwischen der Grundschule und der Junior High School, also etwa im Alter von elf oder zwölf Jahren.

Dieser plötzliche Einbruch der Selbsteinschätzung bei Mädchen ist schon schlimm genug, aber die AAUW-Studie hat noch unangenehmere Wahrheiten aufzuweisen. Was ein Mensch von sich hält, hat sehr reale Auswirkungen auf das, was er tut, wie er handelt und mit seinen Fähigkeiten umgeht. Der AAUW-Bericht erläutert: «Die Umfrage ergibt, daß das nachlassende Selbstvertrauen der heranwachsenden Mädchen ihre Handlungen und Fähigkeiten stärker hemmt, als das bei Jungen der Fall ist.» Männliche Jugendliche trauen sich und ihren Fähigkeiten einiges mehr zu als Mädchen. Doppelt so viele Jungen wie Mädchen halten die ihnen eigenen Talente für das Beste, was sie haben. Leider glauben doppelt so viele Mädchen wie Jungen, das Beste, was sie zu bieten hätten, sei ihr Aussehen. Außerdem sind die Zukunftsträume heranwachsender Jungen wesentlich optimistischer – und sie glauben eher daran, daß ihre Träume Wirklichkeit werden können.[10]

Etwas geschieht mit Mädchen im Alter von neun oder zehn Jahren bis zum Einsetzen der Pubertät im Alter von zwölf. Kritiker des Feminismus haben laut darüber nachgedacht, ob vielleicht die Frauenbewegung diesen Einbruch bei jungen Mädchen bewirkt habe. Das ergibt keinen Sinn, wenn die Verzweiflung junger Mädchen das exakte psychische Abbild der klassischen Weiblichkeit ist. Die Ängste, Selbstzweifel und depressiven Zustände, die viele Mädchen heimsuchen, sind nichts anderes als die Gefühlsbetontheit, intellektuelle Schwäche und Zimperlichkeit, mit denen die Gesellschaft das Bild der traditionellen femininen Frau zeichnet. Was so diskriminierend als «Natur der Frau» bezeichnet wurde und wird, ist nicht natürlich, denn es entsteht ganz eindeutig in der Pubertät und nicht am Lebensbeginn eines Mädchens. Zudem entwickeln nicht alle befragten Mädchen diese «Natur», die zu Depression und Angst führt. Ein Tauschgeschäft findet statt, in dem Mädchen einen Teil von sich aufgeben, um gesellschaftlich akzeptierte Frauen zu werden. Sicherlich werden die Veränderungen, die wir in jüngerer Zeit erlebt haben, noch bei späteren Generationen Unruhe und Verwirrung auslösen. Mehr Freiheit bringt immer auch ungenannte und verdeckte Not ans Licht. Als Betty Friedan das Buch *Der Weiblichkeitswahn* schrieb, nannte sie ein Problem beim Namen, das das Leben der amerikanischen Hausfrauen in den fünfziger und sechziger Jahren betraf. Sie stellte die Depression und das Unbehagen jener Frauen in einen größeren Zusammenhang, so daß die Frauen es sehen konnten. Dadurch, daß sie dem Namenlosen einen Namen gab, erkannten viele Frauen, daß sie weder krank noch verrückt waren; der «Weiblichkeitswahn» gab ihre Gefühle zutreffend wieder. Die neuen Wege und Möglichkeiten für Mädchen geben ihnen – oft auf einer unbewußten Ebene – die Freiheit, den Tauschhandel, zu dem viele Frauen noch immer aufgefordert werden, in Frage zu stellen. Jedes Mädchen kennt andere Strategien, wie es den Weg zum Erwachsenwerden heil überstehen kann. Worum geht es in diesem Kampf? Welches sind die Kräfte, die an den heranwachsenden Mädchen zerren und sie herabwürdigen?

Die Wand

Carol Gilligan spricht von der Pubertät der Mädchen als von einer «Bindungskrise», einer Zeit, in der sie sich fühlen, als stießen sie gegen «eine Wand»[11]. Die Wand ist unsere patriarchalische Kultur, die Frauen niedriger bewertet als Männer und sie weitgehend als sexuelle oder reproduktive Wesen betrachtet. Um die Wand zu durchbrechen, um in Sicherheit zu sein und von der Gesellschaft akzeptiert zu werden, müssen Mädchen einen Teil von sich selbst aufgeben. Auf der anderen Seite der Wand angekommen, wirkt diese so solide und «real», daß es schwierig ist zu durchschauen, daß sie konstruiert ist. Wie Gilligan es ausdrückt, geben Mädchen den Bezug auf – zu sich selbst, ihrem Wissen, ihren Wünschen und Bedürfnissen –, um Beziehungen einzugehen, wie sie von der patriarchalischen Kultur vorgeschrieben werden.[12]

Die Annäherung an die Wand vollzieht sich langsam, über einen Zeitraum von Jahren. Da dies so ist, gewöhnen sich Mädchen und ihre engsten Bezugspersonen oft an die Veränderungen. Wenn Mädchen zu hören bekommen, wie sehr sie und ihre Stimme sich im Laufe der Zeit verändert haben, blocken sie oft ab. «Als wir klein waren», sagte ein Mädchen zu Lyn Brown und Carol Gilligan, «waren wir dumm.» Dumm? «Nicht dumm, sondern ehrlich», korrigierte sie sich. Die Ehrlichkeit der Kindheit wird in der Jugend zur Dummheit. «Was mir irgendwie Angst macht», sagt Alyshea, eine Zwölfjährige, «ist, wenn ich mit Freundinnen telefoniere, und dann plötzlich passiert es. Es ist nichts, was man so direkt greifen könnte, daß man sagt: ‹Genau, jetzt hab ich's.› Es schleicht sich mehr so an einen heran, ohne daß man es merkt. Ich beobachte Mädchen in der Schule, und ich sehe – also ich sitze nicht da und mache mir Notizen – aber ich schaue mich um, und es fällt mir mehr auf als früher.»[13] Alyshea hatte von der AAUW-Studie gelesen und sie so lächerlich gefunden, daß sie beschloß, an ihrer eigenen Schule eine Umfrage zu starten. Sie erhielt exakt dieselben Ergebnisse. Schockiert fing sie an, sich genauer umzusehen und zu begreifen, was mit ihr selbst und ihren Freundinnen geschah. Im Jahr darauf, mit dreizehn, befragte sie dieselben Mädchen noch einmal – Mädchen, die die Fragen gehört und die Ergebnisse gelesen hatten. Entsetzt mußte sie erkennen, daß die Selbsteinschätzung dieser Mädchen noch negativer geworden war.[14]

In ihrer Kindheit sind sich Mädchen dessen, was sie wissen, denken und fühlen, gewiß. Sie reden ohne Umschweife und erzählen, wie ihnen zumute ist. Wie es die Psychologin Annie Rogers ausdrückt (und wir in Kapitel 4 näher erläutern), haben sie Mut im ursprünglichen Wortsinn, das heißt, sie lassen direkt und heftig ihr Gemüt zu Wort kommen. Ein ernsthaftes Gespräch mit einem jungen Mädchen ist wie ein langer Blick in die Sonne: eine intensive Interaktion mit direktem Augenkontakt. Sie sind sehr ernst zu nehmende Menschen, aber das hält sie nicht davon ab, sich gelegentlich verrückt oder albern aufzuführen. Selbst schüchterne und ruhige Mädchen haben eine starke Präsenz, sie wirken einfach durch ihr Da-Sein. Mädchen leben vollständig (und oft ungelenk) in ihrem Körper: sie sind ganz und gar sie selbst, aber ganz und gar nicht von sich eingenommen. Junge Mädchen sind äußerst sensibel und wehren sich lauthals, wenn sie sich ungerecht und lieblos behandelt fühlen. Für viele heißt der Schlachtruf: «Mamaaa! Das ist unfair!»[15]

Doch in der späten Kindheit setzen massive körperliche und seelische Veränderungen ein. Die Mädchen sind jetzt intellektuell in der Lage zu erkennen, daß die Zusammenhänge und Machtverhältnisse in der Welt Auswirkungen darauf haben, wer und was sie sind. Mit großer Sensibilität kommentieren die Acht- bis Zehnjährigen die Art und Weise, wie Männer bevorzugt werden. Die Mädchen haben zwar noch keine ausgereifte Vorstellung von «Gesellschaft» oder «Politik», doch ihre jahrelange Vertrautheit mit der patriarchalischen Gesellschaft hat ihren Blick geschärft. Die achtjährige Rebecca und ihre Eltern fuhren zu einer Demonstration für das Recht auf Abtreibung nach Washington, D. C. Rebecca wollte mehr darüber wissen. Hila, ihre Mutter, erklärte, daß es darum ginge, daß Frauen mehr Chancen und mehr Kontrolle über ihr Leben bekämen. Sie erzählte Rebecca, daß die Demo ähnlich werden würde wie die, die Martin Luther King jr. angeführt und von der Rebecca Ausschnitte im Fernsehen gesehen hatte. Rebecca überlegte kurz und stellte dann ihrer Mutter die Frage: «Wie kommt es, daß die weißen Männer alles für sich haben?» Rebeccas Beobachtung, wer in unserem Kultursystem «alles für sich» hat, markiert den Anfang ihrer Abstraktionsfähigkeit. In ein paar Jahren wird Rebecca selbst erleben, was es bedeutet, als Mädchen in einer Welt zu leben, in der «weiße Männer alles für sich haben». Dann wird sie durch ihre neugewonnene Fähigkeit zur Abstraktion verstehen lernen, was es heißt, in einer Welt, die auf eine bestimmte Weise organisiert ist, als Frau zu existieren. Jede Familie, jede Schule und jede Gemeinschaft zeigt ihr andere Machtstrukturen, auf die sie reagieren muß.

In der frühen Pubertät beginnt für Mädchen die Entwicklung zur Frau. Mit zwölf hat bei zwei Dritteln von ihnen die Menstruation eingesetzt. Ihre Brüste haben sich entwickelt, und die Körperformen haben sich gewandelt. Der Wunsch nach eindeutig sexuellen Kontakten wird zum ersten Mal körperlich spürbar. Die Veränderungen des Körpers trennen sich sichtbar von der Welt der Kindheit und verbinden sie mit Frauen und dadurch auch mit Weiblichkeitsidealen. Mädchen werden angeschaut, als schön (oder nicht schön) eingestuft, werden zu Objekten idealisierter oder fantasierter Beziehungen.[16]

Diese enormen Veränderungen sind für Mädchen schwer zu verkraften, und auch diejenigen, die ihnen am nächsten stehen, müssen sich erst daran gewöhnen. Durch ihre geschärfte Wahrnehmung der Welt und die Blicke anderer Menschen werden Mädchen extrem befangen und verletzlich. Lyn Mikel Brown, die genau hinhörte, wenn Mädchen mit ihr sprachen, bemerkte, wie sich eine Kluft auftat zwischen dem, was Mädchen aus ihren eigenen Beziehungen und Erfahrungen heraus wissen und gutheißen, und dem, was sie für gesellschaftlich akzeptabel halten. In dieser Zeit schleicht sich der Ausdruck «Ich weiß nicht» ein und zeigt deutlich ihre Verwirrung.[17]

Mädchen am Rande der Pubertät[18], an der Schwelle zum Frausein kämpfen aktiv darum, weiterhin ihre Autorität zu behalten – d. h., sich etwas zuzutrauen, sich ihr Selbstwertgefühl zu bewahren und aus eigener Erfahrung zu sprechen –, während sie sich psychisch auf eine Kultur zubewegen, die von den Idealbildern perfekter und reiner Frauen bevölkert ist. Beeinflußt durch diese Bilder aus Zeitschriften, Büchern und Fernsehen, beraten von anderen Mädchen oder den Erwachsenen in ihrer Umgebung, stufen Mädchen ihre Vitalität, ihre Wünsche und Gedanken mit der Zeit als «selbstsüchtig», «schlimm» oder «falsch» ein. Sie verlieren die Fähigkeit, angesichts von Konflikten an der Gültigkeit ihrer Erfahrung festzuhalten. Sie beginnen, sich so zu sehen, wie andere sie sehen, und sie orientieren ihr Denken und Leben an anderen. «Im letzten Jahr habe ich mich schon ziemlich verändert», verkündet Michele aus der 7. Klasse stolz. «Ich überlege mir jetzt eher, wie ich nett sein kann, und denke nicht so viel daran, was *ich* will.» Mädchen an diesem Scheideweg stehen vor einem schier unlösbaren Problem. Wie Carol Gilligan erklärt, müssen sie ihren engen Kontakt zur Welt der Mädchen und Frauen aufgeben, der Welt, in der sie lebten und die sie liebten, und auch den Kontakt zu Teilen ihrer Persönlichkeit, die in der erwachsenen Welt männlicher Wünsche zu gefährlich sind. Mädchen geben diese Beziehungen zugunsten anderer auf, die ihnen in den männlich orientierten Gesellschaften vorgeschrieben werden. Die Wand des Patriarchats bedeutet für Mädchen, daß sie sich trennen müssen: von dem, was sie wissen, von anderen Mädchen und von den Frauen, die für sie sorgen. Wie Sonnenblumen wenden sie ihre Köpfe in das helle Licht der männlichen Dominanz.

Woraus die Wand besteht

Zu Beginn der Pubertät stößt sich jedes Mädchen an der Wand unserer Kultur. Doch diese Wand besteht nicht nur aus dem Machtgefüge zwischen Männern und Frauen. Sie hat noch weitere Bestandteile: Rassismus, Klassendenken, Vorurteile gegen Homosexuelle und Behinderte. Violette, eine junge Frau mit offenem Rücken, drückt es so aus: «Als ich klein war, war alles normal. Ich habe mit meinen Freunden und meinen Geschwistern gespielt. Ich war ich, und sie waren sie. Ich wurde viel gehänselt wegen meiner Krücken und Beinschienen, aber das war nicht so schlimm. Dann, mit ungefähr elf, wurde alles anders. Ich sah, daß ich nicht normal war. Ich habe mich so geschämt.» Wie jedes Mädchen, das sich die Anschauungen zu eigen macht, aus denen die Wand in unserer Kultur besteht, erkannte sie, daß Teile von ihr nicht mehr «normal», sondern abnormal waren, schlecht, nicht gut genug, krank oder gefährlich. Die Bestandteile der Wand haben unterschiedliche Auswirkungen, so daß die Verluste nicht immer dieselben sind und darüber hinaus die Hoffnung auf eine Gemeinschaft aller Frauen fast gänzlich vernichtet wird.

Eine gesunde Reaktion auf solche Schuldzuweisungen und Schamgefühle ist der Kampf, der Widerstand: *Nein, was ihr von mir sagt, stimmt nicht!* Mädchen versuchen lange, sich gegen ihre Abwertung durch ein System, das Menschen ungerechterweise nach den Umständen ihrer Geburt einteilt und trennt, zu wehren. Einige empfinden bei der Erkenntnis dieser gesellschaftlichen Tatsachen ein tiefes Verlustgefühl, aber es kann auch Energien freisetzen, wenn sie erleben, daß die Familie und ihr soziales Umfeld ihnen zu Hilfe kommen. Jede Herrschaftssituation trägt den potentiellen Widerstand in sich. Die Sozialwissenschaftlerin bell hooks erinnert uns daran, daß die Wand «Ränder, Lücken und Orte» hat[19], die als wirkungsvolle Handlungsspielräume genutzt werden können. Jede Gruppierung von Frauen kennt andere Schachzüge, wie sie sich inmitten von Unterdrückung eine lebenswerte Existenz bewahrt. Diese klugen Praktiken sind zwar zu einem außerordentlich hohen Preis erworben, doch sie weisen Wege des Widerstands für alle Frauen – Lücken und Spalten in der Wand der kulturellen Realität.

Vielen afroamerikanischen Mädchen gelingt es, sich ihre Stimme und ihren Glauben an sich selbst während der Pubertät zu erhalten, sie sind damit erfolgreicher als die Weißen oder die Latinas.[20]

Sie greifen auf starke Familien- und Gruppenbindungen zurück und auf die Rolle, die Frauen darin spielen (allerdings leiden diese Gruppen darunter, daß sie im letzten Jahrzehnt weniger Mittel erhielten). Sie distanzieren sich von Schulen und anderen Institutionen, die ihnen weismachen wollen, sie seien wertlos. Die Strategie ist kurzfristig sehr erfolgreich, öffnet aber langfristig gefährlich wenige Wege zu ökonomischer Sicherheit. Rassismus und Sexismus, die sich in der Wand zu einem einzigen Unterdrückungsmechanismus verbinden, berauben diese Mädchen ihrer Handlungsfreiheit und ihrer Präsenz in der Welt. Die Psychologin Janie Victoria Ward erzählt häufig eine Geschichte aus dem Leben der Dichterin Audre Lorde, um zu illustrieren, wie schmerzhaft und bitter das ist – für das Mädchen selbst wie für alle, die es lieben.[21]

Audre hört in der 6. Klasse, daß zwei Klassensprecher gewählt werden sollen, ein Junge und ein Mädchen. Bei der Wahl, so sagt man den Schülern, sollen vorrangig die schulischen Leistungen, besonders die Noten, den Ausschlag geben. Audre ist die beste Schülerin der Klasse. Aufgeregt läuft sie nach Hause und erzählt es ihrer Mutter. Die Mutter ist wütend, weil sie weiß, daß ein schwarzes Mädchen niemals zur Klassensprecherin gewählt würde, und schreit Audre an, sie solle diesen ‹Unsinn› aufgeben. Als sie den verwirrten und zugleich hoffnungslosen Blick in den Augen ihrer Tochter sieht, warnt sie sie: «Komm nicht mit einem langen Gesicht an und mit einem ‹Ich hab nicht gewonnen, Mama›, weil ich das auch nicht hören will!» Audre ist sich immer noch sicher – schließlich hieß es ja, die Wahl würde danach gehen, wer die besten Noten habe. Doch am Wahltag erfährt Audre, daß es nur einen Klassensprecher geben wird, und das muß ein Junge sein. Mädchen können sich nur als stellvertretende Klassensprecherin bewerben. Trotz dieses ersten «bösen Erwachens» bewirbt sich Audre als Vizepräsidentin und erlebt ein zweites «Erwachen», als sie nur vier Stimmen bekommt (einschließlich ihrer eigenen). Erniedrigt und völlig verstört läuft sie weinend nach Hause. Als ihre Mutter von der Arbeit kommt, findet sie Audre schluchzend vor und errät, was geschehen ist. Nachdem ihr Zorn verraucht ist, beklagt sich Audre zaghaft, wie ungerecht alles war.

Die Mutter legt ihr die Hand auf den Kopf, sieht sie traurig und müde an und sagt: «Gerecht, gerecht, was ist denn schon gerecht? Wenn du Gerechtigkeit suchst, schau in Gottes Gesicht... Kind, warum zermarterst du dir den Kopf über Recht und Unrecht? Tu einfach, was du zu tun hast, und laß die anderen für sich alleine sorgen.» Audre Lorde dankte ihrer Mutter dafür, daß sie ihr all die Tricks und Schutzmechanismen beigebracht hat, die man von Weißen lernen kann. Der Zorn ihrer Mutter auf die Welt, die ihre Tochter nicht fair behandeln würde, wirkte als Schutzschild, das ihre Tochter vor erniedrigenden Erlebnissen bewahrte. Der gerechte Zorn der Mütter von Mädchen, die mehrfache Unterdrükkung erleiden, hält ihre Töchter davon ab, mit dem Kopf voran vorzustürmen. Latinas verlieren ihre Selbstsicherheit später als weiße Mädchen. Aber afroamerikanische Mädchen und Latinas unterschätzen die Bedeutung von Schulbildung und geben schneller auf. Offenbar haben diese Unterschiede mit der Bedeutung zu tun, die in Familien und sozialen Gruppen der Rolle der Frau zugemessen wird.[22] Im Verlauf der Pubertät stimmen Latinas und weiße Mädchen Feststellungen wie «Ich bin ein wichtiges Mitglied meiner Familie» oder «Ich fühle mich in meiner Familie wohl» weniger häufig zu, und das entspricht auch der Realität.[23] Latinas sind vielleicht stärker in ihre Familien und Gemeinschaften eingebunden als weiße Mädchen, doch keine der beiden Gruppen schätzt die Bedeutung von Frauen hoch ein. Latina-Mütter arbeiten am wenigsten von den genannten drei Gruppen außer Haus, und ihr Beitrag zu Familie und Gemeinschaft wird im Vergleich zum finanziellen Unterhalt des Mannes völlig heruntergespielt. Diese Haltung spiegelt sich in den Ansichten von Schülerinnen einer High-School über die Rolle der Hausfrau: 83 Prozent wären nicht gerne Hausfrau, doch über ein Drittel nimmt an, daß sie diese Rolle einmal werden übernehmen müssen. Mädchen lernen schließlich ihr Frau-Sein in Familien, die ihre Traditionen weitergeben.

Wir wissen wenig darüber, wie Mädchen asiatischer Abstammung auf Rassismus und Sexismus reagieren oder wie sie sich mit den Zwängen und Vorteilen einer Minderheit, die sich angeblich problemlos in das Gesellschaftsgefüge einpaßt, auseinandersetzen. Auch gibt es kaum Daten, wie Mädchen indianischer Abstammung, lesbische Mädchen oder behinderte Mädchen mit ihrer mehrfachen Diskriminierung fertig werden. In einer Kultur, deren Wege zu Macht, Erfolg und menschlicher Reife auf den Erfahrungen weißer Männer basieren, sind im Grunde bereits Untersuchungen, die die Stimmen *weißer* Mädchen ernst nehmen, bahnbrechend. Aber wir müssen noch viel mehr in Erfahrung bringen. Vielleicht können wir von behinderten Mädchen lernen, wie es gelingen kann, sich unter extrem eingeschränkten Bedingungen Freiheiten zu erkämpfen. Von jungen lesbischen Frauen können andere Frauen lernen, ihr Verlangen ernst zu nehmen und auszuleben, auch wenn es doppelt gefährlich ist, und ihr Leben nicht auf einen Mann auszurichten. Was bringen Mädchen indianischer Abstammung aus einer Kultur mit, die es gelernt hat, das Leben selbst im Angesicht der Vernichtung zu bejahen? Trotz der Trivialisierung, die die herrschende Kultur mit den spirituellen Traditionen der Indianer betreibt, sind diese Traditionen wirkungsvolle Widerstandsquellen. Allein dadurch, daß solche Fragen gestellt und Möglichkeiten aufgezeigt werden, entsteht ein Bild davon, wie die Welt aussehen könnte, wenn Frauen ohne Patriarchat leben würden. Nach dem Zusammenstoß mit der Wand verändert sich unser Wesen tiefgreifend. Wenn wir unsere Stärken gemeinsam nutzen, ist das nur ein Anfang.

Beziehungen zwischen Frauen, besonders zwischen unterschiedlichen Frauen, sind in unserer Gesellschaft ebenfalls unfrei. Die Hierarchien des Patriarchats verfälschen auch die Interaktionen der Frauen, denn verwirrt von der scheinbaren «Realität» der Wand treffen Frauen ihre Wahl nach Rasse, Klasse und sexueller Orientierung, statt zu erkennen, welche fruchtbaren Möglichkeiten in dem Begriff des «Unterschieds als dynamische menschliche Kraft» stekken. Die unterschiedlichen Erfahrungen der Frauen mit der Unterdrückung machen einen Zusammenhalt schwierig. Weiße Frauen nehmen die Vorrechte der herrschenden weißen Klasse in Anspruch und ignorieren aus diesen Privilegien heraus hartnäckig die Kämpfe anderer Frauen. Das Patriarchat festigt sich, indem es Frauen voneinander trennt und sie als Konkurrentinnen gegeneinander aufhetzt. Nichts anderes geschieht bei der Trennung von Mutter und Tochter – daß diese Trennung notwendig sei, ist eine bewußte Täuschung, die Entwicklungspsychologie und Patriarchat vehement aufrechterhalten.

Die Lüge von der notwendigen Trennung

Müttern werden in der patriarchalischen Kultur zahlreiche Lügen über notwendige Trennungen aufgetischt. Trennlinien zwischen Rassen und Klassen sind nicht die einzigen Grenzen, von denen die Gesellschaft abhängig ist. Wir müssen uns von unseren Müttern trennen – so will es die Schulweisheit –, damit wir starke, unabhängige Individuen werden. Experten erzählen den Müttern, daß sich jedes Kind lösen müsse, um seine Autonomie zu erlangen. Das ist eine Lüge. Sie bringt die Gefühle einer Mutter in Konflikt mit den gesellschaftlichen Normen, die bestimmen, was für das Wachsen und Gedeihen von Kindern notwendig ist. Außerdem führt die Trennungslüge Mütter zu einem ungewollten Verrat an den Töchtern. Wissenschaftler (vor allem Ärzte und Psychologen), die Priester des Patriarchats, haben ihre «weibliche Anhängerschaft umworben», wie es Barbara Ehrenreich und Deirdre English in *For Her Own Good: 150 Years of the Expert's Advice to Women* beschreiben, «indem sie einen ‹richtigen› und wissenschaftlich fundierten Lebensstil versprachen; und die Frauen reagierten – vor allem in den höheren und mittleren, nicht ganz so sehr in den ärmeren Schichten – mit Abhängigkeit und Vertrauen.»[24] Mütter in den Vorortsiedlungen entfernen sich immer mehr von den generationenübergreifenden Frauennetzwerken und damit von Möglichkeiten, sich für ihre Mutterrolle Hilfe zu holen. In dieser isolierten Welt, schreiben Ehrenreich und English, «nimmt der Experte einen immer größeren Raum ein und wirkt autoritativer als je zuvor, so daß ein neues Dreieck entsteht: ‹die Mutter, das Kind, und der Experte›»[25]. Welche besorgte Mutter würde es wagen, die freundlichen Ratschläge wohlmeinender Experten über die «Aufzucht» gesunder, glücklicher Kinder in den Wind zu schlagen?

Doch in den vergangenen hundert Jahren haben die Experten ihre Ratschläge auf Theorien der Entwicklungspsychologie gestützt, die von männlichen Erfahrungen ausgehen. Trennung wurde zu einer psychischen Notwendigkeit, da Jungen «lernen mußten», Geschlechtsunterschiede zu verstehen. In der frühen Kindheit entwickeln Jungen das Bewußtsein, daß sie männlich und vom Weiblichen verschieden sind. Wenn sie lernen, wie sich Jungen und Männer verhalten sollen, erleben sie sich als kleine Männer, die anders sind als Mädchen und ihre Mama. In diesem frühen Lebensalter verstehen sie nicht, daß sie auf keinen Fall ein Mädchen oder eine Mutter werden, deshalb lösen sie sich von allem, was «Mutter» für sie bedeutet hat – sie lösen sich von der Wärme und Intimität des Säuglingsalters. Diese radikale emotionale Trennung von der «Mutter» galt lange als *die* wesentliche Aufgabe in der kindlichen Entwicklung. Richtiger wäre es, sie als ein Problem zu betrachten, vor das die Kultur männliche Kinder stellt. Theorien über die kindliche Entwicklung wie die von Sigmund Freud, Erik Erikson und Margaret Mahler halten die Abgrenzung und gefühlsmäßige Distanzierung von der Mutter für einen notwendigen Schritt, der Jungen auf die eigenen Füße stellen soll. Diese erzwungene Trennung produziert «harte Kerle», die weit vom Einflußbereich der Frau entfernt Ruhm und Ehre suchen. Für Jungen ist das ein zweifelhaftes Ziel, für Mädchen ein Verrat.

Die Trennungslügen sind inzwischen tief verwurzelte kulturelle Anschauungen über das Leben an sich. Emotionale Trennung wird mit Autonomie verwechselt, mit der Fähigkeit, für sich selbst zu sorgen, selbstbestimmt zu leben. Trennung und Autonomie sind nicht dasselbe: ein Mensch muß sich nicht gefühlsmäßig von anderen trennen, um autonom zu sein. Unter dem Diktat der Experten werden Mütter gedrängt, eine Trennung und Ablösung von ihren

Töchtern zu vollziehen, die die Töchter nicht wollen. Die frühe Kindheit und die Pubertät gelten als zwei Lebensphasen, in denen eine Trennung für die Unabhängigkeit und Autonomie von Kindern unabdingbar ist. Um eine «richtige» Mutter zu sein, entfernen sich Frauen von ihren Töchtern und beginnen sie so zu sehen, wie es die Gesellschaft will. Das stärkt den Mädchen nicht den Rücken, im Gegenteil, dieser Vertrauensbruch schwächt sie und macht sie haltlos.

Erst in neuerer Zeit hat die Forschung auf dem Gebiet der Psychologie Mädchen und Frauen in theoriebildende Untersuchungen mit einbezogen, was dazu führte, daß die gesamte Idee der notwendigen Trennungen als grundlegendes Entwicklungsmodell in Frage gestellt wurde. Frauen waren es, die den Unterschied zwischen emotionaler Trennung und Autonomie aufgedeckt haben. Bevor Frauen in den Studien zur menschlichen Entwicklung eine Rolle spielten, wurde das Bedürfnis nach Gemeinschaft und Nähe von der einseitigen Betonung individueller Leistungen verschleiert. Viele Psychologen, unter ihnen Frauen, die sich in ihrem Ausbildungsgang die männlichen Konzepte für psychische Gesundheit und Entwicklung zu eigen gemacht hatten, waren überrascht, wie vehement Mädchen und Frauen ihre Meinung vertraten, daß Nähe und Beziehungen für sie eine zentrale Rolle spielten. Als die Stimmen der Frauen ernst genommen und nicht mehr so zurechtgebogen wurden, daß sie in überlieferte Theorien paßten, bemerkten die Theoretikerinnen, vor allem Feministinnen, daß die Frauen selbst das beziehungsorientierte Zentrum ihres Lebens als Stärke und nicht als gescheiterte Trennung verstanden. Diese Stärke wird, wie Jean Baker Miller es nennt, zur Grundlage für «eine neue Psychologie der Frau»[26].

In unserer Gesellschaft erleben Männer und Frauen durch ihre frühkindliche Prägung Trennung und Nähe auf unterschiedliche Weise. Das Ich-Bewußtsein ist bestenfalls ein Gleichgewicht mit fließenden Übergängen zwischen der Erfahrung unserer körperlichen Getrenntheit und unserer Existenz als voneinander abhängiger Menschen. Für Säuglinge und Kleinkinder ist die Androhung von Trennung und der Entzug der Fürsorge gleichbedeutend mit Isolation, Einsamkeit, Ausgestoßensein, Verlassensein und sogar Tod. Männer jedoch werden im allgemeinen nicht dazu ermutigt, dieser Assoziation nachzuspüren. Privilegiert und blind durch die dominante Stellung im Patriarchat glauben sie, was man ihnen einredet: sie seien individuelle, unabhängig handelnde Menschen, die einseitige Entscheidungen über sich und ihre Beziehung zu anderen Menschen treffen. Der Preis für diese Scheinfreiheit ist die emotionale Isolation. Frauen werden so erzogen, daß sie die Gefühle und Bedürfnisse anderer eher wahrnehmen als ihre eigenen, da sie als Dienstboten des Patriarchats zu hören bekommen, sie müßten sich opfern, um das Überleben aller zu sichern. Weder die Verhaltensnormen für Frauen noch die für Männer sorgen für Ausgeglichenheit – in beiden Fällen müssen Teile des Selbst geopfert werden.

Wenn die Trennungslügen entlarvt werden, betrifft das auch den Kern der Mutter-Tochter-Beziehung, besonders in der Pubertät. Die Psychologin Terri Apter, die 65 Mutter-Tochter-Paare in England und den Vereinigten Staaten befragte, begann ihre Arbeit mit der falschen und vereinfachenden Annahme, daß «die ‹Aufgabe› der Pubertät die Trennung von den Eltern ist», und hatte sich das Ziel gesetzt, «zu verstehen, wie es der Tochter ‹gelingt› oder ‹mißlingt›, sich von der Person, die ihr am nächsten steht, zu lösen.» Als sie hörte, wie die Mädchen ihre Beziehung zu ihren Müttern beschrieben, begriff sie, daß sie die Frage falsch gestellt hatte. Es konnte nicht darum gehen, wie die Töchter unabhängig und autonom wurden, sondern darum, wie sie die Nähe zu ihren Müttern beibehielten. «Im Kontext der anderen Informationen, die ich von heranwachsenden Töchtern erhielt», erklärt Apter, «bemerkte ich, daß die überkommene Ansicht – nach der die Ablehnung der mütterlichen Ratschläge, Wahrnehmungen und Einmischungsversuche als Streben nach Loslösung gesehen wird – falsch und theorielastig war.» Apter sah sich zu der Schlußfolgerung gezwungen, daß dem Konflikt zwischen heranwachsenden Töchtern und ihren Müttern eine Neudefinition ihrer Beziehung zugrunde lag, die sich der Entwicklung der Tochter anpassen mußte, und nicht etwa in dem Versuch münden sollte, die Verbindung zu unterbrechen oder eine emotionale Distanz zu schaffen.

«Ich bezweifle allerdings», schreibt Terri Apter, «daß es mir im Gespräch mit Müttern allein gelungen wäre, deren Voreingenommenheit zu durchbrechen.» Auch die Mütter waren Überlebende des Zusammenpralls mit der Wand in der frühen Pubertät und neigten dazu, die Konflikte mit ihren Töchtern als Ablösung zu interpretieren. «Die Ansicht», erläutert sie, «daß Jugendliche sich ablösen wollen, autonom werden, mit der Kindheit brechen und sich von kindlichen Lieben und Idealen losreißen wollen, ist bei Eltern und Fachleuten fest verwurzelt.» [27] Das ist der springende Punkt: wenn Mütter diese Version der Entwicklung akzeptieren, setzen sie unterschwellig Grenzen, die ihre Töchter nicht wollen. Unsere Gesellschaft erteilt den Müttern den Auftrag, die Trennungen zu erzwingen, die sie zum Weiterbestehen braucht. Wenn wir das tun, verlieren oder verwunden wir Mütter am Ende die Liebe und Nähe zu unseren Töchtern, die uns so viel bedeutet haben.

Die Probleme, die auf heranwachsende Mädchen zukommen, sind drückend und traumatisch, aber das Dilemma der Mütter ist vielleicht noch schmerzlicher. Für sie, die beim Zusammentreffen mit dem Patriarchat ihre fatalen Kompromisse geschlossen und ihre Selbstamputation vorgenommen haben, ist es nicht nur quälend, die Anstrengungen ihrer Töchter zu beobachten – sie erleben auch ein zweites Mal ihre eigene Not, Angst und Hilflosigkeit. Die Aufforderung der Experten zur Trennung klingt in dieser verfahrenen Situation verlockend, denn sie scheint einen Ausweg aus dem Dilemma zu zeigen und bereitet die Töchter auf ihre Rolle als Helferin des Mannes vor.

Die Art von Loslösung, die Experten den Müttern anraten, gibt Mädchen jedoch das Gefühl, daß sie der Beziehung zu Frauen nie recht trauen können. Männer erscheinen dann als logische Alternative. Die Familientherapeutin Thelma Jean Goodrich schreibt: «Je besser die Mütter die Erwartungen erfüllen und ihre Aufgaben wahrnehmen, desto besser werden sich ihre Töchter in das Patriarchat einfügen – und das ist besonders traurig. Das ist der Augenblick der Wahrheit – oder das Dilemma. Je besser Sie als Mutter sind, je erfolgreicher, desto schlimmer für Ihre Tochter.» Doch eine Tochter dazu zu ermutigen, daß sie sich nicht loslöst und anpaßt, bedeutet genau das – *sie paßt nicht dazu* – und das ist äußerst bitter. Darüber hinaus werden Mütter als wichtigste und nächste Frauen im Leben ihrer Töchter für das Elend der Töchter auch noch verantwortlich gemacht.

Die Mütter sind schuld

In der patriarchalischen Kultur gibt man den Müttern die Schuld für den Schmerz, den ihre Kinder erleiden, wenn sie versuchen, sich den engen Rollenzuweisungen der Kultur anzupassen. Mütter zu beschuldigen ist ein alter Taschenspielertrick des Patriarchats: wie im *Zauberer von Oz* verwenden wir all unsere Energie darauf, die böse Hexe aufzuspüren, so daß wir dem Drahtzieher keine Aufmerksamkeit schenken. Das Problem ist, daß die böse Hexe, auf die alle zeigen, unsere Mutter ist oder – noch schlimmer – unsere Mutter in uns selbst. In Alice Walkers *Sie hüten das Geheimnis des Glücks* befindet sich Tashi, die Heldin, im Sprechzimmer mit einem weißen männlichen Psychiater. «‹Negerinnen, sagte der Doktor, sind von allen Menschen am schwersten zu analysieren. Wissen Sie, weshalb? Tashi schweigt. Negerinnen, sagte der Doktor in mein Schweigen hinein, lassen sich nicht wirksam analysieren, weil man sie nicht dazu bringen kann, ihren Müttern schuld zu geben.›»[28] Die Kameradschaft von Müttern und Töchtern in der afroamerikanischen Gemeinschaft wird von Experten zu einer Krankheitsursache verdreht. Selbst Feministinnen machen Mütter zu Sündenböcken. Wir leben in einer Welt, in der das Beschuldigen von Müttern der richtige Weg zu «Gesundheit» und «gelungener Anpassung» an die Gesellschaft ist.

Seit hundert Jahren werden Mütter fast überall als Grund für Entwicklungen gesehen, die bei ihren Kindern zu psychischen Problemen führen. Barbara Ehrenreich und Deirdre English berichten, daß eine ganze Generation von Psychoanalytikern sich «heftig bemühte, jede Störung in der Kindheit zu einer spezifischen Störung der Mütter zurückzuverfolgen, gerade so wie Bakteriologen hinter jeder Krankheit einen bestimmten Typus Mikrobe vermuten»[29]. Derartig pauschale Schuldzuweisungen gibt es immer noch. «Mütter», schreibt die feministische Psychologin Janet Surrey über eine neuere Studie, «wurden unter anderem verantwortlich gemacht für Schlafwandeln, Magengeschwüre, Hyperaktivität, Einzelgängertum, Wahnvorstellungen, verzögerte Sprachentwicklung sowie die Unfähigkeit, mit Farbenblindheit umzugehen.»[30] Die Begriffe, die das Verhalten von Müttern benennen, sind ebenfalls negativ besetzt: *kontrollierend, aufdringlich, besitzergreifend, unselbständig, verführerisch, überfürsorglich, kalt, kritisch, konkurrierend, distanziert, erschöpft, narzißtisch, beleidigend, verrückt.* Eine Wissenschaftlerin führt aus[31]: «Die Verurteilung der Mütter in der psychologischen Literatur ist seit jeher so tückisch, so massiv, so undifferenziert und so ohne Bezug zu den tatsächlichen Grenzen der mütterlichen Macht oder zu ihrem Lebenszusammenhang, daß eine gerechte Einschätzung von Verantwortung gänzlich ausgeschlossen ist.» Die Grundaussage ist klar: Seht euch nicht erst weiter um – der Grund für eure Probleme sind eure Mütter.

In vielen Formen der Psychotherapie sind Schuldzuweisungen an die Adresse der eigenen Mutter gleichbedeutend mit «Heilung». In dem Buch *So viel Liebe, so viel Haß* beschreibt Paula Caplan, wie Frauen in der Therapie dazu gebracht werden, in Wut zu geraten und ihre Mütter zu beschuldigen, und wie sie dann damit allein gelassen werden. Offenbar werden Zornausbrüche gegen unsere Mütter, im Gegensatz zu einer differenzierteren Aufarbeitung unserer Kindheitsgefühle mit subtileren Lösungswegen, als heilsam betrachtet, doch eine solche Heilung beläßt die gegenwärtige Beziehung zwischen Mutter und Tochter auf ewig in ihrem Kindheitsstadium. Zwar ist es für eine Therapie wichtig, die Probleme in unserer Beziehung zur Mutter zu untersuchen, doch Heilung heißt, die in der Kindheit nicht ausgedrückten Zerwürfnisse und Verletzungen hinter sich zu lassen. In der traditionellen Therapie bemüht man sich herzlich wenig darum, die Komplexitäten im Verhalten von Müttern zu erforschen, den sozioökonomischen oder politischen Kontext zu berücksichtigen oder überhaupt nach der Rolle ihres Partners (oder nicht vorhandenen Partners) zu fragen.

Wenn schon die Institutionen, die den Begriff *Gesundheit* definieren und Methoden zur Heilung festlegen, zum Beschuldigen von Müttern aufrufen, muß diese Praxis der Schuldzuweisung epidemische Ausmaße erreicht haben. Obwohl die Domäne der Psychotherapie oft nur Eingeweihten zugänglich ist, sind ihre Normen und Werte maßgeblich für das, was innerhalb der Gesellschaft als «normal», «gut», «gesund» und «wertvoll» gilt – dasselbe gilt für «anormal», «krank», «pathologisch» und «unerwünscht». Den Müttern die Verantwortung zuzuschieben erscheint wie eine automatische Antwort auf viele gesellschaftliche Mißstände: Mütter sind schuld am Versagen von Schülern, an wachsender Kriminalität und an einer Reihe weiterer schwerwiegender Probleme unserer Gesellschaft. Nach dem Koreakrieg wurde sogar die Tatsache, daß amerikanische Soldaten unter der Folter zusammengebrochen waren, den Müttern angelastet, da sie ihre Söhne nicht zu «richtigen» Männern erzogen hätten.[32]

Wie oft wird das Verhalten eines Kindes als Auswuchs mütterlicher Probleme betrachtet! Ein Großteil der Diskussion um «familiäre Werte» ist im Grunde eine verschlüsselte Anklage: Familien geraten in Schwierigkeiten nicht durch die ungleichen Chancen innerhalb unseres Wirtschaftssystems, bei der Kinderbetreuung und der medizinischen Versorgung, sondern weil die Mütter nicht kompetent sind – und häufig klingt an, daß sie ja nicht einmal in der Lage waren, einen Mann im Haus zu halten. Wenn die Autoritäten in unserer Kultur sich so häufig gegen die Mütter wenden, fühlt sich der einzelne völlig im Recht, wenn er dasselbe tut. Auch in den Medien und in Gesprächen richten sich Zorn und Aufmerksamkeit gegen die Unzulänglichkeiten einzelner Mütter und nicht gegen die Unzulänglichkeit unseres Gesellschaftssystems. Schuldzuweisungen an die Mütter sind ein Flächenbrand, der von einem Funken

Wahrheit ausging: tatsächlich kamen uns unsere Mütter fast allmächtig vor, als wir Säuglinge und völlig von ihnen abhängig waren. Erwachsenwerden bedeutet, daß wir die einseitige Abhängigkeit zurücklassen und eine gegenseitige Abhängigkeit aufbauen. Die Gefühle, die sich gegen die Mutter richten, scheinen gerechtfertigt: War sie nicht diejenige, die immer da war oder hätte da sein sollen? Brauchten wir nicht sie mehr als alles andere und alle anderen, als wir jung und verletzlich waren? Wut und Vorwürfe können zunächst einmal sehr dabei helfen, sich stark und unabhängig vorzukommen und sich gegen Gefühle wie Abhängigkeit und Ohnmacht zu schützen. Tatsächlich hatten (und haben) unsere Mütter eine starke und komplexe Macht über unser Leben. Allzu häufig allerdings wurde ihre Möglichkeit, uns emotional zu begleiten, von der Tatsache behindert, daß sie sich um ihr eigenes und unser Wohlbefinden kümmern mußten – und das konnte heißen, sich auf den Mann in ihrem Leben zu konzentrieren oder zusätzlich zur häuslichen Arbeit noch einer Erwerbsarbeit nachzugehen. In Gemeinschaften, in denen der Überlebenskampf der Mütter sichtbarer ist, sind die Anschuldigungen weniger massiv. Wo Rassismus, Armut und Mißbrauch herrschen, steht außer Zweifel, daß die äußeren Gegebenheiten ganz eindeutig nicht von den Müttern zu verantworten sind. Doch in jeder Situation gibt es Mütter, die so unter den Verhältnissen leiden, daß sie sich nicht um ihre Kinder kümmern können, und manche Mütter, die selbst nie fürsorgliche Liebe kennengelernt haben, können auch ihren Kindern nicht ihre ganze Zuwendung geben. Weil wir nie gelernt haben, den Zusammenhang zwischen den Kämpfen unserer Mütter und ihrem untergeordneten Status in der Welt zu sehen, werden Vorwürfe an ihre Adresse zu einer einfachen Rationalisierung.

Erwachsene Töchter sind sich dieser Voreingenommenheit vielleicht oft nicht bewußt, und Mädchen saugen sie mit der Luft ein, die sie atmen. Im Lauf der letzten Generationen hat die Vehemenz der Schuldzuweisungen besonders in der Mittel- und Oberschicht zugenommen. Historiker haben belegt[33], daß die Entfremdung zwischen Müttern und Töchtern mit der Abwertung und Verdrängung der Frauenarbeit einherging. Da Frauen ihren Töchtern weniger nützliches Wissen beizubringen haben (wie beispielsweise Krankenpflege oder die Herstellung von Essen und Kleidung), fühlen sich viele Töchter ihren Müttern fremd. Heute erwartet man von Müttern nur noch, daß sie ihren Töchtern beibringen, wie sie sich möglichst reibungslos in die patriarchalische Ordnung einfügen. Die Fähigkeit zur Anpassung wird durch Selbstverleugnung gelernt und nicht durch positive Bestätigung.

Wenn es als heilsam gilt, den Müttern die Schuld zu geben, können die einmal geweckten Gefühle besonders verwirrend und beängstigend werden, wenn Frauen selbst Mütter werden. Frauen, die Kinder bekommen, begeben sich auf eine Gratwanderung, denn auf beiden Seiten beschneidet Verrat ihren Weg. Mütter werden dafür verantwortlich gemacht, daß sie im Leben ihrer Kinder allmächtig sind, doch gleichzeitig sind sie oft machtlos, wenn es darum geht, deren Lebensqualität zu verbessern. Die erste Frage, die gestellt wird, wenn sich ein Mädchen «unmöglich» benimmt, ist: «Wo ist ihre Mutter? Weiß ihre Mutter nichts davon?» Mütter werden anhand des Verhaltens ihrer Töchter beurteilt. Um den Status quo beizubehalten, der der Autorität und den Bedürfnissen von Männern Vorrang gibt, werden Mütter ermutigt, ihre Töchter so zu erziehen, daß sie sich fügen und in ihrem Alltag um die Wünsche und Anliegen von Männern kreisen. Dann sind Frauen «gute» Mütter, doch sie verraten das Potential ihrer Töchter zur Selbstverwirklichung. Sich anders zu entscheiden und die Mutterrolle auf andere Art wahrzunehmen bedeutet, einen Verrat an der Kultur zu begehen, der Gefahren mit sich bringt: ausgegrenzt oder bestraft zu werden, als Ketzerin zu gelten, als «schlechte» Mutter verdammt zu werden.

Die Kluft zwischen den Generationen

Der ungewollte Verrat der Mütter an den Töchtern ist die Wurzel der Matrophobie – der Furcht, so erklärt Adrienne Rich, wie die eigene Mutter zu werden. Viele Frauen haben eine «Matrophobie». Psychologen berichten[34], daß Männer häufig den Wunsch ausdrücken, ihren Vätern nachzueifern, wogegen Frauen in der Regel lieber ganz anders als ihre Mütter sein wollen und sich alle Mühe geben, ihnen so wenig wie möglich zu ähneln. Matrophobie schafft Gräben zwischen Frauengenerationen. Wird nicht häufig die Hoffnung auf ein ganz anderes Leben für unsere Töchter von dem leidenschaftlichen Verlangen genährt, nicht wie unsere Mütter zu sein?

Jede Mutter muß irgendwann erkennen, daß die eigene Mutter in ihr weiterlebt. «Ich habe meinen Ohren nicht getraut – die Worte meiner Mutter schienen mir aus dem Mund zu springen.» In zahllosen Wendungen («Darüber reden wir noch!»), im Tonfall, in Gesten und Ängsten «springen» unsere Mütter aus uns heraus und dringen in die Beziehung zu unseren Töchtern ein. Und diese Erfahrung bewirkt bei Frauen oft, daß sie sich in ihrer Mutterrolle nicht wohl fühlen: «O Gott, ich benehme mich genauso wie sie!» Warum werden so viele Mütter dadurch so sehr aus der Fassung gebracht? Für manche bedeutet es, daß sie die Kontrolle über das eigene Leben verlieren und sich vorkommen, als hätte man sie psychisch gekidnappt.

Wie die eigene Mutter zu sein, ist für viele von uns eine schreckliche Vorstellung. Selbst wenn jede von uns erkennt, wie sehr sie ihre Mutter liebt, ist es etwas völlig anderes, *genau wie sie* zu sein. Judith Arcana fand in ihrer Befragung von Müttern und Töchtern heraus, daß 49 Prozent der Frauen mit ihren Müttern konkurrieren und es darauf anlegen, «sie zu überholen, sie auszustechen, Erfolg zu haben, wo sie gescheitert sind: *wir* werden außergewöhnliche Frauen sein, *wir* werden uns nicht zu diesem diskriminierten Wesen, genannt Frau, machen lassen.»[35] Sie weist darauf hin, daß wir als Frauen lernen, wir seien im Grunde austauschbar, gleichzeitig gäbe es aber immer nur Platz für *eine* Frau, denn jeder Mann suche sich angeblich nur eine einzige Frau, die er liebe und beschütze. Vor allem in der Mittel- und Oberschicht konkurrieren Frauen miteinander um die Aufmerksamkeit von Männern. Dahinter steht die unausgesprochene Hoffnung, daß wir uns in einer Kultur, in der Beziehungen häufig als Wettbewerb betrachtet werden, als diejenige erweisen, die um ihrer selbst willen und wahrhaftig geliebt wird. Jede glaubt, ausgerechnet sie entkäme der Diskriminierung, wenn nur ein Märchenprinz komme und sie mitnehme – eine verführerische, romantische Illusion. Auch wenn manche Frauen wie Königinnen behandelt werden, so bleiben doch immer noch genügend andere, die nach einer zerbrochenen Beziehung zum Sozialfall werden.

Konkurrenz zwischen Frauen wird gewöhnlich zum ersten Mal in der Mutter-Tochter-Beziehung erfahren. Sie drückt sich in subtilen Kämpfen zwischen Mutter und Tochter aus. «Durch ihre Attraktivität hat meine Mutter Macht ausgeübt», erinnert sich Ethel. «Als ich mit zwölf oder dreizehn einmal aus der Schule kam, überraschte ich meine Mutter dabei, wie sie eines meiner Kleider, ein gelbes, mädchenhaftes Rüschenkleid anprobierte. Ich war verärgert, daß sie einfach so an meinen Kleiderschrank ging. Als ich mich beklagte, schrie sie mich an, ich sei egoistisch. Nachts lag ich wach und dachte nach, warum sie das wohl getan hatte. Es kam mir so unpassend vor. Aber meine Mutter war schon immer sehr auf Konkurrenz bedacht. Konkurrenzfähig zu sein war für sie ganz wichtig.» Töchter lernen außerdem von ihren Müttern, wie sie mit anderen, unbekannten Frauen konkurrieren – indem sie durch äußere und innere Qualitäten Männern auffallen und gefallen. Doch individuelle Lösungen wie die Suche nach «Dem Traummann» oder nach «Der wunderbaren Beziehung» isolieren Frauen nur noch mehr und machen sie vielleicht noch abhängiger als zuvor. Der Versuch, die Mutter in uns zu exorzieren, ist ein weiterer, zum Scheitern verurteilter Versuch, für die Mutterrolle eine individuelle Lösung zu finden. Er schließt selbstzerstörerische Haßgefühle mit ein und führt zu einer Aufspaltung unseres Wesens.

«Matrophobie», erklärt Adrienne Rich, «kann als weibliche Selbstspaltung gesehen werden, in dem drängenden Wunsch, ein für allemal von der Knechtschaft unserer Mütter befreit und ein Individuum zu werden. Die Mutter steht für das Opfer in uns selbst, die unreife Frau, die Märtyrerin.»[36] Wenn Mütter tun, was die Gesellschaft vorschreibt – das heißt ihre Töchter zur Anpassung erziehen –, assoziieren die Töchter den Schmerz und die Kompromisse der Anpassung mit der Mutter. Hassenswert sind nicht so sehr unsere Mütter als der Teil von uns selbst, der schwach und kompromißbereit ist, und viele von uns setzen diesen Teil mit der Mutter gleich. Weil wir regelrecht gedrängt werden, unseren Zorn und Haß auf die Unterdrückung von Frauen gegen unsere Mütter zu richten, tut sich eine Art Sankt-Andreas-Graben zwischen den Frauengenerationen auf. Matrophobie existiert sogar bei Müttern und Töchtern, die sich sehr nahe stehen, so daß unter der scheinbar soliden Oberfläche von Liebe und Vertrauen durch eine plötzliche Erschütterung entlang des Grabens tiefe Abgründe der Schuld aufbrechen. Da Frauen einige Erfahrung damit haben, wie schmerzhaft solche Konfrontationen sein können, sind viele von ihnen Expertinnen darin geworden, Nähe mit einer schützenden Distanz zu verbinden und Mißtrauen durch scheinbare Offenheit zu überdecken. Mit offenen Blicken und Herzen präsentieren sich Frauen als perfekte Exemplare ihrer Art: liebevoll, warmherzig und selbstlos, keiner schlechten Gedanken oder Gefühle fähig.

Die perfekte Mutter

Die Tradition der Mutterschelte schafft ein psychisches Gefängnis für die Mütter von Töchtern. Ob sich eine Mutter dieser kulturellen Zwänge bewußt ist oder nicht – das Bestreben, richtig zu handeln, einer Tochter neue Möglichkeiten zu bieten, setzt Mütter unter Druck. Maßstäbe für eine «gute» Erziehung durch die Mutter stehen oft im Gegensatz zu den äußeren Lebensbedingungen und bewirken bei den Müttern Schuldgefühle und innere Zerrissenheit. Eine riesige Verantwortung ohne wirkliche Autorität, unmögliche Ideale und erzwungene Opfer, Selbstzweifel und Unsicherheiten: all das führt zu Hilflosigkeit und einem starken, aber diffusen Verlustgefühl. Mütter können es sich nicht leisten zu versagen, denn das würde ihren Töchtern Schaden zufügen. Doch angesichts unmöglicher Erwartungen müssen Mütter scheitern.

Die Psyche reagiert darauf, indem sie uns in das Gefängnis der Perfektion steckt. Ein innerer Dialog entsteht: *Die ganze Welt kann schließlich nicht unrecht haben; also bin ich nicht gut, nicht perfekt genug. Wenn ich perfekt wäre, dann wäre alles in Ordnung.* Wenn unsere Töchter vollkommen sind, waren wir gute Mütter. Frauen, die außer Haus arbeiten, haben unterschwellig Schuldgefühle und werden zusätzlich kritisiert, daß sie sich angeblich nicht genug um ihre Familien kümmerten. Frauen, die nicht berufstätig sind, stehen unter dem Druck, besonders perfekte Töchter aufzuweisen, denn wie könnten sie es sonst rechtfertigen, daß sie nicht «produktiv» (das heißt in einem Arbeitsverhältnis beschäftigt) sind? Die Vergleiche und Rivalitäten schaffen Reibungsflächen unter Frauen. Wir gehen einander als Helferinnen und Beistand verloren, und schließlich bleibt uns nur noch das unerreichbare Ideal der «guten» Mutter übrig. Das Gefängnis der Perfektion ist mit patriarchalischen Bildern der «guten» Mutter tapeziert.

Wer sind die «guten» Mütter? Die Jungfrau Maria ist, obwohl sie keine Tochter hat, in der westlichen Kultur der Inbegriff einer guten Mutter. Sie ist voller Fürsorge, Liebe und Selbstlosigkeit. «Liebe ist, nach Ansicht der (männlichen christlichen) Theologen, völlig uneigennützig, sucht nie den eigenen Vorteil, sondern ist nur auf das Wohl der anderen bedacht», schreibt die Theologin Valerie Saiving. Innerhalb dieses kulturellen Rahmens, fährt sie fort, wird eine Mutter «glauben, daß sie, sobald sie Ehe und Kinder gewählt hat und damit den Wünschen ihrer Familie nach Liebe, Regenerierung und Vergebung gegenübersteht, kein Recht hat, etwas für sich selbst zu fordern, sondern sich ohne Wenn und Aber fügen muß...»[37] Durch diese selbstlose Liebe erzieht eine Mutter ihre

Kinder zu guten Kindern. Das Kind der Jungfrau Maria war nicht nur gut, sondern sogar vollkommen. Da die Qualität der Mutter an der Qualität ihrer Kinder gemessen wird, repräsentiert Maria die «gute» Mutter an sich. Sie ist ein kulturelles Ideal, ihre Perfektion ist nicht menschenmöglich.

Märchen erzählen von Müttern, die entweder zu gut sind, um wahr zu sein, oder so schrecklich, daß es einen graust. Leibliche Mutterschaft wird vielfach ausgeklammert, und so sind Märchen von bösen Stiefmüttern und garstigen alten Frauen bevölkert, die den Widerpart zu der guten Fee darstellen. Aschenputtels böse Stiefmutter ist so berüchtigt, wie ihre gute Fee berühmt ist. Dornröschen hat einen kleinen Pulk guter Feen um sich geschart, die von einer bösen Fee fast ausgestochen werden, da sie das Mädchen in der Wiege verflucht (böse Mutterfiguren verfügen über mehr Macht und schädliche Zauberkraft als gute). Unter dem Deckmantel frommer Sprüche über gute Mütter sorgen Märchen dafür, daß Mütter bei der Stange bleiben, indem sie schlechte Mütter ganz pauschal als Stiefmütter kostümieren. Die Verunglimpfung der Mutterschaft, und besonders der Mutter-Tochter-Beziehung, die durch diese hinterlistigen Mutterfiguren verbreitet wird, dient als Warnung an die Mütter und signalisiert den Töchtern, daß sie mütterlichen Frauen nicht trauen dürfen. Böse Stiefmütter sind ganz und gar unzuverlässig; guten Feen fehlt die Macht, Töchter zu beschützen. Doch beide sind unwirklich, unmenschlich. (Die «richtige» Mutter ist im Märchen unweigerlich tot.) Weder Güte noch Bosheit allein trifft das Wesen von Müttern. Absolute Gegensätze sind weltfremd.

Woody Allens Hannah in Allens Film *Hannah und ihre Schwestern* versucht, die perfekte «gute» Mutter zu sein. Hannah leidet und opfert sich auf. Sie ist so vollkommen, daß ihr Mann immer weniger Zugang zu ihr findet und eine Affäre mit ihrer Schwester anfängt. Hannah bekommt ihren Mann zurück (indem sie ihm zeigt, daß sie verletzlich ist, denn genau das braucht er jetzt von ihr), die Geschichte enthält zumindest Hinweise auf die Hohlheit des Bildes von der Supermutter. Andererseits ist es schon eigenartig, wie wenige vollkommen «gute» Mütter es in Geschichten und Filmen gibt. Selbst in Romanen wirken sie erfunden. Dafür gibt es jede Menge «schlechter» Mütter, die uns wie Sirenen vor den Gefahren schlechter Mutterschaft warnen (und vielleicht vor der Versuchung, zur Abwechslung einmal selbständig zu sein und über uns nachzudenken).

Häufiger enthalten Filme eine Lektion für Frauen, die es wagen, die unerträglichen Einschränkungen der perfekten Mutterrolle zu durchbrechen. In *Zwei Welten* bemüht sich eine Tochter herauszufinden, ob sie eine schlechte Mutter hatte oder nicht. Ist die Mutter, die sich für den politischen Kampf gegen Rassismus und Apartheid engagiert und so sehr in Anspruch genommen wird, daß sie sich für die Tochter wenig Zeit nehmen kann, eine schlechte Mutter? In den Kritiken wurde diese Frage fast einmütig bejaht. Der Heldin des Films *Der Preis der Gefühle* wird ihre Tochter hauptsächlich deswegen fortgenommen, weil sie sich nach ihrer Scheidung auf eine spielerische und zärtliche Liebesbeziehung zu einem anderen Mann einläßt. Schließlich gibt sie jede Hoffnung auf ein erfülltes Leben auf und zieht in eine karge Wohnung in der Nähe ihres Ex-Mannes und dessen neuer Frau, nur um ihrer Tochter räumlich nahe zu sein. Indem sie das tut, wird sie ironischerweise zur «guten Mutter». «Schlechten» Müttern werden, wie wir alle wissen, ihre Töchter weggenommen. Eine der wirkungsvollsten und gefährlichsten Waffen, die in Filmen und im wirklichen Leben gegen Mütter eingesetzt wird, ist die Drohung, man würde ihnen die Kinder wegnehmen. Natürlich gibt es Frauen, die aus den verschiedensten emotionalen und wirtschaftlichen Gründen das Leben ihrer Kinder gefährden, doch es sind bemerkenswert wenige, und ihre Anzahl wird unter dem Einfluß von parteiischen Zeitungsmeldungen von der öffentlichen Meinung weit überschätzt. Die Journalistin Susan Faludi hat in *Die Männer schlagen zurück* dokumentiert, wie häufig sich Geschichten über «schlechte» Mütter in Zeitschriften und Zeitungen der achtziger Jahre fanden.[38] Die Medien verbreiteten, daß «gute» Mütter ihre Arbeitsstellen aufgaben und zur Hausarbeit zurückkehrten, daß «gute» Mütter ihre Kinder nicht anderen Frauen und mangelhafter Betreuung überließen. Sue, eine berufstätige Mutter, sagt: «Die Leute sprechen die Dinge indirekt an. Sie sagen nicht, daß du eine schreckliche Mutter bist, weil du arbeitest, sondern daß sie zu Hause bleiben, weil sie ein besseres Leben für ihr Kind wollen, daß sie sich um das Kind kümmern wollen und daß ihnen das wichtig ist – als ob es mir nicht wichtig wäre!» Die meisten Mütter lieben ihre Kinder, wollen das Beste für sie und fühlen sich sehr schnell schuldig, wenn man ihnen einredet, sie nähmen keine Rücksicht auf ihre Bedürfnisse. Viele Mütter wissen, daß es nicht in ihrer Macht steht, ihren Kindern das Optimale zu bieten. Eine «schlechte Mutter» genannt zu werden ist nicht nur beunruhigend (tue ich etwas, das meinen Kindern schadet?), sondern setzt die Beziehung zwischen Mutter und Kind aufs Spiel. Das vergangene Jahrzehnt spielte die wirtschaftliche Eigenständigkeit der Frauen gegen das Wohlergehen ihrer Kinder aus, und dieser «Gegenschlag» gab guten Frauen das Gefühl, schlechte Mütter zu sein.

Doch kulturelle Normen von guter Mutterschaft bieten keinen Schutz. Die Psychologin Phyllis Chesler hat in *Mothers on Trial: The Battle for Children and Custody*[39] gezeigt, daß Müttern ihre Kinder zwar weggenommen wurden, weil sie sich zu wenig um sie kümmerten, aber ebenso, weil sie keiner Arbeit nachgingen und zu wenig für die finanzielle Sicherheit ihrer Kinder taten. Frauen haben ihre Kinder verloren, weil sie einen Mann verließen, der sie mißhandelte, oder weil sie mit einer Frau lebten, die sie liebte.[40] Während die reaktionären achtziger Jahre die Frauen unter versteckten Drohungen wieder zurück an den Herd schickten, werden Frauen heute auch als «schlechte Mütter» betrachtet, wenn sie zu Hause arbeiten. Zwischen allen Stühlen sitzend, werden Mütter von einer Gesellschaft verraten, die bei der Erziehung von Kindern schneller mit Schuldzuweisungen als mit Hilfsangeboten zur Stelle ist. Auf zahllose Arten werden Mütter vor unmögliche Alternativen gestellt. Die westliche Kultur, die so gerne in Polaritäten denkt, teilt die Welt in schwarz und weiß, gut und böse, perfekt und unzulänglich. Nach diesen Wertmaßstäben gut zu sein ist nicht menschenmöglich. Die Komplexität und Schwierigkeit der Mutterrolle wird in unserer Gesellschaft, die Mütter pauschal zu Sündenböcken stempelt, unter den Teppich gekehrt. Nur zu oft müssen Mütter Entscheidungen auf der Grundlage dieser falschen, übertriebenen Polarisierung treffen. In manchen dieser scheinbaren Wahrheiten über die Erziehung von Töchtern entdeckt man die Verführung zur Perfektion. Der wahre Kern solcher Aussagen – denn sie enthalten natürlich alle ein Stückchen Wahrheit – ist bis zur Unkenntlichkeit entstellt. Als Anleitungen zur Perfektion im Sinne des Patriarchats spielen sie die Bedürfnisse der Mütter gegen die der Töchter aus und legitimieren die Mütter, ihre eigenen unerfüllten Lebenswünsche auf die Töchter zu projizieren.

Zunächst einmal gibt es die Mythen, die Perfektion und Aufopferung betreffen:

Wenn ich alles richtig mache, wird es meinen Kindern gutgehen.

Eine gute Mutter würde ihr Leben für ihre Kinder hingeben.

Ich kann meine Tochter vor der harten Wirklichkeit beschützen, wenn ich nicht darüber rede, wenn ich sage, daß alles gut werden wird, oder wenn ich genau das Richtige sage.

Dann gibt es die Sprüche, die Müttern einreden, sie sollten die Erfüllung nicht in ihrem eigenen Leben, sondern in dem ihrer Töchter suchen:

Deine Tochter ist ein Spiegel, in dem du dich selbst wiederfindest.

Meine Tochter kann bekommen, was ich nie hatte.
Konkurrenz ist nun mal eine Tatsache; sie muß wissen, wie man konkurriert, damit sie überlebt. Erfolg ist die einzige Sicherheit, die es für sie gibt.

Schließlich gibt es die Lügen über die angeblich notwendige Trennung in der Pubertät, die das Aufbrechen von Gräben zwischen den Frauengenerationen rechtfertigen:

Die Pubertät ist eine Zeit der Loslösung, in der Töchter versuchen, unabhängig zu werden, hauptsächlich von ihren Müttern.

Heranwachsende Töchter wollen nicht hören, was ihre Mütter zu sagen haben, sie wollen ihnen nicht ähnlich sein.

Wenn deine heranwachsende Tochter dich nicht haßt, wird sie ernsthafte Probleme bekommen.

Durch Märchen und Mythen lernen Frauen, das aufzugeben, was sie am meisten lieben und sich wünschen. Diese «gute» Mutterschaft, so wie sie heute existiert, garantiert, daß eine Tochter von der Frau, die ihr am nächsten steht, an der Schwelle zum Patriarchat verlassen wird.

Wenn Mütter die Wahrheit sagen

Die Familientherapeutin Thelma Jean Goodrich kommentiert: «Es stimmt nicht, daß Mütter den rechten Weg verfehlen, den, auf dem ihre Töchter glücklich, gesund, wohlhabend und klug würden. Es gibt ihn nicht.» Die ausgetretenen Pfade des Patriarchats führen zum Verrat der Mütter an ihren Töchtern und zum Verrat zwischen Frauen jeglicher Rasse, Herkunft und sexuellen Orientierung. Können wir einen anderen Weg durch die Wildnis finden? Können wir eine Revolution für Frauen und Mädchen in Gang bringen, indem wir die Wahrheit über unser Leben sagen?

Es muß nicht immer so sein – ein Kreislauf von Trennung, Verlust, Verrat, von einer Generation zur nächsten weitergetragen. Wenn Frauen aus der verdummenden Ordnung der patriarchalischen Beziehungen heraustreten und sich daran erinnern würden, wie sie früher waren, an die Teile ihres Wesens, die verlorengingen, wenn sie sich mit ihren Töchtern und mit anderen Frauen zusammenschließen würden, könnte etwas radikal Neues entstehen. «Wenn sich Frauen und Mädchen am Scheideweg der Pubertät begegnen», schreiben Lyn Mikel Brown und Carol Gilligan, «bröckelt die Wand der patriarchalischen Kultur. Wenn Frauen und Mädchen sich gemeinsam weigern, ihre Zusammengehörigkeit zugunsten von ‹Beziehungen› aufzugeben, dann birgt diese Begegnung das Potential für gesellschaftlichen und kulturellen Wandel.»[41]

Frauen, die an diesem Scheideweg, am Fuße der Wand, Mädchen wirklich begegnen, verwandeln den Verrat – das Wort bedeutete früher «durch falschen Rat irreleiten» – in Macht und Zusammengehörigkeit. Die Trennungslügen errichten Mauern zwischen Frauen und drohen, jede Generation von Frauen von der folgenden zu trennen. Wenn diese Lügen aufgedeckt werden, wenn die Wahrheit über die manchmal sehr ähnlichen und manchmal widersprüchlichen Erfahrungen von Frauen in einer von Männern geprägten Kultur ans Licht kommt, entdecken Frauen «Macht-Räume» in der scheinbaren Undurchdringlichkeit ineinander verzahnter Herrschaftsmechanismen.

Doch die Wahrheit über das weibliche Leben ist oft kaum zu erkennen. Entwicklungsromane, Märchen, romantische Phantasien und Geschichten über das, was gut und wertvoll ist, werden alle aus der Perspektive des Patriarchats erzählt. Die Wahrheit von Frauen wird oft als verrückt, naiv oder dumm charakterisiert, weil das Patriarchat die Macht hat zu bestimmen, was richtig und was nicht richtig ist. Die Wahrheit zu sagen stellt Frauen vor ein weiteres Problem: Wenn wir innerhalb der patriarchalischen Definitionen von Wirklichkeit bleiben, entfremden wir uns von unserer Authentizität und unserer Macht, aber wenn wir sagen, was wir denken und fühlen, laufen wir Gefahr, daß man uns für verrückt erklärt. Da jede Frau beim Eintritt in die Gesellschaft eine verstörende Konfrontation erlebt, bringt der Entschluß, die Wahrheit zu sagen, eine ständige Korrektur der eigenen Sichtweise mit sich. Wir müssen uns den Blick der Außenseiterin wieder aneignen, den viele von uns als Mädchen hatten und später als Frauen verloren haben. Wenn wir von außen auf die Wand blickten und Mädchen begegneten, bevor sie mit ihr zusammenstoßen, würden wir alle – Frauen und Mädchen – besser erkennen, was es bedeutet, in dieser männlichen Kultur weiblich zu sein, und werden unsere Erfahrungen austauschen.

Die Begegnung von Frauen und Mädchen führt dazu, daß Mütter

beschließen, mit der Wahrheit herauszurücken. Frauen, die dem Mut und den Fragen von Mädchen gegenüber offen sind, fordern ihre Autorität zurück und entwerfen eine Zukunft, in der Mädchen ihr Wissen und ihre Authentizität nicht aufgeben müssen. Wenn Töchter die Stimme der Wahrheit von ihren Müttern hören, fühlen sie sich unterstützt in ihrem Widerstand gegen den Verlust der eigenen Stimme, der eigenen Phantasie und des eigenen Potentials. Statt die Tochter zu beschützen, indem sie ihr beibringt, wie sie sich an eine Kultur anpaßt, die ihre Integrität und Kraft ablehnt, kann jede Mutter gegen die Unterdrückungsmechanismen kämpfen, die ihre eigene Lebensenergie und die ihrer Tochter dämpfen, und damit unternimmt sie zumindest einen Versuch, solidarisch zu handeln. Ermutigt von klaren Aussagen über die Unterdrückung von Frauen, kann die Liebe der Mütter zu den Töchtern und die Liebe der Töchter zu den Müttern die Lügen ausmerzen, die dafür verantwortlich waren, daß Frauen durch Trennung und Verrat den Kontakt zueinander verloren haben. Wenn Frauen und Mädchen aus dem Schatten des Verrats heraustreten, können sie gemeinsam die Kraft aufbringen, Nähe, Gemeinsamkeit und Selbstbestimmung einzufordern. Und diese Kraft könnte die Wand zum Einstürzen bringen.

2 *Von der Macht zum Verrat*

Die Unterdrückung der Frau ist der eigentliche und gewöhnlich verborgene Grund dafür, daß die Tochter von ihrer Mutter enttäuscht ist, und er verstärkt den Wunsch der Tochter, sich abzulösen und anders als ihre Mutter zu werden. Wenn die Verachtung der Tochter nicht in diesem größeren Zusammenhang betrachtet wird, kann es so aussehen, als ob der Konflikt zwischen Mutter und Tochter geschlechtsbedingt und eine Lösung nicht möglich sei. Das ist der Fehler, den Freud gemacht hat.

Judith Lewis Herman und Helen Block Lewis
«Anger in the Mother-Daughter Relationship»

Die relative Machtlosigkeit der Frauen in der Gesellschaft verschärft die Komplikationen der Mutter-Tochter-Beziehung. Es ist eine besonders bittere Ironie, daß Mütter innerhalb der patriarchalischen Kultur, gerade weil sie ihre Töchter beschützen möchten und ihnen deshalb Grenzen aufzwingen, in den Augen der Töchter zu Verräterinnen werden. Mütter müssen die Folgen einer Situation tragen, die sie weder geschaffen noch verschuldet haben. Diese Kluft, dieser Sankt-Andreas-Graben, der Generationen von Frauen voneinander trennt, entstand durch die Rolle, die Müttern zugeschrieben wurde: als Zwangsvollstreckerinnen, die die Mädchen in ihren Freiheiten immer mehr einengen.

«Bei dem Wort Verlust denken wir daran, Menschen durch Tod zu verlieren», sagt die Autorin Judith Viorst in *Mut zur Trennung*. «Aber Verlust spielt eine weit umfassendere Rolle in unserem Leben. Wir verlieren nämlich Menschen nicht nur an den Tod, sondern auch, wenn wir sie verlassen oder von ihnen verlassen werden... und diese Verluste sind notwendig, weil wir uns dadurch, daß wir etwas verlieren, verlassen oder gehen lassen, weiterentwikkeln.»[1] Viorst beschreibt diese Verluste als «notwendige Verluste», von konkreten Aufbrüchen bis zu dem bewußten und unbewußten Verlust unserer romantischen Träume, nicht erfüllbarer Erwartungen, Illusionen von Freiheit und Macht, Illusionen von Sicherheit. Verlust, bemerkt sie ganz richtig, sei ein schmerzlicher und notwendiger Teil des Wachstums. Jedes Ende ist gleichzeitig ein Beginn. Um zu wachsen und unseren Platz in der Welt zu finden, müssen wir unser jüngeres Selbst zurücklassen.

Doch es gibt auch unnötige Verluste in unserer Entwicklung. In einer Kultur, in der Männer die Längen- und Breitengrade geistiger, seelischer und körperlicher Bewegungsfreiheit abgesteckt haben, bleibt für Frauen kein Platz. Die männliche Landkarte der Realität ist ein Abriß der Machtverhältnisse. Macht-los müssen Frauen darum kämpfen, Wissen zu erwerben, sich als Ganzes zu fühlen, frei zu sprechen oder auch nur als normal betrachtet zu werden.

Macht, behauptet der französische Philosoph Michel Foucault, wäre etwas sehr zerbrechliches, wenn sie sich allein durch Unterdrückung am Leben erhielte. Wenn sie nur über Zensur, Ausgrenzung, Blockierung und Repression wirkte, sich nur negativ ausdrückte. Langsam aber beginnen wir zu realisieren, daß Macht ganz im Gegenteil deshalb so starke Wirkungen zeitigt, weil sie uns bei unserem Begehren packt und uns auf der Ebene des Wissens trifft. Die körperlichen Verkrampfungen von Frauen, mit denen sie auf das Begehren des Mannes antworten, ihr ständiges Gefühl, verrückt zu sein, und ihr Verstummen entlarven die «Wirklichkeit» als Farce, als Machtspiel. Wenn Frauen über Wahrnehmungen außerhalb dieser «Wirklichkeit» berichten und danach handeln, wird das schnell zur Bedrohung für sie selbst. Mädchen empfinden den Verlust und Verrat sehr tief, wenn sie in die Machtlosigkeit der weiblichen Welt eintauchen.

Macht ist wichtig, um gesund und als intakte Persönlichkeit aufzuwachsen. Die sprachliche Wurzel des Wortes «Macht» hat nichts mit Beherrschung zu tun: *Macht* bedeutet «können, vermögen». Der Wunsch, unsere Fähigkeiten, unsere Stärke und unser Mitgefühl einsetzen zu *können* – zu wissen, wie das geht, und für das, was wir leisten, anerkannt zu werden – ist eine starke Antriebskraft im menschlichen Leben. Wenn unsere Macht ständig torpediert oder als zu gefährlich eingestuft wird, verinnerlichen wir diese Einschätzung schnell. Dadurch verlieren wir einen Teil von uns selbst, wir erleiden einen Verlust, den wir als Verrat empfinden. Diese Erfahrung ist oft überwältigend und traumatisch, und unsere Psyche schützt uns dagegen, indem sie das Wissen darum aus unserem wachen Bewußtsein verdrängt. Wir schaffen eine Brandmauer aus Angst, um die Gefühle daran zu hindern, in unser Bewußtsein einzudringen. Mit der Zeit gewöhnen sich Frauen daran. Sie reden sich ein, daß «das Leben nun einmal so ist», und glauben schließlich, mit ihnen selbst sei etwas nicht in Ordnung, wenn es ihnen dabei nicht gutgeht.

Erst wenn eine politische Bewegung lange nicht beachtete Tatsachen wieder öffentlich bewußt macht, verlieren Verluste dieser Art plötzlich ihren Sinn. Erst dann regt sich in der Gesellschaft die Forderung nach Veränderungen. Jahrelang störte sich niemand daran, wenn Männer ihre Frauen verprügelten. Obwohl Ehefrauen immer noch geschlagen werden, hat die Bewegung gegen Gewalt in der Ehe zumindest das Bewußtsein dafür geschärft, daß das, was allgemein akzeptiert wurde, für Frauen einen unnötigen und ungesetzlichen Verlust von Sicherheit bedeutet.

Wenn wir Mädchen auf ihrem Weg von der Macht zum Verrat begleiten, wird sich auch unsere Sicht auf das Erwachsenwerden in unserer Kultur ändern. Die Entwicklungstheorien finden in der Regel Rechtfertigungen für das, was mit Frauen geschieht. Doch wenn wir Mädchen zuhören und von ihnen lernen, erleben wir, was wir selbst aufgegeben und mit der Zeit als «Wirklichkeit» akzeptiert haben. Es gibt zwei Phasen, in denen sich ein Mädchen durch seine wachsende Intelligenz und Erfahrung den Zugang zu einer größeren gesellschaftlichen Realität erschließt: die frühe Kindheit und die frühe Jugend. «In diesen Phasen», schreiben die Psychiaterinnen Judith Herman und Helen Lewis, «schärft sich der Blick der Töchter für den relativen Rang von Frauen und Männern in unserer Gesellschaft. Und jedesmal reagieren sie mit Erschütterung, Enttäuschung und Wut gegen ihre Mutter.»[2]

Prinzessin der Macht

Im Alter von drei bis fünf Jahren entdecken viele Mädchen She-Ra, die Prinzessin der Macht, eine Puppe, die der Heldin eines Films der achtziger Jahre nachgebildet wurde (sie ist die Schwester von He-Man). Mit dem Körper einer Barbiepuppe, aber mit übermenschlichen Kräften ausgestattet, entspricht She-Ra dem heimlichen Bild, das viele Mädchen in der frühen Kindheit von sich haben. Auch wenn sie gewöhnlich von der Idee der Unbesiegbarkeit nicht so fasziniert sind wie viele Jungen, sind sie dennoch starke Persönlichkeiten, neugierig und voller Forscherdrang. Sie lieben es, ihr Wissen vorzuführen, ihr Sprachvermögen und ihren Scharfsinn zu demonstrieren, um herauszufinden, was um sie herum vor sich geht. «Welt», scheinen sie zu sagen, «paß auf – jetzt komme ich.» Sie gehen selbstbewußt und mit vollem Einsatz an den Start, doch schon bald erhaschen sie einen Blick auf die Kompromisse, die der Zutritt zur «großen weiten Welt» von ihnen fordern wird.

Von frühester Kindheit an erleben Mädchen den Widerspruch zwischen Macht und Machtlosigkeit. Zunächst erfahren sie ihre körperliche Machtlosigkeit. Sie sind kleiner als ihre Eltern und dadurch potentieller Unterdrückung und Beherrschung ausgesetzt. Ihre kleinere Statur erlaubt es Müttern, sie zu packen und wegzutragen – auch wenn sie manchmal schreien und um sich treten. Doch kleine Mädchen erleben in ihren Gefühlsbeziehungen auch psychologische Macht. Die enge Verbundenheit, die ein kleines Mädchen seiner Mutter gegenüber fühlt, entspricht der heftigen Liebe der Mutter zu ihrem Kind. Dieses Gleichgewicht der Macht kann manchmal die Unterschiede, die als Ungleichheit erlebt werden, kompensieren. Kinder sagen oft: «Ich hasse dich», wenn sie die Wucht ihrer Ungleichheit den Erwachsenen gegenüber spüren. Sie nutzen die Möglichkeit des Liebesentzugs, um diese Ungleichheit aufzuheben. Für kleine Mädchen ist die Zusicherung, daß sie geliebt werden und etwas bewirken können, eine Quelle von Macht, die sie manchmal überraschend intensiv nutzen. «Sie ist erst drei, und sie wickelt mich um den kleinen Finger!» sagte eine Mutter irritiert. Kleine Mädchen wollen wissen, ob ihre Handlungen Folgen haben, ob ihre Mütter sie so sehr lieben, daß sie von ihnen, den Töchtern, verletzt werden können. Dadurch erfahren sie, daß sie wichtig sind. Durch die Beziehung zur Mutter und zu anderen Frauen, die ihre Kinderwelt bevölkern, knüpfen Mädchen ein starkes psychisches Netz, das sie während ihrer ersten Ausflüge in die Welt sichert.

Zwischen drei und fünf Jahren wird Mädchen die kleine Welt, in der sie leben, vertrauter. Kinder kennen die Konzepte «weiblich» und «männlich» nicht von Geburt an. Auf die Frage: «Wirst du mal eine Mama oder ein Papa, wenn du groß bist?» antworten Kinder zwischen zwei und drei wahrscheinlich, daß sie sich das aussuchen wollen. Sie haben noch nicht herausgefunden, daß jemand, der weiblich geboren wurde, das ganze Leben lang weiblich bleibt. Zwischen vier und sechs begreifen sie: wenn ich ein Mädchen bin, werde ich später eine Mama.

Die Erkenntnis, daß das Geschlecht lebenslänglich konstant bleibt, macht auf Kinder einen außerordentlich starken Eindruck. Mit fünf ist Sandra von ihrer Barbiepuppe fasziniert. «Warum spielst du so gerne mit ihr?» fragt Daniel, ihr Vater. «Weil sie genau wie Mami aussieht», ist Sandras Antwort. Für viele fünfjährige Mädchen spiegeln die übertriebenen Brüste, das lange Haar und die schlanken Beine der Barbiepuppe die Unterschiede, die sie gerade entdecken. Als hätten sie den Schlüssel zu einem Geheimnis gefunden, schaffen sie sich Regeln, die auf die hervorstechendsten Geschlechtsmerkmale abheben, und benutzen sie, um die Welt zu ordnen und ihr eigenes Verhalten zu leiten: Mädchen haben lange Haare und tragen Kleider, Jungen spielen nicht mit Puppen.

Wenn kleine Mädchen zu verstehen beginnen, daß «Mädchen sein» bedeutet, daß sie einmal eine Frau werden, richten sie oft ihre Aufmerksamkeit auf die Mutter und auf die Unterschiede zwischen den Frauen und Männern in ihrem Leben. Ming, zwei Jahre alt, quengelt bei praktisch allem, was Willa, ihre Mutter, tut: «Ich will zugucken.» – «Meine Güte», seufzt die Mutter der Dreijährigen, «sie ist vielleicht ein Mamakind!» Die frühe Identifikation mit der Mutter und deren Rolle als wichtigster Bezugsperson lehrt kleine Mädchen, daß Versorgungs- und Betreuungsarbeit eine ganz spezifische und wesentliche Frauenarbeit ist. Nur unter besonderen Umständen – wenn beispielsweise die Mutter mißhandelt wird, häufig abwesend oder krank ist, oder wenn sich ältere Geschwister um das Mädchen kümmern – identifizieren sie sich nicht primär mit ihr.

Die sehr ausgeprägten Bedürfnisse, zu wissen, zu fühlen, zu handeln und zu lieben – ganz entscheidende Wesensmerkmale von Kindern – sind eng miteinander verwoben. Es ist die Grundlage ihrer Ganzheit. Diese Bedürfnisse zeigen sich in verschiedenen Aspekten, und keiner davon ist spezifisch sexuell gefärbt, wenigstens nicht in der Weise, wie Erwachsene Sexualität verstehen. Sobald kleine Mädchen jedoch das heterosexuelle Zusammenleben und die romantische Liebe, zu der auch der konventionelle weibliche Verhaltenskodex gehört, bewußter wahrnehmen, kanalisieren sie viel von ihrer Macht in Richtung auf diese Erfahrungsebene. Faith, eine alleinstehende Mutter, beobachtet überrascht, wie die vierjährige Ivy mit den Augen klimpert und kokett mit dem hübschen jungen Kellner in ihrem indischen Lieblingsrestaurant flirtet. Faith flirtet nicht. Ivy will, daß sie und ihre Mutter ihn heiraten. Sobald Mädchen mehr von romantischer Liebe verstehen, bekommt ihre Macht eine neue Dimension, aber gleichzeitig fühlen sie vage, daß diese Macht auch gefährlich sein kann. Das kleine Mädchen hat keine Ahnung davon, was erwachsene Sexualität bedeutet, und sie will es auch nicht wissen. Doch ihr unschuldiges Machtspielchen kann sie in einer Gesellschaft, in der Frauen und Mädchen so häufig zu Opfern sexueller Gewalt werden, in Schwierigkeiten bringen. Die Psychologin Virginia Demos hat sich auf die Arbeit mit jungen Kindern spezialisiert. Als sie kleine Mädchen fragte, warum sie aufgehört hätten zu flirten, erhielt sie die Antwort, sie hätten sich so mächtig gefühlt, daß ihnen unbehaglich wurde.

Die Gewalt und die Gefahren, denen Mädchen und Frauen ausgesetzt sind, zwingen Mütter, sich dem Wunsch ihrer Töchter nach körperlicher Bewegungsfreiheit, selbstbewußtem Auftreten und Erkundung der Welt entgegenzustellen. Es ist das positive Erleben des eigenen Körpers, das bei Mädchen den Wunsch nach mehr und die Liebe zu sich selbst auslöst. Freiheit, Macht und Überlegenheit erfahren und lernen wir zuerst durch unseren Körper. Töchter empfinden die Einmischung ihrer Mütter oft als Verrat. Doch Mütter stehen vor einem Dilemma. Denn ein Kind, das tatsächlich mißbraucht wird, endet oft in einem Gefühl des Verratenseins, aus dem es keinen Ausweg mehr findet.

Daß Mütter die Beziehungen ihrer Töchter zu Männern, einschließlich der zu Stiefvater oder Vater, mit Argusaugen beobachten, ist völlig verständlich, wenn man bedenkt, wie viele Mädchen zu Opfern von sexuellem Mißbrauch und Inzest werden. Bei ungefähr 5 Prozent der Mädchen «kommt es mit Vätern oder Stiefvätern zu inzestuösen Beziehungen»[3]. Eines von drei Mädchen hat ein ungewolltes sexuelles Erlebnis mit einem männlichen Erwachsenen, bevor es dreizehn ist, und etwa ein Viertel des Mißbrauchs spielt sich vor der Pubertät ab. Erstaunlicherweise argumentierten vor Beginn der achtziger Jahre noch viele Psychiater und Psychologen, daß Inzest und sexueller Mißbrauch nicht schädlich seien, solange die Handlungen nicht gewaltsam und unter Zwang geschähen. Aber die mütterliche «Überwachung der sexuellen Aktivitäten der Töchter kann sich auch zu einer allgemeinen Beeinträchtigung von deren Autonomie, Abenteuerlust und Tatendrang auswachsen»[4]. Iris erinnert sich: «Ich war höchstens drei oder vier. Wir waren zum ersten Mal am Meer. Ich hatte kurze Hosen an und spielte im Sand, als eine Frau vorbeiging und etwas zu meiner Mutter sagte. Sofort schleppte mich meine Mutter zum nächsten Geschäft und kaufte mir ein Bikinioberteil. Es war ein so einschneidendes Erlebnis, daß ich mich noch an die Farbe, die Form und das Gefühl von diesem lächerlichen Ding erinnern kann, das weiß Gott was bedecken sollte. Ich wußte es jedenfalls nicht. Ich weiß nur, daß ich wütend war auf meine Mutter, daß ich verwirrt war und mich für etwas schämte, was ich nicht verstand.»

Während sich kleine Mädchen an die Vorstellung gewöhnen, später einmal eine Frau zu sein, werden sie mit Machtverhältnissen noch ganz anderer Art konfrontiert, zum Beispiel mit der relativen Machtlosigkeit ihrer Mutter gegenüber dem Vater. «Ich will nicht, daß Papa bei mir bleibt. Ich fühle mich nur sicher, wenn du zu Hause bist», sagt die sechsjährige Janet zu ihrer Mutter. Nell stellt überrascht fest, daß sie in den Augen ihrer Tochter eine mächtige Beschützerin ist. Janets Vater ist nicht gewalttätig, aber er kümmert sich im Alltag auch nicht besonders viel um seine Kinder. Mit der Zeit jedoch läßt Janets Glaube an die Macht ihrer Mutter nach, als sie sieht, daß der Vater – ganz gleich, wie wenig er mit dem täglichen Leben zu tun hat – die Entscheidungen trifft, sobald er zu Hause ist. Die Macht der Männer über die Frauen wird für ein Kind noch sichtbarer, wenn sich die Mutter ständig den Männern in ihrem Leben beugt oder von ihnen seelisch oder körperlich immer wieder mißhandelt wird. «Es ist wirklich ein Schock, wenn ein kleines Mädchen zum ersten Mal erkennt, was es bedeutet, weiblich zu sein in einer Welt, in der Macht und Privilegien eine männliche Domäne sind», erklären Judith Herman und Helen Lewis. «Zur gleichen Zeit, da es seinen eigenen untergeordneten Status erkennt, muß es seine Wertschätzung der Mutter revidieren. Die Frau, die ihm einst allmächtig erschien, ist jetzt unterwürfig und schwach.»[5] Susan, die unter einer fast chronischen Depression leidet[6], spricht davon, wie ihre Tochter Jane es als ihre Aufgabe betrachtet, den Vater zufriedenzustellen: «Oft, wenn (ihr Vater) weg ist, sind wir entspannt und glücklich, verstehen uns prächtig, alles geht gut. Dann fährt er in die Einfahrt, und ich sehe, wie Janet sich hektisch im Haus umschaut und denkt: Was kann ich tun, damit Daddy sich nicht aufregt. Ist das Zimmer aufgeräumt, und was haben wir zum Abendessen da, Mami, ist das Essen fertig?» Susan sieht in ihrer Tochter die Orientierung an der Macht des Mannes und ein Verstummen der eigenen Persönlichkeit, die, wie Susan jetzt weiß, bei ihr zu Depressionen geführt hat. Da Janet erkannt hat, daß ihre Mutter dem Vater untergeordnet ist, wurde sie, wie ihre Mutter es ausdrückt, zu «der Art von Kind, das gefallen will».

Wenn ein kleines Mädchen merkt, daß seine Mutter nicht allmächtig ist und nicht immer eine Zuflucht bieten kann, spürt es einen Verlust und fühlt sich verraten. Wenn es begreift, daß die Machtlosigkeit der Mutter auch die seine ist – denn es ist ebenfalls weiblich –, wird der Verlust gravierend. Die Tochter ärgert sich über die Unterlegenheit der Mutter, denn auch sie wird dadurch machtloser. Der Verrat ist noch größer, wenn Mädchen sehen, daß ihre Mütter die Männer in ihrem Leben den Töchtern vorziehen. Wenn sie erkennen, daß die Welt für sie kein sicherer Ort ist, zeigen kleine Mädchen hin und wieder ihre Wut durch Protest und Auflehnung gegen die ungerechten Verhältnisse. Ihrer Ansicht nach sind vor allem die Mütter schuld, die den Schlüssel zum Überleben und zur weiblichen Entwicklung der Töchter besitzen. Im Zusammenhang mit dieser schwindenden mütterlichen Macht kann es geschehen, daß eine junge Tochter es ihrer Mutter gleichtut und sich dem Vater als Beschützer zuwendet. In der frühen Kindheit ist dies eine begrenzte und individuelle Strategie, um das Problem der Ungleichheit von Frauen zu lösen, und eine der wenigen Möglichkeiten, die kleine Mädchen haben. Viele Frauen halten sich dann ein Leben lang daran. Leider wird, wie Adrienne Rich sagt, der Vater auf Kosten der Mutter geliebt, und die spätere Unterstützung, die Männer Frauen geben, ist «immer eine gestohlene Macht, der Masse der Frauen im Patriarchat vorenthalten»[7].

Obwohl sich kleine Mädchen schlecht behandelt und verraten fühlen, ist ihnen nicht immer ganz klar, daß Frauen generell einen geringeren Status haben als Männer. Sie besitzen noch nicht die intellektuellen Fähigkeiten, die Machtverhältnisse auf gesellschaftlicher Ebene zu durchschauen. Weil das so ist, werden sie von dem, was sie verstehen, nicht völlig niedergeschmettert und verlieren so ihre emotionale Stärke und Widerstandskraft nicht ganz. Im Alltag verbündet sich jedes Mädchen mit seiner Mutter und anderen Frauen, denn sie haben eine enorme Macht in seiner Welt. Nur wenn es innerhalb der Familie zu Mißbrauch kommt, wenn eine Tochter körperlich verraten wird, ist ihre Souveränität und ihr Vertrauen in sich und die Welt wirklich in Gefahr. Die meisten kleinen Mädchen leben in einer Welt von Frauen, und das ist die Basis für ihre Stärke.

Im Schatten der Wand

Mädchen tänzeln, hüpfen, springen, sind in Bewegung. Ihr Blickkontakt ist intensiv. «Wir waren damals noch arglos und ohne Eitelkeit und in uns selbst verliebt», schreibt Toni Morrison in *Sehr blaue Augen.* «Wir fühlten uns wohl in unserer Haut, genossen die Nachrichten, die unsere Sinne vermittelten, bewunderten unseren Schmutz, pflegten unsere Narben und konnten nicht begreifen, warum wir wutlos sein sollten.»[8]

Ein achtjähriges Mädchen geht drei Schritte rechts hinter ihrer gestreßten Mutter die Straße entlang. Die Tochter läuft als Imitation von Tutenchamun, mit angewinkelten Armen, einem nach vorne, einem nach hinten zeigend, und sie summt vor sich in. Pulsierend, ganz Körper, ganz sie selbst. Die Mutter hetzt weiter und schenkt ihrer Tochter keine Aufmerksamkeit, sie ist schließlich bloß ein kleines Mädchen.

Junge Mädchen, von den Erwachsenen um sie herum kaum beachtet, erproben ihre Macht auch in der Schule. Während der Grundschulzeit spielen sie mit ihr in einer selbstgeschaffenen Welt, in der Freundinnen, Lehrerinnen und Mütter agieren. Doch wenn sie sich der Wand nähern, die am Anfang der Pubertät aufragt, geraten sie mehr und mehr in deren Schatten. Ihre Machtspiele nehmen an seelischer Grausamkeit zu, spiegeln das Konkurrenzdenken innerhalb der Schule und unter Frauen.[9]

Zunächst fühlen sie sich in der Schule, in der Beziehungen wichtig sind, völlig aufgehoben. Kinder beiderlei Geschlechts benennen die Dinge in der Grundschule als weiblich, sie sind für sie fast wie eine Verlängerung ihres Zuhauses, in dem die Mütter herrschen. Sie machen Erfahrungen mit Freundschaften. In der vierten Klasse sieht Judy ihre beste Freundin mit einem anderen Mädchen sprechen, das «weggeht und sich mit jemand anderem unterhält», so daß die beste Freundin «praktisch in die Luft redet, und da bin ich zu ihr gegangen, damit sie nicht traurig ist». Judy weiß, daß ihre Freundin «manchmal ein bißchen langweilig ist», aber sie will nicht, «daß sie traurig ist». Die Schule ist ein Ort, an dem sie Nähe erlebt und auch gelegentlich Ablehnung.

Unterschiede faszinieren junge Mädchen, auch Unterschiede, die zu Streit und Kränkung führen können. Die zehnjährige Margaret beobachtet, daß «verschiedene Leute verschiedene Meinungen haben... weil man eine andere Mutter und eine andere Familie hat und eine andere Haut, eine andere Farbe. Die Augen, die Haare und die Intelligenz sind auch anders.» Sie sagt, es sei «gut, verschieden zu sein». Unterschiede sind für junge Mädchen offenkundig, natürlich und interessant. «Warum bist du eigentlich so?» fragt Darleen, ein afroamerikanisches Mädchen aus der vierten Klasse, eine weiße Klassenkameradin. «Also, du sagst nie was. Stimmt irgendwas mit dir nicht?» Behinderte Mädchen erinnern sich, daß sie im gemeinsamen Unterricht mit Nichtbehinderten sowohl geneckt als auch akzeptiert wurden. Unterschiede und Ähnlichkeiten, benannt und aufgezeigt, sind wie Münzen in der Beziehungsökonomie der Mädchen, es sind Dinge, die das Leben interessant machen.

Macht in Beziehungen auszuüben ist das wichtigste Spiel von Mädchen: Wer ist drin und wer ist draußen? Jessie, acht Jahre alt, beschreibt, wie sie von einer Freundin ausgeschlossen wurde, die ein anderes Mädchen zum Spielen eingeladen hat und sich nicht mehr um Jessie kümmert. Jessie geht zu ihrer Freundin und sagt: «Das finde ich wirklich schlimm, wenn ihr mich so ausschließt. Kann ich bitte mitspielen?» Und sie fügt hinzu: «Ich geh heim, wenn ich nicht mitmachen darf, weil es mir keinen Spaß macht, so herumzusitzen.» Ihre Freundin antwortet: «Dann geh heim.» Jessie beklagt sich: «Ihnen ist das egal, sie mögen mich nicht. Sie gehen einfach weg – sie reden überhaupt nicht mit mir. Sie flüstern sich gegenseitig Sachen über mich ins Ohr. Das ist gemein.» Obwohl es für Jessie schmerzlich ist, nimmt sie sich und ihre Gefühle ernst, indem sie sie direkt anspricht. Lyn Mikel Brown erklärt, daß die Selbstermächtigung – die Fähigkeit, die Richtigkeit der eigenen Gefühle und Gedanken zu erkennen und sich zu ihnen zu bekennen, selbst wenn das mit Streit, Enttäuschung und Zorn verbunden ist – eine der auffallendsten Stärken junger Mädchen sei. Jessie, die ihre

Freundschaft unbedingt bewahren will, findet später einen Weg, ihrer Freundin zu zeigen, wie es ist, ausgeschlossen zu werden, und so können sie weiter Freundinnen bleiben.[10]

Zu Hause und in der Schule bestimmen Mädchen das emotionale Klima, mit all seinen Stürmen und Eiszeiten. Sie verschaffen ihrer Traurigkeit Gehör, wenn sie ausgeschlossen werden. Sie kämpfen darum, einbezogen zu werden. Lyn Mikel Brown und Carol Gilligan nennen sie «Mädchen mit Pfiff», nach der Geschichte von Diana, die eine Trillerpfeife an den Eßtisch mitbrachte. Jedesmal, wenn ihr Bruder und ihre Schwester sie beim Reden unterbrachen und die Aufmerksamkeit der Mutter auf sich zogen, stieß sie einfach einen lauten Pfiff aus, woraufhin die anderen verstummten. «So ist es viel besser», bemerkte sie gelassen.[11] Vier Wissenschaftlerinnen betreten eine vierte Klasse. Saundra, ein afroamerikanisches Mädchen, denkt laut nach: «Hmm, drei weiße Frauen und nur eine schwarze Frau. Na, vermutlich ist das okay.» Saundras Schule beschäftigt nur eine Farbige trotz des sehr heterogenen Einzugsgebiets. Junge Mädchen halten hartnäckig an ihren Beobachtungen fest. Sie wissen, was sie wissen. Viele dieser Mädchen sind entschlossen, sich Gehör zu verschaffen, besonders in ihrer nächsten Umgebung.

Sobald Mädchen häufiger Konkurrenzsituationen ausgesetzt sind, nehmen ihre Machtspiele eine destruktive Färbung an. Die meisten Grundschulen beginnen in der vierten oder fünften Klasse, Noten zu geben. Obwohl viel von Kooperation und Gemeinschaft die Rede ist, verstehen Kinder, daß der Erfolg in der Schule auf Wettbewerb basiert. Mädchen wetteifern nicht nur um Noten, sondern auch um Aufmerksamkeit. Die Hormone, die ihren Körper auf die Fortpflanzung vorbereiten, machen sich langsam bemerkbar. Es gibt Mädchen, die mit neun Jahren menstruieren, und wenn ein Mädchen spürt, daß die Veränderungen in seinem Körper neue Empfindungen mit sich bringen, will es mehr über die Dynamik zwischen Männern und Frauen und zwischen Frauen untereinander wissen. Mädchen beobachten Frauen genau und spielen dann die Situationen nach, die sie gesehen haben.

Mädchen aus der fünften Klasse improvisieren eine Szene (es geht um Beliebtheit), in der sie ein neues Mädchen anschwärzen. «Würden eure Mütter eine neue Frau auch so schlechtmachen?» fragt Lisa Sjostrom, die Lehrerin. «O nein», erwidert Chloe, «unsere Mütter wären nett zu ihr.» – «Ja», stimmt Evie zu, «aber wenn sie gegangen wäre, würden sie über sie herziehen.»

Carol Gilligan nimmt an [12], daß Mädchen in dieser Phase eine Art Pantomime aufführen, die zeigt, welchen Platz Frauen in einer Männerwelt einnehmen. Während die Welt weißer Männer Frauen von Macht- und Herrschaftspositionen ausschließt, können weiße Frauen wenigstens eine sichere Nische ergattern, indem sie miteinander um die Gunst der Männer konkurrieren. Farbige Männer und Frauen rivalisieren um Chancen, die sie nie verwirklichen können. Mädchen, die vor der Wand unserer Kultur stehen, nehmen diese Spannungen und Brüche deutlich wahr. Die ungeheure Stärke, die sie in der engen Beziehung zu ihrer Mutter und der Familie spüren, beginnt sich aufzulösen. Langsam begreifen sie, daß die *Welt* entscheidet, wer «drinnen» ist und wer – auf Grund von Geschlecht, Hautfarbe, Herkunft und anderen Unterschieden, an denen sie nichts ändern können – «draußen» ist. Das Konkurrenzverhalten, das man ihnen beigebracht hat, paßt zu der Welt, die sie vorfinden.

Mädchen lernen aus der Reaktion ihrer Mütter. Nach dem eigenen Zusammenprall mit der Wand bestehen vor allem Mittelschicht-Frauen darauf, daß ihre Töchter «nett» sind, als ob dadurch alle Probleme gelöst wären. Mädchen bemerken auch, daß Erwachsene «manchmal die Hälfte der Zeit einfach nicht zuhören». Ungehört und von dem Anspruch, «nett zu sein», bedrängt, finden viele Mädchen Problemlösungen, die ihre Konflikte verdekken und ihre Gefühle zuschütten. Selbsterfundene Geschichten führen sie zu dem trügerischen Schluß: «... und sie lebten glücklich bis an ihr Lebensende». Brown und Gilligan deuten es so: «Das Happy-End, das sie von anderen hören, entspricht ihrem Wunschdenken, es ist etwas, was sie aus Märchen kennen, und sie tarnen damit auf angenehme und gesellschaftlich akzeptable Weise ihre Erfahrungen, ausgeschlossen und verlassen zu sein.» [13]

Ann Martins Bestsellerserie *The Baby-Sitters Club* und die Begleitserie *The Baby-Sitters Little Sisters* enthält Geschichten, in denen Mädchen Probleme durch Nettigkeit «lösen». Martins Verkaufserfolg (über 82 Millionen Bücher in den USA) spricht für den Hunger junger Mädchen nach Büchern über Themen, die sie brennend interessieren – Scheidung, Tod, Jungen, sie selbst. Viele Pädagogen sind besorgt, daß die Bücher die Ansprüche ihrer jungen Leserinnen herunterschrauben könnten, weil sie sich in einem simplen Sprachstil auf weibliche Babysitter in Mittelschichts-Familien beschränken. Doch viel beunruhigender ist der «Zuckerguß aus Anständigkeit und Nettigkeit», wie es eine Journalistin einmal auf den Punkt brachte [14], und die unrealistischen, vereinfachenden Problemlösungen. Mädchen kommen in diesen Büchern zwar zu Wort, sie sagen, was sie fühlen und denken, aber wie im Märchen wird alles geglättet und idealisiert. Die Wirkung des «Netten» und «Guten» führt in dieser fiktiven privilegierten Welt zu den künstlich versüßten Happy-Ends.

Lyn Brown und Carol Gilligan haben beobachtet, daß die Worte «es tut mir leid» in der vierten und fünften Klasse eine geradezu magische Bedeutung annehmen. Mädchen fangen an zu glauben, daß sie damit «die Macht haben, grausame und boshafte Verhaltensweisen zu übertünchen, oder einen heftigen Streit zu beenden. Geschichten, in denen eine Person um Verzeihung bittet, haben fast märchenhafte Happy-Ends, so daß tiefe Empfindungen wie Schmerz oder Entrüstung mit diesem letzten Akt der Reue abrupt enden.» [15] Der glatte Schluß solcher Geschichten spiegelt die versteckten Gefühle und Konflikte, die Mädchen im Verhalten von Frauen beobachten. Mädchen sehen, wie ihre Mütter um des lieben Friedens willen ihr Verhalten ändern, und sie erkennen, daß viele Frauen ihre Gefühle entweder ersticken oder aber sie ausdrücken und dafür bestraft werden.

Von Müttern und Lehrerinnen immer wieder zur Liebenswürdigkeit angehalten, verlieren Mädchen in ihren wichtigsten Beziehungen an Macht. Sie argwöhnen, daß ihre Mütter sie mehr lieben würden, wenn sie nicht so wären, wie sie sind, sondern netter und freundlicher – eben ein wenig perfekter. Sie fühlen sich dazu gedrängt, das aufzugeben, was sie wissen und fühlen, um nicht von ihren Müttern oder anderen vertrauten Frauen verlassen oder ausgeschlossen zu werden. Gequält versuchen sie, sich als «perfekte Mädchen» zu sehen, die sie natürlich nicht sind. Vielfach ist ihre Imitation des perfekten Mädchens, so entdeckte Brown[16], eine Reaktion auf die mißbilligenden und mahnenden Worte von Frauen, nett, freundlich, ruhig und adrett zu sein und mit jedem auszukommen. Es wird ihnen auf subtile oder weniger subtile Weise zu verstehen gegeben, daß negative Gefühle wie Zorn, Traurigkeit oder Ungeduld, und leider auch ihr Überschwang fehl am Platze seien. Das perfekte Mädchen ist immer ein anderes. Selbst die Mädchen, die von ihrer Umwelt für perfekt gehalten werden, wissen, daß sie es nicht sind, weil sie immer noch negative Gefühle haben. Die Anstrengung ist umsonst: der Verlust des eigenen Ich wird tief empfunden.

Mädchen beginnen, ihren Machtverlust durch Rivalität und Grausamkeit zu kompensieren. Ihre Cliquen und Intrigen reflektieren die Rivalitäten, die sie in den Beziehungen unter Frauen in einer männlich definierten Welt wahrnehmen. Wenn Mädchen zu häufig Signale auffangen, daß etwas mit ihnen «nicht stimme», erleben sie einen Verlust, der häufig den Wunsch weckt, sich dem Idealbild anzugleichen. Die Spiele des «In-» und «Outseins» werden grausamer, weil sich in ihnen eine verdeckte Wut Luft schafft. Anders als die achtjährige Jessie finden sie keinen Weg, sich an der Schwelle zur patriarchalischen Welt zu behaupten.

Ungewollt und auf vielerlei Art sind Frauen an der allmählichen Entmachtung der Mädchen beteiligt. Wenn sich Mädchen über die Ungerechtigkeiten des Lebens beklagen, antworten die Mütter häufig: «Das Leben ist eben nicht fair.» Das ist zwar richtig, doch eine so duldsame und resignierte Antwort vermittelt die klare Botschaft, daß man daran nichts ändern kann. Victorias Mutter stimmt ihrer Tochter zu, daß es ungerecht sei, wenn ihr für ihre Arbeit im Pferdestall weniger bezahlt werde als den Jungen. Doch die Mutter schweigt, als sich Victoria bei ihrem Vater beklagt. Der antwortet:

«Die Leute werden glauben, du seist dumm, wenn du so was sagst.» Victorias Mutter bleibt stumm. Mädchen sehen oft, wie ihre Mütter den Männern in ihrem Leben den Vorzug geben. «Ich mußte mit meiner Mama reden», sagt Flo. «Ich mußte ihr etwas sagen, es war wirklich wichtig, und dann fing mein Papa an zu reden, und sie hörte ihm zu und mir nicht.» – «Wir reden miteinander darüber, daß mein Vater meinen Bruder besser behandelt», sagt Jo Hanna, wobei sie Mutter und Schwester meint, «aber wir reden nicht mit unserem Vater darüber.» – «Mein Bruder bekommt immer, was er will», beschwert sich ein anderes Mädchen.

Im Schatten der Wand sehen Mädchen, wie ungerecht die Welt ist, aber sie haben keine Rückendeckung und wenig Verbündete. Immer schärfer tritt die untergeordnete Stellung von Frauen in ihr Bewußtsein. In traditionellen Familien sehen sie, daß ihre Mütter der Autorität des Vaters Respekt zollen und ihr nachgeben. Jungen und Männer erhalten oft mehr Aufmerksamkeit. Als Mädchen, als Töchter ihrer Mütter, wird von ihnen verlangt, still, hilfsbereit und freundlich zu sein, damit es keinen Ärger gibt. Mütter und Lehrerinnen wissen, daß sie sich auf die Bereitschaft der Mädchen zur Zusammenarbeit verlassen können und daß sie deshalb mehr von ihnen verlangen können als von Jungen. Während sie von den Mädchen Kooperation und Willfährigkeit einfordern, vermitteln sie ihnen gleichzeitig, daß von ihnen Schweigen, Liebenswürdigkeit und Freundlichkeit erwartet werden. Mädchen der Mittelklasse werden angehalten, ihre heftigen Gefühle und lauten Stimmen abzulegen, damit sie im Klassenzimmer oder in der Familie nicht unangenehm auffallen. Damit wird eine künstliche Harmonie geschaffen, und die unausgesprochene Drohung steht dahinter, sie würden sonst verlassen oder ausgeschlossen. Mädchen lernen, daß diese Aspekte ihrer Persönlichkeit und ihres Wissens schlecht, unhöflich und unwillkommen sind. Indem sie ihre frühere Offenheit ablegen, erkaufen sie sich die bleibende Nähe zu ihrer Mutter und zu anderen Frauen. Doch sie wissen und fühlen sehr wohl, daß sie nicht echt ist.

Politischer Widerstand

Zu Beginn der Pubertät, im Alter von elf oder zwölf Jahren, haben Mädchen genug erlebt und erfahren, um die Welt abstrakt beschreiben zu können, um sich von der konkreten Welt des Alltags zu lösen und Vermutungen über ihre Zukunft anzustellen. Gleichzeitig nehmen sie die Welt, in der sie leben, als streng gegliedert und klassifiziert wahr: Männer über Frauen, Reiche über Arme, Weiße über Farbige. Mädchen kennen diese Machtverhältnisse zwar schon ihr Leben lang, aber erst zu Beginn der Pubertät, das heißt am Fuße der Wand, können sie dieses Wissen in Begriffe fassen. In vieler Hinsicht nehmen sie die Welt um sich her zum ersten Mal wirklich wahr. «Wenn sie das System zum ersten Mal sehen», schreiben Lyn Mikel Brown und Carol Gilligan, «und auch die Macht, mit der das System oder die Strukturen aufgezwungen oder aufrecht erhalten wird, stellen Mädchen ehrliche Fragen über Liebe und Macht, Wahrheit und Beziehungen. Und ihre Fragen stören, wenn wir sie ernst nehmen, das Gefüge und entlarven die vorherrschende Ordnung.»[17] Das «System» ist die Wand der Kultur. Mädchen, die diese sehr solide scheinende Barriere wahrnehmen, wehren sich dagegen, daß ihre Kraft und Autorität eingeschränkt werden sollen. Da das, was Mädchen wissen, höchst politische Folgen haben könnte, nennt Carol Gilligan[18] den Kampf der Mädchen «politischen Widerstand».

Mädchen erwerben politische Erkenntnisse über Männer und Frauen, indem sie beobachten, wie Frauen in der patriarchalischen Kultur die Macht verweigert wird. Die elfjährige Victoria stellt in einem Interview als erstes fest, daß es unfair sei, daß Frauen bei der Heirat den Namen des Mannes annehmen müssen. Später erläutert sie, was sie damit meint: «Weil es immer heißt Mr. und Mrs. (Jim Hanson) und das ist… was ist mit der Frau, die ist doch auch da. Und es heißt Mrs., und dann nicht ihr Name, sondern der Name von meinem Papa, Mrs. (Jim Hanson). Aber es heißt nie Mrs. Elaine oder Miss Elaine oder so, also ihr Name, sondern immer nur Mrs. und dann sein Name, und das ist unfair, weil es so aussieht, als wäre sie gar nicht da.» Victoria erklärt, warum sie das ärgert, und sie spricht von ihrer Mutter: «Sie ist gut und sie ist klug und sie ist verständnisvoll, aber das mit dem Namen und so, das macht sie irgendwie müde, das saugt ihr die Kraft aus und so... Weil alles immer mit dem Mann zu tun hat, als wäre der am wichtigsten und die Frau nicht mal am Leben. So sieht es immer aus.» Aus ihren Beobachtungen der Mutter und der Lehrerinnen schließt Victoria: «Ich glaube, das passiert vielen Frauen, wenn sie heiraten. Die Männer denken immer, sie wären besser. Das ist einfach nicht richtig!» Die Unterordnung der Frauen, besonders die ihrer Mutter, ist für Victoria bitter und kaum erträglich. Doch sie weiß nicht, was sie dagegen unternehmen oder wen sie um Unterstützung bitten könnte.

Mädchen sehen nicht nur, welchen Tribut konservative Traditionen von ihren Müttern und anderen Frauen fordern, sie merken auch, daß Frauen, genau wie das perfekte Mädchen, sich nicht zu ihren Gefühlen bekennen. Ritu, eine Zwölfjährige, die von Annie Rogers, Carol Gilligan und Normi Noel befragt wurde, erzählte Carol, woher sie wußte, daß ihre Mutter wütend auf sie ist, auch wenn sie ein freundliches Gesicht aufsetzt: «Ich sage: ‹Mama, bist du sauer auf mich?› Und sie sagt, sie macht: ‹Naaaiiin› (hohe, dünne Stimme)... Sie macht bloß ‹Hhhhaaaa› (entnervter Seufzer)». Ritu bleibt hartnäckig, wenn ihr die gekünstelte Stimme ihrer Mutter verrät, was diese leugnet. Sie sagt: «‹*Mama*, du siehst aber so aus, als ob du sauer auf mich bist›, und dann macht sie (hohe Stimme): ‹Nein, ich bin nicht sauer auf dich, okay?› Na, also gut.» Ritu bleibt nur ein Weg – sie «vergißt einfach irgendwie das Ganze»[19].

Emma, zehn Jahre alt, besichtigt mit ihrer Foto-AG die örtliche Feuerwehr. Sie sieht die Bilder von nackten Frauen, die die Feuerwehrleute an die Wand gepinnt haben, und kreuzt die Arme über der Brust. «Was halten Sie denn davon?» fragt sie die weiblichen Feuerwehrleute, die sie herumführen. Die antworten, daß es sie nicht stört, daß es schon in Ordnung sei, kein Problem. Emma ist schockiert. Das ist für sie unvorstellbar. «Wissen Sie, was ich tun würde?» sagt sie. «Ich würde warten, bis die sich umziehen und sie dann ohne Kleider fotografieren und die Bilder aufhängen. Mal sehen, wie ihnen das gefallen würde.»

Die Mädchen stoßen auf eine Realität, die sie verletzt und ihnen falsch vorkommt. Lyn Mikel Brown schrieb als erste darüber, wie sich junge Mädchen aktiv für die Gültigkeit ihrer Gefühle einsetzten, angesichts einer sogenannten «Wirklichkeit», die nichts mit ihrem eigenen Erleben zu tun hatte. Becka, zwölf, spricht von ihrer Anstrengung, als sie bemerkt, wie sie sich in Beziehungen selbst aufgibt: «Ich hab nicht an mich gedacht, ich wollte nur diese Freunde haben… Ich hab mein Selbstvertrauen verloren. Ich wußte überhaupt nicht mehr so recht, wer ich war.» Victoria spricht von «einem kleinen Schutzschild», mit dem sie sich abschirmt. Andere Mädchen sprechen davon, daß sie an eine Wand stoßen, daß sie nicht wissen, an wen sie sich wenden, wem sie vertrauen oder was sie tun sollen. Mädchen verlieren, was ihnen am meisten Zutrauen gab – ihr Gefühl von Stärke durch die Verbindung zu anderen, ihre Fähigkeit, Wahrheit und Lüge um sich her zu unterscheiden, und sie lernen, daß Lügen die Wand aufrecht halten.

Während Mädchen noch um ihre Stimme ringen, die ihnen all ihre sinnlichen Erfahrungen bestätigen und die die Wahrheit zu Gehör bringen würde, treten sie aus dem Licht des Wissens in den Schatten des Zweifels, der sich in dem Satz: «Ich weiß nicht» äußert. Dieser Satz ist ein Zeichen für Verlust, für Machtlosigkeit. Carol Gilligan hörte diesen Satz am Tor zu «der unterirdischen Stadt der weiblichen Pubertät – dem Ort, an dem wichtige Lernerfahrungen stattfanden» [20].

«Ich weiß nicht», sagt Katie aus der siebten Klasse, «Eltern haben Autorität, oder Erwachsene überhaupt, und man soll ihnen gehorchen. Es ist schon so, daß man ihnen gehorchen muß, das ist ja sogar ein Gesetz, aber – ich weiß nicht. Sie haben ja viel dafür getan, erwachsen zu werden, vielleicht sollten sie was dafür bekommen.» Katie erfindet eine Strategie, um ihr Wissen gegen die größere Macht der Erwachsenen zu schützen:

«Na, man will ja wirklich nicht mit Erwachsenen streiten, weil sie Autoritäten sind und so, deshalb kann man einfach so tun, als wäre nichts, und denken: ‹Ich hab trotzdem recht›, oder ‹Er hat unrecht›. Dann kannst du dir selbst eine Lösung ausdenken und die ganze Sache einfach vergessen. Oder du bleibst hartnäckig und kriegst Ärger, oder, ich weiß auch nicht.»

Katie beschreibt Strategien, die auch andere Mädchen benutzen, um sich ihren Weg durch Konflikte zu bahnen, wenn ihre kindliche Erfahrung von den mächtigen Erwachsenen um sie her nicht akzeptiert wird. Zuerst bleibt Katie bei dem, was sie denkt, und läßt das Thema fallen: Aber eigentlich geht sie mit dem, was sie sieht, hört, fühlt und denkt, in den Untergrund. Die zweite Strategie ist die, alles zu vergessen, ihr Wissen zu verlieren. Die dritte Alternative ist, darauf zu bestehen und Ärger zu bekommen. Katie hat keine Chance, zu ihren Gefühlen zu stehen, ohne ihr Wissen preiszugeben oder den Verlust ihrer Beziehung zu einem mächtigen Erwachsenen zu riskieren. Mit zwölf nimmt sie an, daß sie wahrscheinlich nicht gehört werden wird.

Selbst zu diesem Zeitpunkt beharren Mädchen noch auf ihrem Wissen und kämpfen gegen den Machtverlust an. Der Untergrund liegt noch dicht unter der Oberfläche. Wenn sie sich in einer vertrauensvollen Beziehung aufgehoben fühlen, artikulieren sie, was sie wissen, selbst wenn es von dem abweicht, was sie nach Meinung anderer wissen sollten. Doch ihre Erfahrung hat ihnen bereits gezeigt, daß sie vorsichtig sein und nach Stopschildern Ausschau halten müssen, bevor sie über ihre Familien, ihre Schulen und ungeklärte Beziehungen reden dürfen. Das Wissen der Mädchen ist politisch, weil es offenlegt, daß die «natürliche» Ordnung der sozialen Wirklichkeit ein System von Machtverhältnissen ist, ein System von Privilegien, das Männer über Frauen, Weiße über Farbige und Reiche über Arme stellt. Die Mädchen sehen, wie Frauen schwache Männer unterstützen und gleichzeitig behaupten, Männer seien nicht verletzlich. Sie sehen, wie die Ansichten von Farbigen und Arbeitern ignoriert werden, weil diese Menschen nicht wie Angehörige der weißen Mittelschicht aussehen. Sie beobachten, welche enormen Energien aufgewendet werden, um Tatsachen zu leugnen. Wie politische Flüchtlinge lesen sie in Gesichtern und Situationen, suchen nach sicheren Orten, Stationen im Untergrund, wo sie so sprechen können, wie sie wollen. Sie würden gerne mehr erfahren, sie wehren sich gegen den Verlust ihrer Wahrheit. Doch, wie Brown und Gilligan schreiben, «kann sich in der Abwesenheit von sicheren Orten, wo Mädchen sagen können, was sie fühlen und denken, der gesunde Widerstand der Mädchen in einen psychischen Widerstand verwandeln, wenn sie nur noch widerstrebend an ihrem Wissen festhalten und fürchten müssen, daß ihre Einsichten, einmal geäußert, ihre Beziehungen gefährden und ihr Überleben bedrohen»[21].

Psychischer Widerstand

Schließlich geschieht das Unvermeidbare: Mädchen prallen mit dem Kopf voran gegen die Wand. Der letzte, traumatische Zusammenstoß findet statt, wenn sie die Folgen ihrer körperlichen Veränderungen erleben. Sie werden von Männern und Jungen auf eine neue, fremde Weise angesehen, die sie allerdings auch aufregend finden. Ihr Geist öffnet sich, erfaßt die Gewalt und die Entpersönlichung von Frauen, und sie sind überwältigt. Mädchen lernen, daß es gefährlich ist, sich so zu verhalten wie früher. Als würde einer Anfängerin am Trapez das Sicherheitsnetz entzogen, so wird das Netz der Beziehungen, das sie bislang getragen hat, unter ihnen fortgerissen. Die früher erlernte Beziehungsfähigkeit und das Vertrauen zu sich selbst und den nächsten Bezugspersonen funktionieren nicht mehr, wenn Mädchen aus einer Welt der Frauen in eine von Männern dominierte Kultur überwechseln. An den Grenzen ihres Bewußtseins formt sich, wie eine Vorahnung, langsam eine neue Identität, genährt von den Einblicken in die Realitäten des weiblichen Lebens. Zur gleichen Zeit fordern die körperlichen und geistigen

Veränderungen ihren Tribut. Sie glauben, sich durch *psychischen Widerstand* schützen zu können und verfrachten ihr Wissen und ihre Wahrheitsliebe in den Untergrund.

Der Zusammenprall erschüttert die Erinnerung, und die Mädchen erleben eine Zeit, in der Vergangenheit und Zukunft immer weiter auseinanderklaffen. Wenn sie auf die Wand treffen, leisten Mädchen psychischen Widerstand und interpretieren ihr früheres Wissen neu. Psychischer Widerstand ist einerseits eine Reaktion auf Furcht und andererseits ein Schutz davor. Um eine zu große Angst und Erschütterung zu vermeiden, trennt die Psyche Fühlen und Denken, Erinnerung und Bewußtsein, Erfahrung und Wissen um «Realität». Auf einer fast wortlosen Ebene müssen Mädchen erkennen, daß sie tatsächlich von Strafe, Gewalt oder Ächtung bedroht sind, wenn sie sich nicht gemäß der patriarchalischen Erwartungen verhalten. Um das heranwachsende Mädchen vor Schaden zu bewahren, wirkt die Psyche darauf hin, daß es sich nach den Erwartungen der Kultur richtet und keine beängstigenden Gedanken und Gefühle mehr hegt. Das, von dem sich das Mädchen getrennt hat, was es nicht mehr wissen will, existiert immer noch in der Psyche, wird jedoch ignoriert, nicht «gewußt», weil es zu bedrohlich für das neue «Ich» ist, das sich während der Pubertät als Schutzmechanismus entwickelt. So bezahlen Mädchen den Zugang zur zivilisierten Welt der Erwachsenen mit dem Verlust von Teilen ihrer Persönlichkeit. Und sie verlieren die Erinnerung an ihre früheren Empfindungen.

Mädchen haben nicht die Macht zu verhindern, daß sie als Frauen einer männlichen Kultur angehören, und diese Erfahrung ist sehr traumatisch. Ein Trauma ist die Antwort der menschlichen Psyche auf extreme Machtlosigkeit, Kontrollverlust und die Androhung der Vernichtung.[22] In traumatischen Situationen verändern sich die psychischen Abläufe, oft auf Dauer. Manchmal entsteht ein Trauma durch ein extremes Erlebnis von Ohnmacht wie bei einer Vergewaltigung. Manchmal entsteht jedoch ein Trauma auch allmählich, wenn eine Person sich eingeengt und hilflos fühlt. Obwohl die Pubertät gewöhnlich nicht als traumatische Zeit betrachtet wird (schmerzhaft, ja; traumatisch, nein), läßt das, was Mädchen über die gesellschaftliche Realität erfahren, Symptome entstehen, die jenen von Menschen ähneln, die ein Trauma erlebt haben. Ganz ähnlich wie Kriegsgefangene sind Mädchen Gefangene einer Kultur, in der Männer die Herrschaft innehaben.

Wovon sich ein heranwachsendes Mädchen abschneidet, ist das, was ihr Leben gefährden und Verluste verursachen kann. Manche afroamerikanischen Mädchen, die in der Schule gute Leistungen bringen, stehen vor einem schweren Dilemma, wenn ihr individueller Erfolg sie mit den Werten ihrer sozialen Gruppe in Konflikt bringt, die auf Zusammenschluß gegen Unterdrückung besteht. Die Psychologin Signithia Fordham, die eine Befragung von afroamerikanischen Jugendlichen in einer staatlichen Schule in Washington, D. C., auswertete, hat gezeigt, daß Mädchen mit besonders guten Schulleistungen bewußt oder unbewußt eine Strategie der «Rasselosigkeit» anwenden. Die sechzehnjährige Rita sagt: «Ich identifiziere mich mit Schwarzen und mit Weißen – ich... also, das ist etwas, was ich nicht mag: Ich mag nicht, wenn Leute mich fragen, ob ich mich mit den Schwarzen oder mit den Weißen identifiziere. Ich identifiziere mich mit *Menschen*. Menschen sind Menschen, schwarz oder weiß, lateinamerikanisch, rot, weiß oder blau, wir sind alle gleich.» Ritas Einstellung wäre vorbildlich, wenn es die in alle Lebensbereiche eindringende Ungerechtigkeit zwischen Weißen und Afroamerikanern in unserer Gesellschaft nicht gäbe. Als Persönlichkeiten, die keiner Rasse angehören wollen, verleugnen diese Mädchen ihre «ewige und unzertrennliche Bindung an die Gemeinschaft der Schwarzen und die Verpflichtungen, die sich daraus ergeben»[23]. Sie verteidigen sich gegen den Rassismus, indem sie die Werte und Anschauungen der herrschenden Kultur übernehmen.[24]

Besonders traumatisch ist es für Mädchen, wenn sie sich nicht mehr eins mit ihrem Körper fühlen. Die meisten Mädchen betrachten die physischen Veränderungen – die komplette Veränderung der Körperformen – nicht als ermutigende Erfahrung, sondern als Kontrollverlust. Die Möglichkeit, Leben zu reproduzieren, erscheint den meisten Jungen und Mädchen wie ein Fluch und nicht wie ein aufregendes Mysterium.[25] Jungen sind im allgemeinen von den Veränderungen ihres Körpers sehr angetan, denn sie gewinnen dadurch größere Kontrolle und Macht. Während der Kindheit sind Mädchen größer als Jungen, doch in der Jugend wachsen Jungen schnell und werden größer und stärker. Das ständige Ärgernis der sexuellen Belästigungen durch Jungen – vom Griff an den Büstenhalter bis zum schmerzhaften Kneifen der Brust – wird für Mädchen jetzt viel bedrohlicher. Jessica, eine Sechzehnjährige, sagt über die Jungen in ihrer Schule: «Sie stehen rum und beobachten, wie wir uns verändern. Sie sagen: ‹Klasse, und das alles machen sie nur für uns.›»

Das Trauma der heranwachsenden Mädchen hat nicht nur mit Kontrollverlust und körperlicher Unterlegenheit zu tun: Ihr Trauma resultiert daraus, daß sie ihre Sexualität in einer männlich geprägten Kultur als gefährlich erlebt. Die Souveränität von Mädchen während der Kindheit – die Einheit von Wissen, Gefühl und Handeln – löst sich auf, wenn dieses Erleben in ihre Psyche vordringt. Durch den «Verlust» ihres Körpers in einer tiefgreifenden Form von psychischem Widerstand kommt ihnen diese Einheit abhanden, und ihre Selbstwahrnehmung ändert sich grundlegend. Der Körper ist die Wurzel unserer Kraft und unseres Lebenswillens. Wenn Mädchen in ihrem Körper die sexuellen Gefühle von Erwachsenen lustvoll zu spüren beginnen, wollen sie etwas zutiefst Bewegendes erleben, sie wollen innerlich angerührt werden. Doch die sexualisierten Bilder von Frauen, die sie sehen, die Geschichten von Mißbrauch und Vergewaltigung, der Unterschied zwischen der Körperkraft von Männern und Frauen und die Kommentare und Blicke von Jungen und Männern fügen sich wie Puzzleteile zu einem ganz anderen Bild von der Welt zusammen. Lebhafte, extrovertierte Mädchen hören immer und immer wieder, daß sie sexuell provozieren. Cyndi Laupers Song «Girls Just Want to Have Fun» gibt dem Wort ‹Fun› einen sexuellen Unterton – Mädchen, die Spaß haben, die Spaß wollen, «haben es ja so gewollt».

In einer neueren Studie über sexuelle Belästigungen in Schulen, die vom «Wellesley Center for Research on Women»[26] durchgeführt wurde, berichten acht von zehn Mädchen, daß sie angefaßt, gezwickt oder betatscht wurden. Über ein Drittel der Mädchen erzählt, daß sie an *jedem Schultag* durch Blicke und Kommentare, aber auch durch Berührungen oder andere, aggressive Formen von Belästigungen behelligt werden. Die meisten Mädchen gehen zu Lehrern und anderen Autoritäten, doch in etwa der Hälfte der Fälle passiert dem Belästiger nichts. «Ich habe meinen Freundinnen davon erzählt, und die haben dafür gesorgt, daß ich mir wie eine Nutte vorkam!» schrieb eine Dreizehnjährige in der Studie. «Sie haben mir erklärt: ‹Du mußt ihm sagen, daß er aufhören soll.› Als hätte ich das nicht versucht! Ich bin zu meinem Beratungslehrer gegangen, und der riet mir, mich daran zu gewöhnen, weil ich eben reifer sei als alle anderen. ALSO BITTE! Ich hab mich so ohnmächtig gefühlt, als könnte ich überhaupt nichts dagegen tun.» *Alle* Mädchen werden gelegentlich belästigt, völlig ungeachtet ihrer Rasse, Herkunft oder des schulischen Umfelds. Eine Vierzehnjährige schrieb: «Ich finde, die Schulen sollten mehr aufpassen, was so alles passiert, denn Mädchen wie ich gehen innerlich kaputt, weil niemand uns glaubt.» Viele Mädchen in der Studie sprachen davon, Angst zu haben, und «jeden Tag mehr Angst zu bekommen».

Mädchen lernen zu verstehen, daß ihre Lebensfreude – Neugier, Spontaneität, Spaß – von den Erwachsenen als sexuelle Äußerungen betrachtet werden. Das beginnt zwar schon in der frühen Kindheit, doch am Anfang der Pubertät, wenn Mädchen erstmals eindeutig sexuelle Impulse spüren, erleben sie, daß ihr Verhalten falsch interpretiert wird und sie Unannehmlichkeiten bekommen oder in Gefahr geraten. Die Fähigkeit der Männer, tiefe Gefühle von körperlichen Empfindungen abzuspalten, hat eine Kultur geschaffen, in der Frauenkörper als reine Lustquellen mißbraucht werden. Die Sexualität stellt Mädchen und ihre Mütter vor erschreckende Probleme. Es geht hier um einen sehr wesentlichen Punkt ihrer Entwicklung, der ganz reale Gefahren birgt. Die Strategien, die Mädchen einsetzen, um an ihrer Lebensfreude und Sexualität festzuhalten, führen oft nur zu Scheinlösungen.

Heranwachsende Mädchen sind körperlichen Gefahren ausgesetzt, und die größte Gefahr hat mit Sex zu tun. Die meisten Mädchen nehmen in ihrer Jugend die körperliche Gefahr ganz unmittelbar wahr und fühlen sich exponiert (obwohl viele Mädchen ihre ersten schlimmen Lektionen über Gewalt, und besonders sexuelle Gewalt, schon sehr viel früher gelernt haben). Von den Mädchen, die sexuell mißbraucht wurden, war die Mehrzahl zum Zeitpunkt des ersten Mißbrauchs elf Jahre alt. Jedes dritte Mädchen berichtet von ungewollten sexuellen Kontakten mit erwachsenen Männern, die stattfanden, bevor sie achtzehn war, und drei Viertel dieser ungewollten Kontakte finden in der Pubertät statt.[27] Die Psychiaterin Judith Herman schreibt sogar, daß eine Vergewaltigung vielleicht unbewußt als «sozialer Initiationsritus in die Gewalt, die die Basis der Erwachsenen-Gesellschaft ist»[28], gesehen wird. Ein Drittel aller Mädchen in High-Schools und Colleges erleben Gewalt in einer intimen Beziehung, oder wenn sie mit einem Mann ausgehen.[29] Im Sexualkundeunterricht werden Mädchen außerdem fast nur vor AIDS, Geschlechtskrankheiten und Schwangerschaft gewarnt.[30]

Doch körperliche Gewalt ist nicht die einzige Bedrohung. Wie die Psychologin Deborah Tolman[31] entdeckte, als sie die Probleme von Mädchen mit ihrer Sexualität untersuchte, stehen diese vor der schwierigen Aufgabe, ihr sexuelles Verlangen zwar zu erforschen, gleichzeitig aber nicht nur körperlich von Gewalt und Krankheit verschont zu bleiben, sondern sich auch ihre psychische Unversehrtheit zu erhalten, indem sie sich davor bewahren, als unanständig und schlecht angeprangert oder gar als «Nutte» ausgegrenzt zu werden. Jungen sprechen von «Schlampen», «Huren» und «Nutten», und sie reden darüber, wer «leicht und wer schwer rumzukriegen» ist. Sie taxieren Mädchen in den Schulkorridoren und auf der Straße. Wenn diese sich die Maßstäbe der Jungen zu eigen machen, werden sie immer abhängiger von deren sozialer Billigung. Daß man seinen Freund verliert, wenn man sich nicht «richtig» verhält oder nicht gefällig genug ist, macht heranwachsenden Mädchen häufig Kopfzerbrechen. Mädchen, die «gut» sein müssen, sind psychisch gefährdet, wenn sie sich zu ihrer Sexualität bekennen und sie für sich beanspruchen. Ihre sexuellen Empfindungen sind riskant, sind «schlecht», denn ein sexuelles Wesen zu sein ist schändlich, und das Mädchen läuft Gefahr, von ihrer Familie und ihren Freunden gemieden zu werden.

Das löst ein diffuses Gefühl von Furcht aus, eine ängstliche Anspannung. «Wenn ich allein zu Hause bin, achte ich darauf, daß alle Türen und Fenster versperrt sind, weil ich immer Angst habe, daß ein Fremder kommt», sagt die vierzehnjährige Alicia. «Wahrscheinlich spielt mir meine Phantasie einen Streich. Aber ich weiß ja, daß so etwas passieren kann. Und man hört Sachen in den Nachrichten, über Vergewaltigungen und so was.» Mädchen erleben größere «Nervosität, Hoffnungslosigkeit, Unruhe, Trauer und Angst» und mehr Kontrollverlust als Jungen im selben Alter.[32] Ihre entwickelteren intellektuellen Fähigkeiten erlauben es ihnen, sich von außen zu sehen, aus der Perspektive eines anderen. Sie verlieren die Freude an Unterschieden, besonders wenn sie selbst davon betroffen sind. Sie beginnen, sich ständig zu überprüfen – achten auf ihr Aussehen, sehen jede ihrer Bewegungen mit den Augen der Jungen, die immer mehr Macht über ihr Leben gewinnen. Das macht sie befangen, und sie formen sich zu einer Person, die sich den Idealbildern, die sie überall sehen, annähert. Die zahlreichen Gewichts- und Eßstörungen – Fettsucht wie Magersucht – sind auch Versuche, die Veränderung zur Frau mittels geistiger Stärke aufzuhalten oder sich beim Eintritt in eine männlich orientierte Welt zu tarnen. Befangenheit wird fast zum Fluch, denn allzu oft müssen Mädchen beschämt feststellen, daß sie den Ansprüchen nicht genügen.

Wenn Mädchen ihre Ganzheit verlieren, überdecken sie ihr untergründiges Wissen und ihre Körperempfindungen und erfinden sich neue Identitäten. Aus diesem Verlust der Ganzheit heraus sind ihre Worte und Handlungen nicht mehr das Echo ihrer Gedanken und Gefühle. Vor allem weiße Mittelschicht-Mädchen «entkörperlichen» sich, in dem sie sich von ihrer Sexualität distanzieren, um sich so sicherer und weniger verletzlich zu fühlen. Obwohl sie die Gefahren in ihrem Umfeld kennen, spalten Mädchen (und Frauen) ihr Wissen ab und *tun* so, als könnten sie nie vergewaltigt werden. «Vor Vergewaltigung habe ich am meisten Angst», sagt Kim, vierzehn Jahre alt. Doch als sie gefragt wird, was sie davon hält, daß Mädchen von Jungen vergewaltigt werden, mit denen sie befreundet sind – die häufigste Art der Vergewaltigung in ihrer Altersgruppe –, wirkt sie fast erstaunt: «Darüber habe ich eigentlich noch nie richtig nachgedacht, aber es ist sicher so, wie alle sagen, es könnte mir auch passieren.» Eine «Entkörperlichung», das heißt eine Distanzierung von der eigenen Sexualität, macht schwach und blind. Die quälende Ungewißheit, ob sie «zu weit» gegangen sind, wird eben durch diese Spaltung ausgelöst. Da die Mädchen nicht in der Lage sind, zu ihrer Sexualität zu stehen und sie in ihr Gesamtbild zu integrieren, werden sie von der Dringlichkeit ihrer Gefühle überrascht und lassen sich aus lauter Unsicherheit auf Liebesbeziehungen ein. Manche Mädchen suchen einen anderen Weg. Sie ignorieren die Gefahr, der sie ausgesetzt sind, mit falschem Heldenmut und aggressiver Sexualität. Keine Sorge, scheinen sie zu sagen, ich weiß mir selbst zu helfen – ich bin stark. Durch diese Haltung spüren sie weder Verletzlichkeit noch Furcht, lassen sich aber auch nicht auf echte Intimität ein. Die weiße Mittelklasse-Gesellschaft definiert solche Mädchen als «schlecht», denunziert sie und verweigert ihnen Erfolg in der herrschenden Kultur.

Das Trauma, das Mädchen beim Zusammenprall mit der Wand erleiden, zerstört ihr Vertrauen in die kindliche Welt von Mutter und Freundinnen, obwohl Untersuchungen in afroamerikanischen und lateinamerikanischen Wohnbezirken darauf hindeuten, daß die Zugehörigkeit zu einer starken Gemeinschaft von Frauen das Trauma abmildern oder sein Eintreten verzögern kann. Vielen Mädchen wird der Umgang miteinander zum Problem – nach all dem, was sie während der späten Kindheit an Rivalität erlebt haben und all den gescheiterten Bemühungen, das perfekte Mädchen zu verkörpern. Wenn in Mädchenbeziehungen nicht mehr so sehr Kinderspiele, sondern Gespräche und persönliche Geheimnisse im Mittelpunkt stehen, berichten Mädchen von schlimmen Fällen von

Verrat. Meistens geht es darum, «wer wen mag und wer wen hintergangen hat und so weiter», erzählt die vierzehnjährige Kim. «Und dann geht es weiter mit Aussagen wie ‹sie ist mir in den Rükken gefallen, weil sie wußte, daß ich ihn mag› und solche Sachen.» Der Wettstreit um Jungen ist ein weiterer Test in den Beziehungen der Mädchen untereinander. Heather, auch vierzehn, sagt, daß «Mädchen alles tun, um es zu schaffen, sogar wenn es ihre Freundin ist – Mädchen tun alles – sie machen sogar andere schlecht, wenn sie es dadurch schaffen». – «Es schaffen» bedeutet, «den einen Jungen zu ergattern». Da sie das Grundvertrauen in andere Mädchen verloren haben, wenden sie sich immer stärker Männern zu, um sich in der Welt zurechtzufinden. Von ihren Freundinnen verraten, finden sie manchmal, daß ihre Beziehung zu einem Jungen eine Erleichterung ist, denn, wie Melody sagt, «die regen sich nicht wegen jeder Kleinigkeit auf.»

Die Desintegration der Mädchen bewirkt den schmerzlichen Verlust ihrer Unverwüstlichkeit und Stimmgewalt – Voraussetzungen für geistige Gesundheit – und produziert ein starkes Schamgefühl, weil sie sich anders fühlen, als sie sein «sollten», um geliebt zu werden und ungefährdet zu leben. Indem sie Teile ihrer Psyche leugnen oder abschotten [33], werden sie anfällig für Depressionen, Eßstörungen, Angst und unzählige andere Nöte, die heranwachsende Mädchen plagen. Ihre Persönlichkeit ist schwer beschädigt. Der innere Konflikt zwischen Leugnen und Wissen zehrt riesige psychische Energien auf. Als kurzfristige Überlebensstrategie schützt dieser Verlust der Integrität die Mädchen gegen das Gefühl, ständig in Gefahr zu sein. Doch auf lange Sicht prägt sich das Trauma dieser Verluste in ihrer Psyche ein und formt ihre Weltsicht und ihre Wünsche. Die Unmöglichkeit, in dieser Welt sie selbst zu sein, führt entweder zu der Sehnsucht nach Selbstvervollkommnung oder immer stärker in ein selbstzerstörerisches Verlangen, «einer von den Jungs» zu sein. Am schmerzlichsten ist es, daß sie der Liebe, die sie als Mädchen kannten, nicht mehr trauen.

Gegen Ende der Schulzeit scheinen Mädchen wieder «ausgeglichen» zu sein. Zweifel und Unsicherheit, Selbstschutz und Angst sind verdrängt und rationalisiert. Immer noch intensiv an Beziehungen interessiert, halten viele Mädchen ihre Bedürfnisse, Wünsche und Erkenntnisse unter Verschluß, um «gute» Beziehungen zu haben und mit anderen auszukommen. Andere geben sich forsch und wagemutig und geraten emotional ins Abseits, wenn sie frei und offen ihre Meinung sagen. Aber was sie denken, sagen und tun ist etwas anderes als das, was sie wirklich denken und sagen wollen. Sie verlieren den Kontakt zu sich selbst. Lyn Mikel Brown stellt fest: «Da sie das, was sie wissen, in Zweifel ziehen, suchen sich diese Fünfzehn- und Sechzehnjährigen äußere Autoritäten, die ihnen sagen sollen, was Wert hat und was legitimes Wissen ist.»[34] Sie trauen nicht sich selbst, sondern lassen sich lieber von den Medien definieren. Sie sehen gut aus, und was sie sagen, hört sich gut an, weil sie sich den Erwartungen der sie umgebenden Kultur inzwischen angepaßt haben. Doch bei jedem neuen Umbruch in ihrem Leben – beispielsweise beim Eintritt in eine Universität oder in die Arbeitswelt – können die Kompromisse, die sie eingegangen sind, aufs neue zu Zweifel und Verwirrung führen.

Der Kreislauf des Verrats

An der Seite ihrer Mütter machen Mädchen sich auf den Weg von der Macht zum Verrat: von der Macht, die aus der Mutter-Tochter-Beziehung entspringen könnte, zu einem Verrat, den die herrschende Kultur an ihnen begeht und der fälschlicherweise den Müttern angelastet wird. Von der Ganzheit der frühen Kindheit über ihre erste Begegnung mit dem «perfekten Mädchen» bis hin zum Widerstand (politisch, psychisch) – auf diesem langen Weg erleben Mädchen schmerzhafte und unnötige Verluste. Mütter stehen vor der undankbaren Aufgabe, den übermächtigen Wunsch, ihre Töchter in Sicherheit zu wissen, mit der Hoffnung in Einklang zu bringen, daß sie sich frei und ungehindert bewegen können. Erst in der Pubertät, wenn sie gebärfähig sind, werden Mädchen für die patriarchalische Kultur wirklich interessant. Eine Tür öffnet sich – einen Spaltbreit –, und Mütter geleiten die Mädchen hindurch.

«Junge Frauen äußern in dieser Zeit den größten Zorn auf ihre Mütter», schreiben Judith Herman und Helen Lewis, «das größte Bedürfnis ist, anders als ihre Mütter zu sein, und die größte Furcht, daß sie trotz allem so wie ihre Mütter werden könnten.»[35] Während die konventionelle Erklärung dafür lautet, daß Mädchen sich von ihren Müttern zu lösen versuchen, ist unsere Interpretation, die sich mehr an den tatsächlichen Äußerungen von Mädchen und Frauen orientiert, die, daß sich Mädchen von ihren Müttern verraten und im Stich gelassen fühlen und daß sie nach Wegen suchen, sich und ihre Mütter zu befreien. «In der späten Pubertät», erläutert die Psychologin Terri Apter, «ist die Tochter gewöhnlich sehr interessiert an den Geschlechtsstrategien der Mutter – das heißt, wie die Mutter den Vater behandelt, wie zu Hause die Rollenverteilung funktioniert, wie diese Aufteilung festgelegt wird und welche Zugeständnisse aus diesen Verhandlungen entstehen.»[36] Zwar beobachten Mädchen solche Dinge schon viel früher, doch wenn sie älter werden, kritisieren sie die Handlungen ihrer Mütter oft ganz unverblümt. Vieles von dem Geschützfeuer an Kritik, das auf die Mutter niederprasselt, ist ein innerer Dialog der Tochter, die sich mit dem Modell, das die Mutter ihr vorführt, auseinandersetzt. Mädchen wollen wissen: Muß ich diese Opfer auch bringen? Muß ich tun, was du getan hast, um zu überleben oder deine Liebe zu behalten? Da sie so tief mit der Mutter verbunden sind, sehen die Töchter deutlich, wie die Mütter sich opfern, und fühlen sich verraten. In jeder Generation deuten Töchter aufs neue den Verrat durch die Kultur als Verrat durch ihre Mütter. Tragischerweise werden Mütter für den gleichen Verrat verantwortlich gemacht, den sie selbst erlitten haben.

Mütter geben die Lektionen, die sie gelernt haben, an ihre Töchter weiter. Sie bringen ihnen bei, Frauen zu sein wie sie selbst, in einer Welt männlicher Privilegien zu überleben, indem sie Männern gefallen. Die Psychologin Dana Jack drückt es so aus: «Das heranwachsende Mädchen erlebt, wie die mütterliche Autorität von der väterlichen Autorität umgestoßen wird, und zwar im wörtlichen wie im metaphorischen Sinn. Weibliche Autorität lehrt sie durch Empfindung, Wort und Beispiel, wie sie sich gegenüber männlicher Autorität zu verhalten habe.»[37] Mädchen suchen nach Wegen, ihre Mütter aus dieser unglücklichen Lage zu befreien, während Mütter ihren Töchtern helfen wollen, sich anzupassen und ihre Unversehrtheit zu bewahren. Sie ermahnen Mädchen zur Vorsicht Männern gegenüber, und wenn Mädchen heranwachsen, werden auch die Sorgen der Mütter um ihre Töchter größer. Teenager haben genausoviel Angst vor körperlicher und sexueller Gewalt wie ihre Mütter, doch sie verhalten sich immer noch so, als seien sie unverwundbar, als dächten sie: Mir kann das nicht passieren. Obwohl Männer für diese Gefahren verantwortlich sind, sind es meist die Mütter, die «zwangsweise zu Gefängniswärterinnen ihrer Töchter» gemacht werden. Gewöhnlich weisen die Mädchen die Warnungen ihrer Mütter weit von sich und reagieren mit Zorn und Verachtung auf die unerwünschte – und in ihren Augen unnötige – Begrenzung ihrer Freiheit und Unabhängigkeit. Diese ängstlichen, aber verständlichen Bemühungen, Töchter zu beschützen, die stillschweigenden oder ausdrücklichen Verbote und die wütende Erkenntnis der Töchter, daß sich an den Müttern die eigene zukünftige Machtlosigkeit ablesen läßt, setzen die Mutter-Tochter-Beziehung enormen Belastungen aus.

Doch diese Beziehung, eine tiefe, prägende Bindung, ist für beide Seiten lebenswichtig. Schließlich erleben Mädchen und Frauen Beziehungen mit einer emotionalen Intensität, die in unserer Kultur Männern und Jungen nicht erlaubt ist. Das Zusammengehörigkeitsgefühl junger Mädchen und ihre Fähigkeit, sich auf andere einzulassen – was sie in der Mutter-Kind-Beziehung gelernt haben –, sind die ergiebigsten Quellen für Kraft und Widerstand, die sie besitzen. Der Zusammenprall mit der Wand und die kulturell verordneten Reaktionen der Mütter können für heranwachsende Mädchen wie ein schrecklicher Vertrauensbruch aussehen. Die Folge ist, daß Mädchen die Souveränität der Mutter, ihre «Aufrichtigkeit und Unabhängigkeit» bezweifeln und das Vertrauen in sie als gefestigte Persönlichkeit verlieren. Der Vertrauensbruch ist ein Verlust und eine Enttäuschung und veranlaßt Mädchen zu der Frage: «Warum hat sie mich nicht gewarnt?»

Farbige Mädchen erleiden andere Verluste und Enttäuschungen. Die afroamerikanische Pädagogin Beverly Jean Smith kommentiert den Unterschied: «Wenn ich in psychologischen Veröffentlichungen über Mutter-Tochter-Beziehungen lese, fällt mir bei den Töchtern am meisten der Schmerz, die Wut, der Haß, die Ablehnung, die Angst und der Versuch der Selbstfindung auf... Diese Art der Mutter-Tochter-Beziehung ist das Gegenteil von dem, was ich erlebt und gesehen habe.»[38] Ganz allgemein, sagt Smith, ist die Erfahrung der meisten afroamerikanischen Frauen, auch wenn sie unterschiedlicher sozialer Herkunft sind, eine andere. Die Ergebnisse, die vorliegen, deuten auf eine größere Nähe zwischen Müttern und Töchtern hin: «Entschiedene 94,5 % äußerten Respekt vor ihren Müttern; für deren Stärke, Ehrlichkeit, Problembewältigung und Überlebensstrategien.»[39] Doch die Bewunderung für die mütterliche Lebenserfahrung könnte manche armen afroamerikanischen Mädchen zu der Befürchtung veranlassen, daß ihre Zukunft verbaut würde, wenn sie Kinder bekämen. Jill McLean Taylor und Amy Sullivan (zwei weiße Wissenschaftlerinnen) schreiben über afroamerikanische Großstadtmädchen, die als «gefährdet» gelten: «Interessanterweise gaben drei Viertel aller schwarzen Mädchen ausdrücklich und mindestens einmal in den drei Interviews, die wir mit ihnen machten, an, daß sie *keine* Kinder wollten... Das scheint darauf hinzuweisen, daß diese Mädchen ihre Mütter und deren Erfahrungen verstehen und einschätzen können und daß die Vorstellungen für ihre eigene Zukunft davon beeinflußt werden.»[40] Diese Mädchen müssen sich mit ganz speziellen Phänomenen auseinandersetzen: Rassismus, Großfamilien, stärkere Bindungen an die eigene soziale Gruppe und die Rolle von Frauen in diesen Familien und Gruppen. Von Latinas kennen wir nur persönliche Berichte, die ebenfalls auf eine andere Mutter-Tochter-Beziehung hindeuten. Auch sie sprechen von einer stärkeren Bindung an ihre Mütter, obwohl Latinas in ihren Familien eine ganz andere Rolle spielen als Afroamerikanerinnen.

Doch alle Mädchen leiden unter irgendeiner Form von Verlust und Enttäuschung, die zuerst von Angst zugedeckt wird und später in Wut und Feindseligkeit umschlägt. In einer so lebenswichtigen Beziehung wie der zwischen Mutter und Tochter Wut zuzulassen ist sicherlich schwierig, besonders in unserer Gesellschaft, die verlangt, daß Frauen und Mädchen nett sind und die bei Konflikten und Mißhelligkeiten unter Frauen davon spricht, daß sich «die Weiber mal wieder die Augen auskratzen.» Bei vielen Müttern bricht als Reaktion auf den Zorn ihrer Töchter der alte Kindheitszorn wieder auf – lang vergessene Enttäuschungen und Ängste werden wiederbelebt. Ihr Unbehagen über die Wut der Tochter wird verstärkt durch die eigenen uneingestandenen feindseligen Gefühle und Erinnerungen. Manche Mütter geben diesem Zorn eine Stimme, andere verwandeln ihn in Depressionen, und wieder andere leugnen ihn. Wenige sind in der Lage, ihren Töchtern beizubringen, wie sie dem Zorn standhalten und ihn benutzen können – wie sie es auf diese Weise lernen zu verstehen, daß «Wut mit Informationen und Energie geladen ist».

Warum das so ist? Weil Mütter auch Töchter sind. Als Mädchen stießen auch sie gegen die Wand, drehten sich fragend nach ihren Müttern um, erlebten einen schmerzhaften Vertrauensbruch und erfuhren, wie Enttäuschung und Wut die Beziehung zu ihrer Mutter erschütterten. Nachdem sie durch die Wand hindurchgegangen waren, sahen sie sie nicht mehr und erinnerten sich auch nicht mehr daran, wie es war, auf der anderen Seite zu stehen. Ihre Mütter wiederum wußten ebensowenig, wie sie mit ihrem Zorn und dem der Tochter umgehen sollten, und deshalb liegt ein unausgesprochener und unverzeihlicher Verrat wie ein Fluch auf den Beziehungen vieler Frauen zu ihren Müttern. «Mädchen sind scharfsinnige Beobachterinnen ihrer Mütter», schreibt die Psychologin Annie Rogers, «und scheinen genau zu wissen, wann Frauen sich auf eine direkte Konfrontation mit ihnen einlassen können und wann nicht. Leider wird die fehlende Bereitschaft vieler Frauen, noch einmal einen niederschmetternden Verlust zu erleiden, zu einem wirkungsvollen psychischen Schutzmechanismus... Dieser Mechanismus – das Lügenmärchen von unvermeidlichem Verlust und Verrat, der vor wiederholten Verlusten schützen soll – wiederholt sich in jeder Generation aufs neue und wird unbewußt von Frauen an Mädchen weitergegeben, von Müttern an Töchter.»[41]

Wege des geringsten Widerstands

Bei Beginn der Pubertät treffen Mädchen auf zwei ausgetretene Pfade, die Frauen auf dem Weg ins Patriarchat einschlagen können: konventionelle Weiblichkeit einerseits und die Übernahme männlicher Verhaltensmuster nach dem Motto «Mädchen sind wie Jungs» andererseits. Beide Pfade verlangen einen Verrat am eigenen Ich und an anderen Frauen – doch auf unterschiedliche Weise. Beides sind Wege des geringsten Widerstandes, Wege, auf denen der gesunde, politische Widerstand der Mädchen verinnerlicht wird und sich in einen selbstzerstörerischen psychischen Widerstand verwandelt, der ihnen die Anpassung an die Kultur ermöglicht. In der Tat werden diese Pfade als Wege zum Erfolg angepriesen, als Wege, die schon ihre Mütter benutzten – oder gerne gegangen wären.

Innerhalb der konventionellen Weiblichkeit, der traditionellen Frauenrolle, geben Frauen öffentliche Macht und Autorität auf; als Gegenleistung erhoffen sie sich Fürsorge und Schutz. Wir begegnen hier der altbekannten Liebesgeschichte: eine Frau setzt ihre Attraktivität ein, um einen Mann anzulocken und sich von ihm beschützen zu lassen. In der häuslichen Sphäre, in den Bereichen Kindererziehung und Haushalt, wird Frauen ein gewisses Maß an Macht zugestanden, doch Finanzen und Entscheidungsgewalt bleiben meist den Ehemännern oder Vätern vorbehalten. Frauen wurde in der Geschichte immer wieder eingeredet, sie seien in dieser privaten Sphäre wirklich mächtig, sie sei einfach nur «anders» und nicht weniger wichtig als die öffentliche Sphäre, in der sich die Männer bewegten. Mit der Industrialisierung und dem technologischen Fortschritt ist die traditionelle Frauenarbeit (Kleidung herzustellen, Nahrung aus der Ernte zuzubereiten, Kinder zu erziehen, Handarbeiten anzufertigen) aus dem privaten Bereich ausgegliedert worden, und der Beitrag der Hausfrauen wurde immer mehr abgewertet.

Die reale Machtlosigkeit der Frauen und ihre ökonomische Verletzlichkeit zeigen sich an der steigenden Zahl von Haushalten, denen eine Frau allein vorsteht, und der steigenden Armut von Frauen und Kindern in den Vereinigten Staaten. Im alltäglichen Leben mögen sich Hausfrauen durch ihren Einfluß auf die Familie und ihren begrenzten Lebensbereich mächtig fühlen, doch wenn ihr Mann schwer krank wird, stirbt oder sie verläßt, erkennen sie schnell, wie machtlos sie wirklich sind. Dennoch wird Frauen das Versprechen, daß für sie gesorgt werde, immer noch als Lohn für Unterordnung und Machtverlust im öffentlichen Bereich zugemutet. Weiße Frauen, Latinas, Afroamerikanerinnen, Asiatinnen und Indianerinnen werden ermutigt zu heiraten, doch manche, wie zum Beispiel afroamerikanischen Frauen, werden immerhin ermahnt, sich nicht auf Männer zu verlassen oder ihnen zu vertrauen und sich ihre Unabhängigkeit zu bewahren.[42] In manchen Gruppen ist die Einsicht größer, daß die konventionelle Weiblichkeit von Frauen fordert, Stimme und Macht in der Öffentlichkeit aufzugeben, und daß dies für sie riskant ist.

Der andere, für Mädchen gangbare Weg ist eine Strategie der Anpassung («Mädchen sind wie Jungs»), die sich an Leistungs- und Erfolgsbegriffen orientiert, die vom Patriarchat vorgegeben wurden. In den siebziger Jahren führten Versuche einer nicht geschlechtsspezifischen Erziehung von Mädchen dazu, daß sie angehalten wurden, sich wie Jungen zu verhalten – so wie immer mehr Frauen «Männerberufe» ergriffen. Für Mittelschicht-Frauen heißt das gewöhnlich, eine berufliche Karriere anzustreben, und zwar unter Bedingungen, die für Männer geschaffen wurden, die Ehefrauen zu Hause haben. Der Erfolg dieser Frauen hängt davon ab, daß sie die Wertschätzung männlicher Privilegien fraglos akzeptieren und sich gleichzeitig mit einer dünnen Schicht von Weiblichkeit umhüllen – doch darüber wird nicht gesprochen. Die Psychologin Jean Baker Miller beschreibt die Nachteile dieser Strategie: «Gewöhnlich werden sie (die Frauen) nicht völlig akzeptiert, und auch das nur dann, wenn sie bereit sind, die Identifikation mit ihren untergeordneten Genossinnen abzustreifen.»[43] Frauen werden aufgefordert, andere Frauen zu verraten, besonders jene Frauen, die Kinder aufziehen. Sie müssen sich die fürsorglicheren Aspekte ihres eigenen Wesens versagen und so den engen emotionalen Kontakt zu anderen aufgeben.

Frauen, die im Sinne unserer Kultur «alles haben» wollen, schlüpfen in die Rolle der Superfrau, das heißt, sie müssen zu Hause konventionelle Weiblichkeit demonstrieren und im Berufsleben männliche Maßstäbe verinnerlichen. Die Konflikte, die sich daraus ergeben, «vermitteln Frauen unterschwellig das Gefühl, nicht genug zu leisten, und zwar innerhalb wie außerhalb ihrer engsten Beziehungen». Wie Dana Jack schreibt, sind diese widersprüchlichen Normen «männliche Definitionen des Weiblichen».[44] Die Frau wird entweder als perfekte Gehilfin und Stütze des Mannes oder als Imitation von männlich definierter Unabhängigkeit und Leistung gesehen. In Interviews mit Frauen beobachtete Jack außerdem, daß die kulturellen Maßstäbe für Superfrauen neue und unerreichbare Ideale für das äußere Erscheinungsbild und das Verhalten von Frauen geschaffen haben.

Diese beiden Pfade sind Müttern von erwachsenen und heranwachsenden Töchtern sehr vertraut. Aber es gibt noch einen anderen Weg, den Mädchen heutzutage durchaus auch wählen und über den Frauen informiert sein sollten. Michelle Fine und Pat McPherson, zwei weiße Wissenschaftlerinnen, sprachen 1991 mit vier Teenagern, was es bedeutet, in den neunziger Jahren eine Frau zu werden. Ihre Diskussion mit zwei Mädchen afroamerikanischer Abstammung, einem Mädchen koreanischer Abstammung und einer Weißen ließ eine neue Strategie erkennen, die allerdings eine gewisse Ähnlichkeit mit einer der alten Variationen aufweist. Diese

Mädchen wollten «einer von den Jungs sein... In ihrer Version des Feminismus ging es um den gleichberechtigten Zugang zum Mann-Sein.»[45] Viele Frauen, die mit Mädchen arbeiten, haben diese neue Strategie mit Besorgnis zur Kenntnis genommen.

Obwohl dies wie das bekannte «Mädchen sind wie Jungs» klingt, ist es tatsächlich etwas ganz anderes. Die neue Strategie erfanden Mädchen, die Randgruppen angehörten. Als «einer von den Jungs» gehen Mädchen scheinbar überlegen mit männlichem Sexismus um, sie haben ein Auftreten, das die totale Abwertung alles Weiblichen, wie es aus der sexistischen Werteordnung bekannt ist, übernimmt. Die «Mädchen sind wie Jungs»-Strategie enthält noch ein Element von Zweckmäßigkeit, einen gewissen inneren Konflikt, eine fehlende Gewißheit, was die Überlegenheit alles Männlichen betrifft, und einen Rest Bewunderung des weiblichen Elements. Bei der neuen Strategie wollen Mädchen Jungen *sein.*[46] Eine der extremsten Ausformungen dieser Strategie wurde in Großstädten entdeckt: Mädchen bilden Gangs. Immer häufiger kleiden und verhalten sie sich mit der bekannten Robustheit und Härte von Jungen. Durch «fronting», das heißt, indem sie sich hart geben und Konfrontationen suchen, werden Mädchen dazu gebracht, sich selbst zu verraten und einander im Überlebenskampf zu verletzen. Mädchen, die «einer von den Jungs» sind, lehnen andere Mädchen ab – und sich selbst auch. Mädchen, die nicht dazugehören, werden als nicht vertrauenswürdig, schwach, lachhaft, zimperlich und «nett» abqualifiziert und mit Ablehnung und Widerwillen bedacht. Die ausgeflippte Spielart des Strebens nach dem perfekten Mädchen ist eine Strategie, die von Selbstekel lebt. Angesichts der Verluste der Pubertät idealisieren Mädchen die Männlichkeit und wollen selbst zum Mann werden. In selbstgewählter und selbstverleugnender Identifikation mit dem Unterdrücker setzen sie männliche Verhaltensmuster mit Ehrlichkeit, Integrität, Mut und Stärke gleich. Es ist erschreckend, daß Mädchen das gesamte Verhaltensspektrum annehmen, auch wenn es Gewalt einschließt. Viele dieser Jungen-Mädchen bemerken, daß die Gewalt, die sie akzeptieren und cool finden, sexuell gegen sie gerichtet ist. Sie mögen sich zwar wie «einer von den Jungs» vorkommen, doch die Jungen wissen sehr wohl, daß sie Mädchen geblieben sind.

Die Wege des geringsten Widerstandes – traditionelle Weiblichkeit, Anpassung an männliche Standards und scheinbar überlegene Selbstverleugnung – sind kurzfristige Überlebensstrategien, die einen enormen Preis fordern. Sie alle machen es erforderlich, daß Mädchen Teile ihrer selbst aufgeben – ihre Handlungsvollmacht oder ihr Mitgefühl. All diese Strategien schaden ihrem Selbstwertgefühl und ihrer Ganzheit. Im Kontext unserer Kultur sind dies die Manipulationen, die Mütter an ihre Töchter weiterzugeben haben, und damit verlieren sie das Vertrauen ihrer Töchter und werden auf schreckliche Weise mit deren Verachtung gestraft. Die restriktiven individuellen Strategien lassen Angst, Isolation und Uneinigkeit fortbestehen. Nur durch einen politischen Blick auf die Kräfte, die diese Trennung erzwingen, können Frauen Wege finden, den Zwängen der Unterdrückung zu widerstehen und sich gegen Verluste zusammenzuschließen.

Die Widerstandsbewegung

Wenn wir den Weg von der Macht zum Verrat, vom Mädchen bis zur jungen Frau verfolgen, verschiebt sich die Schuld von den Müttern weg hin zu einer Kultur, die auf der Unterjochung von Frauen beharrt. Diese Schuldverschiebung bedeutet nicht, daß Mütter keinerlei Verantwortung tragen. Sie haben eine sehr große Verantwortung, wenn es darum geht, Widerstand zu leisten und den Widerstand ihrer Töchter zu unterstützen. Obwohl der individuelle Widerstand schwierig und vielleicht auch zum Scheitern verurteilt sein mag, so kann doch eine Gruppe von Frauen, eine politisch bewußte Bewegung oder Organisation es mit den Zwängen und Machtstrukturen der Gesellschaft aufnehmen, um zu verhindern, daß die Mädchen auf dem Weg zur Frau die typischen Verluste erleiden. Die Geschichte lehrt uns, wie wirksam kollektives Handeln sein kann. Daß Gewalt in der Familie zum Thema wurde, verdanken wir einer Bewegung, die sich aus der Frauenbewegung der siebziger Jahre formierte. Ohne die Unterstützung und die Mittel dieser Bewegung hätten viele auch weiterhin nicht wahrhaben wollen, wie verbreitet und schädlich die Gewalt in unseren Familien ist.

Dem Sexismus in unserer Kultur und nicht mehr den Müttern schuld zu geben klingt allerdings leichter, als es ist. Mädchen verstehen, daß die Welt des Patriarchats auf ihr Wissen keinen Wert legt und daß ihre Macht eine Illusion ist. Doch diese Tatsachen lassen sich nicht ohne weiteres ändern. Bislang gibt es keine Ausweichmöglichkeit. Was soll eine Mutter tun? Die Soziologin Pat Hill Collins beruft sich auf die Historikerin Elsa Barkley Brown. Diese beschreibt das «heikle Gleichgewicht zwischen Konformität und Widerstand» als «Bedürfnis, mich auf der einen Seite zu sozialisieren und mir gleichzeitig alle Werkzeuge zu verschaffen, die ich brauche, um etwas anderes zu sein»[47]. Mädchen können sich sehr gut anpassen, während sie gleichzeitig Widerstand leisten. Aber sie brauchen ein Netz von Frauen und Mädchen, die ihren Widerstand gegen Verluste schützen.

Was in der Pubertät letztlich auf dem Spiel steht, ist der Verlust der Liebesfähigkeit. Was Mädchen einmal als Liebe kannten, die Liebe, die die Grundlage ihrer Persönlichkeit war, verändert sich im Schatten der Wand. Sie leben in einer Kultur, in der «wahre Liebe» angeblich die romantische Liebe zwischen erwachsenen Männern und Frauen ist, so daß die heftige Liebe zur Mutter und zu den Freundinnen leicht ignoriert wird – schließlich sind es ja nur kleine Mädchen. Doch die Liebe der Mädchen, vor allem die Liebe zur Mutter, könnte durchaus das stärkste Gefühl sein, das sie zeit ihres Lebens empfinden werden. Wenn Mädchen das verlieren, was sie als Liebe kannten, wird ihnen eine andere Version von Liebe als Ersatz angeboten, die «wahre Liebe» der Groschenromane. Wenn die Macht der Kultur nur in Unterdrückung bestände, würden sich Frauen sicherlich organisieren und bei jeder Gelegenheit Protestmärsche veranstalten. Doch mit subtilen Verlockungen schafft die

Macht das Begehren. Perfektes Begehren, perfekte Liebe und perfektes Glück werden Frauen als Lohn versprochen. Was sie dafür aufgeben, ist ihre psychische Ganzheit, die leidenschaftliche Liebesfähigkeit ihrer Kindheit, die Welt der Mädchen und Frauen und das Potential, in der Welt der Erwachsenen etwas zu bewirken. Was man den Frauen da weismachen will, ist schon eine schlimme Zumutung.

3 *Geschichten, die unser Leben begleiten*

Es ist schwer, Geschichten zu erfinden, die einen ein Leben lang begleiten. Wir können nur die Geschichten wiedererzählen, und nur die Geschichten begleiten uns, die wir gelesen oder gehört haben... Wir mögen sie gelesen haben, vielleicht hat man sie uns vorgesungen oder sie haben uns über irgendein elektronisches Medium erreicht: sie sind vorhanden wie das Gemurmel unserer Mütter, das uns sagt, was von uns erwartet wird. In welcher Form auch immer – diese Geschichten haben uns alle geprägt; sie sind der Stoff, aus dem wir neue Fiktionen, neue Geschichten herstellen müssen.

Carolyn Heilbrun

Es war einmal ein Mädchen, das nicht richtig gemerkt hatte, daß es eine liebenswerte junge Frau geworden war. (So beginnen diese Geschichten meist, am Beginn des Frauseins. Wenn die Geschichten mit der Geburt anfangen, dann geschieht das gewöhnlich, damit das Neugeborene von einer anderen Frau verwünscht werden kann.) Die junge Frau ist hübsch und still und gut, und manchmal wirkt sie traurig, vor allem, weil ihre Mutter gestorben ist, als sie noch ganz klein war (ein ganz typischer Bestandteil der Geschichte). Sie wird oft von anderen Frauen aufgezogen, die sie schlecht behandeln und sie jeden Tag von früh bis spät schuften lassen (das ist zwar, abgesehen von den Wohlhabenden, das Schicksal aller in diesen Königreichen, aber es wird uns suggeriert, daß der Protagonistin dies eigentlich hätte erspart bleiben sollen). Manchmal wird sie in den Wald geschickt. Doch sie redet nicht viel über all das. Nein, sie beklagt sich nie, sie erträgt alles freudig. Tatsächlich scheint sie ganz perfekt. An einem bestimmten Punkt begegnet sie trotz der Intrigen all der älteren häßlichen Frauen einem reichen, gutaussehenden Mann. Zufällig ist auch er recht perfekt: Er ist bedeutend und tut aufregende, abenteuerliche Dinge. Doch sein Vater besteht darauf, daß er sich eine Frau sucht, damit es Enkel gibt. Der hübsche Junge ist nicht sehr begeistert von dieser Idee, bis er unser Mädchen trifft. Natürlich ist er von ihrer Schönheit sofort verzaubert. Manchmal ist er auch von ihrer schweren Arbeit beeindruckt, und manchmal mag er es, daß sie so vernünftig und klug ist. (In all den Jahren, in denen sie von früh bis spät geschuftet hat, ist ihr wohl die Lust zur Ausgelassenheit vergangen.) Der junge Mann entpuppt sich als Prinz, und die junge Frau ist in Wirklichkeit die lange verloren geglaubte Prinzessin (eine häufige Schicksalswendung). Am Ende (nicht gleich, weil er noch einige Abenteuer bestehen muß, bei denen er sie rettet, und andere, in denen er die hinterhältigen Intrigen verschiedener Frauen vereitelt) heiraten sie und feiern das größte Hochzeitsfest, das es je gegeben hat. Sie trägt ein prachtvolles Kleid. Und, wie wir alle wissen, leben sie glücklich bis an ihr Lebensende.

Was passiert in dieser Zeit – «bis an ihr Lebensende» ? Merkwürdigerweise ist dieser Teil des Prinzessinnenlebens nicht mehr bedeutend. Es gibt wenige Geschichten über das, was mit der Prinzessin nach der Heirat geschieht. Wenn wir bei anderen Geschichten zwischen den Zeilen lesen, können wir uns ihr «glücklich bis ans Lebensende» ausmalen: Die Prinzessin wird schwanger und hofft auf einen Sohn. Solange sie treu ist und Söhne zur Welt bringt, wird sie als gute Ehefrau betrachtet. Wir erfahren erst dann, ob sie eine gute Mutter ist, wenn einem ihrer Kinder etwas passiert. Sie ist auf dem Schloß in Sicherheit und wird umsorgt. Gelegentlich werden gute Taten erwähnt, wohltätige Gaben und so weiter. Doch insgesamt hört man nichts mehr von ihr. Der Grund ist folgender: Die romantische Geschichte ist nur ein Nebenstrang, fast ein Irrweg, der von der *richtigen* Geschichte ablenkt: seiner. Die gesamte Geschichtsschreibung dreht sich in den nun folgenden Kapiteln um seine Abenteuer. Der Prinz nimmt sein früheres Leben wieder auf, besteht Abenteuer und regiert das Königreich.

In vieler Hinsicht ist diese exemplarische Geschichte der große Traum der Mittelschicht vom Erfolg. Sie hat sich als Abenteuer- und Liebesgeschichte über die ganze Erde ausgebreitet. Kaum ist die Hochzeit vorüber, wird das Haus dreißg Jahre lang abbezahlt, die Kinder kommen, jeder ist glücklich, und alles verläuft wunderbar und problemlos. Der Prinz in der Geschichte ist ein weltgewandter Mann, der seine Geschicke und sein Vermögen kontrolliert. Er ist sehr mächtig, stark und vom äußeren Anschein her so gut wie unverwundbar. Er läßt sein öffentliches Leben kurz ruhen, um einer Frau den Hof zu machen, doch er ist selten lange genug zu Hause, um sich am Herd zu wärmen. Reichtum und Einfluß sind Zeichen für seinen Erfolg, der Maßstab seiner Männlichkeit. Die Prinzessin beginnt ihre Karriere am Herd, und da endet sie auch. Ihr Weg zu Erfolg und Sicherheit führt über den Mann, den sie heiratet. Die Ehe wird angeblich ihre Bürde erleichtern, sie versorgen und ihr einen Sprung auf der ökonomischen Leiter nach oben ermöglichen. Das Geld und der Status ihres *Mannes* sind die Zeichen ihres Erfolgs. Vielleicht klingt auch das vertraut und wirklichkeitsnah. Doch wenn das Handlungsmuster und die Erwartungen in unserer Lebensgeschichte von diesen Geschichten bestimmt werden, geht es uns wie Vögeln, die auf ein gemaltes Fenster zufliegen: Es steht uns eine böse Überraschung bevor. Die Geschichte, die wir zu hören bekommen, ist ein Alibi, das die Verluste überdecken soll, die unter dem Zuckerguß der Perfektion verborgen liegen.

Die Geschichte ist so bekannt, daß es fast lächerlich erscheint, wenn wir sie als eine wichtige Wissensquelle betrachten, aus der wir erfahren, welche Erwartungen an weibliches Leben gestellt werden. Wer glaubt denn noch an Märchen? Sind es nicht hübsche Überreste aus längst vergangener Zeit? Doch das wäre zu einfach. Wir sollten durchaus anfangen, sie ernst zu nehmen, denn diese Geschichten haben einen erstaunlichen Einfluß auf unsere Entscheidungen und Erwartungen. «Der Mythos und seine kleine Schwester, das Märchen, machen Geschichten aus dem, von dem wir nicht wissen, daß wir es wissen», schreibt die Autorin Lore Segal. Märchen und Mythen sind die Vorläufer der Psychologie: Sie erklären die gelebten Erfahrungen von Menschen und geben ihnen Struktur und Bedeutung.

Die Verbindung zwischen Geschichten und Kultur ist verblüffend intensiv. Die Anthropologin Peggy Sanday hat sich mit den Schöpfungsmythen der Kulturen auf der ganzen Welt beschäftigt.[1] Die westliche Kultur mit ihrem einzelnen, allmächtigen Schöpfer repräsentiert das äußerste Ende eines globalen Kontinuums, das von Mythen, die die Erschaffung der Erde durch eine Stammesmutter beschreiben, bis zu solchen reicht, die ein Paar oder einen Patriarchen als Schöpfer kennen. In Schöpfungsmythen, bei denen eine große Muttergöttin oder ein göttliches Paar am Beginn steht, ist die Bindung an den Erdkörper unerläßlich für den Anfang allen Lebens. Diese Kulturen neigen zu stärkerer Gleichbehandlung der Geschlechter. Wo nur eine männliche Gottheit anerkannt wird und wo, wie in unserer Kultur, die frühen kulturellen Erfahrungen Jagd auf Tiere, häufigen Ortswechsel und Völkerwanderungen sowie Kriege als Überlebensstrategien beinhalten, ist die männliche Dominanz in der Regel ausgeprägter. Sandays Analyse legt nahe, daß diese männliche Vorherrschaft deshalb so weit verbreitet ist, weil unsere Kultur andere, egalitärere und weniger kriegerische Kulturen gewaltsam bezwungen hat.

Unsere individuellen Lebensgeschichten folgen aus bestimmten, psychologisch sehr zwingenden Gründen den Mustern dieser überlebensgroßen Geschichten. Die Merkmale des Verlusts, können wir mit Carol Gilligan feststellen, sind Idealisierung und Abwertung.[2] Diese scheinbar entgegengesetzten Reaktionen überdecken Wut, und unter der Wut liegt Trauer, unter der wiederum das Entsetzen über unsere Machtlosigkeit begraben liegt. Nach den unnötigen und traumatischen Verlusten, die wir als Preis für den Zugang zu unserer Kultur bezahlen, «vergißt» unsere Psyche den Schmerz und die Angst (wie nach einer Geburt). Wir idealisieren und entwerten dann wesentliche Aspekte des Verlorenen – eine Reaktion, die uns vor unserem Schmerz schützt. Für Männer ist die kulturelle Leitlinie die *Heldengeschichte*. Für Frauen ist es die *Liebesgeschichte*. Diesen Geschichten wohnt aber eine immense und subtile Kraft inne, weil sie den verborgenen Sehnsüchten und Schmerzen unserer Verluste entspringen. Wenn Männer zur Gesellschaft der Erwachsenen gehören wollen, müssen sie Nähe, emotionale Verletzlichkeit und Gemeinschaft opfern. Frauen verlieren Einfluß, Stimme und Macht im öffentlichen Leben und müssen den vertrauensvollen Umgang mit anderen Frauen aufgeben. Als Kinder glauben wir diesen Geschichten und halten sie für wichtige Anleitungen zum Leben. Voller Begierde, sich in der Welt auszukennen, greifen Kinder nach ihnen – als Führer und als Balsam, der den Schmerz ihrer vielen Opfer lindert. Diese Fiktionen definieren wahre Liebe und Moral, doch ihre glatte Oberfläche übertüncht die Wahrheit an der Wurzel unserer Kultur, und diese Wahrheit heißt Gewalt und Leiden.

Als kulturelle Leitgeschichten spiegeln Märchen, Mythen, Sagen und Legenden den unbemerkten und oft unausgesprochenen Kontext der Mutter-Tochter-Beziehung. Wir müssen verstehen, wieso diese Geschichten eine solche Macht haben, unsere Wünsche zu formen. Betrachten Sie dies als Einladung zu einem beliebten Spiel – doch diesmal hinter der Bühne, dort, wo die Mechanik der Magie bloßgelegt wird.

Die Heldengeschichte: Ein Mythos wird zur Wissenschaft

«Zu allen Zeiten und unter allen Umständen florierten Menschheitsmythen (‹myths of man›)», sagt Joseph Campbell[3], der damit Mann (man) und Mensch (human) gleichsetzt und in diesem einen Satz unübersehbar und sicher unabsichtlich verkündet, daß die Geschichte des Mannes die Grundlage der Menschheitsgeschichte ist. Er hat den Protagonisten dieser Mythen und Sagen «den Helden der tausend Gesichter» genannt, weil seine Geschichte so oft und in so vielen Zivilisationen erzählt wurde. Der Grund dafür, daß der Held sein Gesicht an so vielen Orten zeigt, ist der, daß Männer fast überall dominieren. Die Heldengeschichte verschlüsselt und glorifiziert das Leid und die Opfer, die von Männern verlangt werden, als Preis dafür, daß sie ihr System der Überlegenheit schaffen und aufrechterhalten. In unserem technologischen Zeitalter entwickelte sich der

Heldenmythos von einer Volkssage zur Wissenschaft und «Wahrheit».

Wer sind die Helden? Die klassischen Helden – Odysseus, Äneas, Herkules. Die griechischen Götter wie Apoll, der seinen Sonnenwagen über den Himmel lenkt, um der Menschheit Licht zu bringen. Zeus, der mit seinem Donnerkeil ganze Welten ins Verderben stürzen kann. Ares, der die Kriege beaufsichtigt. Die Wikinger Thor und Odin, König Artus und die Ritter der Tafelrunde, der Hindu Rama und sogar in gewisser Hinsicht Christus oder Buddha. Heldensagen und Mythen sind jedoch nicht auf die alte Geschichte beschränkt. Hitler benutzte das Bild vom reinen, mächtigen Arier als Teil der Gehirnwäsche, die er dem deutschen Volk antat. Der «einsame Wolf» ist ein klassischer Held, ebenso wie Superman, Robin Hood, James Bond, der Terminator und die ganze Horde von schwertschwingenden Kreuzfahrern, Superhelden und Abenteurern. Der klassische Cowboy (im Western oder in seiner moderneren städtischen Inkarnation), verkörpert von John Wayne und Clint Eastwood, rundet das Spektrum ab.

Die Heldengeschichte handelt von einem jungen Mann, der sich von Mutter und Heim trennt und sich auf die Suche nach Größe und übernatürlichen Kräften begibt. Nachdem er längere Zeit sucht und Abenteuer besteht, die ihn vor mörderische Prüfungen stellen, erlangt er die Kräfte, die ihm dabei helfen, die Göttin und Königin der Welt zu erobern. Nachdem er sie geheiratet hat, kehrt er als mächtiger Eroberer in sein Heimatland zurück, das er vorzüglich regiert. Der Held muß sein Zuhause und seine Familie verlassen und unverwundbar werden, um über andere herrschen zu können.

Vielleicht waren diese Trennungen und die Illusion von Unverwundbarkeit für Männer tatsächlich einst eine Notwendigkeit – «der Adaption wegen», wie Evolutionsbiologen es ausdrücken würden. Als Frauen durch Arbeit und Kinder an das Heim gebunden waren, blieb es den Männern allein überlassen, die Umgebung zu entdecken und zu bewachen und das Überleben von Familie und Gemeinschaft durch die Erschließung neuer Ressourcen zu sichern. Wenn das Leben von Männern in Kriegen – und heutzutage in einem mörderischen Konkurrenzkampf gegen berufliche Rivalen – aufs Spiel gesetzt werden muß, ist es sinnvoll, daß sie ihre Gefühle opfern. Auf diese Weise empfinden sie wenigstens keinen seelischen Schmerz, und ihre körperlichen Schmerzen sind sanktioniert und gerechtfertigt.

Kleine Jungen (im Alter von drei bis fünf Jahren) lernen die Heldengeschichten im selben Alter kennen, in dem sie auch *männlich* und *weiblich* unterscheiden lernen. Für die meisten Jungen war ihre Mutter die Person, die körperlich und gefühlsmäßig am stärksten präsent war und sie umsorgte. Sobald sie realisieren, daß Mutter anders ist – ein Mädchen –, versuchen sie, sich von ihr zu lösen, um «Nicht-Mütter», um kleine Männer zu werden. Sie distanzieren sich von allem, was Mutter für sie bedeutet hat – einschließlich der warmen, intimen Nähe der Kindheit. Sie verlieren die Beziehung zu ihren Müttern zugunsten anderer Beziehungen. Mit anderen Worten – viele Jungen stehen vor einem echten Dilemma: Männlich sein, wie sie es sehen und verstehen, bedeutet, sich nicht wie die Mutter zu verhalten – körperlich und emotional keine Nähe zu suchen. So geben sie diese Nähe auf und verändern die Beziehung zu der Person, die sie am unmittelbarsten geliebt und am Leben gehalten hat. Zwar hören Jungen nicht auf, ihre Mutter zu lieben, doch sie trennen die Erfahrung von intimer Nähe von der Konstruktion ihrer eigenen Persönlichkeit als männliches Wesen. Intimität wird zu einer Bedrohung für die Identität, die sie sich schaffen.

In seiner Selbstanalyse nannte Sigmund Freud[4] diesen Vorgang den Ödipuskomplex, nach dem tragischen griechischen Helden. Er beobachtete, daß kleine Jungen innerhalb der traditionellen Kleinfamilie das körperliche Vergnügen, das sie bei der Berührung durch die Mutter empfinden, und den Wunsch, sie ganz zu besitzen, mit der Erkenntnis verknüpfen, daß der Vater ein Rivale um die Gunst der geliebten Mutter ist. Aus Freuds Sicht müssen Jungen ihre Beziehung zur Mutter aufgeben und sich mit dem Vater identifizieren. Insgesamt ist der Wandel im Leben von Jungen sehr einschneidend, verwirrend und schmerzhaft. Die emotionale «Regulierung» schafft häufig Wut und Feindseligkeit. Die Jungen sehen nicht ein, daß sie sich zugunsten ihrer aufkommenden «männlichen» Identität von ihren Müttern abwenden sollen.

Kleine Jungen stürzen sich deshalb so begeistert auf die Geschichte vom Helden, weil sie einem ihrer tiefsten Bedürfnisse entspricht. Indem sie sich als unverwundbar idealisieren und sich als Superhelden neu erschaffen, «vergessen» sie den Schmerz der emotionalen Trennung. Durch die Heldengeschichte bekommt ihre eigene Erfahrung einen Sinn. Doch ihre wahre Verletzlichkeit und Verletztheit wird dadurch nur verdeckt.

Freud glaubte, daß die Auflösung des Ödipuskomplexes und die Übernahme der Heldengeschichte für die westliche Zivilisation notwendig sei. Er institutionalisierte den Mythos der Trennung durch die Behauptung, der Mythos enthielte den Schlüssel zur individuellen menschlichen Entwicklung. Trennung – von der Mutter, von emotionaler Nähe – wurde zum Eckpfeiler der westlichen Zivilisation. Freuds Haltung und sein Status gaben seiner «Entdekkung» des Ödipuskomplexes den Stempel der Wissenschaftlichkeit. Von der Wende zum 20. Jahrhundert an wurde der Mythos zur Wissenschaft. Andere Psychologen wie Erik Erikson stützten sich auf Freuds Theorien, und mit den Jahren wurden aus diesen Interpretationen scheinbar objektive Gegebenheiten.

Die Heldengeschichte bietet eine Rechtfertigung für die Opfer, die Männern von der Kultur abverlangt werden. Sie verheißt unsterblichen Ruhm – nicht direkt Unverwundbarkeit, aber zumindest das Zweitbeste ist ja Ruhm –, wenn Jungen bzw. Männer zunächst in der Kindheit ihre engsten emotionalen Beziehungen, und dann, im Erwachsenenalter, ihr Leben aufgeben. Da der Held unbesiegbar und deshalb frei von Furcht ist, bleibt in diesem schädlichen Handlungsmuster auch kein Raum für Leid und Klagen.

Im Grunde ist vieles von der Psychologie der Heldengeschichte ein Schwindel, ein Vertuschen der Bindungslosigkeit und Not, die Jungen ertragen sollen. Als Entschädigung dürfen sie sich überall frei bewegen und haben das Recht, in der öffentlichen Sphäre zu leben und zu handeln. Macht in der Welt – die Macht, zu dominieren und Chancengleichheit für sich durchzusetzen – ist der Lohn, der Männern versprochen wird, wenn sie Gefühlsbindungen aufgeben. Ebenso besorgniserregend ist vielleicht die fundamentale Illusion vom Einzelkämpfertum, Getrenntsein und selbstgenügsamen Leben, die so oft an emotionale Isolierung grenzt. Denn wenn diese Illusion am Werk ist, werden Männer, die den Status von Helden erlangt haben, sich niemals mit anderen verbinden, jemand an sich heranlassen oder sich für gemeinsame Ziele einsetzen. Macht erreicht man nur durch Unabhängigkeit und Trennungsfähigkeit. Die Psychologin Jean Baker Miller schreibt über die «Isolation» des Helden: «Nur wenige Männer erreichen jemals die Art von Autonomie, die jede Frau kennt. Sie werden gewöhnlich von Ehefrauen, Geliebten, Müttern, Töchtern, Sekretärinnen, Krankenschwestern und anderen Frauen (sowie Männern, die in der sozialen Hierarchie unter ihnen stehen) unterstützt.»[5] Miller fragt sich, ob es, aus dem Blickwinkel des «aufgespaltenen Ichs», überhaupt möglich ist «zu erwägen, daß Freiheit und eine größtmögliche Nutzung unserer Ressourcen – unserer Entschlußkraft, unseres Intellekts, unserer Kräfte – in einem Kontext stattfinden können, der gleichermaßen die Verantwortung für das Wohlergehen anderer wie für das der Umwelt beinhaltet.»[6] Macht und Freiheit scheinen nur möglich auf Kosten der Verantwortung für andere und für den Planeten – ein beängstigendes Szenario, das für einen Helden keinen Platz zu haben scheint.

Der Heldenmythos formt unser Leben in der westlichen Kultur und besteht aus Geschichten über außergewöhnliche Männer, die beim Verfolgen ihrer Ziele sehr gelitten haben. Mit Heldengeschichten, einer Idealisierung von Verlusten, werden Männer bestochen. Doch verborgen in unausgesprochenen Gefühlen, in Zorn, Gewalt und Scham liegt die gelebte Wahrheit des Elends, das diese Heldengeschichte verschleiern soll. Die wahren Gefühle von Männern, ihre Verletzlichkeit und ihr Leiden, vor allem das der frühen Kindheit und der Jugend, sind Geheimnisse, die die Heldengeschichten schützen. Wir alle bezahlen teuer für diese Opfer. Für Frauen bedeutet es, daß sie nur in einem Kapitel der Heldengeschichte eine Rolle spielen: in der Liebesgeschichte.

Im Bann der Liebesgeschichte

Mädchen werden schon früh mit den Verlockungen der Liebesgeschichte in Form von Märchen konfrontiert. Walt Disney, der Hans Christian Andersen des 20. Jahrhunderts, schuf außerordentlich beliebte Trickfilm-Versionen der klassischen Kindermärchen. Er scheffelte ein Vermögen und entdeckte, daß «mit 'nem Teelöffel Zucker jede Medizin schmeckt» (um einen Satz aus Disneys *Mary Poppins* zu zitieren). Von eingängiger Musik untermalt bringen diese hübschen Comic-Romanzen Mädchen auf einfache Weise bei, was es bedeutet, eine Frau zu sein.

Disneys *Aladin* zeigt Mädchen, daß sie durch Lügen und sexuelle Gefälligkeit bekommen können, was sie wollen. *Die Schöne und das Biest* gibt an Mädchen die zweifelhafte Botschaft weiter, daß «wahre Liebe» ein Biest in einen Prinzen verwandelt (*das* Rezept für eine Beziehung mit einem mißhandelnden Mann). *Arielle – die Meerjungfrau*, die in den Kinos und beim Verkauf von Werbeprodukten alle Erwartungen übertraf, führt vor, wie ein Mädchen den Mann, in den sie sich verliebt hat, bekommt, indem sie ihre Stimme verliert und ihr gesamtes Wesen verändert. Die Klassiker *Dornröschen, Schneewittchen* und *Aschenputtel* sind keinen Deut besser. *Dornröschen* stellt die Jugend als eine Zeit völliger Passivität dar (Schlaf), aus der das Mädchen nur durch einen Mann erweckt werden kann. In *Schneewittchen* ist die Stiefmutter so in den Schönheitskult verstrickt, daß sie sogar bereit ist, ihre Stieftochter zu ermorden. Die Unschuld und ätherische Schönheit von Schneewittchen sind ihr «Schutz» vor der bösen Frau und der Köder für den Prinzen. *Aschenputtel* präsentiert ein weiteres erschreckendes Modell weiblicher Beziehungen. Aschenputtel kann der Plackerei, die ihr die anderen Frauen aufbürden, nur dadurch entkommen, daß sie sich einen Prinzen einfängt. Die schwungvolle, fröhliche Präsentation dieser Romanzen endet mit dem Versprechen wahrer Liebe und ewigen Glücks.

Dieses Versprechen ist Balsam für die schmerzhaften Wunden, die der Zusammenprall mit der Wand den Mädchen geschlagen hat. Der Verlust der Nähe zu Frauen, zu dem, was sie als Liebe kannten, veranlaßt Mädchen, nach wahrer Liebe, nach einer vollkommenen Liebe, die sie nie enttäuschen wird, zu suchen. Beziehungen zu anderen Frauen werden an den Rand gedrängt und abgewertet. Die Idealisierung von Liebesbeziehungen mit Männern und die subtile Abwertung von Frauenfreundschaften sind die Kennzeichen für den Beziehungsverlust, den Mädchen zu Beginn der Pubertät erleiden. Die Gefahren der Sexualität werden im Drehbuch der Romanzen verharmlost, und Mädchen glauben, ihre leidenschaftlichen Gefühle darin wiederzufinden. Auf der Suche nach einem Mann, in den sie sich verlieben und dem sie folgen können, verengt sich die Handlungsfähigkeit der Mädchen; ihr Selbstvertrauen, das ihnen den Mut gibt, sich in der Welt zu bewegen, schrumpft und gerinnt zu der Vorstellung, einem Mann ein Heim zu schaffen, von dem aus er finanziellen und öffentlichen Erfolg anstrebt. In den wenigen Seiten, die die Heldengeschichte der Liebesgeschichte zugesteht, wird die Machtlosigkeit der Frau verschleiert. Durch die Liebe zu ihr verliert der Held – kurzfristig – den Kopf und damit seine Macht. Auch wenn die Liebesgeschichte perfekt in die Lücke paßt, die die Verluste bei den Mädchen hinterlassen haben, maskiert sie doch Machtverhältnisse als Liebe.

«Der Held», erläutert ein Faltblatt, das der amerikanische Verlag der *Silhouette Romances*, einer Serie von Liebesromanen in Taschenbuchformat, 1981 für potentielle Autoren herausgegeben hat, «ist acht bis zwölf Jahre älter als die Heldin. Er ist selbstbewußt, gebieterisch, jähzornig, fähig zu Gewalt, Leidenschaft und Zärtlichkeit. Er ist oft geheimnisvollen Stimmungen unterworfen.» Die Leitlinien schreiben vor, daß der Held älter sein muß, aber auch «reich und erfolgreich in seinem selbstgewählten Beruf. Oder er lebt von seinem Vermögen und geht seinen Interessen nach. Er ist immer groß und hat einen durchtrainierten Körper (ist aber kein Muskelprotz). Er sieht nicht unbedingt gut aus, aber er ist sehr männlich». Er ist schließlich der Ritter in glänzender Rüstung.

Im Gegensatz dazu ist die Heldin «jung (19–29)». Außerdem «ist sie nicht schön im Sinne eines perfekten Äußeren, sie ist im Grunde ihres Herzens eine Naive. Ihr Make-up und ihre Kleider sind eher zurückhaltend. Häufig hält sie sich nicht für eine Schönheit, und dieses Selbstbild wird benutzt, um sie gegen eine andere Frau (oder andere Frauen) auszuspielen. Sie hat zwar eine gute Figur, aber sie ist zierlich und eher puppenhaft.... Wenn sie sich feinmacht, ist sie natürlich umwerfend. Ihre Kleidung wird in allen Einzelheiten beschrieben, ebenso ihr Äußeres. Obwohl sie so zerbrechlich erscheint, ist sie unabhängig, temperamentvoll und nicht zu unterwürfig. Sie sollte weder farblos noch weinerlich sein.» Oft befindet sie sich in einem Umbruch, «verläßt das College, unglücklich mit ihrer Arbeit». Wenn sie gerade ihre berufliche Laufbahn beginnt, ist sie häufig «zu sehr mit ihrer Arbeit beschäftigt». Die Heldin ist im Grunde allein in der Welt: «Sie hat gewöhnlich keine Eltern oder Beziehungen, die ihr Schutz gewähren. Manchmal hat sie bei einer älteren weiblichen Verwandten gelebt, die sie verläßt, um ihr eigenes Leben zu führen.»[7]

Das ist das Szenario für eine außergewöhnliche Geschichte über Macht. Alle kulturell sanktionierten Arten von Macht – Körperkraft, wirtschaftliche Macht, soziale Schicht, Bildung, Weltläufigkeit, sexuelle Potenz – sind auf der Seite des Helden. Die Heldin könnte in dieser Situation leicht zum Opfer werden. In gewissem Sinn ist das ihr Bestreben: ihre relative Machtlosigkeit in Macht zu verwandeln, indem sie den Helden zum Gefangenen seiner Gefühle macht, bis er sie schließlich einfach heiraten *muß* (und auf diese Weise seine ökonomische Macht und seine Privilegien mit ihr teilt), um nicht den Verstand zu verlieren. Ihre Mittel sind ihre Unschuld (was oft bedeutet, daß sie vernünftig, aufrichtig und nicht weltgewandt ist, und was auch etwas über ihre sexuelle Naivität aussagt) und ihre Schönheit. Sie ist *nicht* wie die andere Frau (wie die Richtlinien betonen), die «üblicherweise hinterlistig, raffiniert, betont elegant» ist oder, wie es in einer anderen Beschreibung heißt, eitel und arrogant. Die Schönheit der romantischen Heldin dagegen wird durch ihre Naivität häufig noch hervorgehoben.

Mädchen kennen diese Geschichten und wissen, wie sie ihre eigenen Erfahrungen dem roten Faden anpassen. Die Wissenschaftlerin Sharon Thompson hat die Sexualität von Jugendlichen untersucht. In einer Studie bat sie Jungen und Mädchen, von ihren Pubertätserfahrungen zu berichten. Die Jungen wollten nicht mit ihr sprechen, deshalb interviewte sie schließlich, der Not gehorchend, fünfundzwanzigjährige Männer, die «pubertäre Anekdoten erzählten, die hauptsächlich um frühe heterosexuelle Spiele oder vereinzelte homosexuelle Episoden wie gemeinsame Masturbation kreisten. Fünfzehn- und sechzehnjährige Mädchen, die über ihre Pubertät befragt wurden, warteten mit ausführlichen Berichten über ihr Sexual- und Liebesleben auf»[8]. Thompson war verblüfft über die atemlosen Schilderungen von Liebe und Leidenschaft, die klangen, als stammten sie aus billigen Liebesromanen. Die Versatzstücke des Liebesromans prägen das Selbstverständnis von Mädchen. «Gute» Mädchen haben Sex, wenn es die «wahre Liebe» ist. Viele Mädchen und Frauen finden bald heraus, daß dies eines der geschicktesten Manöver von Jungen und Männern ist – erzähl ihr, daß du sie liebst, und du kannst alles mit ihr machen.

Die Siebtkläßlerin Victoria und ihre Mutter lesen Liebesromane. Die Mutter erklärt Victoria, daß «ihr Leben nicht so verlaufen ist, wie sie es sich gewünscht hatte». Victoria versteht, daß das Problem darin besteht, daß die Mutter nicht den richtigen Prinzen geheiratet hat – einen anderen Mann, der um sie warb. Ihre Mutter, erklärt Victoria, hatte es schwer: «Ihr Vater starb, als sie vierzehn war, und ich glaube, sie wollte wohl den Mann ihrer Träume heiraten und glücklich mit ihm leben. Und mein Papa kaufte ihr Pralinen und so.» Doch, wie ihre Mutter (und Victoria) herausfinden, «ist er gar nicht so», was bedeutet, daß ihr Vater nicht wirklich ein Prinz ist. Für Victoria und ihre Mutter liegt die Lösung des Problems nicht darin, daß sie sich selbst oder den Lauf der Welt in Frage stellen, sondern darin, daß sie, wie Victoria sagt, «den perfekten Prinzen» wählen müssen. Ihr Traum ist es, den vollkommenen Prinzen zu heiraten, der «mindestens 1,80 groß ist, einen Bart oder Schnurrbart hat, und er muß wirklich nett und sanft sein... Reich ist er außerdem noch». Wie sie sagt, würde sich das wie «Glück, ein Haufen Glück» anfühlen.

Mädchen lernen, daß sie all ihre Lebenswünsche und all ihre Sehnsüchte nach einer perfekten Beziehung in die Liebe zu einem Mann investieren müssen. Er wird mit all der Macht ausgestattet, diese Wünsche zu erfüllen. Mädchen hören aus jeder Richtung und auf jede erdenkliche Weise, daß ihr ganzes Streben dem Sex mit einem Mann gelten müsse. Ein Mädchen kann nur mit einem Jungen schlafen und trotzdem «gut» sein, wenn es sich verliebt und dadurch die romantische Welt betritt. Wenn sich die Sexualität von Mädchen auf ihren Genitalbereich ausdehnt, stecken die kulturellen Botschaften mit der Romantik unter einer Decke: «Ja!» hören die Mädchen ihre Körper sagen, «das ist es, was ich die ganze Zeit wollte.»

Mädchen und Frauen lernen, ihre tiefste Befriedigung von außen – von Männern – zu erwarten. Da sie den Kontakt zu ihrem wirklichen Verlangen und Wissen verloren haben, halten Frauen sich an die Tatkraft und Macht von Männern. Sie schätzen sich und ihre Fähigkeiten gering ein und idealisieren die Möglichkeiten der Liebe. Das ist einer der entscheidendsten Punkte überhaupt.

In ihrem Verhalten auf dem Heiratsmarkt orientieren sich Mädchen und Frauen an den Verlockungen des Konsums. Werbung und Medien versprechen Mädchen und Frauen, daß sie begehrenswert sein können – zu einem gewissen Preis. Frauen brauchen dazu angeblich eine immer längere Liste von Produkten. Junge Mädchen sind ein besonders lukrativer und beeinflußbarer Markt. Wie Susan Faludi in *Die Männer schlagen zurück* schreibt, versuchten in den achtziger Jahren vorwiegend männliche Modedesigner, Frauen Romantik zu verkaufen. Die Hersteller von Guess Jeans machten ein Vermögen mittels einer Werbestrategie, bei der die Produkte nie zu sehen waren. Statt dessen boten sie Romantik, mit Gefahr gewürzt – «die Androhung von Strafe» – die die Aufmerksamkeit junger Mädchen erregte, weil die Jeans ihnen die Illusion vermittelten, in einem spannenden Liebesfilm die Hauptrolle zu spielen. «Jeans werden vorwiegend von Teenagern gekauft, die für Modediktate empfänglicher sind als die Society-Damen»[9], erklärt Faludi.

Nur wenige Frauen erkennen, daß das verzweifelte Streben nach einer Liebesbeziehung zu einem Mann und der enorme Einsatz von Zeit, Energie und Geld nur verbergen, wie wenig echtes Verlangen sie noch fühlen. Das heißt nicht, daß Beziehungen mit Männern nicht wichtig oder wunderbar sind. Doch das Gefühl, ohne einen Mann ein Nichts zu sein, quält viele Frauen – und hat die Autoren von Lebensratgebern reich gemacht. Obwohl Frauen zunehmend nach ökonomischer Unabhängigkeit streben, bleibt dieses Gefühl bestehen und behindert ihre wahre Autonomie, das heißt die Fähigkeit, innerhalb einer Beziehung für sich selbst zu sorgen.

Die klassische Liebesgeschichte verbindet die Idee ökonomischen und sozialen Aufstiegs mit der Voraussetzung, daß eine Frau einen Mann mit höherem sozio-ökonomischem Status gewinnt und heiratet. Obwohl diese Vorstellung heute weniger denn je der Realität entspricht, lockt sie viele heranwachsende Mädchen mit ihrer Aussicht auf ein besseres Leben. In Untersuchungen über Mädchen aus der englischen Arbeiterschicht zeigte sich, daß sich die romantischen Hoffnungen immer dann steigerten, wenn die Aussichten auf einen einträglichen oder befriedigenden Beruf sanken. Die Realitäten eines instabilen Arbeitsmarktes, gepaart mit der unausweichlichen Einsicht, daß sie keine finanzielle Unabhängigkeit erreichen würden, ließ diese Mädchen bereitwillig in die romantische Welt eintauchen. In einer Studie der Soziologinnen Dorothy Holland und Margaret Eisenhart über die Berufswünsche junger Frauen an zwei Colleges in den Südstaaten der USA ergab sich, daß «die Frauen sich immer dann verstärkt romantischen Vorstellungen zuwandten und ihre Identität darin suchten, wenn sie vom Lehrstoff enttäuscht waren».[10]

In einer Untersuchung über das Leseverhalten weiblicher amerikanischer Jugendlicher fand die Wissenschaftlerin Linda Christian-Smith heraus, daß die Mädchen sich im klaren darüber sind, daß ihr Leben nicht wie das der Heldinnen ihrer Liebesromane verlaufen wird. Doch angesichts der schlechten wirtschaftlichen Aussichten und der Erkenntnis, wie schwer das Leben ihrer Mütter und das anderer Frauen ist (die mit bezahlter und unbezahlter Arbeit jonglieren müssen), greifen die Mädchen die Liebesgeschichten als Wunschbild einer rosigeren finanziellen Zukunft auf. «Es wäre schön zu glauben, daß Tommy und ich so leben könnten wie Janine und Craig (das Paar aus der beliebten amerikanischen Fernsehserie *Blossom Valley*)», sagt Patty, ein fünfzehnjähriges weißes Mädchen, dessen Herkunft aus der Arbeiterschicht ihr und Tommy einen ganz anderen Platz in der Gesellschaft zuweist als dem Filmpaar Janine und Craig, «verheiratet mit Kindern, wissen Sie, und ein schönes Haus, ein Auto und Geld» [11]. Viele der Mädchen, denen Romantik am aggressivsten aufgedrängt wird, mühen sich in der Schule ab und scheitern. Liebesromane zeigen einen Weg aus der Sackgasse, in die sie ihr Schulversagen hineinmanövriert hat. Diesen Mädchen, die häufig arm sind und aus der Arbeiterschicht stammen, machen solche Geschichten falsche Hoffnungen.

Doch die Versprechungen einer rosigen wirtschaftlichen Zukunft betören nicht nur arme Mädchen. Eine Befragung von dreizehn- bis siebzehnjährigen Mädchen [12] ergab, daß 81 % nicht erwarten, daß sie einen Beruf ausüben werden, wenn sie Kinder haben. In einer Studie von 1992 über Schülerinnen der mittleren Klassen in Denver gaben die meisten Mädchen zu Protokoll, daß sie nicht glaubten, als Erwachsene ganztags arbeiten zu müssen: Sie würden heiraten und Kinder haben. Viele dieser Mädchen haben bereits die Scheidung der Eltern miterlebt. Ihre Mütter, die sich um Arbeit bemühen, um ihre Kinder zu versorgen, ermuntern die Mädchen, nicht dieselben Fehler wie sie zu begehen. Wie ein Mitglied des «Girls Count»-(Mädchen zählen-) Projekts [13] berichtet, fordern die meisten Mütter aber ihre Töchter nicht etwa auf, sich einen Beruf zu wählen, der ihnen gefällt und in dem sie gut verdienen, sondern ermutigen sie, ein bißchen Wimperntusche aufzulegen und sich möglichst rasch einen Mann zu angeln. Wenn die Töchter das tun, wiederholt sich der Kreislauf falscher Hoffnungen und tatsächlicher Enttäuschungen.

In der afroamerikanischen Gemeinschaft jedoch fallen die Mütter auf die romantischen Illusionen von Sicherheit nicht herein. Die Lehrerin Beverly Jean Smith bekam von ihren Tanten, bei denen sie lebte, zu hören, sie müsse für sich selbst sorgen können und solle zusehen, daß sie ihr eigenes Geld verdiene. «Kein Märchenprinz würde auf einem weißen Roß herangaloppieren. In den USA ist das Konzept eines ‹starken schwarzen Mannes› ein Widerspruch in sich.» Sie fragt: «Wie können schwarze Männer schwarze Frauen retten, wenn sie sich selbst nicht helfen können?»[14] Die afroamerikanischen Mädchen in einer städtischen High-School gingen von der Annahme aus, daß «ihre Zukunftsplanung durch eine Beziehung aus dem Gleis geworfen würde», berichten die weißen Wissenschaftlerinnen Jill McLean Taylor und Amy Sullivan. «Deshalb liegt ihr Schwerpunkt eher auf Kindern, ohne daß die Frage, inwieweit die Erwartungen eines Ehepartners oder Lebensgefährten mit ihren Plänen kollidieren könnte, stark berücksichtigt wird.»[15] Die Popularität von Liebesgeschichten unter afroamerikanischen Mädchen und Frauen hat einen anderen Grund – es ist der Wunsch, ganz und gar als Person akzeptiert zu werden und einem anderen nahe zu sein. Afroamerikanische Mädchen werden von der weißen Kultur so gründlich mißachtet, abqualifiziert und diskriminiert, daß ihre Sehnsucht nach Anerkennung sehr tief sitzt.

Mädchen sind von Verrat umgeben und fassen nach Liebesgeschichten und der Vorspiegelung perfekten Glücks und wahrer Liebe wie nach einem rettenden Strohhalm. Das hier, scheinen sie zu sagen, ist das Leben, wie es sein sollte. Das Ideal von wahrer Liebe und perfektem Glück ist nicht nur ein unerreichbares Ziel, sondern ein Lügengespinst, gegen das sich die Wahrheit unseres Lebens sehr mangelhaft ausnimmt. Von Verlusten gequält, suchen die Mädchen nach Romantik und ignorieren die Realität. Doch wenn sie Teile ihres Ichs verdrängen, entwickeln sie eine falsche Unschuld, die sie leicht zu Gewaltopfern macht.

Der Liebesroman verbrämt auch die Gewalt und die Angst, die Frauen häufig in ihren Beziehungen erleben. Frauen verwechseln Angst mit leidenschaftlicher Erregung. Vor allem in angeblich «erotischen» Filmen und preiswerten Bestsellern werden Frauen im Namen der Liebe gejagt, in Fallen gelockt, belästigt oder vergewaltigt. Die Angst der Heldin – die schreckliche Ungewißheit, die

Schmetterlinge im Bauch, die Schauer – wird zunächst als sexuelle Anziehungskraft und dann als Liebe interpretiert. Sich offen und ohne Vorbehalte auf eine andere Person einzulassen – trotz der Furcht vor Ausbeutung und Ablehnung – gehört zu einer erotischen Beziehung, doch die Gefühle der Frauen in diesen Romanen zeugen von realer Gefahr. Frauen, die sich anhand dieser Geschichten über Liebe und Sexualität informieren wollen, lernen es, die Warnsignale ihres Körpers zu mißachten und als «wahre Liebe» umzudeuten. Im Bruchteil einer Sekunde interpretieren Frauen als Liebe und Sehnsucht, was ihr Körper als Angst erkannt hat. Der psychische Widerstand gegen ihre Körpergefühle macht Mädchen für solche gefährlichen Umdeutungen anfällig.

Wenn die Psyche der Mädchen nach einem Ausweg aus dem Dilemma sucht, das durch Verlust und Machtlosigkeit entsteht, ist die Liebesgeschichte die einfachste Lösung. Die Veränderungen der Pubertät hinterlassen eine Amnesie, die mit Ängsten besetzt ist. Mädchen unterdrücken und «vergessen» ihre Furcht vor Verrat, ihre Unterdrückung und ihr früheres Wissen um Beziehungen. Wenn ihre Psyche auf den Verlust reagiert, setzen sie die Romantik und das Modell einer perfekten Beziehung ein. Nur diese scheint dann in der Lage, den tiefen Schmerz des Verlustes zu lindern.

Die Ideale der Perfektion

Die Liebesgeschichte bietet für die Probleme junger Mädchen eine Lösung, aber sie stellt sie vor ein neues Dilemma: Wie kann ein Mädchen sicher sein, daß es zur Heldin des eigenen Liebesromans wird? Es muß ausgesprochen nett, gut, fröhlich, großzügig, selbstlos, vertrauensvoll, liebevoll, rein und vor allem schön sein. Es darf keine sexuellen Wünsche haben und nicht wütend, traurig, ehrgeizig, autonom, selbstbewußt, sarkastisch oder besonders intelligent sein. Wenn es das Pech hat, unattraktiv zu sein, besteht die einzige Hoffnung darin, zur «Miss Sympathie» gewählt zu werden. Mit einem Wort – Mädchen müssen perfekt sein. Ihre Intelligenz versetzt sie in die Lage, sich zu überprüfen und mit den romantischen Heldinnen zu vergleichen. Ihr scharfsinniger junger Verstand steckt sie in das Gefängnis der Perfektion.

Männer anzulocken ist in unserer Kultur ein gefährliches Unterfangen. Um eine Beziehung aufzubauen, müssen Mädchen angeblich dafür sorgen, daß sie für Männer körperlich und emotional reizvoll sind. Doch wenn sie es übertreiben und «zu» attraktiv sind, können sie zu Objekten von Gier und Vergewaltigung werden. Bei dieser Gratwanderung entwickeln Mädchen die unterschiedlichsten Strategien, um Gefahren zu vermeiden. Manche versuchen, dem Bild der perfekten Frau zu gleichen, andere machen sich häßlich, um männliche Blicke von sich abzulenken. Wieder andere erfinden ganz eigene Methoden. Cynthia, fünfzehn Jahre alt, gesteht ihrer Therapeutin endlich, warum sie immer, auch zur Therapie, einen großen, auffälligen Hut trägt: «Es war widerlich, ständig angestarrt zu werden. Wenn ich den Hut aufhabe, weiß ich wenigstens, wohin sie schauen.» Kritisch und unnachgiebig beeinträchtigt der männliche Blick das Selbstbewußtsein der Mädchen.

Bei dem Versuch, Gefahren zu entgehen, schützen sich Mädchen dadurch, daß sie die rigiden Normen von Schönheit und Vollkommenheit verinnerlichen. Sie werden selbstkritisch und gehemmt. Die vierzehnjährige Victoria sagt, sie sei «schlecht», weil sie Kuchen essen möchte, und macht sich Sorgen wegen ihrer «schlappen» Beinmuskulatur. Die Macht dieser verinnerlichten Normen nimmt im Verständnis der Mädchen eine moralische Dimension an. Gut aussehen wird verwechselt mit gut sein. Liza aus der 11. Klasse kämpft mit der Magersucht. Das innere Bedürfnis, noch dünner und blonder zu werden, droht, sie auszulöschen und ihre Beziehung zu anderen zu zerstören. Sie grollt ihrer Psychologin, die ihr sagt, sie sei eine Perfektionistin, und behauptet ärgerlich: «Ich bin nicht perfekt.» Was sie nicht versteht, ist, daß ihr zwanghaftes Bedürfnis, perfekt zu werden – was Aussehen, Leistung und Liebenswürdigkeit anbelangt –, gerade das Problem ist. Victoria und Liza messen sich an einem inneren Maßstab der Perfektion. Das Streben nach

Perfektion kann in ständig sinkendem Selbstbewußtsein resultieren, denn die Mädchen «scheitern» natürlich immer wieder. Auf der anderen Seite wird die Tyrannei nicht dadurch beendet, daß Mädchen sich genau entgegengesetzt verhalten. Wenn sie scheinbar Widerstand leisten, verstärken sie in Wirklichkeit die Normen nur noch. Ein Leben im Einklang oder auch in bewußtem Gegensatz zu den Normen der Perfektion zwingt Mädchen zu einem ständigen inneren Dialog. Die Anforderungen, die sie an sich selbst stellen, werden von der Kultur gebilligt, und eigene persönliche Erfahrungen bestätigen sie. Außerdem sind sie der Schlüssel zur Romantik und ihrem illusionären Lohn – Sicherheit, eine Beziehung und wahre Liebe. Diese moralisch überzeugende Stimme verlangt, daß sie dem Ideal entsprechen, und bestraft sie für jede Unzulänglichkeit.

Zu dem Zeitpunkt, an dem Mädchen in diesen inneren Dialog verwickelt sind, sind sie bereits Bestandteil der Kultur, denn diese hat sich durch die Stimme der Selbstanklage in ihre Psyche eingeschlichen. Durch Perfektion versuchen Mädchen, ihre verletzliche, authentische Persönlichkeit zu schützen. Doch wie in einem Horrorfilm entpuppt sich der geladene Gast als Furie, die mit wilden Anklagen straft und züchtigt. Dana Jack, klinische Psychologin, hat beobachtet, daß die «Furie» (eine Verkörperung der Wut) «in einem moralisierenden, ‹objektiven›, rechthaberischen Ton spricht, der das authentische Ich erbarmungslos verdammt... Sie sagt: ‹man sollte, du kannst nicht, du mußt, ich sollte›.»[16] Sie negiert die persönlichen Erfahrungen der Mädchen und stellt sich auf das Podest objektiver, moralisch unanfechtbarer Autorität, an der niemand vorbeikommt. Sie kann keines Irrtums beschuldigt werden, denn sie verkündet «unbestreitbare Wahrheiten»[17]. So fechten Authentizität und Wut im Inneren der Mädchen einen heftigen Kampf. Das stetige Duell saugt die Mädchen aus und entzieht ihnen Energie.

Die Stimme der Furie hallt in der Psyche von Frauen immer dann wider, wenn sie sich vor unmögliche gesellschaftliche Ideale von Vollkommenheit gestellt sehen. Bei jeder Konfrontation verlangt die Furie, die Frau müsse etwas von ihrer Authentizität aufgeben, um Sicherheit zu gewinnen, die sie angeblich suche. In dem kontroversen Buch *The Erotic Silence of the American Wife* von Dalma Heyn beschreibt die Autorin eine solche Konfrontation. Sie notiert: «Das Wort ‹gut›, so wie es auf die perfekte Ehefrau angewandt wird, ändert und reduziert das Wort ‹selbst›, wie man in Worten wie Selbstaufopferung, Selbstlosigkeit, Selbstbeschränkung, Selbstverleugnung erkennen kann. Die Vorsilbe wirkt einengend, das ‹Selbst› einer Frau wird zu einem kleinen ‹Etwas›. Ihre Tugend ist direkt proportional zu der Größe des ‹Selbst-Anteils›, den sie von sich abgetrennt hat bzw. den sie für sich behalten will.»[18] Das wahre Ich der Frauen, so behauptet die Furie in ihrem Perfektionsdrang, ist viel zu bedrohlich, um ein «glücklich bis an ihr Lebensende» zu schaffen, deshalb opfern sich die Frauen lieber.

«Da die Verbindung zwischen *Mutter* und Gut-Sein noch stärker ist als die zwischen *Ehefrau* und Gut-Sein», schreibt Dalma Heyn, «müssen wir überprüfen, wie sie sich auf Kinder auswirkt.»[19] Die «Güte» der Mutter, ihr Opfer und ihre Selbstverleugnung, ist angeblich gut für ihre Kinder. Der aufrichtige Wunsch von Müttern, ihren Kindern «gerecht zu werden», macht sie für die Brutalität der Furie aber besonders angreifbar. Der Machtverlust, den viele Mütter nach der ersten Geburt erleben, ihre Gefühle von Inkompetenz und die Verantwortlichkeit für ein verletzliches Neugeborenes, setzt Frauen ein weiteres Mal der Tyrannei der Perfektion aus. Da wir so viel für unsere Kinder wollen, machen wir uns vor, daß unsere Opfer ein geringer Preis für ihr Glück seien. Durch die Augen der Furie aber sind die Mängel einer Frau ein Problem, ein Zeichen für Unzulänglichkeit, und nicht eine allgemein menschliche Eigenschaft.

Damit Frauen ihre Töchter beim Widerstand, der zu gegenseitiger Befreiung führen könnte, unterstützen können, müssen sie die perfektionssüchtige Furie in eine Verbündete verwandeln. Die Grundmotivation der Furie ist der Wunsch zu beschützen. Wenn eine Frau oder ein Mädchen mit den begrenzten Möglichkeiten der patriarchalischen Kultur konfrontiert wird, versucht die Furie, sie an ihrem sicheren Ort zu halten. Doch Frauen können das Sicherheitsbedürfnis der Furie für sich beanspruchen und zu ihrem Vorteil nutzen. Mütter, die ihre Authentizität erkennen und freisetzen, können ihren Töchtern zu Hilfe kommen, wenn diese erwachsen werden. Das Wissen und die Liebe einer jungen Tochter helfen der Mutter, sich an die Ursprünge ihres eigenen Widerstands zu erinnern, was für eine wirkliche Veränderung wichtig ist. Wenn wir Frauen und Mädchen uns zusammenschließen und «Selbstliebe als eine revolutionäre Erfindung praktizieren, die Herrschaftsstrategien unterminiert»[20], beginnen wir mit dem «unbegrenzten Werk der Freiheit»[21].

II

Strategien des Widerstands

Elizabeth:

Ich habe lange gebraucht, bis ich gelernt habe, Mädchen richtig zuzuhören. Ich erinnere mich an meine ersten Interviews. Die unumwundene Art der Mädchen überraschte mich, und ich versuchte, ihren direkten Blicken auszuweichen. Sie erzählten mir Geschichten von einer Liebe, die viel reicher und einfacher war als die Liebe, die ich kannte und an die ich mich erinnerte. «Woher weißt du, daß deine Mutter dich liebt?» fragte ich manchmal. «Weil es so ist. Sie nimmt mich in den Arm und küßt mich. Sie hört mir zu. Und sie sagt mir, daß sie mich liebt.» Zunächst hörte ich mir so etwas als unbedarfte Erwachsene an: wie süß, wie unschuldig. Dann sprachen sie von Wut als mächtigem und gefährlichem Gefühl, das Zeichen einer Verbindung zu einem Menschen war. Obwohl ihre Geschichten über Ungerechtigkeit und Situationen, in denen man ihnen nicht zuhörte, so schlicht erschienen, merkte ich doch mit der Zeit, daß diese Mädchen sehr viel über Liebe, Freundschaft und Konflikte wußten und daß sie sie tiefer und unmittelbarer erlebten als ich. Ihre Gefühle waren direkter und unverfälschter als meine. Wenn ich diesen jungen Mädchen wirklich zuhören wollte, mußte *ich* mich verändern: Ich mußte von ihnen lernen, wie man zuhört.

Meine Gespräche mit ihnen haben mich verschiedene Arten des Zuhörens gelehrt. In ihrer Gegenwart fand ich mich in einem Labyrinth von Wahrheiten: Unter jeder Wahrheit verbarg sich eine weitere Schicht Wahrheit, und dann noch eine. Hinter den Trotzreaktionen oder den Antworten des «guten» Mädchens verbargen sich Zweifel, Gefühle und scharfe Beobachtungen. Ich fing an, auf den Moment in einem Gespräch zu warten, an dem sich alles veränderte und das Mädchen nicht mehr das erzählte, was ich ihrer Meinung nach hören wollte, sondern anfing, mir zu sagen, was es *wirklich* beschäftigte. Ich lernte Fragen zu stellen, mit denen ich ihnen das Wissen entlocken konnte, das sie – das wußte ich inzwischen – hatten. Diesen jungen Mädchen zuzuhören hat mein Leben verändert.

Ihre Stimmen brachten Gefühle in mir an die Oberfläche, die ich vor langer Zeit begraben hatte. Zu einer Zeit, als meine Arbeit mit Mädchen und Frauen in ein neues Stadium trat, hatte ich eines Nachts einen Traum. Ich befand mich in einem riesigen Marmorgebäude, das mich an die Bibliothek der Harvard University erinnerte. Uniformierte Männer mit Gewehren standen in Dreierreihen an den Wänden. Ich wollte raus. Bei mir waren zwei Kinder – ein Junge und ein Mädchen. Als ich versuchte, mich an den Wachen vorbeizuschleichen, lief der Junge weg und brachte sich in Sicherheit. Wo aber war das Mädchen? Ich geriet in Panik. Ich konnte sie hören. Sie strebte auf einen dunklen Kanal unter dem Gebäude zu. «Halt! Nicht da lang!» rief ich ihr zu. Sie drehte sich um und sah mich an. Obwohl sie nichts sagte, wußte ich, daß sie sich, unter Wasser schwimmend, in Sicherheit bringen wollte. «Nein», sagte ich, «das ist zu weit. Du kannst nicht so lange unter Wasser schwimmen.» Plötzlich hatte ich Schreibpapier in der Hand – liniertes Papier, wie man es in der Schule braucht – und Stifte. «Hier. Schreib», sagte ich, «schreib, dann kommst du hier raus. Der Junge hat das auch getan. Er hat geschrieben.» Mißtrauisch nahm sie mir den Stift ab. Sie schrieb etwas und gab mir das Blatt. «Mein Name ist Beth», stand da. Als ich klein war, nannte man mich «Beth». Sie sah mich durchdringend und herausfordernd an. Würde sich ihr damit tatsächlich der Weg in die Sicherheit öffnen, schien sie zu fragen.

Ich habe gelernt, daß ich mit meinem Schreiben Mädchen in Sicherheit bringen möchte. Oft wünsche ich mir, ich könnte dem Mädchen aus meinem Traum und den Mädchen, die ich tatsächlich gekannt habe, zurufen: «Ja, ihr könnt sagen, was ihr denkt und was ihr fühlt. Tut es einfach.» Aber das kann ich nicht – noch nicht. Ich arbeite, weil ich eine Verbündete der Mädchen sein möchte, jemand, der ihnen wirklich zuhört, damit sie mit ihrem Wissen nicht unter Wasser gehen müssen. Dies ist ein erster Schritt in diese Richtung.

4 *Strategien des Widerstands 1: Wiedergewinnung*

Ich suche keine äußere Hilfe.
Alles, was mir je geholfen hat,
lag schon immer in mir.

Adrienne Rich

Grace ist Mitte Vierzig und Mutter von zwei lebhaften jungen Frauen, die jetzt beide Anfang Zwanzig sind. Grace erzählt, wie sie eines Tages «aus ihren festgefahrenen Vorstellungen aufgerüttelt wurde, als meine älteste Tochter mir berichtete, daß an der Schule Mädchen, die Cheerleader werden wollten, Proben ihres Könnens geben müßten. Ich fragte – mit einiger Begeisterung, da ich früher selbst einmal Cheerleader war –, ob sie sich gemeldet habe. Sie antwortete mit Bestimmtheit: ‹Nein! Ich will die nicht anfeuern, ich will selbst spielen.› Ich war wie vor den Kopf geschlagen. Es war mir bis zu dem Tag nicht in den Sinn gekommen, selber spielen zu wollen. Und hier saß meine Tochter, der ich – unabsichtlich und manipulativ – durch meine Frage eine Wiederholung meiner eigenen Jugend nahelegen wollte.»

Grace' Jugend war ein Gefängnis der Perfektion. «Ich war fest entschlossen, geistig, seelisch und körperlich perfekt zu sein. Mein Weg dorthin wurde die Religion. Ich wollte frei sein von Sünden und fing an, mich pausenlos zu entschuldigen. Meine Mutter fand es nervig, daß ich so oft sagte: Es tut mir leid. Aber es *tat* mir leid – daß ich lebte und einfach nicht wirklich perfekt sein konnte. Ich war gut genug, um Schulsprecherin an unserer Schule zu werden. Der Himmel weiß, daß ich nie jemanden absichtlich verletzt habe. Im Laufe meiner Schulzeit forderten mein stetiges Streben nach Perfektion und die voraussehbare Enttäuschung ihren Preis. Ich fing an, mir zu Hause mit dem Fleischermesser die Handgelenke aufzuritzen. Ich konnte dem Ideal, das ich mir aufgebaut hatte, nicht gerecht werden. Keiner, nicht einmal meine Eltern, ahnten, wie ich mich quälte und wie oft ich mit dem Gedanken spielte, mich umzubringen.»

Grace' Leiden und ihr tiefer Glaube machten sie zu einer Fürsprecherin für andere. «Ich hatte einen ausgeprägten Gerechtigkeitssinn und zögerte nicht, zu reden und zu handeln, wenn ich auf irgendwelche Ungerechtigkeiten stieß. Natürlich blieb mir auch die grundlegende Ungerechtigkeit nicht verborgen – nämlich als Mädchen auf die Welt gekommen zu sein – und der Preis, den ich tagtäglich für diese Ursünde bezahlte.» Während sie um Perfektion kämpfte und sich für andere einsetzte, fand ihr eigentlicher Kampf auf einer anderen Ebene statt. Doch für den hatte sie keine Worte, und Unterstützung blieb ihr auch versagt. «Die ganze Zeit tobte in mir ein Kampf. Ich habe sogar meinen Hochzeitstermin abgesagt und damit Schande über meine ganze Familie gebracht. Aber schließlich habe ich mich den äußeren Zwängen, die ich mittlerweile zutiefst verinnerlicht hatte, doch gebeugt und geheiratet.»

In einer Kultur, in der Frauen unter dem Druck stehen, perfekt zu sein, um als Partnerin gewählt zu werden und dann Hauptakteurin in einer Liebesgeschichte zu sein, baut sich, ähnlich wie bei Grace, häufig ein innerer Widerstand gegen die Konventionen auf, während gleichzeitig ein heftiges Bestreben spürbar ist, eine «gute» oder «perfekte» Frau zu sein. Die Mütter sind dabei oft unbeabsichtigt Mittäterinnen, da sie ihren Töchtern die Muster für einen Lebensplan anbieten, denen sie selbst gefolgt sind. Vielleicht ermutigen sie ihre Töchter, ähnliche Beschränkungen ihrer Träume und ähnliche Beschneidungen ihrer Macht hinzunehmen, wie sie selbst es getan haben, da Frauen keine anderen Möglichkeiten kennen, in einer feindlichen Kultur zu überleben. Es gibt aber auch Mütter, die ihre Töchter zu den genau entgegengesetzten Entscheidungen ermutigen, solchen nämlich, die sich an dem Mythos des Helden ausrichten. Die Unabhängigkeit einer Heldin jedoch führt in einer Kultur, in der Männer die Regeln festlegen, nach denen Erfolg definiert wird, zur Isolation. Wenn eine Tochter die Rolle der Heldin wählt, läuft sie Gefahr, ihre Mutter zu verraten, weil ihr Leben von dem der Mutter abweicht. Zudem gibt sie ihren eigenen, völlig gerechtfertigten Wunsch nach einem Leben in der Gemeinschaft auf. Die Möglichkeiten, die sich jungen Frauen in einer patriarchalischen Gesellschaft bieten – und die aus dem Trauma des Verlusts geboren sind –, bringen Mütter in eine schwierige Situation. Wenn sie sich dafür entscheiden, den Weg gemeinsam mit ihren heranwachsenden Töchtern zu beschreiten, müssen sie zunächst das wiedergewinnen, was sie in ihrem Leben verloren haben. Diese Wiedergewinnung ist der erste Schritt, will eine Mutter sich am Widerstand ihrer Tochter gegen deren Zerstückelung beteiligen. Mit Wiedergewinnung ist der Prozeß der Entdeckung, Beschreibung und Wieder-Inbesitznahme von Erinnerungen und Gefühlen aus der Zeit vor der Pubertät gemeint, bevor wir das wurden, was Gloria Steinem «weibliche Nachahmer» nannte.

Dabei ist nicht daran gedacht, daß wir wieder zu einem vorpubertären Mädchen werden. Das wäre keineswegs wünschenswert, selbst wenn es möglich wäre (was es nicht ist, denn das Trauma, das ein Mädchen beim Aufprall an der Wand erfährt, verändert seine Psyche). Frauen können aber die wichtigen Teile ihrer Persönlichkeit, die sie aufgegeben und unterdrückt haben, wiedergewinnen und in ihr Leben integrieren. Wenn sie erkennen, was genau sie aufgegeben haben, um sich der Gesellschaft anzupassen, erlangen sie eine Autorität, die der Bewußtwerdung der eigenen Lebenserfahrung entspringt. Diese Autorität gibt Müttern die Möglichkeit, ein Selbstbewußtsein zu entwickeln, das sie zu mehr Mut in ihren Beziehungen und in ihrem Leben beflügelt.

Der Prozeß der Wiedergewinnung beginnt auf der anderen Seite der Wand, an der Stelle, an der junge Mädchen ihren Eintritt in die patriarchalische Gesellschaft einstmals vollzogen und von ihr in Besitz genommen wurden. Wenn wir in unserer Erinnerung nach Zeugnissen dieses Zusammenpralls suchen und damit den Prozeß der Wiedergewinnung einleiten, müssen wir verstehen, wie unsere Psyche Erfahrungen umsetzt.

So arbeitet die Psyche

Zu verstehen, wie unsere Psyche – unser Bewußtsein wie unser Unbewußtes – arbeitet, ist ein schwieriges Unterfangen. Carol Gilligan stellt «fünf psychologische Wahrheiten» oder grammatische Grundregeln für die Sprache der Psyche auf.[1] Wir haben es mit einem dynamischen Prozeß zu tun (nicht mit einem Objekt wie dem Gehirn), in dem sich ein stetiger Dialog der einzelnen Teile miteinander und mit der Außenwelt abspielt. Anhand dieser fünf Regeln können wir verstehen lernen, wie wir die Verluste in unserem Leben verinnerlicht haben und wie diese Verluste unsere Handlungen als Frauen und Mütter auch heute noch prägen.

1. Regel: Die Logik der Psyche basiert auf der Logik der Assoziation sowie der formalen Logik der Klassifizierung und Kontrolle.

Mit «Logik» meinen wir hier die Art und Weise, in der wir Muster erkennen. Einerseits sehen wir die Logik in mathematischen Lehrsätzen und geordneten Reihen, andererseits entsteht eine Logik auch, wenn wir Assoziationen erstellen, z. B. zwischen der Farbe «Rot» und dem Gefühl «Ärger». Unsere Fähigkeit, Analogien zwischen sehr unterschiedlichen Dingen herzustellen, ist die Grundlage für unsere Fähigkeit, Symbole zu benutzen, und für kreative menschliche Intelligenz überhaupt.

Am Anfang ihres Buches *Revolution from Within* gibt Gloria Steinem ein gutes Beispiel für die assoziative Logik der Psyche. Als Gloria ein Kind war, litt ihre Mutter «an periodischen Depressionen und Wahnvorstellungen und war über lange Zeiträume sowohl vor (Glorias) Geburt als auch danach leidend». Der Vater verließ Mutter und Tochter, als Gloria zehn Jahre alt war. «Der normale Alltag mit regelmäßigem Schulbesuch, sauberen Kleidern, fester Schlafenszeit, genug Geld, um die Rechnungen zu bezahlen, und», so fährt sie fort, «jede Art von regelmäßiger elterlicher Zuwendung verschwanden nach meinem zehnten Lebensjahr.» Obwohl Gloria glaubte, «zwischen mir und meiner Kindheit eine Wand gebaut zu haben», fragte sie sich, «ob meine Kindheit nicht allen Steinen und allem Zement zum Trotz in meine Gegenwart einsickerte». Dann folgte sie den «Zeichen in die Vergangenheit zurück. Warum war der Klang des Radios so deprimierend, während Schallplatten und Fernsehen nicht dieselbe Wirkung hatten? *Weil der einzige Klang in dem Zuhause, in dem ich mit meiner Mutter lebte, das Radio war.*» Gloria assoziierte mit dem Klang des Radios die angsteinflößende Einsamkeit ihrer Kindheit. Folglich vermied sie das Radiohören. Als Erwachsene schuf sie sich ein «Zuhause, das mit Kartons, Stapeln von Papier und langen Abwesenheiten angefüllt war» – tiefen Assoziationen mit den Dingen, die sie als Zuhause einstmals erlebt hatte. Sie schrieb: «Alte Muster, wie negativ und schmerzhaft sie auch sein mögen, haben eine unglaubliche Anziehungskraft – eben *weil* sie sich wie zu Hause anfühlen.»[2]

Oft überraschen uns unsere Assoziationen. Sie decken schmerzliche, traurige oder beängstigende Erlebnisse. Lange geben wir uns große Mühe, ihnen – und damit den Erinnerungen und Gefühlen der Vergangenheit – aus dem Wege zu gehen. Dadurch bilden sich Muster, und häufig bestimmen sie so lange unser Verhalten, bis wir bereit sind, unsere Assoziationen zu erforschen. Menschen handeln niemals, auch wenn sie böse und zerstörerische Dinge tun, ohne Grund. Unsere merkwürdigen Obsessionen, irrationalen Ängste und kleinen Launen ergeben alle einen Sinn, wenn wir die Spur der Assoziationen an ihre Wurzel zurückverfolgen.[3]

2. Regel: Was nicht ausgedrückt und benannt wird, weil es nicht in unsere Beziehungswelt paßt, gerät leicht außer Kontrolle und fängt an, uns zu beherrschen.

Bewußt oder unbewußt unterwerfen wir uns bei den Versuchen, unseren Platz in Familie und Gesellschaft zu finden, einer Zensur. Wir wollen herausfinden, was uns Liebe und Sicherheit garantieren würde. Wir wachsen heran und müssen feststellen, daß Aspekte unserer Persönlichkeit (z. B. Jähzorn, Unordnung, Verspieltheit) unsere Beziehung zu den Menschen, die wir am meisten brauchen und lieben, gefährden. Doch was wir aus den Beziehungen verbannen, hinausdrängen und unterdrücken, wird letztendlich unverhältnismäßig aufgebläht und beeinflußt unsere Gefühle und Gedanken.

Judy, eine dreizehnjährige Schülerin, mußte feststellen, daß ihre ganze Familie sich «unverhältnismäßig» verhielt, als sie und ihre Schwester ihren Vater, dessen neue Frau und deren gemeinsame Kinder, die noch sehr klein waren, besuchten. Judy und ihre Schwester waren zu ihrer Stiefmutter besonders nett, und die Stiefmutter war besonders nett zu ihnen. «Die ganzen Ferien waren wir alle sehr angespannt», erzählt sie, «weil jeder versuchte, zu jedem nett zu sein, die ganze Zeit über... aber eigentlich fühlten wir uns unwohl.» Judys Vater und dessen Frau, die es nicht gewöhnt waren, mit größeren Kindern zusammenzuleben, stellten Hausregeln auf, die Judy und ihre Schwester unmöglich fanden. Die beiden Mädchen mußten ihre kleinen Geschwister betreuen, ohne daß man ihnen dafür dankte. Eines Abends gegen Ende der Ferien weigerte sich Judys Schwester, das Gemüse zu essen. Es kam zum großen Knall. «Es ging gar nicht um die Möhren», sagte Judy, «es ging um die ganze Situation.» Der Druck des Unausgesprochenen, Verdrängten, war einfach zu groß geworden. «Wir konnten nicht länger nett zueinander sein, deshalb kam es zum Krach, und jeder geriet mit jedem aneinander.»[4]

3. Regel: Was man von sich abtrennt oder was man unterdrückt – was man also weiß und dann «vergißt» –, kommt immer und immer wieder zurück.

Wenn wir unsere wahren Gefühle verdrängen, verlieren wir die Verbindung zu uns selbst, d. h., wir trennen Teile von uns ab, wir «dissoziieren» uns. Dissoziation und die in ihren Auswirkungen weniger dramatische Verdrängung sind Schutzmechanismen. Wenn wir Angst haben, fangen wir an zu zittern und zu weinen. Aber in Situationen, in denen wir uns völlig ohnmächtig fühlen, distanziert sich die Psyche. Wir sind plötzlich empfindungslos, während unser Körper und unsere Wahrnehmung besonders wachsam sind und jederzeit in Aktion treten können. Wenn die Situation vorüber ist, bemächtigt sich plötzlich die Angst unseres Bewußtseins. Dissoziation gibt uns die Möglichkeit zur Distanzierung und zum Handeln in extrem bedrohlichen Situationen, in denen wir sonst vor Angst völlig gelähmt wären.

Wenn wir wiederholt Situationen erleben, die uns Angst machen und uns ein Gefühl der Ohnmacht vermitteln – besonders in entscheidenden Phasen der Kindheit und Jugend –, wird die Dissoziation zu einer Gewohnheit, die die Psyche umformt. Vollzieht sich diese Umformung in einer milden Form, verlieren wir die Verbindung zu unseren Gefühlen – wir fühlen uns wie benommen, statt wach und aktiv zu sein. In extremen Fällen spaltet sich die Psyche in verschiedene Teile auf, so daß «multiple Persönlichkeiten» entstehen, die dann die verschiedenen Erfahrungen, Gefühle und Gedanken zum Ausdruck bringen. Wenn es zu einer Dissoziation kommt, erstarrt ein Teil der Psyche und bleibt in der Erfahrung der Gefühle und Gedanken des beängstigenden Ereignisses stecken. So verlieren wir unsere Ganzheit – wir spalten uns auf. Jedesmal, wenn eine dem traumatischen Ereignis ähnliche Situation entsteht, wird der erstarrte Teil der Psyche aktiviert.

In ihrem Buch *Trauma and Recovery* beschreibt Judith Herman anschaulich, wie abgetrennte oder unterdrückte Erfahrungen wieder hochkommen. Sie schreibt: «Traumatisierte Menschen durchleben Aspekte des traumatischen Ereignisses in verwandelter Form wieder, ohne sich dessen bewußt zu sein. Sharon Simone, ein Inzestopfer, erzählt, wie sie sich der Verbindung zwischen ihrem gefährlichen, provokanten Verhalten und einem Mißbraucherlebnis in ihrer Kindheit bewußt wurde:

‹Für ein, zwei Monate hatte ich mit Autofahrern mein Spielchen getrieben, bis es schließlich zu einem Unfall kam. Ein Lastwagenfahrer wollte mir den Weg abschneiden, woraufhin ich auf obszönste Weise vor mich hinsagte: ‹Ich werde es nicht zulassen, daß du Scheißkerl deinen Schwanz auf meine Spur schiebst.› Und dann – wie aus heiterem Himmel! Knall! Einfach so! Es war seltsam.

Ich hatte mich mit der ganzen Inzestgeschichte nicht befaßt. Ich wußte zwar vage, daß da noch etwas war und daß ich mich damit auseinandersetzen sollte, aber ich hatte keine Lust dazu. Ich hatte einfach eine ungeheure Wut auf Männer. Dieser Typ ist also auf meinen Wagen aufgefahren. Es war eine komische Szene. Als ich aus dem Auto stieg, war ich außer mir vor Wut und stauchte ihn zusammen. Ich habe meiner Therapeutin sechs Wochen lang nichts gesagt. Hab es einfach weggesteckt. Als ich davon erzählte, sagte sie mir, daß mein Verhalten sehr gefährlich sei – also versprach ich ihr, meine Männergeschichten aufzuarbeiten.›»

Sharons riskantes Verhalten war allerdings auch ein mutiger Versuch, das Erlebnis ihrer Kindheit zu verarbeiten und einen Mann davon abzuhalten, sich ihr aufzudrängen, ihm ihre Wut zu zeigen und die Situation selbst zu beenden. Die Wiederholung des Inzesterlebnisses spielt sich dabei auf einer eher symbolischen Ebene ab. Ein typisches Merkmal ist darin zu sehen, daß Sharon mit mehreren, miteinander in Konflikt stehenden Stimmen spricht. Die am schwersten zugängliche drückt die stumm gebliebenen Gefühle und Gedanken aus, die aus dem ursprünglichen Erlebnis stammen – Angst und Wut. Eine weitere Stimme fordert sie zu risikoreichem Verhalten auf, da sie in der Situation unbedingt über ihre Machtlosigkeit triumphieren will: «Ich werde es nicht zulassen, daß du Scheißkerl deinen Schwanz auf meine Spur schiebst.» Ein anderer Teil ihrer Psyche versucht zu verhindern, daß sie sich voll bewußt wird, was ursprünglich mit ihr geschehen war, denn sie sagt: «Ich wußte zwar vage, daß da noch etwas war und daß ich mich damit auseinandersetzen sollte, aber ich hatte keine Lust dazu.» Damit schützt Sharon sich selbst vor ihrem Wissen, als könne sie so vermeiden, ihre Erfahrung noch einmal zu durchleben.[5]

In Situationen, in denen wir schutzlos sind, schützen wir uns psychisch gegen unser Wissen, und dann gibt es noch eine letzte Stimme, wir haben sie die Furie genannt, die uns vor den Dingen warnt, die wir vermeiden müssen, wenn es für das schreckliche Erlebnis keine Wiederholung geben soll. Die Stimme der Furie funktioniert wie ein inneres Überwachungsgerät, das, wie wir denken, unsere Rettung sein könnte. Sie gibt vor, uns vor weiterem Schaden zu bewahren. Also: «Gib keine frechen Antworten» – «Wenn du weißt, was die anderen denken, bist du in Sicherheit» – «Immer wenn du dich gut fühlst, passiert etwas Schlimmes.» Die Psyche versucht herauszufinden: *Warum gerade ich?* Sie entwirft Antworten, die dann zu strengen Regeln werden, nach denen man leben muß und die zu brechen sehr gefährlich ist, weil das ursprüngliche Erlebnis so schrecklich war.

Es ist erstaunlich, wieviel Kraft unsere Psyche hat, Schreckenserlebnisse einzugliedern. Unterdrücktes Wissen aber kehrt häufig zurück: in Träumen (die dann Alpträume sind); in psychosomatischen Symptomen, in denen unser Körper, meist auf einer symbolischen Ebene, das wiederholt, was wir erlebt haben; in zwanghaftem Verhalten, indem wir Gefühle, derer wir uns vorher gar nicht bewußt waren, auf andere übertragen, manchmal sogar auf eine ganze Gruppe; in merkwürdigen Gefühlsregungen von Scham und Schuld, die mit der gegenwärtigen Situation gar nichts zu tun haben; und in plötzlichen, anscheinend unerklärlichen Ausbrüchen von Wut oder Trauer. Eine neuere Studie hat herausgefunden[6], daß Mädchen, die vor ihrer Pubertät in der Familie Gewalt oder sexuelle Nötigung erfahren haben, als Jugendliche viel häufiger Opfer von Vergewaltigung oder versuchter Vergewaltigung werden. Auch die Wahrscheinlichkeit, daß die Opfer dieser Übergriffe ähnliche Situationen in ihrem ersten Universitätsjahr erleben, ist viel größer als bei anderen Mädchen. Je weiter wir uns von dem ursprünglichen Erlebnis, das wir unterdrückt oder dissoziiert haben, entfernen, desto stärker kehrt es in symbolischen Mustern zurück, die nicht mehr so leicht erkennbar sind. All diese Erlebnisse und Stimmen, die in der Psyche leben, müssen zurückgeholt werden, bevor ein Gleichgewicht entstehen kann und die Gefühle wieder frei sind.

4. Regel: Merkmale von Verlust sind einerseits Idealisierung und andererseits Abwertung, die die Wut überdecken. Daneben gibt es Gefühle von Trauer, die unter der Wut liegen und selbst wiederum das Gefühl der völligen Hilflosigkeit und Verletzbarkeit überlagern.

Wie schon in vorangegangenen Kapiteln besprochen, führt Verlust (der Verlust der Fähigkeit, etwas zu bewirken, der Verlust einer Beziehung, der Verlust der körperlichen Unversehrtheit, Angst vor dem Verlust des Lebens) zu Dissoziation und Verdrängung. Angesichts eines tatsächlichen oder drohenden Verlusts spalten wir unsere Gefühle in Gegensätze auf. Auf der einen Seite *idealisieren* wir und entwickeln eine unbändige Sehnsucht nach dem, was wir verloren haben. Idealisierung bedeutet, daß das Objekt in unserer Vorstellung perfekt, überlebensgroß ist, das Beste und das Einzige, was wir zum Glück benötigen. Auf der anderen Seite werten wir es ab und behaupten, daß es uns gutgeht, alles kein Problem, es ist uns sowieso ganz egal. Dieses abwertende und geringschätzige Gerede ist nur ein Anzeichen dafür, daß das, wonach wir uns tatsächlich gesehnt haben, unwiederbringlich verloren ist und daß wir das Bedürfnis haben, seine Bedeutung herabzusetzen, damit wir unsere eigentlichen Gefühle nicht zulassen müssen.

Wenn sich herausstellt, daß das, was wir idealisiert haben, nicht ganz so perfekt, einfach nur menschlich ist, sind wir wütend und fühlen uns hintergangen und betrogen. Oft machen wir uns selbst Vorwürfe und versuchen, weiteren Schaden zu vermeiden. Wir sagen uns z. B.: Ich habe meine Mutter deswegen verloren, weil ich von Grund auf schlecht war (und immer noch bin). Also werde ich überall und unablässig nach Perfektion streben. Auf diese Weise kann ich die Möglichkeit, daß ich noch einmal einen solchen Verlust erleide, verringern. Wie eine Brandmauer halten die Wut und der Ärger das Gute wie das Schlechte intakt. Aber gleich darunter liegt die Trauer, die unsere ungeheure Ohnmacht und Verletzbarkeit verbirgt – überwältigende Gefühle, die die Abschottungen in Form von Polarisierungen entstehen ließen. Unsere Angst, in einen Strudel von Wut zu geraten, läßt Idealisierung und Abwertung unverrückbar werden, schützt uns aber gleichzeitig davor, daß unsere Ohnmacht und Verletzbarkeit uns überwältigen. Dennoch müssen wir die Trauer zulassen, auch wenn der Gedanke, daß wir normale Sterbliche sind, uns eher angst macht als erhebt, denn sonst werden uns unsere Verlustängste für immer besetzen.

5. Regel: Erfahrung lehrt einen, Antwort auf die Fragen zu finden, die man sich selbst stellt – die Fragen aber ändern sich im Laufe der Zeit.

Diese letzte Regel ist betörend einfach. Unsere Psyche versucht das, was uns verletzt hat, umzudeuten und zu beherrschen. Gloria Steinem schrieb einen ersten Entwurf ihres Buches über Selbstachtung mit dem Titel *Revolution from Within*, ohne sich und ihre Erfahrung einzubringen. Eine Freundin deutete an, daß sie in dieser Beziehung vielleicht ein Problem habe, denn, wie die Freundin sagte, habe sie «vergessen, sich selbst mit einzubeziehen». In diesem Moment begriff Gloria, daß sie im Grunde versuchte, Antworten auf ihre eigenen Fragen zum Thema Selbstachtung zu finden.[7]

Die Psychiaterin Lenore Terr, die sich in ihrem Buch *Too Scared to Cry* mit Kindheitstraumata befaßt, erläutert, daß ihr lebenslanges Interesse an diesem Thema geweckt wurde, als sie im Alter von neun Jahren an einem Samstagnachmittag eine Kinovorstellung besuchte. Es wurde eine Wochenschau über amerikanische Soldaten gezeigt, die nach dem Abwurf der Atombombe nach Hiroshima kamen. «Was mich zutiefst berührte, war ein Schatten.» Der Nachrichtensprecher beschrieb in neutralem, distanziertem Ton «eine zerstörte Fußgängerbrücke – jegliche Farbe war aus den Steinen herausgebleicht. Quer über der Brücke lag der Schatten eines Mannes. Der Sprecher klärte, daß der Mann wohl über die Brücke gegangen sein mußte, als die Bombe ihn verdampfte. (Verdampfte!)» Terr fährt fort: «Von dem Moment, als ich die Wochenschau sah, fing es an: Jedesmal, wenn mitten in der Nacht Licht gemacht oder wenn ich plötzlich durch ein Geräusch geweckt wurde, fing mein Herz an, heftig zu klopfen, noch bevor ich richtig wach war. Mein Atem ging stoßweise, und ich wußte: ‹Es ist soweit. Die Bombe.›»[8] Ihr Interesse an der Wirkung von Traumata und extremen Angsterlebnissen auf Kinder steht nach ihren eigenen Angaben in Zusammenhang mit dem Versuch zu verstehen, was sich nach dem Anschauen dieser Wochenschau über Hiroshima in ihr verändert hatte.

Die Art der Fragen, über die wir nachdenken, ändert sich mit der Zeit und spiegelt unseren jeweiligen Wissensstand und unsere intellektuelle Reife wider. Als Neunjährige wiederholte Lenore Terr ihre traumatische Angst in Träumen, doch als Erwachsene baute sie ihren Beruf darauf auf und studierte die Wirkung von Traumata bei Kindern. Die eigentliche Schwierigkeit liegt darin, unsere eigenen Verhaltens- und Gefühlsmuster zu durchschauen. Die meisten von uns sind schon lange erwachsen, bevor wir erkennen, wie sich unsere Kindheitsmuster in den Entscheidungen, die wir als Erwachsene treffen, niederschlagen. Als Mütter müssen wir uns der Fragen, die von unseren Kindheitserinnerungen geprägt sind, bewußt werden, damit wir unsere Töchter nicht in dieselben Muster hineinzwängen.

Wir gewinnen unseren Widerstand zurück

In den Kapiteln 2 und 3 haben wir über die Verluste gesprochen, die wir erleiden, wenn wir mit der Wand zusammenprallen. Aber jedesmal, wenn wir eine Entscheidung trafen und einen Aspekt unserer Ganzheit opfern mußten, entstand auch Widerstand. Wir haben nicht einfach alles kampflos hingenommen. Mit Hilfe der fünf Regeln, nach denen unsere Psyche funktioniert, können wir jeden einzelnen der Kompromisse, die wir eingegangen sind, entschlüsseln und wiederaufgreifen. Indem wir uns die Konfliktpunkte und die Momente des Widerstands in Erinnerung rufen, lernen wir, sie als Kennzeichen unserer Authentizität zu erkennen.

Auf der Reise zurück zur Wand sollten wir zunächst dem Pfad unseres Widerstandes folgen. Möglicherweise erscheint das Wort *Widerstand* befremdlich in einer Diskussion über die Mutterrolle, aber hier bezieht es sich auf die Art und Weise, in der wir uns gegen den Druck, der uns in die enge Rolle der Weiblichkeit zwängen wollte, gewehrt haben; und auf die Art und Weise, in der wir es nicht zulassen wollten, von Teilen unseres Selbst, von unserem Wissen und unseren Erkenntnissen und von anderen Frauen und Mädchen getrennt zu werden. Wie haben wir dem Druck widerstanden (normalerweise spürt man ihn zum erstenmal im Alter von zwölf Jahren), entweder ein perfektes Mädchen oder als egoistisch gebrandmarkt zu werden, entweder zäh und kämpferisch zu reagieren oder aber als schwach verspottet zu werden?

Obwohl jede Frau ihren eigenen Kampf führt, können wir damit beginnen, die Dissoziationen und Verdrängungen, die die herrschende Kultur von Frauen gemeinhin verlangt, verstehen zu lernen. Wir hoffen, daß jede Frau auf diese Weise den ihr eigenen Entwicklungsweg mit all seinen Assoziationen und Wiederholungsmustern, mit seinen Aufspaltungen in Idealisierungen und Abwertungen nachzeichnen kann und so den roten Faden ihres Widerstandes gegen die eigene Entmachtung entdeckt. Wenn Frauen die Sprache ihrer Psyche zu deuten verstehen, erfahren sie, wo der Zwang zur Konformität sie am stärksten verformt hat.

Den meisten Frauen wird der Widerstand, den sie in ihrer Kindheit leisteten, geringfügig erscheinen, aber Kindern bietet sich kaum eine andere Möglichkeit, als Kompromisse einzugehen, wenn sie sich schützen wollen. Was uns jetzt allenfalls als unerhebliches trotziges Aufbegehren erscheint, war für das kleine Mädchen wahrscheinlich eine äußerst gefährliche Handlung. Manchen von uns wird es jedoch kaum gelingen, irgendeine Art von Widerstand aufzuspüren. Unsere Psyche ist es seit langem gewöhnt, von unserem kindlichen Wissen abgetrennt zu sein, und hat unser «Selbst» ohne dieses gebildet. Wollen wir die Erfahrungen zurückgewinnen, brauchen wir Zeit, Behutsamkeit und Offenheit für das, was uns als Heranwachsende geängstigt hat. Als erwachsene Frauen haben wir eher die Kraft, uns dem zu stellen, was uns mit elf oder zwölf zu überwältigen drohte. Wenn wir uns öffnen, wenn wir neugierig sind auf das, was wir früher einmal wußten, wird sich unsere Psyche öffnen. Gefühle und Erinnerungen werden wach und kommen hoch, und langsam fangen wir an zu begreifen, warum wir sie unterdrücken mußten und sie so von unserem Selbst und unseren Nächsten abgetrennt haben.

Am besten fangen wir mit der Zeit an, als wir acht oder neun

Jahre alt waren, und versuchen, uns alles zu vergegenwärtigen – Zimmer, Freunde, Lehrer, Kleider, Spiele, Bücher, Familientreffen, Lieblingsspielzeug und Dinge, die uns verhaßt waren. Vielleicht gibt es auch Geschichten, die in der Familie erzählt werden oder an die man sich erinnert, Ereignisse, die in Fotos festgehalten worden sind. Erzählen Sie die Geschichte Ihrer Jugend, denken Sie an wichtige Ereignisse, lassen Sie es an sich vorüberziehen, und fügen Sie immer mehr Details hinzu. Zu Beginn mag das, an was man sich noch erinnert, nicht besonders interessant erscheinen. Wenn wir uns aber erlauben, frei zu assoziieren, und unsere Gedanken von den ersten, uninteressanten Einzelheiten aus weiterwandern lassen, um Verbindungen aufzuspüren, wird unsere Psyche schließlich all das freigeben, was zurückgewonnen werden kann.

Der erste Schritt besteht darin, die doppelte Sichtweise, also das, was Adrienne Rich «das Auge der Außenseiterin» nennt, wiederzugewinnen. In einem alten Volksmärchen findet ein kleines Mädchen eine Salbe, die ihr ihre häßliche alte Großmutter auf das Auge aufträgt. Neugierig reibt sich das Mädchen ein bißchen von der Salbe ins Auge, und alsbald zeigt sich ihr die wunderbare Märchenwelt in all ihrer Schönheit. Das Mädchen behält für immer die doppelte Sichtweise. Alle Mädchen sind fähig zu dieser Art «zweitem Gesicht». Sie können die Spiele der Erwachsenenwelt erkennen und mitspielen und sich dennoch die Wirklichkeit ihrer Erfahrung erhalten. Wenn Mädchen durch die Wand treten, bietet ihnen ihr bisheriges Leben in der Rückschau oft ein verwirrendes Bild. Wenn wir aber diese doppelte Realität erkennen und benennen können, erreichen wir die Klarheit, die wir zum Handeln benötigen. Eine Elfjährige sagte in Hörweite der Psychologin Annie Rogers: «Lügen? Ich weiß alles über Lügen. In unserem Haus sind die Wände mit Lügen tapeziert.» Was dieses Mädchen als «Lügen» bezeichnet, sind die gewöhnlichen Halbwahrheiten, mit denen die Grausamkeit und Unaufrichtigkeit in den Beziehungen der Erwachsenen zugedeckt werden. Eine Gruppe afroamerikanischer Mädchen beklagte sich darüber, daß ihre Mütter sie immer anlögen. Was meinten sie mit «lügen»? Sicherlich die Art und Weise, wie ihre Mütter ihre eigenen Gefühle und Gedanken versteckten. Wenn Mädchen heranwachsen und den Druck verspüren, ihre Erfahrung zugunsten der «Wirklichkeit» der Welt der Erwachsenen aufzugeben, begreifen sie diese als einen Lügenhaufen und nicht als ein Spiel, in dem sie selbst mitgespielt haben.

Barbara erinnert sich, daß ihre Erziehung sie offenbar auf ihre eigene Mutterschaft vorbereiten sollte, aber sie leistete gegen dieses Vorhaben Widerstand. «Schon mit vier Jahren war ich mir sicher, daß ich Kinder haben würde. Ich war so sozialisiert worden und wünschte mir auch Kinder. Aber so wie ich behandelt wurde – nämlich als Besitz meiner Eltern, den sie herumkommandieren konnten –, wollte ich meine Kinder nicht behandeln.» Obwohl ihre Eltern immer wieder erzählten, daß sie versuchten, einen «guten» Menschen aus ihr zu machen, klang das in Barbaras Ohren nicht gut. Zwar konnte sie einerseits sehen, daß das Verhalten ihrer Eltern einen Sinn für diese ergab, aber andererseits wußte sie, daß der Verhaltenskodex der Eltern sie ihrer Stärke und Freiheit beraubte. Zum Glück hatte Barbara in dem wohlhabenden Haushalt Zugang zu Büchern. Sie las Winston Churchill und Virginia Woolf, erzählt sie lachend. Mit dreizehn hatte sie Woolfs *Drei Guineen*, einen eindrucksvollen Aufsatz über den Krieg, die Erziehung von Frauen und die Bildung einer weiblichen «Gesellschaft für Außenseiter», mehrfach gelesen. «Danach wußte ich, daß ich recht hatte: man mußte Mädchen nicht so behandeln, wie ich behandelt worden war.» Barbara konnte auf Virginia Woolf zurückgreifen, die ihre doppelte Sicht der Dinge bestätigte und sie ermutigte, die Perspektive der Außenseiterin beizubehalten.

In Jills Fall war es die Religion, die ihr zu der doppelten Sicht verhalf. Als Tochter eines Geistlichen wurde sie Zeugin, wie ihr Vater ihre Mutter schlug, während er Liebe zu den Menschen von der Kanzel predigte. Sie nahm zwar das, was die Bibel ihr auftrug, sehr ernst, aber sie sah auch die Heuchelei der Menschen um sie herum – und besonders die ihres Vaters –, die sich «Christen» nannten. Eine andere junge Frau, Marianne, erinnert sich, daß ihre Mutter während des Gottesdienstes «frommer als der Papst» war. Eines Sonntags, als sie von dem Parkplatz bei der Kirche wegfahren wollte, wurde sie von einem anderen Fahrer geschnitten. «Du Arschloch!» schrie sie, nachdem sie fünf Minuten zuvor noch ihr frömmstes Gesicht aufgesetzt hatte.

Abgesehen von der Sichtweise der Außenseiterin müssen wir auch unsere Stimmen zurückholen. Mit «Stimmen» ist hier nicht Lautstärke oder einfach nur das Sprechen gemeint, obwohl junge Mädchen oft unglaublich laut und gesprächig sind. Wir reden hier von der Stimme des Mutes, wenn es darum geht, das auszudrücken, was wir denken. Mut wird hier nicht im Sinne von Draufgängertum gebraucht, wie wir es aus Dutzenden von Wildwestfilmen kennen. Annie Rogers erklärt das folgendermaßen: «Wenn Mut in seinem eigentlichen Wortsinn verwendet wird – ‹frei aus dem Gemüt sprechen› –, dann wird der Mut der acht- bis zwölfjährigen Mädchen sichtbar und hörbar.» Gegenwärtig wird Mut in unserer Kultur so verstanden, daß ein Mensch seine Verletzbarkeit und Angst überwindet, um unter Einsatz seines Lebens zu handeln. Rogers bemerkt dazu: «Der Mut von Mädchen ist im Laufe der Jahrhunderte unsichtbar gemacht worden, weil das Wort inzwischen die Tapferkeit und den heroischen Einsatz von Männern bezeichnet, so daß weder Frauen noch Männer den Mut der Mädchen erkennen können.» Mädchen wird aufgrund dieses Bedeutungswandels nicht nur ihr Mut als Eigenschaft abgesprochen, sondern sie müssen auch hinnehmen, daß sie ihn im Laufe ihrer Entwicklung unweigerlich verlieren. In gewisser Weise ist der Verlust von Mut ein Zeichen von Dissoziation. So wunderte sich Melissa, wo der Mut, den sie als Mädchen gehabt hatte, geblieben war. Sosehr sie sich auch bemühte, sie konnte sich an keine Situation erinnern, in der sie offen ihre Meinung gesagt hatte. Dann fiel ihr ein, daß ihre Mutter, als Melissa neun Jahre alt war, sagte, daß die Pubertät bei ihr schon früh anfange, weil sie «so eine freche Klappe» habe. Obwohl Melissa nicht mehr weiß, was sie damals zu sagen hatte, erinnert sie sich jetzt, daß ihre Mutter ihren Mut bemerkte – und sie entmutigte. «Die Wiederentdeckung von Mut im Leben normaler Frauen», erklärt Annie Rogers, «ist etwas Außergewöhnliches, da es bedeutet, daß Frauen eine Stimme finden, um das auszudrücken, was nicht ausgedrückt werden konnte. Häufig setzt dieser Prozeß in einer Situation ein, in der Frauen oder Mädchen zusammen sind, sich sicher fühlen und spielerisch miteinander umgehen.»

Innere Abtrennungen von der Art, wie wir sie besprochen haben, finden nicht nur im Bereich des Denkens und Redens statt. Innerhalb der engen Grenzen von «gutem» und «bravem» Verhalten werden auch Gefühle oft für inakzeptabel gehalten. Diese «ausgegrenzten Emotionen»[9], um den Begriff der Philosophin Alison M. Jaggar zu benutzen, unterscheiden sich von Gruppe zu Gruppe. Für viele Frauen der Mittelschicht ist Wut eine ausgegrenzte Emotion, die unterdrückt und geleugnet wird. Für Frauen der Arbeiterschicht jedoch und für farbige Frauen ist Wut – die sich oft als abweisendes und ungebärdiges Verhalten ausdrückt – eine immer griffbereite Verteidigung, die die Mitmenschen auffordert, sie mögen auf der Hut sein. Doch haben fast alle Frauen ihren gerechten Zorn und die Macht, Veränderungen einzufordern, verloren. Ob der Zorn völlig unterdrückt ist oder immer wieder geprobt wird – wenn er nicht von Überzeugung genährt ist, demonstriert er nur, wie ohnmächtig die Frau im Grunde ist. Unsere Wut ist eine Reaktion auf Verletzung, ein Zeichen, daß wir etwas verändern sollen. Da aber Handeln auch Konflikt bedeutet und sowohl Sicherheit als auch Beziehungen in Gefahr bringen kann, nehmen wir unserer Wut die Wirkung. Es ist aber eine Tatsache, daß häufig echte Nähe und Gemeinsamkeit entstehen, wenn wir unsere Wut direkt ausdrücken und vor dem Konflikt nicht zurückscheuen.

Auch wenn die Wut der Mädchen sich oft nur in kleinen Ausbrüchen einen Weg bahnt, ist sie doch im Rahmen ihrer Welt von großer Bedeutung. Cecilia erinnert sich an einen solchen Ausbruch, als sie neun Jahre alt war: «Meine beste Freundin Susan war eine echte Memme. Die Kinder aus unserer Straße konnten sie regelrecht fertigmachen. Eines Tages kam Jimmy, einer der Jungen aus der Nachbarschaft, und sagte lauter gemeine Dinge zu ihr, während ich direkt daneben stand. Und sie ließ es sich einfach gefallen. Ich bestand darauf, daß er sich dafür entschuldigte. Er weigerte sich, was mich rasend machte. Er sagte, ich solle die Klappe halten, aber ich habe einfach nicht lockergelassen. Dann bedrohte er mich mit den Fäusten, aber ich habe trotzdem nicht aufgehört. Schließlich schlug er mich, und wir haben uns gerauft. Natürlich hat er gewonnen, aber das war mir egal; wichtig war, daß ich mich gegen ihn aufgelehnt hatte.» Cecilia erinnert sich in dieser Geschichte also an die Kraft ihres Zorns, die sie zu mutigem Handeln befähigte.

Wut ist nicht die einzige ausgegrenzte Emotion. Viele Mädchen geben die Hoffnung auf ihr Leben und ihre Zukunft auf, wenn sie Rassismus, Klassendenken und Sexismus als Aspekte unserer Gesellschaft erkennen. Auf die Frage nach ihren Zukunftsplänen machten zwei afroamerikanische Mädchen mehrere nicht ernst gemeinte Vorschläge (Museumsdirektorin, Polizeiinformantin). Schließlich flüsterte eine von ihnen, daß sie gerne Anwältin werden möchte. Diana, eine Mutter aus der Arbeiterschicht, die «nichts aus ihrem Leben» gemacht hatte und «einfach nur Hausfrau» war, wollte immer «Archäologin werden und an Ausgrabungen teilnehmen». Schon als Mädchen lernen wir, daß das Leben nicht gerecht ist und daß wir uns mit weniger, als wir uns erträumt haben, «zufriedengeben» müssen, und auch als Frauen nehmen wir die Einschränkungen in unserem Leben hin.

Andere Frauen geben ihre Fröhlichkeit und Freude am Spiel auf. «Früher habe ich improvisierte Sketche für meine Familie aufgeführt», erinnert sich Aida. «Ich habe sämtliche Familienmitglieder nachgemacht, und alle haben sich gekugelt vor Lachen. Was mich jetzt erstaunt, ist, daß ich gar keine Scheu hatte. Ich habe einfach losgelegt. Mir hat es riesigen Spaß gemacht, etwas vorzuführen.» Die Erinnerung daran, wie sie über die Felder gerannt sind, Himmel und Hölle gespielt haben oder seilgesprungen sind oder sich wie Fische im Wasser getummelt haben, gibt Frauen die Möglichkeit, die pure Lebensfreude, die sie als Mädchen so deutlich empfunden haben, wieder für sich zurückzugewinnen.

Dann wieder gibt es Frauen, die glauben, ihre Verletzbarkeit aufgeben zu müssen. Angesichts schwieriger und angsteinflößender Lebenssituationen mußte das Gefühl, verletzlich oder angreifbar zu sein, verschwinden. Marlene berichtet: «Ich erinnere mich, daß ich mir immer wieder sagte: ‹Ist mir doch egal, ist mir ganz egal.› Als Teenager war das mein Mantra. Aber davor war mir gar nichts egal. Ich kam immer nach Hause und weinte mich an der Schulter meiner Mutter aus, bis ihr Kleid naß war, wegen der Gemeinheiten und Kämpfe in der Schule.» Als Kinder sind wir zu unseren Müttern ins Bett gekrochen und wollten getröstet und umarmt werden, wenn wir es brauchten. Viele von uns, die so tatkräftig im Leben stehen, haben die Fähigkeit verloren, unumwunden um Trost und Geborgenheit zu bitten. Das vermindert aber unsere Fähigkeit, Nähe und Zusammengehörigkeit zu erleben.

Der Erinnerungsprozeß, die Zurückgewinnung unseres Widerstandes gegen die Grenzen, die unserem Wissen, Reden und Fühlen auferlegt wurden, macht uns die Verluste bewußt. In einer unter der Leitung von Carol Gilligan entstandenen Arbeitsgruppe berichtete eine Frau, daß ihr als Elfjähriger die Frauen in ihrer Umgebung unglücklich erschienen. Sie sprach mit ihrer besten Freundin darüber, wie diese Frauen wohl das Geheimnis des Lebens verloren hätten. Sie schworen sich gegenseitig, ihr Wissen zu bewahren: Sie schrieben sich Briefe und führten Tagebuch. Aber als sie älter wurde, nahm sie die Hefte und verbrannte sie, ohne noch einmal darin zu lesen. Sie erinnert sich zwar nicht mehr, warum sie das getan hat, fragt sich aber heute, ob die Geheimnisse ihrer Kindheit für sie als Jugendliche zu überwältigend waren. Das Erlebnis eines Verlusts fächert sich in verschiedene Schichten auf: Trauer, Zorn, Furcht. Je mehr Situationen uns wieder gewärtig werden, in denen wir unsere Gedanken klar ausgedrückt haben, in denen wir wußten, was richtig war, und in denen wir alle menschlichen Gefühle in ihrer Vielfalt erlebten, desto dringender müssen wir uns fragen: Was ist geschehen? Wohin sind diese Teile unseres Selbst verschwunden? Keiner hat um uns geweint, als uns ganz allmählich unsere Kraft abhanden kam bzw. immer wieder Dämpfer erhielt, weil man uns einbleute, daß wir keine guten Mädchen seien. Wir müssen selbst um uns trauern, aber zugleich können wir uns darüber freuen, daß unsere Psyche alles für uns bereithält. Das Mädchen, das Freude und Wut erlebt und eine «freche Klappe» hatte, das Wahrheit von Lüge unterscheiden konnte und um die Geheimnisse des Lebens wußte, lebt in uns fort. Indem wir uns des Widerstandes bewußt werden, erlangen wir unsere Ganzheit wieder und nehmen die Gültigkeit unserer Erfahrungen für uns in Anspruch.

Das sind unsere Überlebensstrategien

In dem Moment, in dem wir unseren Widerstand für uns zurückgewinnen, wird uns auch bewußt, warum wir, um überhaupt körperlich und sozial überleben zu können, damals keinen Widerstand mehr leisten konnten. Vor allem Frauen der Mittelschicht geben dem Druck nach und verinnerlichen den «Kodex der Perfektion», wie es die Familientherapeutinnen und Autorinnen von *Das Superfrauen-Syndrom*[10] nennen. Der Kodex, so könnte man zusammenfassen, verpflichtet uns zur Perfektion, weil er verlangt, daß wir in allen Lebenslagen fehlerfrei und kompetent sein sollen, während wir gleichzeitig für das Glück der Familie, der Kinder und Verwandten, Kollegen und Freunde verantwortlich sind, ohne jemals Müdigkeit oder Überdruß an den Tag zu legen. Während manche Frauen Perfektion mit Hilflosigkeit in Zusammenhang bringen, sehen sich andere als zähe Kämpferinnen. Das sollte aber nicht davon ablenken, daß der Kodex den Frauen die Verantwortung für alle Menschen in ihrem Umkreis aufbürdet und gleichzeitig den Perfektionsstandard für sie selbst festschreibt.

Wir erkennen die Notwendigkeit, unsere Überlebensstrategien zu verteidigen; denn wir leben in einer Welt, in der der Sexismus seinen Tribut forderte und zu der wir erst durch persönliche Verluste Zugang erhielten. Für manche von uns führten die Strategien zum «Erfolg»: wir waren entweder gut im Sport, hatten Charme, waren hübsch oder brachten in der Schule gute Leistungen. Andere führten diese Überlebensstrategien in eine Schwangerschaft, in den Alkoholismus oder in eine Zukunft, die in einer Sackgasse endete. Wie hoch der Preis fürs Überleben auch angesetzt war, manche Frauen zahlten das Doppelte oder Dreifache, um es zu sichern. Für manche allerdings führten die Überlebensstrategien tatsächlich zu den Fähigkeiten – Bildung oder Kenntnisse –, die ihnen den Weg aus den Einschränkungen zeigten, denen sie sich um des Überlebens willen unterworfen hatten.

«Als ich zwölf Jahre alt war», erinnert sich Carly, «habe ich meine Stimme verändert. Es muß ungefähr zu dieser Zeit gewesen sein, denn damals übernahmen die Jungen in der Schwimmgruppe die Führung, die meiner Ansicht nach ich innehaben sollte und die sie mit ihren neuen tiefen Stimmen rechtfertigten. Ich erinnere mich, daß ich mir nicht mehr Gehör verschaffen konnte und glaubte, daß mir nie mehr jemand zuhören würde, wenn ich das «hysterische» Auf und Ab, den Singsang in meiner Stimme nicht abstellte.» Sie änderte ihre Stimmlage, begrenzte ihre Stimmelodie auf wenige tiefe Töne und versuchte so, die Stimmen, die die Führung übernommen hatten, nachzuahmen. So wie Carly versuchen auch andere Mädchen, Erfolg zu haben, indem sie die Rolle der Jungen imitieren. Viele Frauen richten sich, wenigstens vorübergehend, nach männlichen Werten, weil sie erkennen, daß das, was Jungen tun oder was von den Autoritäten geschätzt wird, zu einer gesicherten Position führt.

Die Psychologen Tracey Robinson und Janie Ward beschreiben einen destruktiven Pseudowiderstand, der eigentlich eine Überlebensstrategie ist. Schwarze Amerikanerinnen, so argumentieren sie, «machen sich Einstellungen und Verhaltensweisen als Formen des Widerstands zu eigen, die nicht immer in ihrem Interesse sind»[11]. Auch wenn dieser trotzige Widerstand häufig destruktiv ist, sprechen sie von «Widerstand, um zu überleben», denn auf kurze Sicht hilft er den Mädchen. Manche Frauen erinnern sich an ihr riskantes

Verhalten, das ihnen trotz des allgegenwärtigen Verrats in ihrer Jugend Freundschaften ermöglichte. «Wir hatten eine Art Club», erinnert sich Donna. «Wir ritzten uns zum Beispiel unsere Namen und die unserer Freunde in den Arm. Wir rauchten zusammen, schwänzten die Schule und knackten mit den Jungen Autos für Spazierfahrten. Wenn ich jetzt daran denke, wundert es mich, daß ich noch lebe.»

Es gibt auch viele Frauen, die «Perfektion» als Strategie des Überlebens wählen. Anna zum Beispiel versucht, das Kind griechischer Einwanderer, das sie mit zehn Jahren war, wieder auferstehen zu lassen, indem sie sich der «Ängste, Hoffnungen und entgleisenden Gedankengänge» entsinnt. Damals faßte sie folgenden Entschluß: «Im nächsten Jahr werde ich nicht die vorlaute und aufmüpfige Anna in Mrs. Raspberrys Klasse sein... Ich werde bei allen beliebt sein. Ich werde ganz ruhig und sogar ein bißchen schüchtern sein. Das gefällt allen Eltern und den Jungen und auch den braven Mädchen.» Weiter erinnert sie sich: «Wenn ich lief, war ich gefühllos, als ob ich in einer Blase sei, die mich vor der Außenwelt schützte. Ich konnte die Welt zwar sehen, bewegte mich aber nicht richtig in ihr.» Als Anna über ihre Erinnerungen nachdachte, bemerkte sie: «Dieses zehnjährige Mädchen, das Angst hatte, zu laut zu sein oder dumm und tolpatschig, steckt immer noch in mir. Ich bin mir meiner Angst bewußt, die bewirkte, daß ich mich als Zehnjährige ganz zurückhaltend verhielt, weil ich die Leute nicht vergraulen wollte. Ich weiß, daß ich mich gefühllos gemacht habe, weil ich glaubte, wenn ich nicht fühlen könne, würde ich auch keinen Schmerz spüren. Was ich nicht bemerkt habe, war, daß ich auf diese Weise gar nichts fühlte (oder, wenn mir das klar war, dann war ich sicherlich der Meinung, daß es sich lohne).»

Wenn wir Überlebensstrategien erkennen lernen und uns bewußt werden, wie erfinderisch und geschickt wir waren, um die Klippen der Erwachsenenwelt überhaupt zu umschiffen, erinnern wir uns auch an den Verrat und den daraus resultierenden Schmerz. Anna erinnert sich, daß ihre Mutter ihr nahelegte, ihren Charme einzusetzen. «Jungen mögen keine Mädchen, die zu klug sind, sagte sie immer wieder.» Die zahllosen Warnungen derer, die uns lieben (Wenn dir nichts Nettes einfällt, dann sei lieber still... Wer schön sein will, muß leiden... Jungen machen einer Brillenschlange nicht den Hof... Gib nicht so an...), wiesen unserer «Stimme», unseren Wünschen und Handlungen ihre Grenzen und bedeuteten – trotz der wohlmeinenden Intentionen der Erwachsenen – Verrat an unserem Herzen und Verstand, an unserem Körpergefühl und unserer Lebenslust. Indem wir all dies für uns zurückgewinnen, werden wir Zeugin davon, wie unsere Mütter, Väter, Lehrer und Berater uns verraten haben, weil sie dem Verlust unserer Stimme zugestimmt und uns zum Streben nach Perfektion aufgefordert haben.

Wir nehmen Fühlung mit unseren Töchtern auf

Wenn wir unseren Widerstand wieder aktivieren, unsere Überlebensstrategien aufdecken und den Verrat erkennen lernen, kann der Prozeß, in dem wir unsere Ganzheit wiederfinden, beginnen. Es ist ein merkwürdiger Prozeß, mit vielen Unterbrechungen und Sprüngen, erfüllt von Trauer und Freude. Für diejenigen unter uns, die die Trennung überwinden wollen, sind die Stimmen von jungen, heranwachsenden Mädchen ein ganz wichtiger Wegweiser auf dieser Reise. Die Stimmen von Mädchen wecken das Mädchen in uns, das wir einst waren. Daß wir wirklich richtig zuhören und diese Stimmen in unsere Psyche einlassen, ist für den eigenen Prozeß von großer Bedeutung. Für die Forscherinnen des Harvard-Projekts wurde die eigene Vergangenheit sofort wach, wenn sie mit Mädchen zusammen waren und ihnen zuhörten. Erinnerungen aus unserer Kindheit stiegen in uns auf, und in unseren Träumen traten Mädchen auf. Wenn wir Romane über Mädchen und von Mädchen geschriebene Geschichten lasen oder Mädchen zuhörten, lösten diese Worte ein Echo tief in unserer Psyche aus. Mütter von heranwachsenden Mädchen haben Glück, sie haben jemanden im Haus, der ihnen den Weg weisen kann. Wenn Frauen diesen frechen Neun- bis Zwölfjährigen zuhören, die lieber mitspielen wollen als die Spieler von den Seitenlinien anzufeuern, kann das für ihre eigene Bewußtwerdung sehr aufschlußreich sein.

Unsere Töchter sind schon deshalb so wichtig bei unserem Versuch, die Vergangenheit zurückzugewinnen, weil unsere emotionale Bindung zu ihnen diese Art Test ermöglicht. Belle schildert das so: «Wenn ich Sandra beobachte, die sich oftmals über den Punkt hinauswagt, den ich als Grenze sehen würde – besonders bei ihrem Vater –, und sich trotzdem behaupten kann, dann denke ich daran, daß ich auch diese Stärke in mir hatte, als ich neun war. Dann überlege ich mir, wo sie hin ist. Und wenn sie das mit neun Jahren fertigbringt, warum kann ich das nicht mit siebenundvierzig?» Wenn Frauen den Mut und die Lebenskraft ihrer Töchter sehen, können sie anfangen, ihre eigene Stärke zurückzugewinnen. Gewöhnlich gehört es nicht zur Erziehung, daß Mütter von ihren Töchtern lernen. Claire sagte zum Beispiel, daß ihre älteste Tochter keine großen Herausforderungen an sie stellte, weil sie ihr so ähnlich war, ihre jüngere Tochter ihr jedoch «gesandt wurde, um ihr etwas über sich selbst zu zeigen».

«Als meine Tochter elf war», erzählt Iris, «bat sie mich, sie auf den Schoß zu nehmen. Sie legte ihre langen Beine über die Sessellehne, schmiegte sich eng an mich und erzählte, daß ein Gefühl ihr sage, sie solle sich entfernen, und das fühle sich verkehrt an, und sie habe Angst.» Iris' Tochter spürte hier wohl die Forderungen der sie umgebenden Kultur und erkannte im Ansatz, daß sie sich aus einer weiblichen Welt lösen solle, um ins Patriarchat einzutreten. «Ich war tief bewegt. Das war meine Tochter, die durch das Leben tanzte und gefährlich im Raum umherwirbelte. Sie hatte ihre Überzeugungen, hielt zu ihren Freundinnen und hatte einen ausgeprägten Gerechtigkeitssinn.» Aber in diesem Moment befürchtete Iris, daß sie ihrer Tochter nicht die nötige Hilfe beim Heranwachsen gegeben hatte und daß ihre Tochter «bei all ihrer Unerschrockenheit nicht bereit zu diesem nächsten Schritt war, was ein Zeichen dafür war, daß ich sie zu sehr an mich gekettet hatte». Als Iris Erinnerungen an die Zeit, in der sie selber elf Jahre alt war, wach werden ließ, kam ihr der Schlager «Slow Boat to China» wieder in den Sinn. «Jedesmal, wenn ich das Lied im Radio hörte, weinte ich heiße Tränen; ich hatte schreckliche Vorahnungen von Verlust und Gefahr, wenn Frank Sinatra – ich glaube, er war es – sang: «Ich werde mit dir auf einem Schiff nach China fahren, ich mit dir ganz allein. Ich werde dich für immer in den Armen halten. Alle anderen Liebhaber bleiben an der fernen Küste zurück.» Bei der Erinnerung an ihre Angst fällt Iris auch wieder ein, daß «ich im Gegensatz zu meiner Tochter nicht den Mut hatte, meiner Mutter zu sagen, wie sehr mich das Lied erschreckte und wieviel Trost und vor allem Bestätigung ich brauchte, daß ich nicht an eine Welt ausgeliefert würde, in der ein Mann mich ganz für sich haben würde.»

Da die Aufgaben einer Mutter eine so allumfassende Verantwortung enthalten, sind Mütter oft so sehr damit beschäftigt, sich um ihre Töchter zu kümmern, daß sie sie nicht als junge Menschen mit einer eigenen Daseinsberechtigung sehen. Es mag auch widersprüchlich scheinen, daß wir einerseits von unseren Töchtern lernen können, andererseits aber auch als Autorität im Leben der Töchter auftreten müssen. Mütter sollen immer alle Antworten parat haben, damit sich ihre Töchter sicher fühlen können. Wenn Frauen sich für die einzigartigen Stimmen ihrer Töchter öffnen und bereit sind, von ihnen zu lernen, können sie eine neue Beziehung zu ihnen und zu sich selbst eingehen.

Ingrid machte sich um die schlechten Zensuren ihrer Tochter Sorgen. Cara brachte gute Leistungen in Fächern, die ihr lagen, solange sie auch den Lehrer mochte, aber in Spanisch war sie schlecht und eher mittelmäßig in zwei anderen Fächern. Ingrid sprach mit ihrer Tochter; immer wieder redeten sie darüber, wie wichtig es sei, gute Noten zu bekommen, damit Cara auf ein gutes College gehen könne. Cara stimmte der Mutter offenbar zu, aber das nächste Zeugnis war so schlecht wie nie zuvor. «Da habe ich die Beherrschung verloren – ich bin richtig ausgeflippt. Ich habe rumgeschrien und geheult und gesagt, sie würde sich ihre ganze Zukunft verbauen. Später hörte ich, wie sie am Telefon mit einer Freundin sprach und sagte: Deine Mutter ist vielleicht sauer, aber meine war *richtig außer sich* – sie hat geheult und so.» Ingrid war selbst auch etwas überrascht über ihre Reaktion. Auf die Frage, was denn geschehen wäre, wenn sie als Kind ein schlechtes Zeugnis nach Hause gebracht hätte, sagte Ingrid schockiert: «Das hätte mir nicht passieren dürfen. Meine Eltern hätten mich umgebracht –» Sie fing an zu lachen und zitterte dabei. Ingrid begriff auf einmal, daß ihre Angst um Cara zwar auf echte Sorgen um die Zukunft ihrer Tochter zurückging, aber durch ihre eigenen Erfahrungen völlig unverhältnismäßig aufgebläht wurde. Zu einem späteren Zeitpunkt sprach Ingrid mit ihrer Tochter über ihre heftige Reaktion. Ein paar Tage darauf entdeckte sie Cara rauchend in ihrem Zimmer. Cara fing an zu weinen und erklärte ihrer Mutter, daß sie sich unter Druck gesetzt und unzulänglich fühlte. Von dem Moment an versuchten Mutter und Tochter gemeinsam, Caras Probleme in der Schule anzugehen.

Wir vergessen oft, daß unsere Töchter uns wahrscheinlich besser kennen als wir uns selbst. Obwohl sie das, was sie sehen, nicht unbedingt formulieren können, erkennen sie doch unsere Unzulänglichkeiten und wissen, wo wir mit uns nicht im reinen sind, uns von unseren Erlebnissen, unseren Träumen und Wünschen abgetrennt haben. Ingrids Tochter hätte keinen wunderen Punkt finden können als die Frage der schulischen Leistungen, um Ingrid in Panik zu versetzen. Für die meisten Mütter ist Sexualität das schwierigste Thema. Die fünfzehnjährige Melinda machte ihre Mutter Lonni fast wahnsinnig mit ihren offenen sexuellen Erkundungen. «Wenn du einen Freund hättest und nicht so verklemmt wärst», sagte Melinda zu ihrer Mutter, «würde ich mich vielleicht nicht so verhalten.» Manchmal ist es geradezu unheimlich, wie Töchter die ungelösten Konflikte der Mütter weiterführen. Wir haben mit mindestens einem halben Dutzend Frauen gesprochen, die als unverheiratete junge Frauen mit Anfang Zwanzig schwanger geworden waren und sich mit Schuldgefühlen quälten. Später fanden sie dann heraus, daß eines der größten Geheimnisse im Leben ihrer Mütter eine außereheliche Schwangerschaft oder ein Schwangerschaftsabbruch war. Vielleicht erspüren Mädchen die Punkte, die bei ihren

Müttern mit einem Schweigen belegt sind, weil sie glauben, selber einen größeren Freiraum zu haben, in dem sie ihre eigenen Erfahrungen machen können. «Die Gebiete, die ich selbst noch nicht entdeckt und erforscht habe», sagte Bonnie, «sind genau die Punkte, an denen meine Töchter sich reiben.» Am heftigsten reagieren Frauen, wenn ihre Töchter Grenzen überschreiten, die die Mütter besonders sorgfältig bewahren, d. h. wenn die Handlungen der Töchter Angst, Wut oder Trauer der Mütter hervorrufen. Gewöhnlich sind das die Punkte, an denen die Mütter Verlust und Abtrennung erlebt haben. Die Psychotherapeutin Leslie McGovern stellt fest: «Die Probleme, die im Leben eines heranwachsenden Mädchens entstehen, scheinen die der Tochter zu sein und werden auch kulturell so gedeutet. Das mag zwar in einigen Fällen stimmen, aber da unsere eigene Jugend so schwierig und voller Probleme war, übertragen wir oft unsere ungelösten Gefühle auf unsere Töchter.»

Wenn Frauen auf die Stimmen ihrer Töchter hören, werden sie mit dem konfrontiert, was sie verdrängt haben. Als Elizabeth die Stimmen junger Mädchen in sich aufnahm, hatte sie das Gefühl, unter Wasser zu sein. Andere Frauen haben ein Schwindelgefühl, oder sie glauben, einen Wachtraum zu erleben, und fangen an zu frösteln. Das ist die Angst, die wir gespürt haben, als wir unsere Erlebnisse von uns abtrennten. Wir müssen diese kalten Schauer, die uns den Rücken hinunterlaufen, die heißen Tränen und das Zittern zulassen – Reaktionen, die wir uns angesichts der überwältigenden Erlebnisse unserer Jugend nicht erlauben konnten. Wenn wir uns die Dinge in die Erinnerung zurückrufen können, die uns als Jugendliche zum Weinen gebracht haben (für Iris war es «The Slow Boat to China», eine andere Frau brach bei Stevie Wonders Lied «Mary Wants to be a Superwoman» in Tränen aus), können wir zuhören und unsere Gefühle zulassen, jetzt, wo wir unsere Pubertät überwunden haben.

Es ist sicherlich eine schwierige Aufgabe, wenn wir versuchen, uns der Angst, die unsere abgetrennten und unterdrückten Gefühle gefangenhält, zu stellen. Seltsamerweise jedoch läßt sich die Psyche nicht aus Angst vor der Angst davon abhalten, das Abgetrennte und

Unterdrückte freizugeben. Die Angst warnt uns vor einer Situation, die in dieser Form nicht mehr besteht: Obwohl Frauen in einer gewalttätigen, sexistischen und rassistischen Gesellschaft leben, können sie doch Entscheidungen treffen, die ihnen als Zehn- oder Zwölfjährige nicht offenstanden. Die Angst, der wir bei diesem Prozeß begegnen, sollten wir als Freund begrüßen. Zittern, Frösteln und Beklommenheit sind Zeichen, daß wir im Begriff sind, die Abgründe unserer Psyche zu überbrücken. Wenn wir der Angst mit Freude entgegentreten, können wir die Gefühle freilassen, die als Brandmauer agiert und uns den Zugang zu uns selbst verwehrt haben. Wenn wir uns von den Stimmen unserer Töchter führen lassen und uns diesen starken Gefühlen aussetzen, nehmen wir Verbindung auf zu den Teilen unseres Selbst, die wir vor langer Zeit unterdrückt haben. Das wiederum ermöglicht uns, unsere Töchter auf dem Weg zum Erwachsenwerden zu begleiten.[12]

Unsere Mütter hatten Mut

«Wie sollen wir die Mütter sein, die wir uns für unsere Töchter wünschen», fragt die feministische Aktivistin Letty Cottin Pogrebin, «wenn wir immer noch damit beschäftigt sind herauszufinden, wer unsere eigenen Mütter waren und was sie uns bedeutet haben?»[13] Der schwerwiegendste Verlust beim Eintritt in die patriarchalische Gesellschaft ist für eine junge Frau der Verlust der Beziehung zur eigenen Mutter. Für viele von uns bedeutet das, daß wir in dieser Beziehung nicht länger wir selbst sein können. Auch das Vertrauen in unsere Mütter als unsere Verbündete geht in der Pubertät verloren. Es bleibt ein Mädchen zurück, so schreibt Adrienne Rich, «das sich immer noch nach der Pflege, Zärtlichkeit und Anerkennung einer Frau sehnt, nach der Macht einer Frau, die uns verteidigt»[14]. Während wir in der Pubertät gelernt haben, daß Frauen in der Welt kaum Macht besitzen, verloren wir auch unser Vertrauen in die Stärke und den Mut unserer Mütter. Aus diesem Verlust entstehen für viele Frauen extrem entgegengesetzte Gefühle: wir lieben unsere Mütter und vertrauen ihnen sehr, während wir uns gleichzeitig von ihnen zurückziehen und auf Distanz gehen. Eine Sozialarbeiterin beim «Adolescent Health Program für Minneapolis Public Schools» bemerkte, daß Mädchen genau die Eigenschaften in ihren Müttern zurückweisen, die sie als bedrohlich für ihre eigene Stärke empfinden.

In dem Buch *So viel Liebe, so viel Haß* rät die Psychotherapeutin Paula Caplan ihren Klienten, ihre Mütter zu befragen. Im Anhang führt sie sogar ein paar Fragen auf, mit denen man ein solches Gespräch einleiten kann. Frauen müssen erkennen, daß Schuld, Wut und Schmerz in den Mutter-Tochter-Beziehungen die Folge davon sind, daß wir den Müttern die Schuld geben. «Fast alle Frauen», schreibt sie, «so meine Beobachtung, sind in vielen Aspekten ihrer Beziehung zu ihrer Mutter und/oder Tochter ein Bündel von Wut, Schuldgefühlen, Angst und Unsicherheit.»[15] Die ausweglosen Konflikte, mit denen sich Frauen in der patriarchalischen Gesellschaft konfrontiert sehen, sind genauso destruktiv wie die, die das Leben der Mädchen in der Pubertät so beschneiden. Wenn die erwachsenen Töchter derartige Konflikte vermeiden, können sie neue Beziehungen zu ihren Müttern aufbauen. «Erst wenn wir akzeptieren, wer unsere Mutter ist, können wir auch uns selbst akzeptieren», sagt die Familientherapeutin Lois Braverman. «Es ist in unserem Interesse, über das Leben unserer Mutter etwas zu lernen, darüber, wie sie aufwuchs, welche Beziehungen sie zu ihren Eltern und Geschwistern hatte und welche Kämpfe sie als Tochter auszufechten hatte.» Wenn wir mit unserer Mutter reden, statt die Punkte zu erforschen, an denen wir in unserer Beziehung blockiert sind, liefert uns das wertvolle Informationen. «Wenn Frauen etwas über das Leben der eigenen Mutter erfahren, können sie ein wenig Abstand gewinnen, die Ähnlichkeiten und Unterschiede erkennen und die Mutter als das sehen, was sie wirklich ist. Sonst proben wir unaufhörlich den Aufstand, oder aber wir leben Parallelen aus, die uns nicht bewußt sind. In beiden Fällen bleiben wir in der Reaktion verhaftet und verbrauchen die Energie von Mutter und Tochter», führt Lois Braverman aus. Wenn wir den Vorschlag aufgreifen, beginnen wir zu verstehen, daß unsere Mütter uns das beigebracht haben, was uns in unserem Lebenskampf helfen sollte. Darüber hinaus setzten sie sich aber auch mit viel Mut dafür ein, daß unser Leben besser als ihr eigenes verläuft.

Mae erlebte einen Schock, als sie mit ihrer Mutter sprach. Jahrelang hatte sie sie dafür kritisiert, daß sie vor ihrem Vater immer klein beigab. Mae liebte zwar ihren Vater, aber die augenscheinliche Schwäche ihrer Mutter machte sie zornig. Bei dem Gespräch mit ihrer Mutter war Mae überrascht herauszufinden, daß die Mutter sich bewußt Zurückhaltung auferlegt hatte, um ihren Mann milde zu stimmen. So wollte sie die Beziehung aufrechterhalten. Mae erfuhr, daß ihr Vater es zur Bedingung gemacht hatte, daß «meine Mutter sich mäßigen solle». Ihre Mutter glaubte – wie alle guten Mütter in einer patriarchalischen Ordnung –, ihren Kindern etwas Gutes zu tun, wenn sie für den Zusammenhalt der Familie sorgte. Mae war überrascht, daß ihre Mutter so bewußt gehandelt hatte, und empfand plötzlich Respekt vor ihr, denn sie hatte ihr Bestes getan – auch wenn das bedeutete, sich für ihre Kinder zu opfern.

Claires Mutter erschien Claire, als sie ein Kind war, eher distanziert und unnahbar. Als Claire aufgefordert wurde, etwas über den Mut ihrer Mutter zu berichten, erzählte sie, daß, als sie drei Jahre alt war, der Küchenherd explodiert und das Haus in Flammen aufgegangen sei. Ihre Mutter hatte sich am ganzen Körper Verbrennungen zugezogen, weil sie versucht hatte, Claires Schwester aus der Feuersbrunst zu retten. «Ich habe es bisher nie so betrachtet – als mutiges Verhalten», sagte Claire überrascht. «Es ist ein Wunder, daß sie überlebte. Es muß einfach ihr Lebenswille gewesen sein. Nach nur wenigen Wochen kam sie aus dem Krankenhaus zurück – zu uns Kindern, alle drei unter fünf Jahren. Ich kann mich nicht mehr daran erinnern, aber sie muß von oben bis unten bandagiert gewesen sein. Es war keiner da, der ihr im Haushalt hätte helfen können. Sie muß ganz fürchterliche Schmerzen gehabt haben.» Claire war damals sehr jung, aber sie erinnert sich deutlich an ihre Mutter als distanziert und lieblos. «Es ist verrückt, aber in den ganzen Jahren ist es mir nie in den Sinn gekommen, daß diese Geschichte mit Mut zu tun hat. Ich dachte immer nur daran, was meine Mutter mir nicht gegeben hatte – und das war körperliche Nähe. Wie hätte sie aber auch? Sie hat mutig darum gekämpft, bei uns sein zu können.» In einer Kultur, in der Müttern für alles die Schuld gegeben wird, konnte Claire in der Geschichte ihrer Mutter keinen Mut entdecken. Jetzt sagt sie, daß sie dadurch, daß sie über diese Erlebnisse gesprochen hat, ihre Mutter zurückgewonnen habe. Claire kann ihren Töchtern von dem Mut der Frauen in ihrer Familie eine eindrucksvolle Geschichte erzählen.

Viele von uns hören von unseren Müttern Lebensgeschichten, die uns in einer einseitigen Deutung überliefert werden: Geschichten von Einwandererfrauen, von Frauen ohne Schulbildung, von offiziellen oder inoffiziellen Sklavinnen. Diese Geschichten eines Kampfes sind oft aus Scham unterdrückt worden, oder aber sie werden nachfolgenden Generationen erzählt, um ihnen zu zeigen, wie leicht sie es haben. Wenn Frauen sie sich als Geschichten der Stärke zurückerobern, gibt das dem Leid vorangegangener Frauengenerationen eine neue Dimension. Das Erbe einer jeden Mutter enthält abenteuerliche Geschichten voller Mut, die nie erzählt wurden, oder wenn sie erzählt wurden, so wurde das Augenmerk nicht auf die Stärke und Kraft der Frauen gelenkt.

Wenn wir uns informieren, wie sich unsere Mütter in einer patriarchalischen Ordnung zurechtgefunden haben, werden wir sie nicht länger dafür verantwortlich machen, daß sie ihre vorgegebene Rolle so gut wie möglich ausgefüllt haben, und dann können wir auch unsere Wut und die damit verbundenen Schuldgefühle überwinden, die wir unseren Müttern gegenüber verspüren. Vielleicht können wir dann auch ehrlich verzeihen und dankbar sein. «Viele von uns», schreibt Adrienne Rich, «wurden auf eine Art und Weise bemuttert, die wir noch nicht einmal begreifen können, wir wissen nur, daß unsere Mütter in unbestimmbarer Weise auf unserer Seite standen.»[16] Im folgenden geht sie dann auf den Verrat ein, den

Frauen in einer patriarchalisch definierten Mutterrolle auf verschiedenste Arten erfahren und den sie im Gegenzug an ihren Töchtern begehen:

«Aber wenn eine Mutter uns verlassen hat, weil sie starb oder uns zur Adoption freigab, oder weil das Leben sie zum Alkohol oder zu Tabletten getrieben hat, in chronische Depressionen oder in den Wahnsinn, wenn sie gezwungen war, uns bei gleichgültigen, uns vernachlässigenden Fremden zu lassen, um unser Essensgeld zu verdienen, weil die institutionalisierte Mutterschaft keine Vorkehrungen für die lohnarbeitende Mutter trifft; wenn sie versucht hat, entsprechend den Forderungen der Institution, eine ‹gute Mutter› zu sein und dabei zu einer ängstlichen, beunruhigten, puritanischen Wächterin unserer Jungfräulichkeit wurde oder wenn sie uns einfach deswegen verlassen hat, weil sie ohne Kind leben mußte – wie sehr wir ihr auch rational verzeihen, was immer an Liebe und Stärke die individuelle Mutter aufbrachte, das Kind in uns, die kleine Frau, die aufwuchs in einer männlich beherrschten Welt, fühlt sich manchmal noch immer zutiefst mutterseelenallein.»[17]

Wenn wir den kulturellen Zusammenhang begreifen, der unsere erste Beziehung so verzerrt hat, können wir auch die Wut, die Wünsche und das Mißtrauen neu sehen. Danach jedoch muß weiter daran gearbeitet werden, damit die Beziehung heilen kann.

Frauen können den Wunsch, mütterliche Liebe und Fürsorge zu geben – der zur Sehnsucht nach romantischer Liebe und männlichem Schutz verdreht wurde –, wieder zurückgewinnen. Das Gefühl, «mutterseelenallein» gelassen worden zu sein, ist das Erbe der patriarchalischen Ordnung und der Köder, mit dem Mädchen in die Falle der romantischen Liebe gelockt werden. Wenn wir die Schuld dahin verweisen, wo sie auch liegt, können wir das verzeihen, was unverzeihlich schien. Indem wir «in unserm tiefsten Innern der tastenden Leidenschaft jenes kleinen verlorenen Mädchens ins Gesicht sehen», wie Rich schreibt, dann können wir die Leidenschaft umformen, um «der blinden Wut und Bitterkeit, die wiederholt zwischen Frauen aufbrach, die versuchten, zusammen eine Bewegung aufzubauen»[18], die Schärfe zu nehmen. Wir müssen unsere Leidenschaft für unsere Mütter zurückgewinnen und das Gefühl des Verlusts zulassen, um so das Erbe, das wir an unsere Töchter und deren Töchter weitergeben, zu vermehren. Aus der Unterdrückung der Vergangenheit können wir die Geschichte des Mutes machen, die von Müttern an ihre Töchter weitergegeben wird.

Die Verbindung unter Frauen ist wichtig

Vor einigen Jahren wurde Carol Gilligan gebeten, an mehreren Ausbildungsstätten für Klinische Psychologie die Beurteilung der Fallstudien der Auszubildenden zu übernehmen. Normalerweise geht das so vor sich, daß jede Auszubildende den Fall einer Patientin oder eines Patienten vorstellt und die eingeladene Beraterin dann den Fall bespricht. Die größere Erfahrung der Expertin bzw. des Experten bewirkt immer – ob beabsichtigt oder nicht, sei dahingestellt –, daß sich die Auszubildende naiv und dumm vorkommt. Carol wollte dieses Spiel durchbrechen. Schließlich war sie von Frauen, die sich dadurch in eine exponierte Lage begaben, hergebeten worden. Sie überlegte also, ob man das Ganze nicht anders aufbauen könne. Bevor die erste einer Reihe von Sitzungen begann, faßte sie für sich einen Entschluß. Erstens wollte sie mit jeder Auszubildenden in dem Bewußtsein sprechen, daß in ihr ein Mädchen sich nach einer echten Beziehung und nach Verständnis sehnte; zweitens wollte sie vermeiden, mit einer Auszubildenden in Konkurrenz zu treten; und drittens wollte sie nicht schweigend mit ansehen, daß eine der Frauen in der Diskussion «heruntergeputzt» würde.

Carol Gilligans drei Vorsätze bilden eine großartige Ausgangsbasis, wenn man ein echtes Miteinander in einer Gemeinschaft von Frauen anstrebt. Der Aufprall auf die Wand bewirkt, daß Mädchen ihren Müttern und anderen Mädchen gegenüber mißtrauisch werden. Besonders in der Erwachsenenwelt von Liebe und Arbeit sind die Konkurrenz unter Frauen und die größere Wertschätzung von Beziehungen zu Männern gegenüber Beziehungen zu Frauen wichtige Überlebensstrategien. Wenn wir die Gemeinschaft mit Frauen zurückgewinnen wollen, beginnt dieser Prozeß damit, daß wir der Versuchung widerstehen, mit Frauen zu konkurrieren oder sie niederzumachen. Wenn wir uns daran erinnern, daß alle Frauen einst Mädchen waren, die sich kompromittieren mußten, wird es uns möglich, den Schmerz und die Feindseligkeit zu verstehen, die das gemeinsame Leben und Arbeiten von Frauen häufig so schwierig machen. Die Erkenntnis erleichtert nicht automatisch die Beziehung unter Frauen, aber sie nimmt der anfänglichen Enttäuschung vielleicht die Schärfe.

Jedesmal, wenn Frauen sich anfreunden oder miteinander arbeiten oder wohnen wollen, entsteht gewöhnlich die Hoffnung, daß die tiefe Verbindung und Gemeinschaft, nach der sie sich seit ihrer Kindheit sehnen, endlich in ihrer Idealform verwirklicht wird. Viele Frauen idealisieren ihre Beziehungen zu Frauen und hoffen, daß sie durch einen «netten und freundlichen» Umgang miteinander das Verlorene wiederfinden werden. Aber das, was sie verloren haben, war nicht perfekt – der Wunsch nach Perfektion ist vielmehr ein Schutz gegen den Schmerz des Verlusts. Was wir verloren haben, ist der normale Umgang mit anderen Mädchen, bei dem gemeine und scheußliche Gefühle ebenso ausgedrückt werden wie Zuneigung und Wärme. Erst später beeinträchtigten Vorstellungen vom perfekten Mädchen unsere Wahrhaftigkeit.

Wenn wir unsere Fähigkeit zur Gemeinschaft mit Frauen wiederfinden, entdecken wir auch unsere komplizierten und überschatteten Freundschaften wieder, die uns mit anderen Mädchen verbanden. Wer waren unsere ersten Spielkameradinnen, wer unsere beste Freundin? Was ist aus diesen Freundschaften geworden? Haben sie sich verändert? Und wenn ja, wie? An welchen Aktivitäten und Spielen hatten unsere Freundinnen während der Kindheit bis zur Pubertät Spaß? Angefangen mit den einfachen Kinderfreundschaften bis hin zu den Beziehungen, in denen jede gegen jede intrigiert hat und den Freundinnen in den Rücken gefallen ist, müssen wir alle erst unsere Erinnerungen wieder zusammensetzen.

Als Mädchen haben wir weder das Wissen noch die Fähigkeit, Schwierigkeiten in einer Beziehung anzugehen, aber für die Frau besteht die echte Chance, Gemeinsamkeit und ein Miteinander von Frauen aufzubauen. «Wenn Frauen im Leben ihrer Töchter ernsthaft etwas verändern wollen», sagt Annie Rogers, «dann sollten sie an erster Stelle eine Gemeinschaft von Frauen aufbauen, in die ihre Töchter hineinwachsen.» Diese Bemerkung findet in den Worten von Adrienne Rich ihr Echo: «Solange sich nicht eine starke Linie von Liebe, Bestätigung und Beispiel von Mutter zur Tochter erstreckt, von Frau zu Frau, über alle Generationen, werden Frauen weiterhin in der Wildnis wandern.»[19]

Wir haben mit einer ganzen Reihe von Frauen gesprochen, die für sich starke Gemeinschaften geschaffen haben. Da ist die Geschichte von Mae, die in San Antonio lebte und arbeitete, ihre fünf Kinder aufzog, sich eine erfolgreiche Beratungspraxis aufbaute, eine Stelle an der Universität bekam und mit vielen Menschen in Freundschaft verbunden war. Einige Zeit lang sprach sie mit ihren Freunden darüber, daß sie nach New York ziehen wolle, bis sie schließlich mit sechsundvierzig beschloß, es tatsächlich zu tun. Ihre Freunde versuchten einstimmig, ihr abzuraten. Mae hatte aber ihre Entscheidung getroffen. Sie versammelte sie also und teilte ihnen mit, was sie brauchte. Ihre Entscheidung war unumstößlich, aber sie brauchte Hilfe. Von nun an sollte niemand mehr über die Schwierigkeiten sprechen, die mit einem Wegzug aus San Antonio entstehen würden, sondern alle sollten ihr Hilfe und Unterstützung bei der Verwirklichung ihres Plans geben. Nachdem sich ihre Freundinnen dazu bereit erklärt hatten, änderte sich ihr Verhalten. Innerhalb von zwei Jahren war Mae nach New York gezogen und hatte angefangen, für sich und ihre Familie ein neues Leben aufzubauen.

Maes Geschichte zeugt davon, daß große Veränderungen Willensstärke fordern, daß wir unsere Freunde um die Unterstützung bitten müssen, die wir brauchen, und daß hilfreiche Menschen eine große Rolle spielen. Für Mütter ist es doppelt wichtig, daß sie in einer Gemeinschaft Unterstützung erfahren. Gemeinsam mit anderen Frauen können Mütter ihre schmerzlichen, aber würdevollen Lebensgeschichten, an die sie durch ihre Töchter erinnert werden, zurückholen. Es hilft, einen sicheren Ort zu haben, wo wir über einen Verlust weinen können, während wir uns zugleich darauf konzentrieren, «von San Antonio wegzuziehen»; einen Ort, wo wir zugeben können, welche Angst es in uns auslöst, wenn Mädchen und Töchter unumwunden das sagen, was sie empfinden, sie selbst sein wollen und so aussehen wollen, wie sie es gut finden. Frauen müssen mit anderen Frauen über ihre Befürchtung sprechen, daß ihre Töchter Außenseiterinnen in dieser Gesellschaft werden, weil sie sich dem Mythos der romantischen Liebe verweigern. In einer Gruppe können Frauen ihre Erfahrungen benennen und lernen, das zu äußern, was sie sehen; das werden mutige Worte sein, denn was sie zu sagen haben, entspricht nicht dem, was von «braven Mädchen» erwartet wird. Frauen brauchen einen Ort, wo sie über das sprechen können, was ihre Töchter sie lehren, um eine neue Sichtweise für ihr Leben zu entwickeln und Verbindungen über Rasse und Klasse hinweg zu schaffen.

Wenn Frauen sich ihres Widerstands als einzelne und in der Gemeinschaft wieder bewußt werden, betreten sie Neuland. Es fällt schwer, das Mißtrauen und die Abtrennung, die aus gutem Grunde als Überlebensstrategien in einer patriarchalischen Kultur erlernt wurden, aufzugeben. Frauen können diese Arbeit kaum leisten, wenn sie isoliert sind. Pat Flanders Hall, die ehemalige Direktorin der Laurel School, spricht für sich selbst und für die 16 Frauen, die an der Schule eine Gemeinschaft gebildet haben, wenn sie sagt: «Erst wenn wir als erwachsene Frauen bereit sind, das Verhalten des ‹braven Mädchens› abzulegen und die Erwartung, daß die Mädchen in unserer Obhut ebenso brav sein würden wie wir, aufzugeben, können wir sie darin bestärken, auf ihr Wissen und ihre Gefühle zu hören. Solange wir unsere Erwartungen von gutem Benehmen und Kontrolle aufrechterhalten, wird unser Verhalten die ureigenen Stimmen der Mädchen zum Verstummen bringen. Und letztlich waren wir kühn genug zu glauben, daß man auf intelligente Weise stören kann, ohne etwas zu *zer*stören, außer dem Mythos der weiblichen Konkurrenz.»[20] Mit diesem Wissen waren die Frauen in der Lage, andere Risiken bei der gemeinsamen Arbeit und mit der Schulverwaltung einzugehen, was automatisch zu einem Konflikt der verschiedenen Vorstellungen führte. Diese Arbeit war zu riskant, als daß eine Frau sie alleine übernehmen konnte; sie mußte gemeinsam in Angriff genommen werden. Die Forschungsmitglieder des Harvard-Projekts haben außerdem festgestellt, daß es Frauen leichter fällt, über die Auswirkungen der patriarchalischen Ordnung auf Mädchen zu sprechen – schwierige Erkenntnisse, denen sich Autorinnen und Zuhörerinnen gleichermaßen versperren –, wenn sie gemeinsam Artikel verfassen und Vorträge halten.

Innerhalb der großen Gemeinschaft von Frauen kommt es als Folge der unterschiedlichen Erfahrungen beim Zusammenprall mit der Wand zu tiefen Spaltungen zwischen den einzelnen Gruppen. Die Bündnisse, die weiße Frauen und Frauen der Mittelschicht entlang der Rassen- und Klassengrenzen eingegangen sind, um sich Erfolg und Sicherheit in der patriarchalischen Gesellschaft zu garantieren, sind der Grund dafür. Frauen machen innerhalb einer vielschichtigen Gesellschaft verschiedene kulturelle Erfahrungen. Wut, Furcht und Schuldgefühle aufgrund unterschiedlicher Privilegien verhindern, daß Frauen sich als Gesamtheit verstehen. Was wir an den anderen fürchten, gibt Aufschluß über das, was wir in uns selbst fürchten. Wenn wir unsere Gemeinsamkeiten mit anderen Frauen wiederfinden wollen, müssen wir die Grenzen, die uns durch die Kultur aufgezwungen werden, überwinden.

Auf einer praktischen Ebene befaßt sich Kapitel 9 mit Vorschlägen für Mütter, wie sie Gruppen aufbauen können. Doch beginnt der Prozeß der Wiedergewinnung von Verbindungen zu Frauen mit dem Vorsatz, den Carol Gilligan formuliert hat: Wenn man mit Frauen spricht, dann mit dem Wissen, daß in ihnen auch ein Mädchen steckt, und mit dem Vorsatz, sie nicht abzuwerten noch mit ihnen zu konkurrieren. Wenn wir diesen Vorsatz erfüllen wollen, müssen wir ein kräftiges und widerstandsfähiges Selbst in die Gemeinschaft der Frauen einbringen. In solidarischer Gemeinsamkeit können Frauen darüber sprechen, wie sie ihre innere Stimme zum

Schweigen bringen, Konflikte vermeiden und sich um Perfektion bemühen. In der Sicherheit und Geborgenheit einer Gruppe können Frauen die Antwort auf die traumatische Erfahrung finden, als Frauen in unserer Kultur aufzuwachsen – eine Antwort, die Judith Herman in ihrer Forschung als wesentlich für Opfer von Krieg, Gewalt in der Familie und Vergewaltigung entdeckt hat: Anerkennung und Wiedergutmachung.[21]

Indem wir eine Gemeinschaft schaffen, weisen wir Mädchen einen Weg, wie sie ihre Verbindung zu Frauen erhalten können, während sie heranwachsen. Durch gemeinsames gesellschaftliches Handeln erfahren wir, daß unser traumatisches Erlebnis eine Bedeutung hat, die über das Persönliche hinausgeht. Wenn wir uns gemeinsam mit unseren Töchtern den Schwierigkeiten stellen, die aus dem Heranwachsen in dieser Kultur entspringen, ermöglichen wir Veränderungen und schließlich auch Erfolg. Frauen können neue gesellschaftliche Regeln schaffen, indem sie sich weigern, sich isolieren und zum Schweigen bringen zu lassen. Vielleicht gelingt es uns nicht, in der nahen Zukunft Wiedergutmachung zu erlangen, aber wir können sie als überfällig erkennen und sie fordern. In diesem Prozeß berufen Frauen sich auf die Erfahrungen der Vergangenheit als Ausgangspunkt für eine reiche Zukunft. Wir benennen unsere Wirklichkeit und schließen uns mit unseren Töchtern zusammen: gemeinsam bemühen wir uns darum, daß sie unsere Selbstaufopferung nicht wiederholen müssen.

5 *Strategien des Widerstands 2: Stimmübungen*

Was würde es für ein Mädchen bedeuten, wenn es – gegen die vorgelesenen oder vorgesungenen Geschichten – die Wahrheit über sein Leben laut einem anderen Menschen erzählt, an dem Punkt, wo es auf der Schwelle zum Frausein steht – nämlich zu Beginn der Pubertät? ... An wen würde es sich richten und in welchem Zusammenhang? Wer würde der Geschichte zuhören, die es zu erzählen wagt? Was steht für das Mädchen auf dem Spiel, wenn es die Geschichte erzählt?

Lyn Mikel Brown
«Telling a Girl's Life»

In der Beschreibung ihrer frühen Jugend berichtet Maxine Hong Kingston von einem Schmerz im Hals, der von «einer Liste von über 200 Punkten» stammte, «die ich meiner Mutter anvertrauen wollte, damit sie die Wahrheit über mich erfuhr». Und weiter schreibt sie: «Wenn ich meiner Mutter nur diese Liste zur Kenntnis bringen könnte, würde sie – und die Welt – mehr so werden wie ich, und ich würde niemals wieder allein sein.» Sie hockt sich neben ihre Mutter, die in der Waschküche Hemden stärkt, und fängt an, die Liste Punkt für Punkt durchzugehen – Geschichten von Grausamkeit und Sehnsucht. Mehrere Nächte hintereinander flüstert sie ihrer Mutter diese Geheimnisse zu, die sie im Schweigen voneinander trennten. Doch schon bald sagt ihre Mutter: «Ich kann dieses Geflüstere nicht mehr hören. Hör doch bitte auf.» – «Also mußte ich aufhören», schreibt Kingston, «in mancher Hinsicht erleichtert. Ich schwieg also, aber dann spürte ich ein Reißen wie von etwas Lebendigem in meiner Kehle, das mich innerlich zerbiß. Schon bald würden es 300 Punkte sein, und keine Zeit, sie auszusprechen, bevor meine Mutter älter würde und stürbe.» Doch der Schmerz in ihrer Kehle blieb, als sie erwachsen wurde. «Die Rachenschmerzen kommen immer wieder, wenn ich nicht das sage, was ich denke, auch auf die Gefahr hin, daß ich meine Stelle verliere oder mich auf einer Party durch taktlose Bemerkungen in Mißkredit bringe.»[1] Maxine Hong Kingston hat begriffen, daß der Schmerz in ihrer Kehle sie zu ihrer Wahrheit führt, zu den Wahrheiten nämlich, die sie als erste ihrer Mutter mitteilen wollte, als sie auf der Schwelle zur Pubertät stand. Der Kampf dieser Tochter um eine Stimme und eine Verbindung mit ihrer Mutter gehören hier eng zusammen: als erstes möchte sie mit ihrer Mutter reden, damit sie nicht allein in der Welt sein muß.

Aber Maxines Mutter, die überarbeitet war und ein Bedürfnis nach Ruhe hatte, verstand gar nicht, daß das Geflüster über todbringende Spinnen oder ersehnte weiße Pferde eine Gelegenheit für ihre Tochter war, ihr eigentliches Ich auszudrücken. Es handelte sich um die Stimmübungen der Tochter. Nachdem sie bei ihrer Mutter auf taube Ohren gestoßen war, fing Maxine an zu schreiben. Vielleicht war es die mangelnde Bereitschaft der Mutter, ihrer Tochter zuzuhören, die Maxines kraftvolle literarische Stimme zum Erklingen gebracht hat. Die Psyche findet immer einen Weg, die Wahrheit der eigenen Erfahrung auszudrücken. Vielleicht war das stimmlose Mißverständnis zwischen Mutter und Tochter, das beiden Schmerz und Leid gebracht hat, auf lange Sicht lohnend.

Doch die meisten Mütter und Töchter würden es vorziehen, nicht durch Mißverständnisse und unausgesprochene Wahrheiten getrennt zu sein. Maxine Hong Kingston bemühte sich – wie viele heranwachsende Mädchen – um das Verständnis der Frau, die ihr am nächsten stand. Wir haben gehört, daß sich junge Mädchen in der Beziehung zu ihren Müttern über drei Dinge besonders deutlich beschweren: daß sie nicht fair behandelt werden, daß sie nicht um ihrer selbst willen geliebt werden und daß man ihnen die Wahrheit nicht anvertraut. Alle drei Beschwerden stehen in direktem Zusammenhang mit dem Eintritt in die Welt der Heranwachsenden und dem Zusammenprall mit der Wand.

Zu Beginn der Pubertät wird sich ein Mädchen zunächst einer inneren, authentischen Stimme bewußt, die zu formulieren versucht, wer es in Beziehung zu anderen und insbesondere zu seiner Mutter eigentlich ist. Während es achtjährige Mädchen noch albern finden, über sich selbst nachzudenken, ist für heranwachsende Mädchen die Frage nach dem eigenen Ich überaus wichtig. Sie werden sich bewußt, daß man sie beobachtet und beurteilt, da sie jetzt auch sich selbst – und andere – beobachten und beurteilen können und dabei feststellen, daß sie den häufig widersprüchlichen Maßstäben zu Hause und im Freundeskreis nicht entsprechen. Mädchen erkennen, daß das Leben kompliziert ist und sie nur wenig von dem, was sie wissen, enthüllen können. Das wirft in ihnen die Frage auf, wer sie wirklich sind und wer sie eigentlich kennt. «Ihr Mut scheint plötzlich anzuecken, sie in Gefahr zu bringen und zu verraten», erläutert Annie Rogers. «Aber das ‹wahre Ich› lebt im Untergrund weiter, in der Hoffnung auf ein Zeichen, daß es sich zeigen und öffnen darf.»[2]

Das Wichtigste, was Mütter tun können, scheint auf den ersten Blick ganz einfach: sie sollten ihren Töchtern zuhören und deren Erfahrung der Welt ernst nehmen. Zuhören und reagieren sind die Grundlage aller Beziehungen und außerdem ein wichtiger Teil dessen, was Mütter ohnehin tun. Eine Veränderung der Mutter-Tochter-Beziehung bedeutet nicht, daß Frauen mehr Arbeit auf dem Gebiet des Zuhörens leisten müssen, sondern nur, daß sie sich diesen Aufgaben mit größerem Verständnis zuwenden.

Die enorme Verantwortung, die Mütter haben, und die riesigen Erwartungen, die an sie gestellt werden, stürzen sie gewöhnlich in eine so hektische Betriebsamkeit, daß es schwierig scheint, einfach zuzuhören und teilzunehmen. Der Druck, es an «richtiger» mütterlicher Zuwendung nicht mangeln zu lassen, kann zu einem merkwürdigen Schweigen in der Mutter-Tochter-Beziehung führen, einem Schweigen, das die wahren Erfahrungen der Mutter verhüllt. In diesem Schweigen kann auch die authentische Stimme der Tochter verstummen, denn es ist das Schweigen der Perfektion, das Mütter daran hindert, ihren Töchtern zuzuhören und mit ihnen zu lernen.

Das Schweigen der Perfektion

Claire erinnert sich lebhaft an «die traurigen und enttäuschten Gesichter meiner Kinder, wenn sie meine Aufmerksamkeit haben wollten oder etwas fragten und ich keine Zeit für sie hatte. Ich war einfach zu sehr damit beschäftigt, die mustergültige Mutter zu sein und sie zu mustergültigen Kindern zu machen, als daß ich mich um das hätte kümmern können, was sie tatsächlich wollten und brauchten.» Natürlich hat Claire ihre Kinder nicht einfach ignoriert, aber die Reaktionen und das Verhalten der Mutter machten ihnen deutlich, daß es wichtiger war, den mütterlichen Zeitplan einzuhalten und ihren Verhaltensmaßstäben zu entsprechen: Bitte keine Fragen, tu einfach, was ich dir sage. Von allen Müttern, denen wir zugehört haben, beschrieb Claire am ausführlichsten, wie sie das Schweigen der Perfektion durchbrochen hat.

«Meine Mutter und mein Schwiegervater starben, meine kleine Tochter hatte irgendeine Krankheit, die keiner heilen konnte, und mußte immer wieder ins Krankenhaus, mein Mann wurde arbeitslos, und das Kind, das wir in Pflege hatten, hatte massive Probleme», erinnert sich Claire. «Es war die schlimmste Zeit meines Lebens. Ich war nahe daran, den Verstand zu verlieren. Ich wußte nicht, an wen ich mich wenden sollte, aber ich erinnerte mich, daß ich eine Pastorin in unserer Gemeinde mochte. Sie war nicht mehr da, aber ich beschloß trotzdem, mit jemandem zu sprechen – egal mit wem.» Claire nahm ihre beiden Töchter und den Sohn ins Schlepptau und sprach mit einem Geistlichen. Seine Reaktion war: «Lieber Himmel! Das ist eine der schlimmsten Geschichten, die ich je gehört habe. Sie haben mehr auszuhalten als alle anderen, mit denen ich je gesprochen habe. Sie brauchen Zeit für sich selbst.» Der Geistliche schaltete die hellen Deckenleuchten in seinem Büro aus und ließ nur eine kleine Lampe brennen, die ein warmes Licht verbreitete, nahm die drei Kinder und wies Claire an: «Bleiben Sie einfach hier sitzen, und atmen Sie eine Viertelstunde tief durch.» Claire war überrascht, daß diese kurze Zeit reichte, um ihr das Verrückte an ihrer Situation klarzumachen. «Er gab mir die Bestätigung, die ich brauchte. Vielleicht klingt es seltsam, aber er gab mir die Erlaubnis zu sagen: ‹Ja, das ist tatsächlich zuviel für mich.›» Claire erkannte, was viele Mütter nach Auffassung der Theologin Valerie Saiving lernen müssen, nämlich, «daß eine Frau zuviel von sich selbst geben kann, so daß von ihrer Einzigartigkeit nichts mehr übrigbleibt. Dann ist sie nur noch leer, ohne Wert für sich selbst und ihre Mitmenschen, selbst für Gott.»[3]

Zur selben Zeit empfing Claire auch Zeichen aus einer anderen Richtung, die sie aufforderten, das Schweigen der Perfektion zu brechen, nämlich von ihrer Tochter Jessica. «Jessie kam zweimal nachts in mein Zimmer, weil sie einen Alptraum gehabt hatte. Einmal träumte sie, daß mein Kopf abgefallen sei und die Straße hinunterkullerte und daß die Gehirnmasse herausquoll. Damals habe ich sie beruhigt und ihr gesagt, daß das einfach Unsinn sei und ein dummer Traum. Aber in dieser verrückten Zeit verfolgten mich ihre Träume. Ich dachte, was will mir dieses überspannte Kind nur sagen?» Sie hörte genau auf die Psyche ihrer Tochter und entschlüsselte die Bedeutung. «Ich verstand, daß sie recht hatte – ich war bereits ziemlich kopflos und in Gefahr, mir die Dinge völlig entgleiten zu lassen. Ich mußte aufhören, so zu leben, wie ich gelebt hatte.» Claires Reaktion auf die scharfe Wahrnehmungsfähigkeit ihrer Tochter bestand darin, sich ihren Kindern mehr zu öffnen und sich von ihnen mehr leiten zu lassen. «Die Veränderung trat praktisch über Nacht ein. Ich warf alles über Bord. Ich wußte, daß ich nicht alles meistern konnte. Ich beschloß, daß es das Wichtigste für mich war, meinen Kindern richtig zuzuhören, sie kennenzulernen und ihnen die Möglichkeit zu geben, sie selbst zu sein.»

Claire war am Ende ihrer Kräfte und humorlos und ärgerte sich jedesmal, wenn ihr irgend etwas in die Quere kam. Aber solange sie im Schweigen der Perfektion gefangen war, ließen auch die Erwartungen sie nicht los, daß alles auf bestimmte Art und Weise funktionieren mußte, sonst würde ihr ganzes Leben aus dem Ruder laufen. Paradoxerweise waren es ihre Bemühungen, alles am Laufen zu halten, und das Gefühl, für das Glück, die Wäsche und die Hausaufgaben der ganzen Familie verantwortlich zu sein, die sie um den Verstand brachten. Nachdem sie ihr Ideal aufgegeben hatte, stellte sie fest, daß sie mehr leisten konnte als zuvor.

Der Druck, perfekt zu sein – und folglich fehlerlos und liebenswert –, ist eine Methode der patriarchalischen Ordnung, die Authentizität von Frauen zunichte zu machen und ihre Kräfte aufzuzehren. Viele Frauen meinen, die «perfekte Mutter» zu sein bedeute, sich völlig aufzuopfern. Aber genauso wie Lisa verwirrt war, als man ihr sagte, daß ihre Magersucht ihren Perfektionsdrang widerspiegele («Aber ich bin doch gar nicht perfekt!»), scheint die Vorstellung von Perfektion nicht zu passen, denn wir alle wissen schließlich, daß wir überhaupt nicht perfekt sind. Und genau das ist der Punkt. Mütter erfahren die Perfektionsfalle nicht als tatsächliche Perfektion (die ja sowieso nicht zu erlangen ist), sondern als das ständige Bewußtsein, daß sie den Perfektionsstandard nicht erreichen. Manchmal verspüren sie eine erhöhte Wachsamkeit, weil sie meinen, daß alles um sie herum zusammenbrechen würde, wenn sie nicht aufpassen und alles bestens im Griff haben, sondern einfach sorglos in den Tag hineinleben. Auch wenn Frauen nicht außerhalb ihrer Kultur leben können, gelingt es ihnen vielleicht, nachdem sie die Fallen erkannt haben und sich dagegen zur Wehr setzen, sich psychisch von dem Diktat dieser Kultur zu befreien.

Das ständige Streben nach Perfektion führt zu Wut, Isolation und Erschöpfung. Claires Erschöpfung und ihre Humorlosigkeit waren klare Zeichen ihrer Isolation in der Perfektion. Wenn auch die Anforderungen an das Leben von Frauen hoch sind, ist doch die Müdigkeit nach einem anstrengenden Tag eine andere als die Erschöpfung nach dem vergeblichen Streben, perfekt zu sein. Marjorie erfuhr, daß die heranwachsende Tochter einer Freundin einen ernsthaften Selbstmordversuch unternommen hatte. Sie besuchte das Mädchen und sagte zu ihm: «Zumindest kannst du dich jetzt ein bißchen ausruhen, stimmt's?» Das Mädchen war überrascht, daß Marjorie verstand, worum es ging. Marjorie sagte: «Ich verstehe nur zu gut. Als ich in deinem Alter war, habe ich genau dasselbe versucht. Ich war einfach völlig geschafft von dem Versuch, die ganzen Erwartungen zu erfüllen.» Das Gefühl, von den Anforderungen der Perfektion völlig erschöpft zu sein, beginnt in der frühen Jugend. Jedes vierte Mädchen unternimmt einen Selbstmordversuch.[4] Auch wenn man diese Versuche nicht einfach mit Erschöpfung erklären kann, sind doch viele eine Antwort auf die Forderung nach Perfektion.

Solange Frauen sich dem Strudel des Perfektionszwangs aussetzen, können sie Worte des Trosts und der Zuneigung nicht hören. Solche Worte erscheinen falsch: Wieso werden mir diese Gefühle entgegengebracht, wenn ich doch gar nicht die Maßstäbe erfülle? Wenn Frauen in diese Falle gehen und ihre wahren Gefühle und Gedanken zum Schweigen gebracht werden, können sie keine Beziehung eingehen oder sich umsorgen lassen. Sie sind sich selbst und anderen gegenüber fremd und streben immer heftiger danach, perfekt zu sein. Sie stecken in einer Tretmühle, rennen immer schneller und jagen etwas Unerreichbarem nach. Wenn sich ihnen etwas in den Weg stellt, sind sie frustriert und wütend.

Dieser zerstörerische Kreislauf und die unverhältnismäßigen Wutausbrüche bauen einen Stacheldrahtzaun um die Frauen, der ihnen das, was dahinter liegt – nämlich Angst und Ohnmacht –, versperrt. Frauen wollen nicht nur durch ihre Kinder Erfüllung finden. Sie suchen und finden neue Wege, um ihre eigenen Wünsche und Bedürfnisse in der Beengtheit der innerhalb des Patriarchats definierten Mutterrolle auszuleben.

In unserer Gesellschaft werden Mütter, wie wir schon früher erörtert haben, auch für das «Auskommen» ihrer Kinder verantwortlich gemacht, wobei ihnen gleichzeitig die Möglichkeit genommen wird, für ihren Unterhalt zu sorgen. Das enorme Ausmaß der mütterlichen Verantwortung, zusammen mit dem Druck aus verschiedenen Richtungen, macht es Frauen schwer, sich selbst als fähige, kompetente Menschen im Blick zu behalten. Weil ihnen für alles die Schuld zugewiesen wird, haben sie nicht die Kraft, ihre Mutterrolle so zu leben, wie sie es gerne möchten. Obwohl Mütter sich besonders in den ersten Lebensjahren eines Kindes nach Unterstützung und Führung sehnen, werden sie doch meistens allein gelassen, während ihnen gleichzeitig Schuldgefühle aufgeladen werden. Isolation im Zusammenhang mit Autoritäts- und Kontrollverlust stürzt Frauen in einen Taumel von Selbstkritik und Perfektionszwang, durch den sie diese Verluste ebenso zu kompensieren versuchen wie die Angst, als Mutter nichts zu taugen: woran ja eine überaus große Gefahr geknüpft ist, nämlich die, die Kinder zu verlieren.

Da Frauen eine enorme Verantwortung tragen, hat die Wut in einer jeden Frau die Möglichkeit, sich als moralischer Wachhund aufzuspielen. Die Stimme der Wut in einer Frau – der verinnerlichte Kritiker der patriarchalischen Ordnung – schleudert ihr moralische Forderungen entgegen, um sicherzugehen, daß sie keine Grenzen überschreitet und nicht den Verlust ihrer Kinder riskiert. Diese Wut, die aus der Mädchenzeit stammt, wird in der Mutter wieder wach. Sie artikuliert die Forderungen der Weiblichkeit: Du sollst liebevoll sein, rundum gefallen und nett zu jedermann sein... Wenn das alles erfüllt wird, kann die Frau als «perfekt» innerhalb der Kultur gesehen werden. Weil die Forderungen als moralisches Gebot erscheinen, machen sie Frauen fügsam und bringen ihre Gefühle und Gedanken zum Verstummen. Wer könnte schon die moralische Berechtigung des Gebots, man solle andere mehr lieben als sich selbst oder man solle sich für sein Kind opfern, anzweifeln? Die Stimme der Frau ist ein Echo auf den Moralkodex der westlichen Gesellschaft. Doch der wurde für Männer geschrieben, um deren Rolle im gesellschaftlichen Leben zu umreißen. Natürlich würde fast jede Mutter ihr Leben für das ihres Kindes opfern, aber das tägliche Opfer auf dem Altar der Perfektion zerstört die Fähigkeit der Frauen zu lieben und frei aus moralischer Verantwortung heraus zu handeln. Um aus dem Teufelskreis der Perfektion auszubrechen und sich die eigene Authentizität zu bewahren, muß eine Frau sich ihrer Wut als Widerstandskraft und nicht als verneinender Kraft entsinnen.

Das Risiko der Unvollkommenheit

Als die «Ms. Foundation for Women» nach einem Slogan für die Bildungskampagne ihrer «National Girls Initiative» suchte, wurde folgender Spruch diskutiert: «Ein Mädchen sieht zu... was lernt es über das Frausein?» In allen Medien – Fernsehen, Radio, Zeitschriftenwerbung und Werbeplakaten – sollte das Bewußtsein dafür geweckt werden, daß Mädchen sowohl die sie umgebende Kultur als auch erwachsene Frauen beobachten, um zu lernen, was es bedeutet, eine Frau zu sein. Indem Frauen die Stoßrichtung ihrer Wut an die Blickrichtung der Mädchen koppeln, entziehen sie sich radikal den Forderungen des Patriarchats. Die doppelte Sichtweise – einerseits der Blick durch die Augen männlicher Macht und Privilegien, andererseits der unvoreingenommene Blick durch die Augen eines Mädchens, das sich der Gefahren für das Leben einer Frau in einer männlich orientierten Kultur noch nicht bewußt ist – ermöglicht es der Frau, mit dem Schweigen der patriarchalischen Perfektion zu brechen. Indem wir unsere Töchter fragen, welche Beobachtungen sie über das Leben von Frauen in der Familie, am Arbeitsplatz und in der Welt gemeinhin machen, erlangen wir Autorität als Beispielgebende statt als Untergeordnete. Für Claire wie für andere Mütter, die sich ihre Wut zum Verbündeten machen, wirkt die veränderte Blickrichtung befreiend.

Manchmal kommt der Moment, in dem Frauen aus dem Perfektionszwang ausbrechen, wenn sie einen unterschwelligen Strom des Widerstands verspüren, der auf ihre eigene Wahrheit hinweist. Viele Frauen sind sich dieses Stroms gar nicht bewußt (ganz zu schweigen von der Macht, die von ihm ausgeht), bis sie plötzlich von seiner Strömung fortgerissen werden. «Mein Mann und ich waren uns fremd geworden, gaben aber jahrelang vor, eine Ehe zu führen», erzählt Johanna. «Er hatte angefangen, mich herumzukommandieren und mir zu sagen, was ich machen könne und was nicht. Da habe ich zu ihm gesagt: ‹Wegen der Kinder erhalten wir eine Art Beziehung aufrecht. Wenn dir das nicht gefällt, sollten wir miteinander reden.› Er dachte, er könne mich in die Enge treiben, und sagte: ‹Gut, laß uns reden – über eine Scheidung.› – ‹Hoppla›, sagte ich. Daran hatte ich noch nicht gedacht. Aber dann war mir alles plötzlich ganz klar. Ich fühlte eine Stärke in mir, die ganz neu war. ‹Gut›, sagte ich, ‹es reicht. Laß uns die Scheidung einreichen.›» Für manche Frauen bedeutet der Bruch mit der Perfektion, daß sie ihren Partner verlassen, weil sie in der Ehe nicht sie selbst sein können.

Für andere Frauen ist eine Liebesaffäre die Möglichkeit, mit der Perfektion zu brechen. June schildert ihre Gefühle, als sie sich vor dieser Entscheidung sah: «An dem Abend, als wir uns kennenlernten, ging ich aus meinem Büro und dachte: ‹Ich begehre diesen Mann. Ich will eine Affäre mit ihm.› Als ob ich eine erprobte Ehebrecherin wäre. Ich war völlig klar im Kopf. Es hat mich selbst schockiert, und ich überprüfte diese Gedanken mehrfach: ‹Also, June, das ist doch nicht deine Art, es ist eher das komplette Gegenteil.› Ich fragte mich immer wieder: ‹Bist du sicher?› und erhielt die Antwort: ‹Und wie!›»[5] In anderen Fällen fangen Frauen an, auf ihre innere Stimme zu hören, die sie wieder in die Schule oder in den Beruf zurückführt. Wieder andere Frauen fahren allein in Urlaub, fangen an zu meditieren oder entwickeln Interessen für sich allein. Gelegentlich sind Frauen ausgebrochen, indem sie sich in eine andere Frau verliebt haben – eigentlich undenkbar in einer patriarchalischen Ordnung. Die Fesseln der Perfektion entstehen aus den Tabus der Kindheit und stellen sich für jede Frau anders dar. Doch allgemein bedeutet der Abschied von dem Zwang, die perfekte Mutter zu sein, für viele Frauen, daß sie ihren Humor wiederfinden und Freude am Leben neu entdecken, daß sie sich an der Kraft ihrer Gedanken erfreuen und sich von den Aufgaben der Versorgung lösen, um sich selbst entwickeln zu können.

«Ich denke, meine Kinder würden sagen, daß ihnen das Leben mit mir jetzt mehr Spaß macht», sagt Claire. Jedes der Kinder (Christina, Jessica und Nathan) kann sich an die Woche zurückerinnern, in der sich ihre Mutter verändert hat. «Sie war auf einmal ganz anders, wie ein anderer Mensch», erinnert sich Christina, die Älteste. Den Kindern gefällt «die neue Mutter» besser. «Es gibt bei uns viel zu lachen», sagt Claire, «bei uns zu Hause geht es manchmal hoch her.» Humor ist das beste Heilmittel gegen die Angst, die Frauen zum Schweigen bringt. «Im Spiel mit Mädchen stärken Frauen sich selbst und ihre Töchter», erklärt Annie Rogers. «Die Kunst des Spiels – d. h. wahrheitsgetreue Illusionen schaffen, indem man ein einzelnes Element verändert; in Rollen schlüpfen, in denen wir uns selbst mit einem Schritt Distanz spielen und das, was sich in unserem Inneren aller Worte entzieht, antippen; Spiele und Rituale erfinden, in denen sich Gefahr plötzlich in Gelächter und Ausgelassenheit auflöst – macht es möglich, das Unsägliche in Worte zu fassen.»[6] Die Fähigkeit, über sich selbst und seine Schwächen zu lachen, steht im Widerspruch zu der Warnung, daß Frauen entweder perfekt sein müssen oder nicht geliebt werden. Indem Frauen die Angst durchbrechen, begeben sie sich in eine echte Beziehung zu sich selbst und ihren Töchtern. Wenn wir das, was wir am meisten fürchten, aufs Spiel setzen, finden wir uns – so paradox das klingen mag – wieder.

Claire ist überzeugt, daß sie durch Bücher einen inneren Dialog einleiten konnte, der sich grundlegend von dem Selbsthaß des Perfektionismus unterscheidet. «Ich handele sehr intuitiv und lasse mich von spirituellen Dingen leiten», sagt Claire. «Nachdem ich mich in das Büro des Geistlichen geflüchtet hatte, riefen wir zusammen eine Lesegruppe ins Leben, in der wir über Spiritualität lesen und sprechen wollten.» Jetzt hat Claire sich an der Hochschule eingeschrieben. «Ich lese viel feministische und theologische Bücher und füge die Gedanken auf meine Weise zusammen.» Durch das Studium hat Claire jetzt Zeit, ihren eigenen Gedanken zuzuhören und in dem neugewonnenen Alleinsein zu sich selbst zu finden.

Alleinsein steht im Widerspruch zu den Vorstellungen der Mutterrolle, da es die Bedeutung einer Frau für sich selbst herausstreicht. «In einer meiner frühesten Erinnerungen», schreibt Pearl Cleage, «komme ich nach Hause und finde meine Mutter am Klavier, wo sie ‹Solitude› spielt, den Duke-Ellington-Klassiker, den Billie Holiday zu ihrem Song gemacht hat. Meine Mutter spielte oft

Klavier und sang dazu, aber niemals so. Bei diesem Lied verwandelte sie sich regelrecht. Sie schloß die Augen, warf den Kopf zurück und sang mit einer Intensität und einer Sehnsucht, die ich nicht verstehen konnte, weil ich zu jung war.» Nachdem ihre Ehe nach zehn Jahren in die Brüche ging, hatte Pearl als alleinstehende Frau und Mutter einer Tochter auf einmal viel Zeit: «Ich verbrachte die Zeit allein, doch meine Gedanken konnte ich nicht sammeln, deswegen jagte mir die Vorstellung, allein zu sein, Angst ein. Allein mit meinen Gedanken? Bloß nicht!» Als sie eines Tages Billie Holiday im Radio hörte, wurde sie an ihre Mutter erinnert, als sie sang: «‹someplace quiet to collect my thoughts. That's the solitude I was talking about...›, und plötzlich verstand ich sie.» Pearl beschloß, sich «wenigstens eine ununterbrochene Stunde» pro Woche zu gönnen.

«Als der Tag und die Stunde nahte, brachte ich meine Tochter zu ihrem Vater, stöpselte das Telefon aus, ließ mir heißes Wasser in die Badewanne einlaufen und legte mich hinein. Zugegebenermaßen kam ich mir ein bißchen komisch vor, bis zum Kinn unter Wasser, während der Mond ins Badezimmer schien und ich darauf wartete, daß ich irgendwelche magischen Eingebungen haben würde. Aber ich zwang mich, still zu sein. Ich schloß die Augen und ließ meinen Gedanken freien Lauf. Und sie wanderten – von der Arbeit zu meiner Tochter, zu meinen Männerbekanntschaften, zu meiner Gesundheit, zu meinen Freunden und wieder von vorn. Ich bewertete die Gedanken nicht, sondern versuchte nur, ein offenes, unvoreingenommenes Ohr für mich selbst zu haben, wie ich es auch für meine engsten Freunde habe. Als die Stunde um war, fühlte ich mich erfrischt und voll neuer Energie. Ich war erstaunt, aber immer noch nicht überzeugt.»

Über eine längere Zeit und in unregelmäßigen Abständen übte Pearl das Alleinsein. «Und die Stille wurde zur Ruhe und die Ruhe zu Frieden, und der Frieden ebnete den Weg zu einem neuen Lebensgefühl. Ich weiß, daß meine Mutter mich verstehen würde.»[7]

Wenn wir uns Zeit für uns selbst nehmen – auch wenn es nur zehn Minuten am Tag oder eine Stunde in der Woche ist –, durchbrechen wir das Schweigen, das unseren Wünschen und unserer Lebenskraft durch die moralischen Forderungen auferlegt wird. Indem wir für unser Vergnügen und unsere Entwicklung Zeit einräumen, dem Leben eine humorvolle Seite abgewinnen und mit den Augen unserer Töchter sehen lernen, steuern wir gegen die Furcht an, die uns als Mütter an den Wert der Selbstaufopferung fesselt und mit dem Schweigen der Perfektion knebelt. Doch sollten diese Ratschläge nicht als neue Warnungen auf der Liste der Furcht verstanden werden, sondern als Gelegenheit zur Entspannung, zum Durchatmen und zum Umschauen.

Selbst wenn eine Mutter nur gelegentlich das Schweigen durchbricht, gibt es ihr die Möglichkeit, sich mit größerer Aufrichtigkeit ihrer Tochter zu nähern. Laura entwickelte ein Gefühl dafür, wenn sie den «Perfektionsgang» einlegte – die atemlose Hast des «achherrgottgleichmachendiegeschäftezuunddiekinderkommennachhause» –, und konnte über sich selbst lachen, wenn sie sich so hochschraubte. Wenn Mütter ihren Töchtern das Beispiel des Widerstands gegen das Bild der «perfekten Mutter» vorleben, helfen sie ihnen, die Pubertät zu überstehen, ohne in die Falle des Schweigens zu geraten. Solange Mütter ihren Perfektionszwang nicht ablegen, können sie nicht hören, was ihre Töchter sagen. So wie Claire sagte: Sie konnte ihren Kindern nicht zuhören, weil sie zu sehr beschäftigt war, ihre Kinder zu dem zu machen, was ihren Vorstellungen von einer Mutter entsprach.

Zuhören lernen, zuhören, um zu lernen

Als Carol Gilligan, Lyn Mikel Brown und andere Forscherinnen des Harvard-Projekts anfingen, die Entwicklungen der Mädchen an der Laurel School zu untersuchen[8], wollten sie – als Reaktion auf die Kritik ihrer früheren Arbeiten – «perfekt» sein. Die Frauen, deren Beruf es ist, Fragen zu stellen und Antworten zu interpretieren, stellten fest, daß ihre Vorgehensweise – etwas von den Mädchen über die Mädchen selbst zu lernen – es verhinderte, daß sich zwischen ihnen und den Mädchen eine Beziehung entwickelte, in der diese sich geborgen und respektiert fühlen konnten und es wagten, ihre Gedanken und Gefühle offen und ehrlich auszudrücken. Lyn und Carol erinnern sich:

«Kaum hatten wir begonnen, uns mit den Mädchen über ihre Erfahrung, wie man ihnen zuhört, zu unterhalten, waren auch wir zu Menschen geworden, gegen die sie sich schützen, vor denen sie auf der Hut sein mußten. Und es entstand das schleichende Gefühl, daß wir ein weiterer Grund dafür waren, daß Mädchen sich schlecht fühlen und glauben, beurteilt zu werden... Wir spürten dies und schalteten unsere eigenen Gefühle aus. Als Wissenschaftlerinnen fiel uns das nicht schwer.»

Im Laufe der Zeit aber beschlossen sie, mit den Traditionen ihres Standes zu brechen (und somit zu riskieren, daß sie dem Modell der perfekten Wissenschaftlerinnen nicht entsprachen). Sie schufen ein Umfeld des Zuhörens, in dem sowohl die Stimmen der Mädchen als auch ihre eigenen ein größeres Gewicht bekamen: «Aus dem, was zunächst wie ein Zusammenbruch der Formen aussah – ein Aufgeben unseres exakten Forschungsplans zugunsten der Unvorhersehbarkeit, Unüberschaubarkeit und Verletzbarkeit echter Beziehungen –, entstand eine Arbeitsmethode, die aufrichtiger war und mehr auf Gegenseitigkeit beruhte, die aber auch gefährdeter war und diejenigen unter uns verunsicherte, die sich an die Ausübung von Autorität und Kontrolle in professionellen Situationen gewöhnt hatten.» Indem die Wissenschaftlerinnen des Harvard-Projekts die Konventionen der Forschung über Bord warfen, wurden sie radikaler und drangen zu den Wurzeln der Beziehungen in Forschungssituationen vor. Sie fingen an zuzuhören, um zu lernen, und lernten so, den Mädchen zuzuhören.

Auch eine Mutter, die natürlich eine allgegenwärtige und notwendige Autoritätsfigur im Leben ihrer Tochter darstellt (ganz im Gegensatz zu einer Wissenschaftlerin), kann ihr ein Programm überstülpen, das die Stimme des Mädchens undeutlich werden läßt.

Welche Mutter würde nicht behaupten, daß sie «nur das Beste» für ihre Tochter will? Daß sie eine gute Mutter-Tochter-Beziehung pflegen will? Doch was eine Mutter für das Beste hält, ist das Ergebnis des Zusammenspiels ihrer eigenen Wünsche und Ängste. Das «Programm» einer Mutter ist es, ihre Tochter vor Gefahren zu schützen und ihr gleichzeitig alle Möglichkeiten offenzuhalten. Doch was einer Mutter gefährlich erscheint, ist von ihrem eigenen Leben geprägt, von ihren Erfahrungen und Reaktionen.

Häufig geraten Mädchen in Situationen oder machen Erfahrungen, die Frauen am liebsten vergessen oder ignorieren würden. Wenn Mütter ihren Töchtern zuhören, werden sie mit Dingen konfrontiert, die sie in einer sexistischen Gesellschaft zu tolerieren gelernt haben (z. B. herablassend behandelt zu werden oder keinen Zugang zu Ressourcen zu haben) oder die sie zurückweisen (wie ernsthafte Auseinandersetzungen mit Freunden, die starke Liebe eines Kindes, das Bemühen eines Kindes, Ungerechtigkeit zu verstehen). Weshalb, so fragte z. B. ein Mädchen, will der Kandidat für das Amt des Vizepräsidenten eine Frau zwingen, das bei einer Vergewaltigung gezeugte Kind auszutragen?

So wie die Dinge jetzt stehen, müssen «gute» Mütter ihre Töchter auf deren Rolle in einer von Männern definierten Welt vorbereiten. Wie Judith Herman und Helen Lewis sagen, besteht der Part der Mutter darin, «ihre Tochter vor den übelsten Exzessen der männlichen Ausbeutung zu schützen und ihr beizubringen, wie sie Vergewaltigung, Belästigung, Inzest, Prostitution und körperliche Übergriffe vermeidet. Obwohl diese Gefahren von Männern ausgehen, ist es Frauen überlassen, dies ihren aufgebrachten Töchtern zu vermitteln.»[9] Wie schon oben erläutert, ist es dieses «Training», durch das der Bewegungsspielraum von Mädchen in der Welt eingegrenzt wird, das auch für einen Teil der Feindseligkeiten zwischen Müttern und Töchtern verantwortlich ist. Die Angst einer Mutter um ihre Tochter bindet die Tochter an die Mutter und hindert beide daran, als ganze Menschen in der Welt zu leben. Mütter sehen sich in die Rolle von Wärterinnen und Lehrmeisterinnen der Unterordnung gedrängt. Sie bringen ihren Töchtern bei, ihre Stimmen zu dämpfen, damit sich keine Dissonanzen zur Kultur einstellen. Doch Mütter können auch begnadete Stimmbildnerinnen sein, die Mädchen ermutigen, ihr wahres Wesen voll auszudrücken.

Die besten Stimmbildnerinnen haben gute Ohren. Sie schätzen die ganze Bandbreite der menschlichen Stimme, vom ängstlichen Flüstern über wütendes Brüllen zu hellem Gelächter. Eine Mutter braucht selbst keine große Stimme zu haben, aber sie muß singen können – und eine gute Vorführung zu würdigen wissen. Doch das Wesentliche an der Stimmbildung ist Übung, Übung und noch einmal Übung. Die Beziehung zwischen Mutter und Tochter ist der Übungsraum für Stimmbildung.

Eigentümlicherweise ist die Tochter die beste Lehrmeisterin der Mutter in dieser Situation, in der die Mutter die Stimmbildung ihrer Tochter übernimmt. Für die Mutter besteht der kritische und aktive Teil der Wiedergewinnung ihrer Stimme in diesem Stimmenaustausch mit der Tochter. Wenn wir davon sprechen, daß wir das Zuhören erlernen wollen, geht es uns hauptsächlich darum, *was* gesagt wird, und nicht, *wie* es gesagt wird. Doch die freien, kräftigen Stimmen junger Mädchen erteilen uns eine beeindruckende Lektion. Den Mund weit geöffnet, die Lungen voller Luft, drücken junge Mädchen ihre Gefühle aus. Die dünnen, piepsigen Stimmen von Frauen lassen sich nicht auf anatomische Unterschiede zwischen Männern und Frauen zurückführen.[10] Die enge Spanne der traditionellen Frauenstimme sendet täglich die Botschaft aus: Nimm mich nicht ernst, ich bin zu zahm und zu ängstlich, um eine Bedrohung darzustellen. Mütter können zuhören und ihre Töchter ermutigen, sich Ausdruck zu verschaffen.

Was bedeutet es zuzuhören? Mit *Zuhören* meinen wir ja nicht die grundlegende Funktion des Hörens, obwohl das natürlich auch dazugehört. Zuhören bedeutet ein Bewußtsein, eine Offenheit zu zeigen, um etwas Neues über einen Menschen zu lernen. In normalen Gesprächen bedienen wir uns oft einer Art von Steno, wobei wir gewisse Annahmen zugrunde legen, damit die Unterhaltung nicht an Schwung verliert. Wird jemand unterbrochen, vielleicht, weil die Gesprächspartnerin einen Punkt klären möchte, kann das als unfreundliche Handlung gewertet werden. Doch wenn wir zuhören in der Absicht zu lernen, gehen wir an eine Unterhaltung anders heran und führen auch eine andere Art von Gespräch.

«Sie hört wirklich zu», sagt die elfjährige Amy von ihrer Mutter, «und sie versteht mich und gibt mir Ratschläge, aber manchmal sage ich: ‹Sag mir nicht, was ich tun soll. Hör einfach nur zu.›» Zuhören hat nichts mit beraten zu tun – wenigstens nicht, bis man darum gebeten wird –, sondern damit, verstehen zu wollen, was ein Mädchen sagt, was es in einer Situation fühlt, wie es sie sieht. Zuhören, um zu lernen, ist eine Verschwörung, bei der ein Mensch die Worte und Gedanken eines anderen in sich aufnimmt. Wenn Mütter sich mit ihren Töchtern verschwören, bringen sie Mädchen nicht zum Schweigen und vermeiden auch nicht die Bereiche, in denen die Erfahrung von Mutter und Tochter sich unterscheiden, sondern sie wollen sich näherkommen und mehr über die Gefühle und Gedanken des anderen erfahren. Eine Mutter kann ihrer Tochter «erlauben», das Unerwartete zu sagen, indem sie nicht nur fragt, was sie denkt, sondern was sie *wirklich* denkt. Unsere Töchter wissen, wie sie uns vor dem schützen können, was wir unbequem finden. Manchmal raubt das, was eine Mutter zu hören bekommt, ihr den Atem, da es schmerzlich für die Tochter (und daher auch für sie) ist oder beängstigend, besonders in bezug auf die Erfahrung der Mutter selbst. Wenn eine Mutter die Gedanken und Gefühle der Tochter in sich aufnimmt, werden ihre eigenen Erfahrungen wieder wach, bevor sie reagiert. In dieser Verschwörung kann sie ihrer Tochter vermitteln: Ja, ich respektiere dich und bin bereit, deine Gefühle und Gedanken in mir aufzunehmen und sie mit dir zu teilen.

«Wenn eine meiner Töchter, entweder die vierzehnjährige oder die neunjährige, mürrisch oder verschlossen ist, dann weiß ich, daß etwas nicht stimmt», sagt Lisa. «Manchmal merke ich es nicht sofort, aber wenn sie ein, zwei Tage mit einem langen Gesicht herumgelaufen sind, sage ich etwas, wie zum Beispiel: ‹Du siehst in letzter Zeit so unglücklich aus. Ist etwas passiert?› Meine Neunjährige kann nicht immer gleich das Problem benennen, deswegen sprechen wir dann über die Schule und ihre Freunde, über die Familie, bis wir auf das eigentliche Problem stoßen, und dann sprudelt es nur so aus ihr heraus, und alles ergibt einen Sinn.» Die vierzehn Jahre alte Tochter reagiert anders. «Oft zuckt sie die Schultern, wendet sich von mir ab und murmelt, daß nichts los sei. Manchmal ahme ich sie dann nach, schlurfe hinter ihr her und sage mit niedergeschlagener Stimme: ‹Nein, Mama, mir geht es großartig›, dann lacht sie etwas verlegen. Manchmal setze ich mich einfach neben sie und sehe sie an. In dem Moment, wo unsere Augen sich treffen, fangen die Tränen an zu rollen. Ich brauche gar nichts zu tun, nur ihre Schulter zu streicheln – und schon bricht der Sturzbach los, und alles, was sie in sich hineingefressen hat, bahnt sich einen Weg ins Freie.»

Lisa lernt, auf besondere Weise zuzuhören. Wenn sie merkt, daß eine ihrer Töchter ein Problem hat, etwas nicht in Ordnung ist, widmet sie sich ganz dem Kind. Sie öffnet sich für ihre Tochter und achtet auf deren Atmung und Körpersprache. Lisa weiß, daß schwierige Gefühle sich hinter niedergeschlagenen Augen, kurzem Atem und einer gebeugten Haltung verbergen und daß sie eine Mauer bilden, die eine Verbindung mit der Umwelt einschließlich der Mutter verhindern. Durch Wärme und Aufmerksamkeit, Blickkontakt und sanftes Drängen wächst das Vertrauen der Tochter, daß die Mutter wirklich etwas über sie wissen will und zuhören wird.

Lisas Erfahrung zeigt uns auch, daß wir anders zuhören, je nachdem, ob es um Mädchen in der Pubertät oder jüngere Kinder geht. Je jünger das Kind, desto unvermittelter ist die Beziehung zwischen seinen Problemen und seinen Handlungen. Mädchen in der Pubertät verlangen nach anderen Methoden des Zuhörens. In dieser Phase der Krise und der umwälzenden Veränderungen kämpfen Töchter darum, anerkannt zu werden als die jungen Frauen, zu denen sie werden, und als die Persönlichkeiten, die sie auch sind. «Meine Mutter und ich haben diese Gespräche geführt, die eher Kämpfe waren», erzählt die einundzwanzigjährige Rachel. «Es lief immer so ab, daß ich irgend etwas über mich und mein Leben erzählt habe und meine Mutter darauf sagte, sie könne mich verstehen, und dann etwas erzählte, das mir zeigte, daß sie überhaupt nichts verstanden hatte. Ich sagte darauf immer wieder: ‹Nein, Mutter, das habe ich nicht gemeint›, und versuchte zu erklären. Manchmal war mir nicht klar, warum ich es immer wieder versuchte. Sie schien mich überhaupt nicht zu kennen. Und genau das war der Punkt – ich wollte, daß sie *mich* kennt und nicht eine Version von mir, die sie sich zurechtgelegt hatte.» Rachel fühlt sich unverstanden und ungeliebt (beides ist eng miteinander verknüpft), weil sie sich bei allem Bestreben ihrer Mutter, ihr nahe zu sein und zur Seite zu stehen, nicht gehört und verstanden vorkommt.[11]

«Mädchen sind sehr empfindlich und streng, wenn die Mutter glaubt, daß beide ähnlich denken oder ein Herz und eine Seele sind», erklärt Terri Apter. Sie kannte die Klagen von vielen Mädchen, die sich von ihren Müttern nicht um ihrer selbst willen geliebt fühlten, sondern weil sie die Töchter waren. «Wenn ein Mädchen darüber klagt, daß es nicht geliebt wird», so Apter, «so heißt das, daß sie sich nicht verstanden fühlt. Wie man sie wahrnimmt, ist das eigentliche Problem für diese Mädchen, viel mehr als die Frage, wie streng man sie behandelt. Sie äußern ihre Unzufriedenheit über ihre Mutter, deren Schwachpunkte, Grenzen und Vorurteile – aber am häufigsten über ihre Sichtweise.»[12] Am häufigsten kritisieren Mädchen ihre Mütter für deren Unfähigkeit, sie als Töchter mit einer neuen Persönlichkeit zu sehen, die anders ist als die des Kindes, das sie einst waren (auch wenn sie manchmal kindlich sein wollen). «Irgendwann habe ich meiner Mutter vorgeworfen, daß sie sagt, sie liebt mich, im Sinne von: ‹Gute Nacht, Süße, ich hab dich lieb›», erzählt die sechzehnjährige Tricia, «darauf erwiderte sie nur: ‹Natürlich hab ich dich lieb.› Das erinnert mich an Tevye in *Anatevka*, der auf die Frage seiner Frau: ‹Liebst du mich auch?› einfach sagt: ‹Ich bin doch hier, oder?› Mir reicht das nicht, dieses ‹Wenn ich dich nicht lieben würde, wäre ich ja nicht hier›, auch nicht von meiner Mutter. Ich möchte wissen, ob und daß sie mich als das liebt, was ich bin.» Wenn Mütter zuhören, um von ihren jungen Töchtern zu lernen, bleiben sie in Kontakt mit dem heranwachsenden und sich verändernden Mädchen.

Rachel und Tricia erproben ihre Stimmen, indem sie ihr zunehmendes Bewußtsein einsetzen und ihre stärker werdenden Fähigkeiten zu vergleichen und zu differenzieren. Sie kritisieren ihre Mütter direkt. Während sie die Intelligenz entwickeln, über sich selbst auf neue Weise nachzudenken, werden sie sich bewußt, daß ein anderer Mensch nicht wissen kann, was sie denken oder wie sie sich sehen. Kennen ihre Mütter sie also *wirklich*? Würden ihre Mütter sie ebenso lieben, wenn sie sie richtig kennen würden? Wenn eine Mutter ihrer Tochter mit der Absicht zuhört, etwas über sie zu erfahren, dann lernt sie die innere Stimme, das neue Wesen der Tochter kennen. So werden die Mutter und die Welt dem Mädchen ähnlicher, wie Maxine Hong Kingston es sich gewünscht hat, und das Mädchen wäre nie wieder allein.

«Stimme» bezieht sich nicht einfach auf das, was ein Mädchen tatsächlich zu Gehör bringt; eine Mutter muß auch darauf aufmerksam werden, daß ihre Tochter durch die Psyche spricht. In *Katzenauge*[13], dem Roman von Margaret Atwood, drückt die junge Elaine ihre Not über die grausame Behandlung durch ihre sogenannten Freunde so aus, daß sie auf Lippen, Fingern und Haaren kaut und den direkten Blickkontakt mit ihrer Mutter meidet. Außerdem pellt sie sich allabendlich die Haut von den Fußsohlen ab. Unsere Psyche spricht mittelbar durch Symptome und Verhaltensweisen, und in Elaines Fall bedeutete ihr Verhalten, daß ihr von ihren «Freundinnen» bei lebendigem Leibe die Haut abgezogen wird. In dem autobiographischen Roman *Annie John*[14] von Jamaica Kincaid wird die Protagonistin beim Eintritt in die Pubertät schwer depressiv, denn Heranwachsen bedeutet auch, den engen Kontakt zur Mutter zu verlieren. Ihre Großmutter mütterlicherseits heilt sie, indem sie sie wie ein Baby hält und liebkost und so die Wärme menschlicher Nähe wiederherstellt. Wenn Mütter auf Zeichen, Stimmungen und die Körpersprache ihres Kindes achten und darauf eingehen, so wie Lisa es bei ihren Töchtern tat, verhindern sie, daß ein Kind sich mit seinen unklaren Gefühlen, die so schmerzlich oder bedrückend sind, daß es sie nicht ausdrücken kann, allein gelassen fühlt. Wenn wir unseren Töchtern ohne vorgefaßte Meinung zuhören, erhalten wir ihnen eine starke Verbindung zur Mutter und zu der Welt der Frauen.

«Manchmal sagen meine Töchter: ‹Mutter, jetzt bist du zu weit gegangen›», erzählt Barbara. «Sie sind da ganz offen, und ich halte mich dann zurück.» Wenn wir, wie Barbara, lernen, unseren Töchtern zuzuhören, dann gestehen wir ihnen Raum und Zeit für sich selbst zu und respektieren die Grenzen, die sie ziehen. Da die Mutter eine so wichtige Rolle im Leben der Tochter spielt, braucht das Mädchen seine Privatsphäre – um in sich hineinzuhören. «Manchmal, wenn ich über etwas nachdenke», erzählt die fünfzehnjährige Angie, «höre ich ihre Stimme. Dann frage ich mich, ob ich je meine eigenen Gedanken haben werde.» So wie Angie führen auch viele andere Mädchen Gespräche mit ihren Müttern im Kopf – sie versuchen zu erahnen (häufig irren sie sich da), was ihre Mütter sagen würden, und überprüfen das dann. Wenn man der Tochter die Privatsphäre zugesteht, ihr aber zu verstehen gibt, daß die Mutter für sie da ist, hat die Tochter die Möglichkeit, sich innerlich auf die Stimme der Mutter einzulassen.

Stimmübungen haben – wie das Wort sagt – mit üben zu tun. Selbst mit den besten Absichten fällt es einer Mutter möglicherweise schwer, inmitten des Stimmengewirrs in einer Familie richtig zuzuhören. Besser ist es also, mit den Gesprächen anzufangen, die sich zwischen Mutter und Tochter ergeben – wenn entweder etwas geschehen ist, was diskutiert werden muß, oder wenn sich die Unterhaltung einem ernsten Thema zuwendet. In diesen Momenten muß die Mutter nicht mit Anweisungen oder den «richtigen» Antworten aufwarten, sondern sie kann einfach tief Luft holen und zuhören. Mit der Zeit ist das Zuhören nicht nur in schwierigen Zeiten wichtig, sondern wird zu einer Gewohnheit. Und über die Erfolge der Tochter etwas zu erfahren kann auch eine beeindruckende Stimmübung sein.

Das Besondere an einer lebenslangen Beziehung liegt darin, daß wir Zeit haben: wir können uns entschuldigen, Fragen stellen, Erinnerungen austauschen. Stimmübungen fangen damit an, daß die Mutter zuhört, Fragen stellt, neugierig auf die Gedanken, Gefühle und Träume der Tochter ist, ohne sie unaufgefordert zu sezieren und zu erklären. Wenn eine Mutter sich mit ihrer Tochter verschwört, kann sie Erfahrungen aus dem eigenen Leben wiederentdecken, die sie dann um so schneller wieder zurückgewinnt. Indem eine Mutter zuhört, lernt sie möglicherweise, inwieweit ihre Tochter sich von ihr und den vorgefaßten Vorstellungen, die sie über sie hat, unterscheidet. Somit wird der Tochter der Raum gewährt, den sie braucht, um stets ihre eigenen Entscheidungen zu treffen.

Stimme und Wirklichkeit sind berechtigt

Mädchen wollen nicht nur eine Mutter, die zuhört; sie soll auch reden. Sie ziehen ihre Mütter in Gespräche hinein, um herauszufinden, wo die Unterschiede zwischen ihnen liegen. Sie fordern ihre Mütter heraus, provozieren sie, bedrängen sie oder grenzen sie aus. Terri Apter kommentiert: «Mädchen sind äußerst erfinderisch, wenn es darum geht, ihre Mütter dazu zu bringen, sie anzuerkennen.»[15] Die Stimme und Wirklichkeit der Tochter anzuerkennen bedeutet, daß die Mutter aufmerksam zuhört und die Selbstdarstellungen und Erfahrungen der Tochter ernst nimmt. «Einen Menschen anzuerkennen bedeutet, auf die Gefühle und Gedanken, die der Mensch äußert, einzugehen, sei es direkt oder indirekt. Durch die Reaktion gibt man dem Gegenüber zu verstehen: ‹Ich höre, was du sagst, und ich verstehe, worum es geht.›»[16] Bei dem Zusammenprall mit der Wand der herrschenden Kultur lernen heranwachsende Mädchen, daß ihr Wissen nichts gilt. So erhielt Victoria auf ihre Beschwerde, daß sie in den Ställen, wo sie arbeitete, weniger verdiente als die Jungen, die Antwort: «Man wird denken, du spinnst, wenn du so etwas sagst.» Man erkennt die Wirklichkeit eines Mädchens an, indem man ihm zubilligt, daß es wichtige Beobachtungen über die Welt macht. Wenn man einem Mädchen hingegen – wie in Victorias Fall – zu verstehen gibt, daß seine Gefühle unwichtig sind, ist dieses Zurechtrücken der eigenen Sicht eine schlimme Erfahrung.

Wie oft rufen Mädchen aus: «Das ist nicht fair!» In diesen Worten liegt ihr Mut, ihr aufkeimender Gerechtigkeitssinn. Doch eine ständige Flut von «Das-ist-nicht-fair»-Ausbrüchen kann eine Mutter zur völligen Erschöpfung bringen, bis sie zurückgibt: «Tja, das Leben *ist* eben nicht fair.» Eine Mutter erzählte: «Wenn ich meine Tochter bitte, mit mir die Einkäufe ins Haus zu tragen, fängt sie an, mir in aller Ausführlichkeit zu erklären, daß eigentlich ihre Schwester damit dran ist und daß ich immer nur *sie* bitte, und wenn ich sie weiter reden lasse, schmilzt mir das Eis im Wagen, also mache ich es selbst.» In den Interviews mit den Mädchen von der Laurel School erfuhren die Forscherinnen des Harvard-Projekts von den befragten Mädchen, daß die Mütter häufig sagten: «Das Leben ist ungerecht», um dem Klagen der Töchter ein Ende zu bereiten. Offenbar hat diese Reaktion der Mütter eine besonders starke Wirkung auf die Töchter. In ihrer Auseinandersetzung mit den ungerechten soziopolitischen Gegebenheiten ihres Umfeldes diskutieren Mädchen gerne im Familienkreis bzw. im Gespräch mit ihrer Mutter die Frage der Gerechtigkeit. In der oben geschilderten Situation hätte die Mutter zugeben können, daß die Tochter vielleicht recht hat und sie, die Mutter, längst nicht perfekt ist. Sie hätte die Tochter bitten können, ihr dennoch zu helfen und später über die Ungerechtigkeit zu sprechen, möglicherweise in Anwesenheit der Schwester. Mädchen reagieren sehr empfindlich auf ungerechte Behandlung, besonders wenn auch Brüder da sind, die mehr als sie selbst bekommen. «Mein Bruder bekommt von meinem Vater viel häufiger etwas geschenkt als ich», berichtet die achtjährige Amanda. «Sagst du da etwas?» – «Ich sag es meiner Mutter, aber meinem Vater kann ich nichts sagen, sonst wird er wütend.» Wenn Mädchen zu Hause Gerechtigkeit erfahren, sind sie eher dafür gerüstet, sie in der Welt zu fordern. Mütter können zugeben, daß es Ungerechtigkeiten gibt, ohne das Leben als Ganzes dafür verantwortlich zu machen. Wenn «das Leben unfair» ist, dann sind die Gegebenheiten, die dem Mädchen seine Macht rauben, fest und unverrückbar. Es gibt dann keinen Ausweg.

Shawn Slovos autobiographischer Film *Zwei Welten* endet mit einer «Es ist nicht fair»-Szene zwischen der dreizehnjährigen Molly und ihrer Mutter, der Journalistin Ruth Furst, die in Südafrika wegen ihrer Arbeit gegen das Apartheid-Regime im Gefängnis gesessen hatte. In dieser beeindruckenden Szene stellt die Regisseurin sich eine Konfrontation zwischen sich und ihrer Mutter vor. Wahrscheinlich ist das etwas, das Shawn sich gewünscht hätte und das wahrscheinlich geschehen wäre, wenn sie es gewagt hätte aufzubegehren. Als die Filmfigur ihrer Mutter Vorwürfe macht, weil sie so oft von zu Hause weg war, und das ungerecht findet, versichert die Mutter ihrer Tochter, daß sie sie liebt, und pflichtet ihr bei: «Das Leben ist nicht gerecht, *noch* nicht.» In ihrer Arbeit gegen die Apartheid versucht sie, eine gerechtere Welt für ihre Tochter zu schaffen. Die Tochter wollte von der Mutter die Zusicherung erhalten, daß ihre Liebe in ihre Bemühungen, die Welt zu verändern, eingegangen ist. Als Beweis dafür, daß es niemals zu spät ist, die Wirklichkeit eines heranwachsenden Mädchens zu akzeptieren, schrieb Shawn Slovo eine neue Version ihrer Lebensgeschichte, in der sie die Bestätigung ihrer Mutter erhalten hat.

Wir haben die Erfahrung gemacht, daß die wichtigste Anerkennung, die ein Mädchen erfahren kann, darin besteht, daß es von der Mutter ernsthaft wahrgenommen wird. Claires Tochter Jessica weiß, wie sie ihre Mutter dazu bringen kann, ihre Existenz anzuerkennen. Für Claire ist das oft nervenaufreibende Verhalten ihrer Tochter nicht «Unartigkeit», sondern Ausdruck dafür, daß sie sich mit irgendeiner ungelösten Frage oder einem Problem herumplagt. Dann fragt Claire sie: «Jessica, was ist los? Warum benimmst du dich so merkwürdig?» Wenn Mädchen merken, daß die Stimmen von Frauen in der Welt zum Verstummen gebracht werden, wenn sie sich mit den tiefgreifenden Veränderungen der Pubertät befassen, wollen sie wissen, daß sie irgendwo auch als Faktor gelten, mit dem man zu rechnen hat. Mädchen wollen, daß ihre Mütter wirklich auf sie eingehen und nicht mit abgehobenen Erklärungen antworten («du bist eben in einer Phase», «du tust das nur, um mich zu ärgern, aber das klappt nicht»), oder sie ignorieren («ja, sehr schön», «ach wirklich?»).

Um die Stimme der heranwachsenden Tochter anerkennen zu können, muß man sie wahrnehmen, sich an ihr freuen und ihre Fortschritte bewundern. «Eine Mutter erkennt ihre Tochter nicht dadurch an, daß sie objektiv auf das Kind reagiert», schreibt Terri Apter, «sondern indem sie es als das wahrnimmt, was es sein möchte. Die Mutter muß einen Einblick in die Wunschvorstellungen, Hoffnungen und die jugendliche Arroganz der Tochter haben.» Wenn eine Mutter also lernt zuzuhören und beim Zuhören lernt, wenn sie sich an den neugewonnenen Fähigkeiten und Einsichten ihrer Tochter freut, ist das eine wichtige Anerkennung der Stimme und Wirklichkeit ihrer Tochter.

Dabei geht es um Übung, nicht um Perfektion. Keinesfalls muß eine Mutter alles anerkennen, was ihre Tochter sagt oder tut. Der beste Leitfaden einer Mutter ist sie selbst: Welche Reaktion hätte sie sich von ihrer Mutter gewünscht? «Als ich in der Mittel- und Oberstufe Probleme hatte, sagte meine Mutter zu mir: ‹Mach dir nur keine Sorgen, sei ganz natürlich, und du wirst sehen, man wird dich mögen.› Das fand ich scheußlich», erinnert sich Claire. «Es schien einfach nur dahergeredet. Außerdem lag sie damit sowieso falsch. Ich nahm mir fest vor, mich meinen eigenen Kindern gegenüber nicht so zu verhalten. Ich weiß zwar, daß das, was sie jetzt unglücklich macht, ihnen später lächerlich vorkommt – auch das hat meine Mutter immer gesagt: ‹Wenn du später daran zurückdenkst, wirst du darüber lachen› –, aber das ist egal. Was sie heute erleben, ist die Welt, die sie kennen.» Die Zurückeroberung eigener Erfahrungen und die Bestätigung der Tochter sind oft miteinander verknüpft: Das, an was eine Mutter sich erinnert und was sie für sich zurückgewonnen hat, kann sie auch in ihrer Tochter am besten anerkennen. Es bedeutet, die Stimme der Tochter ernst zu nehmen.

«Kleine Mädchen sind nur in den Augen der Erwachsenen klein und niedlich», schreibt Margaret Atwood, «unter Kindern sind sie nicht klein, sondern lebensgroß.» Und Heranwachsende sind in den Augen der Erwachsenen überhaupt nicht mehr niedlich und erinnern sie an den eigenen durchlebten Schmerz. Auch ihre Probleme sind lebensgroß.

Autorität und Autorisierung

Die Wörter *Autorität* und *Autor* gehen auf dieselbe Wurzel zurück, nämlich auf ein altes lateinisches Wort, das «wachsen machen, fördern, mehren» bedeutet. Was würde es für ein Mädchen bedeuten, wenn es die Autorität über sein Leben behalten und es selbst gestalten könnte, statt sich auf die abgestandenen Rollen der romantischen Liebe zurechtstutzen zu lassen? Was wäre nötig, um die Selbstbestimmung eines Mädchens zu fördern? Das ist eine problematische Fragestellung, da Frauen in unserer Gesellschaft die Macht, ihr eigenes Leben zu formen und zu gestalten, verweigert wird.

Autorisierung in der Beziehung zwischen Mutter und Tochter beruht auf Gegenseitigkeit. Sie geht über Anerkennung hinaus, denn die Mutter bringt ihre Autorität als Frau, die in dieser Kultur Erfahrungen gesammelt hat, ein und unterstützt die Sichtweise ihrer Tochter. Zwei Komponenten laufen in der Autorisierung zusammen: Zum einen gestattet die Mutter ihrer Tochter zu sagen, was sie sieht und erkennt, und zum anderen stimmt sie in das, was ihre Tochter sagt, mit ein. Auf diese Weise erfährt die Tochter, daß die Mutter ihre Sicht teilt und bestätigt.

Man kann nie früh genug mit diesem Prozeß beginnen. Die drei Jahre alte Phoebe kletterte zu ihrer Mutter ins Bett und küßte sie sanft auf die Wange. Sie streichelte sie und sagte: «Ich habe dich lieb, Mama.» Emily, die Mutter, erwiderte: «Ich dich auch, und Daddy auch.» – «Nein», gab Phoebe zurück. «Wieso nicht? Ich weiß, daß Daddy dich ganz doll liebhat.» – «Ich habe Angst vor ihm», sagte Phoebe mit ernstem Gesicht, «er brummt mich immer an.» Emily kannte diese Eigenart an ihrem Mann, der manchmal im Spiel, manchmal im Ernst brummte. Zu Phoebe meinte sie, daß sie es dem Vater sagen solle. Beide gingen zu ihm, und Emily berichtet: «Ich fing damit an, daß seine Tochter etwas auf dem Herzen habe, und ermutigte sie, ihm zu sagen, er solle sie nicht mehr anbrummen. Dann sagte auch ich in ihrem Beisein, daß er das Brummen künftig unterlassen solle. Später haben Frank und ich dann darüber gesprochen. Ich betonte, er müsse seinen Ärger oder seine Frustrationen weniger grob ausdrücken, da seine Tochter sich sonst verletzt zurückziehen würde.» Emily gestattete also ihrer Tochter, direkt mit dem Vater zu sprechen, und bestätigte damit die Empfindung des Kindes, daß des Vaters Verhalten ihm gegenüber nicht in Ordnung war. Eine weitere Stärkung erfährt das Kind dadurch, daß die Mutter ihre eigene Stimme in dieser Angelegenheit erhebt. Emily hat ihrer Tochter die Möglichkeit gegeben, durch eigene Kraft Veränderungen zu bewirken.

Die Forschungsergebnisse über elterliches Verhalten zeigen immer wieder, daß diejenigen Eltern, die ihre Autorität positiv einsetzen, und nicht diejenigen, die autoritäre Einflußnahme oder Freizügigkeit zur Erziehungsmaxime machen, selbständige und selbstbewußte Kinder haben, die zu verantwortungsbewußten jungen Erwachsenen werden. «Meine Kinder sollten die Folgen ihrer Überzeugungen früh erfahren», sagte Barbara. «Wenn sie also sahen, daß die Sonne schien, und sie ohne Jacke raus wollten, habe ich sie gelassen. Entweder kamen sie schnell zurück, oder schlimmstenfalls haben sie sich eine Erkältung eingefangen, aber sie haben aus der Erfahrung gelernt.» Indem Barbara ihren Töchtern gestattet, ihre eigenen Erfahrungen zu machen und daraus zu lernen, respektiert sie ihre Selbstbestimmung und stärkt ihr Selbstvertrauen. Barbara hat ihren Kindern gezeigt, daß sie ihre Erfahrungen ernst nimmt, und das erweist sich jetzt, da die Kinder größer werden, als hilfreich. Wenn ihre Töchter sich Dingen zuwenden, die Barbara für schädlich hält, glauben die Töchter, daß die Warnungen der

Mutter in ihrem Interesse gegeben werden und nicht dem Wunsch, zu kontrollieren oder einzugrenzen, entspringen. Der Einsatz von Autorität in Barbaras Erziehung zeigt, daß Macht durch Vernunft ausgeübt werden kann.

Innerhalb der afroamerikanischen Gemeinschaft ziehen Mütter, die durchaus als autoritär gelten könnten, verantwortungsbewußte und selbstsichere Mädchen heran. Die afroamerikanische Gemeinschaft sieht sich von feindseligen und rassistischen Strukturen umgeben, was Mütter ihren Kindern von einem frühen Alter an erklären. Innerhalb der Gemeinschaft genießen Frauen Respekt und Autorität in einem Ausmaß, wie es in weißen Gemeinschaften nicht üblich ist. Die Mütter beschützen ihre Kinder nach allen Kräften vor einer feindlichen und gefährlichen Welt.

Wenn Mädchen sehen, daß ihre Mütter in einer sexistischen Welt machtlos sind und Frauen miteinander konkurrieren, hinterfragen sie immer wieder die Autorität ihrer Mutter. Terri Apter beschreibt die Situation folgendermaßen: «Mütter werden von ihren Töchtern nicht nur einer herben Kritik unterzogen, sondern ihre Autorität wird in Frage gestellt und ist immer wieder Gegenstand von Auseinandersetzungen.» Eine Tochter hinterfragt die Strategien, mit Hilfe derer ihre Mutter ihr Frausein in der Gesellschaft gestaltet (z. B. «Warum hast du ihn bloß geheiratet?»), wenn sie die ihr offenstehenden Möglichkeiten und Optionen erforscht; sie will aber auch von der Mutter lernen, wie man mit Autorität umgeht. Die ständigen Verhandlungen zwischen Tochter und Mutter zeigen der Tochter, daß Autorität nicht von Status oder Position abgeleitet werden muß und daß sie zum Nutzen beider Beteiligten ist. In einem kulturellen Kontext, in dem Frauen untergeordnet sind, lernt ein Mädchen durch solche Lektionen die Mittel kennen, mit denen sie Macht ausüben kann, ohne willkürlich oder autoritär zu sein.

Doch wenn Mädchen heranwachsen, wenn sie sehen, daß Frauen Autorität abgesprochen wird, und hören, daß auch von ihnen ein solches Verhalten erwartet wird, gerät ihre Fähigkeit zur Selbstbestimmung in Gefahr. In der ursprünglichen Auswertung der Interviews mit Mädchen von der Laurel School fand Lyn Mikel Brown heraus, daß die Mädchen der zweiten Klasse einerseits ihren Wahrnehmungen und Gefühlen Autorität zumaßen, andererseits aber von Autoritäten wie Müttern oder Lehrerinnen Anleitung erwarteten. In der zehnten Klasse hatten die Mädchen das Gefühl dafür verloren, ob ihre Gefühle angemessen waren, und überließen anderen das Urteil darüber. Zu dem Zeitpunkt, da das Selbstvertrauen und die Selbstbestimmung der Mädchen ins Wanken gerät, sind sie zwölf Jahre alt. Lyn Mikel Brown stellte fest, daß die Autorisierung für die Zwölf- bis Dreizehnjährigen eine neue Dimension bekommt, da es darum geht, welche Teile ihrer Persönlichkeit sie öffentlich machen wollen und welchen Teil sie der öffentlichen Beurteilung entziehen. Wie sie diese Problematik für sich lösen, hängt davon ab, wie sie sich selbst im Verhältnis zu erwachsenen Frauen wahrnehmen, besonders zu solchen Lehrerinnen und Müttern, die von ihnen erwarten, immer brav und artig zu sein, und die sie an diesen Erwartungen messen. Für Mädchen ist es also sicherer und geschickter, nur den Teil von sich selbst zu zeigen, der anderen nie weh tut, der immer hilfsbereit ist, der zuschaut und die Bedürfnisse anderer zu erraten versucht, und zugleich den Teil zu verbergen, der selbst Bedürfnisse, Ängste und Wünsche hat – den Teil also, der ihnen am kostbarsten erscheint und den sie dann unvorhersehbaren Gefahren aussetzen würden.

Für Mütter von Töchtern in diesem Alter ist es daher sehr wichtig, die Stimmen der Mädchen in ihrer vollen Bandbreite zu fördern und so den Verlust von Selbstvertrauen, der in einer frühen Phase des Heranwachsens einsetzt, auf ein Minimum zu begrenzen.

«Im letzten Jahr», erzählt Ruth, Mutter eines Mädchens aus der 7. Klasse, «hatte Naomi Schwierigkeiten, weil die häßlichen Bemerkungen ihrer Mitschüler sie verletzten, und sie konnte nicht mit gleicher Münze heimzahlen. So war Naomi: das brave Mädchen – darauf programmiert, die zu sein, auf die jeder zählen konnte und die einen klaren Kopf bewahrte. Aber sie litt. Sie konnte in sich die Stimme nicht finden, mit der sie anderen sagen konnte ‹verpißt euch›, wenn es nötig war. Ich sah die erstaunlichsten Dinge – die ganze Palette sozialer Spiele, bei denen Mädchen ohne zu zögern ihre beste Freundin wegen eines Jungen ans Messer liefern oder jemand seine Wut an einem leichten Opfer abreagiert, statt zu der eigentlichen Quelle der Frustration zu gehen. Es war wie ein Theaterstück, aber die Akteurinnen waren zwölf- und dreizehnjährige Mädchen.» Ruth erkannte, daß ihre Tochter die bekannten Anforderungen und Erwartungen an das «brave Mädchen» nicht mit den neuen Gedanken und Gefühlen, die sie nicht auszudrücken vermochte, in Einklang bringen konnte. «Ich sah, welchen Schmerz es ihr bereitete – sie hatte Kopfschmerzen, entwickelte Haßgefühle gegen sich selbst und wurde depressiv. Ich wußte, was das bedeutete. Carol Gilligan nennt das ‹Stimmverlust›. Aber ich hatte das Gefühl, daß Naomi nie die Stimme gehabt hatte, die sie hätte haben sollen. Also fing ich an, auf sie einzuwirken. Ich gestattete ihr, sauer zu werden und ihren Zorn gegen angemessene Objekte – mich eingeschlossen – zu richten. Zum ersten Mal in ihrem Leben durfte sie starke, negative Gefühle herauslassen. Wir redeten pausenlos und haben eigentlich nicht aufgehört zu reden.»

Ruth sieht die Ähnlichkeiten zwischen ihrem Kampf und dem von Naomi: «Ich fürchte, daß ein großer Teil meiner emotionalen Entwicklung schon im frühen Alter zum Stillstand kam. Das versuche ich aufzuholen.» Indem sie ihrer Tochter half, konnte sie auch ihre eigene Stimme und Kraft zurückerobern. Ruths Reaktion auf ihre Tochter – die Erlaubnis, ihren Ärger zu benennen und ihn ihrer Mutter entgegenzuschleudern – hat Naomi viel über den Wert ihrer Stimme gelehrt.

Ruth und Naomi lernten eine weitere Lektion, als Naomi anfing, aus der Rolle des «braven Mädchens» auszubrechen. Ein Lehrer hatte ihr eine schlechte Note gegeben, nicht weil ihre Leistungen nachgelassen hätten, sondern weil sie sich mehr einbrachte und häufiger eine abweichende Meinung äußerte. Ruth gab Naomi die Erlaubnis, zu dem Lehrer zu gehen und die Sache in ihrem Namen mit ihm zu besprechen. «Da ich vermutete, daß der Lehrer diese Maßstäbe anlegte, sprach ich mit Naomi darüber; dann redete ich mit dem Lehrer und kann nur hoffen, daß er sich für den Gedanken geöffnet hat, daß Menschen sich verändern, Mädchen sich entwickeln, ihr Verhalten sich ändert und daß sie sich mit dreizehn nicht mehr so benehmen wie mit elf. Außerdem sollte Naomi nicht an höheren Maßstäben gemessen werden als die anderen Mädchen.»

Ruth sagt, sie «kann nur hoffen», daß der Lehrer sich geöffnet hat, und das bringt die Schwierigkeit, die darin liegt, wenn die Mutter ihre Tochter zum Widerspruch ermutigt, auf den Punkt: sie trifft auf die Grenzen der Autorität von Frauen. Was bedeutet es für Naomi, wenn die Autorität ihrer Mutter durch die des Lehrers ignoriert oder verdrängt wird? Auch daraus wird Naomi etwas lernen, wobei die Eindringlichkeit der Lektion zum Teil von Ruth abhängt. Wenn sie ihre Autorität erhalten und diesen Vorfall als Beispiel dafür nutzen will, daß Widerspruch nicht immer erfolgreich ist, kann das Naomis Entschlossenheit bekräftigen und ihr Selbstbewußtsein stützen. Mädchen wie Naomi müssen erfahren, daß ihre Wahrnehmung der Realität nicht jedesmal durch Uneinigkeit unterminiert wird. Das können sie nur lernen, wenn sie sich trotz einer Vielfalt von Ansichten einmischen und ihre Wirklichkeit einbringen.

Natürlich gibt es Unterschiede

Wie eine Mutter auf die Gedanken und Gefühle der Tochter reagiert, entscheidet darüber, ob ihre Tochter sich frei genug fühlt, in Gegenwart der Mutter sie selbst zu sein. Die Mädchen lernen, sich von außen zu sehen, und können folglich auch die Unterschiede zwischen sich und anderen wahrnehmen. Sie vergleichen die Erwartungen, die an sie gestellt werden, mit dem, was sie sind. Wenn Mütter zuhören, um zu lernen, haben Töchter die Möglichkeit, Unterschiede herauszuarbeiten. Werden diese dann anerkannt, erlaubt die Mutter ihrer Tochter, ihre Autonomie und Selbständigkeit zu entwickeln.

Gewöhnlich haben Mutter-Tochter-Beziehungen zwei Seiten,

denn Töchter vertrauen ihren Müttern und mißtrauen ihnen zugleich. Heranwachsende Mädchen wollen wissen, ob ihre Mutter sie wirklich kennt, und gleichzeitig sind sie für Trost und Rat auf die Mutter angewiesen, wodurch die Beziehung emotional auf Sand gebaut ist. Heranwachsende Mädchen klagen häufig darüber, daß ihre Mütter sie «vereinnahmen» und daß sie nicht «sie selbst» sein können. Da ein Mädchen normalerweise die Stimme ihrer Mutter von früh an verinnerlicht, hängt die Entwicklung ihrer eigenen inneren Stimme während der Pubertät davon ab, ob die Mutter die Tochter als eigenständige Persönlichkeit bestätigt. Reaktionen wie «Laß mich in Ruhe» und «Du verstehst mich nicht» sind Signale dafür, daß die Mutter in ihrer Sichtweise das Ziel verfehlt. Diese Äußerungen sind keine Zeichen des Rückzugs, sondern sie deuten der Mutter an, daß sie die Perspektive der Tochter nicht deutlich genug wahrnimmt, weshalb diese sich nicht verstanden fühlt. Jedes Mädchen muß die Gewißheit haben, daß sie anders als ihre Mutter sein kann, ohne deren Liebe zu verlieren.

Manchmal fühlen sich Mütter in dieser Situation ausgegrenzt oder zurückgewiesen. Frauen, die ihre Widerstandsfähigkeit noch nicht für sich zurückerlangt haben, erleben in der Beziehung zur Tochter die Nähe, die sie seit ihrer eigenen Pubertät vermissen. Verängstigt durch die Erfahrungen mit der eigenen Mutter, idealisieren sie die Nähe zu ihren heranwachsenden Töchtern. Jede Bedrohung dieses «perfekten» Bundes ist gefährlich, da sie die Mutter wieder aus einer Verbindung ausstößt, die sie sich seit der eigenen Pubertät gewünscht hat. Folglich spielt sie die Unterschiede zwischen sich und der Tochter herunter. Wenn die Tochter die Verletzbarkeit der Mutter spürt, schützt sie sie möglicherweise vor ihrem Anderssein, um sich dann aber doch von ihr abzunabeln und größere Unabhängigkeit als Erwachsene zu erlangen.

Fast jede Mutter, mit der wir gesprochen haben, wünscht sich für ihre Tochter ein anderes Leben, als sie selbst es gehabt hat, doch wenn die Tochter davon spricht, daß sie sich ihr Leben anders vorstellt, kann sich das wie ein scharfzüngiger Kommentar zu den Entscheidungen der Mutter anhören. Angesichts des Lebensverlaufs der Mütter machen Mädchen es häufig ganz deutlich, daß sie ihre Fehler nicht wiederholen werden. «Ich bin doch nicht so blöd und falle auf irgendeinen Schnösel herein, bloß weil er mir Blumen und Pralinen schenkt», kommentiert Victoria die «Dummheit» ihrer Mutter, weil sie ihren Vater geheiratet hat. Eine solche Verurteilung ist für die Mutter sicherlich sehr schmerzlich.

Was ein heranwachsendes Mädchen innerhalb einer Familie sieht und kritisch hinterfragt, kann für das Selbstbild der Mutter als Mutter und auch als Frau bedrohlich sein. Die Folge davon kann sein, daß sich die Mutter abwendet, mit einer Bemerkung wie «Wenn ihr beide, du und dein Vater, da einer Meinung seid, warum erzählst du ihm nicht alles?», oder daß sie die Tochter abkanzelt.

Mit scharfem Blick und scharfer Zunge gelingt es heranwachsenden Mädchen, sich gegenüber ihren Müttern als «anders» zu definieren. Auf keinen Fall werden sie dieselben dummen Fehler wie ihre Mütter begehen – sei es, sich von einem Mann abhängig zu machen oder sich als Superfrau abzustrampeln und zu versuchen, Familie und Karriere unter einen Hut zu bekommen. Auch wenn die Mutter ehrlich wünscht, daß ihre Tochter ein anderes Leben haben soll, kann sie sich vielleicht ein bißchen Schadenfreude nicht verkneifen, wenn die Tochter lauthals erklärt, sie werde sich nicht in die traditionelle Rolle fügen, und damit Schiffbruch erleidet.

«Als ich auf der High-School war, hatte ich mehrere Jahre einen festen Freund», erzählt Deb. «Meine Mutter fand ihn toll. Er war der ideale Freund. Aber ich habe mich nie besonders feingemacht für ihn, und ich bin auch mit meinen Freundinnen ausgegangen, weil mir das sehr wichtig war. Meiner Mutter schien meine Unabhängigkeit zu gefallen – ich war fest entschlossen, mich nicht von einem Mann abhängig zu machen, so wie sie es getan hatte.» Als der Junge die Beziehung in Debs letztem Jahr auf der High-School beendete, kam es zu einem Riesenstreit kurz vor dem Abschlußball. Debs Mutter war sehr verständnisvoll. «Ich war am Boden zerstört. Unsere Beziehung war so eng gewesen. Meine Mutter nahm mich in die Arme und sagte, ich würde schon bald drüber hinwegkommen, und er sei eben doch ein Arschloch. Aber dann sagte sie etwas, das mich innerlich zusammenzucken ließ. Sie meinte nämlich: ‹Und natürlich wird er ganz schnell eine andere finden, die sich für ihn feinmacht und immer für ihn da ist.› Ich fühlte mich plötzlich wie abgestorben.» Deb erkannte, daß ihre Mutter recht hatte: es gibt Tausende von Frauen, die sich nichts Schöneres vorstellen können, als einen Mann zum Mittelpunkt ihres Lebens zu machen. «Aber es war der Ton, in dem sie es sagte. Mit einem Frohlocken in der Stimme. Ich werde das nie vergessen. Als ob sie sagen wollte: ‹Na? Du denkst wohl, du bist so schlau und machst alles anders? So leicht ist das eben doch nicht.›» Deb fühlte sich von ihrer Mutter im Stich gelassen. Doch sie hat mit ihrer Mutter nie über deren Überlebensstrategien gesprochen.

Wenn eine Mutter offen für Unterschiede ist und verschiedene Gefühle und Perspektiven zulassen kann, entsteht auch für die Tochter das gute Gefühl, daß sie in der Beziehung mit der Mutter ihre Fragen erörtern kann. «Wenn wir über irgend etwas sprechen, sage ich manchmal zu meinen Töchtern: ‹Wie wär das denn? Man könnte die Sache auch so betrachten›, und stelle ihnen eine Perspektive vor, an die sie noch gar nicht gedacht hatten», berichtet Claire. «Ich erkläre ihnen, daß ich sie dazu bringen möchte, über Probleme eigenständig nachzudenken und eine Frage von verschiedenen Blickwinkeln aus zu betrachten, da sie nur so entscheiden können, was sie wirklich wollen. Sie kennen meine Ansichten. Ich möchte wissen, was sie denken und ob sie unterschiedliche Sichtweisen in ihr Denken mit aufnehmen.» Daß man Dinge aus unterschiedlichen Perspektiven sehen kann, ist für Claire in Gesprächen mit ihren Töchtern überaus wichtig. Das ging so weit, daß sie in einem Gespräch über Abtreibung, in dem ihre Tochter eine Meinung vertrat, die ihrer eigenen sehr nahe kam, anregte, daß das Mädchen das Problem auch von einer anderen Seite betrachten könne. Es geht ihr nicht darum, daß ihre Töchter ihre Meinung teilen, sondern daß sie selbständig denken.

In Kapitel 4 sprachen wir davon, daß Mütter sich der Tatsache bewußt werden müssen, daß viele ihrer Entscheidungen Überlebensstrategien waren. Leider unterscheidet sich die Welt, in der junge Mädchen aufwachsen, nur unwesentlich von der ihrer Mütter, so daß die Überlebensstrategien auch heute noch ihre Berechtigung haben. Und in Zeiten, in denen es wieder schwieriger wird, eine Familie mit nur einem Einkommen zu ernähren, steigt der Druck auf Frauen, sich mit einem männlichen Gehaltsempfänger zu verbünden. Für ein Mädchen, das sich nicht in eine von romantischer Liebe geprägte Rolle hineindrängen lassen will, besteht hier ein echtes Risiko, das ihre Eigenständigkeit berührt. Sie braucht dringend die Unterstützung anderer Frauen, besonders die ihrer Mutter, will sie die Grenzen der Konventionen durchbrechen. Obwohl es für die Mutter schmerzlich ist, wenn die Tochter sich von den mütterlichen Überlebensstrategien lossagt, ist es für die Entwicklung der Tochter überaus wichtig, daß Mutter und Tochter diesen Prozeß gemeinsam angehen. Sie können sich eine enge Beziehung am ehesten erhalten, wenn die Mutter ihre Unsicherheiten, Ängste und Erfahrungen mit der Tochter teilt. Deshalb ist auch die Wiedergewinnung der Erfahrungen für die Mutter von großer Bedeutung, denn so gelangt sie zu der Sichtweise und Selbsterkenntnis, die es ihr ermöglichen, die Entwicklung ihrer Tochter besser zu begleiten und ihr eine Partnerin an wichtigen Wegkreuzungen zu sein. Wenn die Mutter sich der Zwänge bewußt wird, die ihre Entscheidungen beeinflußt haben, kann sie auch die Unterschiede zwischen sich und ihrer Tochter besser akzeptieren, und das macht es der Tochter möglich, einen anderen Lebensweg zu beschreiten.

Streit bringt uns einander näher

Wut als psychisches Signal verändert sich drastisch, wenn Mädchen in die Pubertät eintreten. Junge Mädchen verstehen, daß es in Kämpfen mit ihren Freundinnen um Kontakt geht[17], darum, sich mit einer ganzen Bandbreite von Gefühlen und Gedanken ins Gespräch – nicht selten ein lautstarkes – einzubringen. Annie Rogers und Kate O'Neill schreiben, daß «ganz junge Mädchen ihren Ärger direkt ausdrücken, häufig von kehligen Ausrufen begleitet. Die Mädchen machen klare Aussagen wie: ‹Manchmal stampfe ich dann wütend aus dem Zimmer.› Auch bestehen sie darauf, ihre Wut zu artikulieren: ‹Ich muß einfach damit rausplatzen.›»[18] Beim Eintritt in die Pubertät, wenn Mädchen ihre Verletzbarkeit angesichts der körperlichen Überlegenheit von Jungen und Männern entdekken, unterdrücken sie häufig ihre Wut und ihre Fähigkeit, sich selbst zu verteidigen.

Viele Mädchen berichten, daß die Frauen aus ihrem Umfeld ihnen vermittelten, daß Kämpfen falsch sei und Mädchen immer freundlich und brav zu sein hätten. Dieser Anspruch an die Mädchen, verbunden mit der potentiellen Gefahr, die daraus entsteht, wenn man in einer männlichen Welt wütend wird, nimmt dem Zorn der Mädchen jede Stoßkraft. Statt Mädchen beizubringen, daß sie nicht kämpfen sollen, müßten sie lernen, *wie sie kämpfen sollen.* Afroamerikanische Mädchen und Mädchen aus der Arbeiterschicht werden häufiger ermutigt, sich durchzusetzen und zu kämpfen. «Du mußt lernen, den Mund aufzumachen und für dich einzustehen», ist eine Äußerung, an die Beverly Jean Smith sich von ihrer Tante erinnert, bei der sie aufwuchs. «Laß dich nicht unterbuttern. Und lauf nicht schmollend rum. Laß dir nichts gefallen. Wir können nichts dafür, wenn wir es nicht besser wissen. Laß dich nicht rumkommandieren.»[19] Für Beverly war es klar, daß die Tante sich hier selbst mit einschloß. Viele Frauen der Mittelschicht können ihren Töchtern erst beibringen, ihre Sichtweise ernst zu nehmen und sich durchzusetzen, wenn sie selbst ihre Fähigkeit, Wut zu empfinden, wiedergefunden haben und lernen, für sich zu kämpfen.

Wir leben in einer Gesellschaft, die einerseits von männlicher Gewalt geprägt ist und in der andererseits Selbstkontrolle und Selbstdisziplin kulturelle Forderungen darstellen. Emotionale Ausbrüche sind nicht akzeptabel, sie sind schlecht und ein Zeichen von Schwäche. Doch viele junge Mädchen haben bemerkt, daß Gefühle zu einem späteren Zeitpunkt nur um so heftiger explodieren, wenn sie zurückgehalten werden. Allein männlicher Ärger wird in unserer Gesellschaft akzeptiert, denn er ist «mannhaft» und resultiert aus der «Bürde», die Männer zu tragen haben. Ansonsten gelten Gefühlsausbrüche als sentimental und weichlich. Sie sind typisch für Frauen und eine Schande für einen Mann. «Ich kann nicht kämpfen», sagen viele Frauen. «Ich fange immer an zu weinen; dann stehe ich ganz dumm da und kann nicht mehr reden.» Mit Tränen in den Augen kämpfen, das herauslassen, was nur allzulange unterdrückt wurde – das ist grundlegend wichtig, um die Stimme frei zu machen.

Einem Mädchen beizubringen, daß kämpfen, weinen und brüllen ein Zeichen von Stärke sind und nicht Schwäche, gehört zu den eindringlichsten Stimmübungen, die eine Mutter mit ihrer Tochter durchnimmt. Wie Terri Apter schreibt, «bezieht eine Tochter die Stärke, die sie braucht, nicht aus einer ruhigen, unauffälligen Beziehung zur Mutter, sondern aus einer kämpferischen Beziehung, in der die Tochter die Unterschiede zwischen sich und der Mutter herausarbeiten kann»[20]. Bonnie beschreibt sich selbst folgendermaßen: «Ich habe eine ziemlich starke Persönlichkeit. Wenn einer es mit mir aufnehmen will, muß er selbst stark sein. Aber meine Töchter haben von mir gelernt, daß ich zuhöre. Ich habe zwar meine eigenen unumstößlichen Ansichten und Gefühle, aber ich höre den Mädchen zu und nehme ihre Gedanken ernst.» Ihre Töchter setzen sich hart mit Bonnie auseinander, wenn sie unterschiedlicher Meinung sind. Wenn der Kodex vom braven Mädchen junge Menschen daran hindert, Konflikte innerhalb von Beziehungen auszutragen, werden sie auf ihre Opferrolle vorbereitet.

Wenn sich die Mutter selbst bedroht oder ohnmächtig fühlt, weil sie z. B. von ihrem Partner emotional oder körperlich unter Druck gesetzt wird, dann wagt die Tochter es nicht, sich mit der Mutter auseinanderzusetzen. Die Situation ist insgesamt zu bedrohlich, als daß die Mutter die Tochter bei ihrer Persönlichkeitsfindung unterstützen könnte. Die Mutter ist dann so sehr auf Unterstützung angewiesen, daß die Tochter alles tun wird, um für ihre Mutter «dazusein». Es findet eine Umkehrung der Mutterrolle statt, wenn die Tochter zur Zuhörerin und Beraterin ihrer Mutter wird. Die sechzehnjährige Marta erlebt tiefe Konflikte in ihrer Beziehung zur Mutter, die vom Vater mißbraucht wird. Sie berichtet, daß ihre Mutter sie wegen ihrer Situation anschreit und daß die Gefühle der Mutter an ihr nagen. Marta versucht, im Leben der Mutter kein Problem zu sein und ihre Mutter zu ermutigen, den Vater zu verlassen. Die Offenheit und Besorgnis der Tochter ermutigen die Mutter, ihre Tochter zur Vertrauten zu machen. Oberflächlich betrachtet mag diese Beziehung sehr eng erscheinen, schaut man jedoch genauer hin, dann erkennt man in einer solchen Situation häufig, daß die Stimme der Tochter nur zur Unterstützung der Mutter ertönt. Die Tochter berät die Mutter und bietet eine Perspektive an, die die Mutter unterstützt und deren Bild von der Tochter bestätigt. Häufig verbirgt sich hinter einer scheinbar engen Mutter-Tochter-Beziehung ein brüchiges Verhältnis. Wenn die Mutter das Muster aufdecken und benennen kann und ihrer Tochter beibringt, mit ihr zu kämpfen, vermittelt sie dem Mädchen die Fähigkeit, sich in der Welt durchzusetzen.

Für Kämpfe zwischen Mutter und Tochter gibt es – wie für alle Wortgefechte – ungeschriebene Regeln, an die beide Beteiligten sich halten sollten. Die Kardinalregel besagt: Es ist nicht erlaubt, das Gegenüber zu erniedrigen oder geringschätzig zu behandeln. So sind z. B. Bemerkungen über Aussehen, Gewicht oder körperliche Veränderungen für ein heranwachsendes Mädchen sehr verletzend. «Meine Mutter ist nie böse geworden», sagte Sharon, «sie hat immer nur schneidende Bemerkungen über mein Gewicht gemacht. Wenn ich Kummer hatte, tat sie so, als ob sie mir helfen wolle, aber eigentlich war sie gemein.»

Man kann sich absichern, indem man dem Gegenüber erklärt, welche Wirkung dessen Verhalten hat:

Wenn du das tust, fühle ich mich... weil ich weiß, glaube, meine...

Wenn du mich immer mit Fragen löcherst, statt zu schlafen, ärgert mich das, denn obwohl ich weiß, daß du Angst vorm Einschlafen hast, brauche ich abends einfach Zeit für mich.

Wenn du laufend freche Antworten gibst, verletzt mich das, weil ich das Gefühl habe, du interessierst dich nicht für das, was ich sage.

Wenn du mir nicht sagst, wo du hingehst, werde ich vor Angst verrückt, obwohl du verantwortlich und umsichtig bist. Ich habe das Gefühl, daß du mich belügst, weil du etwas Gefährliches vorhast, sonst würdest du mir ja die Wahrheit sagen.

Wenn man sich so einander nähert, Gefühle zuläßt, sie in Worte faßt und die tiefe Wirkung erkennt, die wir aufeinander haben, sind das wichtige Stimmübungen. Solche Kampfsituationen teilen der Tochter mit, welche Konsequenzen ihr Verhalten innerhalb einer Beziehung hat. Für eine Mutter, die sich schwer damit tut, ihre Wut oder andere Gefühle direkt auszudrücken oder offen mit ihrer Tochter zu sprechen, sind solche Gespräche der richtige Einstieg. «Jedesmal, wenn ich meiner Mutter widersprach, fing sie an zu weinen», erinnert sich Michelle. «Nie konnte ich sagen, was ich dachte, weil sie immer so betroffen war, und ich kam mir dann wie ein Ungeheuer vor.» Einerseits hat Michelles Mutter eine Situation ermöglicht, in der die Tochter über ihre Gefühle sprechen konnte, aber die übergroßen Ängste der Mutter (die wahrscheinlich mit ihrer Furcht vor dem Verlassenwerden zu tun haben) verhindern echte Kommunikation.

Viele Frauen sind verletzt, wenn ihre Töchter mit ihnen streiten. Oder aber sie wissen nicht, wie sie ihren Töchtern sagen sollen, daß sie verärgert sind. Doch über Ärger zu sprechen – vielleicht nicht in der Situation selbst, sondern zu einem späteren Zeitpunkt –, ist auch eine gute Übung. So hätte Michelles Mutter sagen können: «Wenn du mir widersprichst, tut mir das weh, weil es wichtig ist, daß wir uns nahe sind», oder: «Ich kann mich nicht richtig streiten, denn ich habe es nie gelernt. Aber trotzdem ärgere ich mich fürchterlich darüber, daß...» Je mehr Mütter und Töchter über das reden, was sie unterscheidet, und offen miteinander umgehen, desto näher kommen sie sich. Es ist ein Paradox der zwischenmenschlichen Beziehungen, daß genau die Dinge, die wir uns nicht zu sagen wagen, weil wir befürchten, dann abgelehnt zu werden (Ach, so denkst du darüber! Dann habe ich dich nicht mehr lieb), uns zu einer tieferen und erfüllteren Verbindung führen würden, wenn wir sie offen ansprächen.

Töchtern das Streiten beizubringen ist nicht immer leicht, und manchmal rasten Mütter aus. Aber auch das kann für ein Mädchen eine wichtige Lektion sein, denn jeder von uns wird einmal an seine Grenzen gedrängt. «Einmal habe ich geweint und geschrien, daß ich nicht mehr bei ihnen sein will, daß mich das alles wahnsinnig macht», erinnert sich Faith, eine alleinstehende Mutter mit zwei kleinen Kindern. «Danach habe ich mich ganz schrecklich gefühlt – der Ausdruck auf ihren Gesichtern war wie ein Messerstich in mein Herz. Aber ich habe ihnen gesagt, daß ich sie liebhabe und daß ich manchmal, wenn ich zuviel arbeiten muß, Dinge sage, die ich nicht meine. Dann haben sie mir gesagt, wie sehr sie sich gefürchtet haben, und wir haben alle zusammen geweint. In den nächsten Tagen sind sie auf Zehenspitzen um mich herumgeschlichen. Ich habe versucht, ihnen ihre Angst zu nehmen.» Auch wenn die Erklärung «Ich bin auch nur ein Mensch» nicht immer als Entschuldigung für Gedankenlosigkeit herhalten darf, zeigt sie Mädchen dennoch, daß sie nicht perfekt sein müssen, daß sie verletzbar, wütend, traurig – und einfach menschlich sein können.

Susan, Mutter zweier Mädchen, erinnert sich an einen Vorfall, der ihr sichtlich peinlich ist. «Erst letzte Woche – die Erinnerung ist noch ganz frisch – bin ich völlig ausgerastet – ich habe geschrien und getobt und war völlig außer mir. Dann habe ich mich entschuldigt und ihnen erklärt, was in dem Moment passiert war. Wenig später kam meine älteste Tochter zu mir und sagte, daß sie es hasse, wenn ich so außer mir sei. Sie meinte: ‹Für mich bist du jemand, der ganz stark ist. Wenn du ausrastest, krieg ich richtig Angst. Wie soll ich denn einen kühlen Kopf bewahren, wenn du es nicht kannst?›» Susan stellte mit einiger Sorge fest, daß ihre Tochter sich immer unter Kontrolle zu halten versuchte. Eine andere Mutter versucht mit ihren Ausbrüchen so umzugehen: «Ich finde es wichtig für meine Kinder zu sehen, daß ich ausrasten kann, aber eine Stunde später oder am nächsten Tag bin ich wieder auf der Reihe. Ich sage einfach zu meinen Kindern: ‹Ich bin mit meinen Nerven am Ende; ich brauche jetzt einfach Zeit für mich, dann geht es wieder vorbei.› Dann sehen sie, daß man diese Gefühle haben kann und sich wieder in den Griff bekommt. Wahrscheinlich geht es einem besser als vorher.» Wenn wir vor unseren Töchtern gewaltlos ausrasten, zeigt es ihnen, daß man seinen Zorn, seine Frustration oder Trauer ruhig ausleben kann, ohne daran zu zerbrechen oder verstoßen und aus der Beziehung ausgeschlossen zu werden.

Die Wahrheit

Was können Frauen ihren Töchtern über ihr Leben sagen? Die Antwort auf diese Frage ist einfach und komplex zugleich. In einem Wort: die Wahrheit. Mädchen lernen viel, wenn man ihnen die Wahrheit über das Leben von Frauen sagt. Doch was bedeutet hier «Wahrheit»?

«Eine ehrliche menschliche Beziehung», schreibt Adrienne Rich, «eine, in der zwei Menschen mit Recht das Wort ‹Liebe› benutzen, ist ein schwieriger, oftmals heftiger und beängstigender Prozeß, in dem die Wahrheiten, die man sich gegenseitig erzählen kann, ständig neu definiert werden.» Wahrheit und Liebe sind beides dynamische Prozesse und nicht Zustände. «Es ist wichtig, das zu tun», fährt Rich fort, «da es Selbsttäuschung und Isolation durchbricht; weil wir so unserer eigenen Komplexität gerecht werden; und weil es nur wenige Menschen in unserem Leben gibt, die so offen mit uns reden.»[21] Wenn Töchter wollen, daß ihre Mutter jemand ist, die «so offen mit ihnen redet», dann müssen beide bereit sein, die Wahrheit zu sagen.

Eine der gefährlichsten Lektionen, die junge Mädchen traditionellerweise von Frauen lernen, ist die Stimmlage des ‹Falsetts›: eine hohe, schrille Stimme, die die tieferen und möglicherweise dunklen Aspekte der Persönlichkeit leugnet. Carla, die in die achte Klasse geht, behauptet, daß sie hören kann, daß ihre Mathelehrerin Lieblinge in der Klasse hat, denn wenn sie nach einem Lieblingsschüler jemanden aufruft, der nicht zu den Lieblingen gehört, dann «verändert sich ihre Stimme, und man hört es ganz deutlich». Wenn Mütter ihre Gefühle und Gedanken vor ihren Töchtern verbergen wollen – und damit im wesentlichen die Beziehung mit ihnen beenden –, lernen Mädchen aus Mienenspiel und Stimmlage, wie man echte Gefühle mit einer falschen Fassade überdeckt. Diese Lektionen sind der Schlüssel dazu, wie man Mädchen beibringt, sich abzutrennen und ihre Eigenständigkeit aufzugeben. Frauen verbergen ihre Wut hinter hochgezogenen Augenbrauen, weit aufgerissenen Augen und einer Stimme, die sich ungefähr eine Oktave über der Normalhöhe bewegt, wodurch sie ausdrücken wollen: Ich? Bei mir ist alles in Ordnung! Die Verleugnung grenzt auch Mädchen und deren Welt aus. Mädchen erkennen das ‹Falsett› und begreifen, daß man Frauen nicht trauen kann. Sie können dann versuchen, diese Frau auf die Wahrheit zu stoßen, doch wenn sie aus Erfahrung wissen, daß die Frau sich weigert, der Wahrheit ins Gesicht zu sehen, wenden sie sich ab. Mädchen erkennen, daß ihre Mütter die Wahrheit über ihr Leben mit einem falschen Lächeln überdecken, was gleichzeitig eine Aufforderung an die Tochter ist, sich anzupassen. Eine Tochter fühlt sich übel hintergangen, wenn die Mutter eine Lüge lebt und das heranwachsende Mädchen auf denselben Weg locken will. Mädchen wollen eigentlich genau dasselbe, was auch Frauen immer in einer Beziehung wollten: Ehrlichkeit, Offenheit, Respekt, Anteilnahme und Verantwortung.

Heranwachsende Mädchen sind wandelnde Lügendetektoren. Sie können Unechtheit und Heuchelei aus meilenweiter Entfernung erkennen. Lonni, die Mutter der zwölfjährigen Melinda, lebte gerade in Scheidung. An einem Sonntag sagte Lonni zu Melinda am Ende des Gottesdienstes: «Laß uns schnell gehen. Ich will nicht, daß jemand – auch wenn er es freundlich meint – auf mich zukommt, seine Hand auf meinen Arm legt und mit einem teilnahmsvollen Blick in meine Augen sagt: ‹Wie geht es Ihnen denn?›» Melinda stimmte ihr zu: «Ich weiß. Ich hasse das.» Lonni fragte überrascht: «Machen sie das bei dir auch?» – «Nein», erwiderte die Tochter, «aber du machst das ständig, daher weiß ich, wie das ist.» So wie Lonni dankbar für die Anteilnahme ihrer Freunde war, aber auf ihre mitleidigen Blicke verzichten konnte, wünschte sich auch

Melinda Anteilnahme, aber kein Mitleid, das herablassend wirkt und keine echte Sorge ausdrückt. Genau die Dinge, die Frauen in Beziehungen zu anderen Menschen beklagen, irritieren Mädchen in ihren Beziehungen zu Frauen. Trotz ihrer Jugend haben sie ein klares Gefühl, was Ehrlichkeit in Beziehungen angeht.

Für Lesbierinnen, die ihren Töchtern die Wahrheit über ihre sexuelle Orientierung sagen müssen, ist es wichtig zu wissen, daß die Kinder einen guten Spürsinn für Ehrlichkeit in Beziehungen haben. Mädchen, deren Mütter lesbisch sind, fangen schon früh an, sich mit der Dynamik der Beziehungen auseinanderzusetzen, schon deshalb, weil sie häufig zwei Mütter haben. Für Frauen, die sich erst zu einem späteren Zeitpunkt für ein Leben mit Frauen entscheiden, stellt sich die Wirklichkeit anders dar. Es erfordert schon einigen Mut, mit Mädchen offen und ehrlich über eine tiefe und schmerzliche Unterdrückung zu reden, die bedeuten kann, daß sie die Tochter durch gerichtlichen Beschluß oder aufgrund der eigenen Verwirrung verliert. Als Jeanette ihrer noch sehr jungen Tochter erklärte, daß sie sich für ein Leben mit einer Frau entschieden habe, fragte das Mädchen besorgt: «Wäre es nicht leichter, wenn du mit einem Mann leben würdest?» Jeanette gab zu, daß ihre Entscheidung in einer heterosexistischen Welt sowohl für sie als auch für ihre Tochter Schwierigkeiten mit sich brachte, aber sie sprach auch darüber, daß liebevolle und ehrliche Beziehungen an sich schon eine Herausforderung an die Gesellschaft seien. Auf diese Weise nutzte Jeanette die Gelegenheit, über Liebe und Sexualität zu sprechen.

Jede Mutter hat die Möglichkeit, über ihre eigenen Kämpfe und Strategien offen zu sprechen, auch wenn das schmerzlich oder beschämend sein kann. Sie kann die Wirklichkeit als die ihre erkennen, die nicht auch das Schicksal ihrer Kinder sein muß. «Ich erzähle meinen Töchtern, daß ich mein ganzes Leben lang mit meiner Abhängigkeit von Männern gekämpft habe», sagt Barbara. «Sie verstehen das. Ich bin nicht stolz darauf, und sie geben mir ihren Unmut deutlich zu verstehen, wenn meine Abhängigkeit mein Urteil über sie beeinträchtigt. Ich habe ihnen erklärt, daß ich zu dieser emotionalen Abhängigkeit erzogen worden bin. Schon die Tatsache, daß sie mit dieser Abhängigkeit leben müssen, macht dies zu einer schwierigen Situation für sie. Aber es ist mir bewußt, daß sie in einer anderen Zeit groß werden. Sie brauchen sich nicht in eine solche Abhängigkeit begeben – nicht so wie ich.» Wenn eine Mutter sich zu ihren eigenen Schwierigkeiten und Kämpfen bekennt und sie in den zeitlichen Kontext ihrer Generation stellt, ermöglicht sie ihren Töchtern, für sich andere Entscheidungen zu treffen. Und wenn sie die Wahrheit sagt, hat die Tochter die Möglichkeit, von ihrer Mutter zu lernen; denn die Mutter erkennt, daß sich für ihre Tochter andere Wahlmöglichkeiten ergeben.

Die Wahrheit zu sagen ist nicht gleichbedeutend damit, daß die Mutter der Tochter alles anvertraut und sie in ihre Lebensgeschichte einweiht. Wenn die Tochter die Möglichkeit hat, die Entscheidungen der Mutter zu hinterfragen oder ihre eigenen Probleme anzusprechen, kann die Mutter die Wahrheiten, die sie preisgibt, begrenzen und erliegt nicht der Versuchung, der neugierigen und interessierten Tochter ihr ganzes Leben zu enthüllen. Sollte ein Mädchen sich für Aspekte aus dem Leben der Mutter interessieren, die zu intim erscheinen (wie die Beziehung zum Partner bzw. zur Partnerin), kann die Mutter auch ehrlich zugeben, daß es ihr unangenehm ist, mit der Tochter darüber zu sprechen. Auch kann die Mutter, wenn die Tochter einen Punkt im Leben ihrer Mutter anspricht, der für sie ein ungelöstes Problem darstellt, ihre Schwierigkeiten zugeben, ohne über Einzelheiten zu reden oder die Tochter in die Suche nach einer Lösung einzubeziehen. Wenn die Tochter Einblick in das Leben ihrer Mutter erhält, erkennt sie die Unterschiede und sieht sich selbst als einer anderen Generation zugehörig und kann eine andere Lösung für ihre Probleme anstreben. «Daß ich mein Leben von einer anderen Warte sehen kann als meine Mutter ihres, liegt wahrscheinlich daran», sagt Paula, «daß ich ein Stipendium für ein College bekommen habe und die Ratschläge meiner Mutter – die aus der Arbeiterschicht kam – auf mich gar nicht zutrafen. Obwohl meine Mutter immer sagte, daß ihr Los das Los aller Frauen sei, konnte ich mir diese Frage gewissermaßen offenhalten, weil ich mich in eine Welt begab, die weit von der meiner

Mutter entfernt war.» Allerdings hatte sie diesen Freiraum nicht als Gabe von ihrer Mutter erhalten, sondern mußte ihn sich selbst nehmen.

Die Wahrheit zu sagen ist nicht leicht und muß geübt werden. Am besten, wir fangen gleich mit dem Punkt an, an dem wir uns gerade befinden: mit den Unsicherheiten und Überzeugungen, mit Liebe und Ärger, mit Frustrationen und Stolz. Wer die Wahrheit sagt, spricht aus eigener Erfahrung – *das habe ich erlebt* – und nicht über die eigene Meinung. Die Wahrheit sagen und zuhören, um zu lernen – diese beiden Fähigkeiten passen gut zusammen, denn in ihnen gibt man ein Stück von sich selbst. Wenn eine Mutter, nachdem sie ihrer Tochter zugehört hat, die Wahrheit ihrer eigenen Erfahrung als Antwort anbietet (ohne dabei zu vergessen, daß die Tochter in einer anderen Zeit groß wird), entwickelt sich ein Dialog, durch den Mutter und Tochter sich näherkommen können.

Ein freches Mundwerk oder kluge Antworten

«Mir macht es Sorgen», sagte Susan, «daß meine Tochter ihre Stimme nicht aufgibt, sondern sich im Gegenteil Probleme aufhalst, weil sie nicht darauf verzichtet, ihre Meinung zu sagen.» Susan erzählt die Geschichte ihrer Tochter Alison, die einen Zeitungsartikel darüber gelesen hat, daß Mädchen in der Pubertät den Mut verlieren, sich zu äußern. Alison war fest entschlossen, sich nicht unterkriegen zu lassen, und spricht seither sehr unverblümt. «Sie liegt mit ihrem Geschichtslehrer im Clinch, der nicht besonders klug ist», berichtet Susan. «Er hat der Klasse einige Sachen über den Holocaust erzählt, die nicht stimmen, und meine Tochter hat ihn berichtigt. Sie hinterfragt ihn ständig während des Unterrichts. Inzwischen glaube ich, daß er nicht gut auf sie zu sprechen ist.» Susan geht zwar mit ihrer Tochter zu dem Lehrer und redet mit ihm, aber gleichzeitig will sie ihrer Tochter eine Strategie vermitteln, wie sie mit ihrer Stimme umgehen kann. Wenn ein Mädchen kein Blatt vor den Mund nimmt, hält man es oft für einen Störenfried. «Ich bin mir sicher, wenn Alison ein Junge wäre, wäre der Lehrer längst nicht so sauer», stellt Susan fest. «Wahrscheinlich würde er denken, daß ein Junge angeben und zeigen will, was er alles weiß, und der Lehrer würde es sich maulend gefallen lassen. Aber bei einem Mädchen ist das etwas anderes; Mädchen dürfen nicht so helle sein.» Susan versucht ihrer Tochter beizubringen, daß sie ihre Fähigkeit zu sprechen klug einsetzen soll und daß Schweigen auch eine Möglichkeit ist. Die fünfzehnjährige Sharmaine erzählt eine Geschichte, bei der es einem kalt über den Rücken läuft: ein Gleichaltriger hat sie mit einer Pistole bedroht. «Ich hab ihn angebrüllt und gesagt, er soll so einen saublöden Quatsch nie wieder mit mir machen. Hör auf, mir mit diesem Ding unter der Nase herumzufuchteln.» Sharmaine hatte Glück, obwohl sie die Situation wohl richtig eingeschätzt hatte. Wenn wir Mädchen beibringen, verantwortlich für sich selbst zu handeln, dürfen wir aber nicht zulassen, daß sie in gefährliche Situationen geraten, in denen sie verletzt werden können. Von Mädchen, die sich nicht zurückhalten, sagt man, sie hätten ein loses Mundwerk. Es liegt an Frauen, ihnen zu vermitteln, wie sie klug reden.

Für Mütter, die ja einer anderen Generation angehören, ist es nicht immer leicht einzuschätzen, wo die tatsächlichen Risiken für ihre Töchter liegen. «Meine Tochter hat ein loses Mundwerk», sagt Ingrid. «Ich finde das toll, aber es macht mir auch angst. Neulich fuhren wir mit dem Auto, als ein Typ neben uns hielt und eine unflätige Bemerkung machte. Daraufhin hat Cara ihn regelrecht zusammengestaucht – sie hat ihm in den schlimmsten Tönen gesagt, daß er verschwinden solle. Ich dachte, ach du lieber Himmel! Eines Tages bringt sie einer um wegen ihrer Klappe.» Vielleicht aber hatte Cara das Risiko der Situation richtig eingeschätzt, und ihre Mutter macht sich Sorgen, weil sie nicht weiß, ob Cara ihre Stimme auch auf diese Weise in Situationen erhebt, in denen sie wirklich gefährdet ist. Dazu kommt, daß Ingrid gelernt hat, daß es äußerst gefährlich ist, freche Bemerkungen Männern gegenüber zu machen, die Frauen anpöbeln, während Cara auf eine Schule geht, in der rauhe Sitten herrschen und sie Jungen unmißverständlich sagen muß, wo sie es sich hinstecken können. Wenn Mütter und Töchter sich klar darüber werden, welche unterschiedlichen politischen Wirklichkeiten sie als Frauen in einer männlichen Welt erleben, können sie ihre Strategien miteinander bereden. Dieser Prozeß bietet Müttern eine weitere Gelegenheit, ihre Fähigkeit, für sich selbst zu sprechen, zurückzugewinnen und neu darüber nachzudenken, was man in einer patriarchalischen Gesellschaft sagen kann und was nicht. Mädchen können lernen, daß sie Schweigen zu ihrem Vorteil einsetzen können, während Mütter vielleicht lernen, häufiger öffentlich zu sprechen. Wichtig ist, daß sie lernen, selbst zu entscheiden, statt sich den Mund verbieten zu lassen bzw. immer einen Kommentar abgeben zu müssen. Wenn Mädchen nicht nur lernen, *daß* sie, sondern auch *wie* sie Stimme, Vernunft und Lebenskraft einsetzen können, geben wir ihnen den Mut, in einer patriarchalischen Gesellschaft den Mund aufzumachen.

Stimmübungen

Indem wir Frauen lernen zuzuhören und zu hören, um zu lernen, entdecken wir, wie unser eigenes Leben geformt ist. Unsere Töchter lernen von uns und wir von ihnen. Dieser Lern- und Wiedergewinnungsprozeß ist ein Akt der Liebe. Adrienne Rich beschreibt Liebe als den «Prozeß, in dem die Wahrheiten neu definiert werden», die wir uns sagen können. Der in einer patriarchalischen Gesellschaft definierte und glorifizierte Begriff der Liebe steigt wie der Phönix aus der Asche des Verlusts neu empor: im Liebesakt suchen wir nach einem idealisierten Ersatz für das, was wir verloren haben. Diese vergebliche Suche nach der perfekten Liebe, die uns nie verläßt, verstößt oder enttäuscht, macht uns für die Wirklichkeit und Wahrheit derjenigen blind, die wir lieben und von denen wir geliebt werden wollen. Mütter haben Angst, ihre heranwachsenden Töchter zu verlieren, und neigen deshalb dazu, die Nähe zu ihnen zu idealisieren und Unterschiede zu leugnen. Der Gefühlsaustausch zwischen Mutter und Tochter gerät ins Stocken, weil idealisierte Vorstellungen von Nähe und Forderungen nach Perfektion ihn behindern. Und wenn die Unvollkommenheit der Beziehung dann offensichtlich wird, sind es die Töchter, die sich unbeliebt, verkannt und verlassen fühlen. Stimmübungen sorgen dafür, daß die Beziehung zwischen Mutter und Tochter auf der Basis der wahren und eigentlichen Erfahrungen der beiden besteht. Wie nah oder ähnlich sie sich auch sein mögen, sie sind nicht derselbe Mensch. Im Gegensatz zur romantischen Liebe entsteht wahre Liebe, wenn man einen anderen Menschen als das, was er ist, kennt, und nicht als das, was wir gern in ihm sehen würden. Wichtig für die Liebe zwischen Mutter und Tochter ist, daß beide die Unterschiede erkennen und sich dennoch eine Verbindung erkämpfen. Stimmübungen sind die eigentliche Basis für eine Verbindung zwischen Mutter und Tochter, die das Mädchen bei dem Zusammenprall mit der Wand der Kultur vor Zersplitterung schützt. Durch Stimmübungen lernt das Mädchen, seine Bedenken angesichts der ungleichen Beziehung zu äußern. Eine Verbindung zwischen Mutter und Tochter, gewachsen auf der Basis von Wissen und Wahrheit, läßt die Liebe in soziales Handeln einfließen. Ein Miteinander von Mutter und Tochter gehört zu den Strategien des Widerstands und fördert eine authentische Beziehung, die nicht auf Selbstverneinung oder Unterwürfigkeit fußt. Ihr Ziel ist die gegenseitige Stärkung.

6 *Strategien des Widerstands 3: Gemeinsam sind wir stark*

> Und Frauen wiederum, die sich von Mädchen deren Einssein mit ihrem Körper, die Direktheit und den Mut abgeguckt haben, können den Wunsch der Mädchen nach einer Beziehung und nach Wissen fördern und ihnen die Sicherheit geben, daß sie sagen können, was sie wissen, und nicht allein gelassen werden.
>
> *Carol Gilligan*
> *«Joining the Resistance»*

Im März 1992 versammelten sich Mütter und Töchter im Wellesley College, um zu überlegen, was die Mütter gegen den an den Schulen grassierenden Sexismus unternehmen könnten. Eine kleine Gruppe von Müttern und Töchtern saß im Kreise und tauschte im Rahmen des Workshops «Der versteckte Lehrplan – Gewalt gegen Mädchen an Schulen» Erfahrungen aus. Ein Mädchen berichtete, daß sie von einem Lehrer auf unangemessene Weise berührt worden sei. Alle Mädchen in der Schule wußten über diesen Lehrer Bescheid, aber keines hatte es je gewagt, etwas gegen ihn zu unternehmen. Das Mädchen wollte nicht, daß er wieder einmal ungeschoren davonkomme, und erzählte ihrer Mutter von dem Vorfall. Die Mutter war außer sich und rief sofort eine andere Mutter an, deren Tochter von einem ähnlichen Erlebnis mit demselben Lehrer berichten konnte. Diese Mutter nun zögerte und wand sich – was die erste Mutter sehr überraschte –, bis sie schließlich erklärte, daß ihre Tochter im Unterricht dieses Lehrers sehr gute Leistungen zeige und daß man sich, nun ja, keinen Ärger einhandeln wolle.

Das andere Mädchen in dieser Geschichte hat sich nicht als «braves Mädchen» hinter ihrem Schweigen versteckt: sie leistete Widerstand. Sie vertraute auf ihre Erfahrung und konfrontierte den Lehrer – der ja die Macht hatte, sie zu benoten und als verrückt, dumm oder unehrlich zu bezeichnen. Die Mutter unterstützte ihre Tochter darin, mit der Wahrheit herauszukommen. Sie spielte das Erlebnis ihrer Tochter nicht herunter und überredete sie auch nicht, ihre Sichtweise und Einschätzung des Vorfalls zu ändern. Weder nahm sie ihrer Tochter die Angelegenheit ab, noch ließ sie sie mit der Situation allein. Sie verbündete sich mit ihrer Tochter und setzte ihre Autorität ein, um eine Aktion ins Leben zu rufen und gemeinsam mit anderen Frauen für eine Veränderung zu kämpfen.

Während die Mutter einerseits ihre Erfahrungen in einem andauernden Prozeß für sich zurückgewinnt und die Stimmübungen andererseits die Grundlage für eine einfühlsame Beziehung zwischen Mutter und Tochter legen, können beide in gemeinsamer Aktion die Welt um sich her erforschen und kritisch durchleuchten. Wenn Mütter sich mit ihren Töchtern zusammentun, wirken sie den Trennungsabsichten der Kultur entgegen.

Nach traditionellen Entwicklungstheorien und landläufigen Meinungen hilft die Mutter ihrer Tochter am meisten bei dem Prozeß des Erwachsenwerdens, wenn sie die Abnabelung vorantreibt. In einer Zeit, da die Erfahrungen der Tochter möglicherweise schmerzliche und schwierige Erinnerungen an die Jugend der Mutter wecken, hat die Möglichkeit, sich von dem Auslöser dieses Schmerzes zu trennen, einen verständlichen Reiz, besonders dann, wenn man gesagt bekommt, daß dies der richtige Weg sei. Wenn Frauen diesem Drang widerstehen, haben sie die Möglichkeit, für ihre Töchter das Trauma eines Lebens als Frau in einer feindlichen Umgebung zu mildern. Verbindung, nicht Trennung, bewirkt, daß Mädchen stark und heil bleiben. Liebe, Einssein mit sich selbst und Hartnäckigkeit ebnen den Weg zu einer dauerhaften Beziehung in der Phase des Heranwachsens, wodurch die Widerstandsfähigkeit des Mädchens wächst.

Wie wir schon erklärt haben, ist die Krise des Heranwachsens eine Krise der Verbindung bzw. Trennung. Innerhalb unserer Gesellschaft sehen Mädchen sich häufig gezwungen, sich Männern anzuvertrauen und von ihnen Schutz und Liebe zu erbitten, wenn sie als Frauen überleben wollen. Ob Frauen nun den Weg der romantischen Liebe gehen oder nicht, in jedem Fall wird als Preis für das

Erwachsenwerden von ihnen gefordert, daß sie einen Teil ihrer Persönlichkeit aufgeben. Das Trauma der Initiierung in das Erwachsenenleben wird gemindert, wenn Mädchen echte Wegbegleiterinnen haben. Wenn Mütter sich mit ihren Töchtern verbünden, wirkt das gegen die Trennung. Die Identifizierung der Tochter mit ihrer Mutter kann eine Quelle von Selbstachtung und Stärke sein und ein Gegengewicht zu Selbsthaß und perfektionistischer Wut bilden.

Der gemeinsame Eintritt in die patriarchalische Gesellschaft

Überall in der patriarchalischen Kultur empfängt man die Botschaft, daß Frauengemeinschaften aufzubrechen seien, Mütter die Schuld haben und der Pfad der romantischen Liebe der einzige Weg sei. Werbeplakate, Zeitschriften, Film und Fernsehen vermitteln uns unterschwellig, daß für Frauen der Weg zum Erfolg darin besteht, daß sie sich von anderen Frauen lösen und sich mit Männern verbinden. Die Freundinnen der Tochter wiederholen die Worte der herrschenden Kultur: «Deine Mutter will, daß du ihr kleines Mädchen bleibst – sie läßt dir keine Freiheiten.» Wenn man Unterstützung braucht oder annimmt, wird das leicht mit Abhängigkeit verwechselt. Amerikanische Kulturikonen, die den rauhen, unverwüstlichen Individualismus – z. B. im Marlboro-Mann – verkörpern, stellen die Bemühungen des einzelnen über das kollektive Handeln. Eindeutig handelt es sich hierbei um einen Mythos, denn keiner erreicht etwas ganz allein. In dem Bündnis, das Frauen mit Mädchen eingehen, soll die Frau nicht in der Rolle der Retterin auftreten, sondern teilnehmen, im Namen des Mädchens Einfluß geltend machen und ein erfülltes Leben anstreben. Alice beschreibt das so: «Meine Mutter ist richtig cool. Sie sagt zum Beispiel: ‹Was ist geschehen? Was hast du vor? Wenn du das wirklich willst, dann warne alle anderen, denn jetzt kommen wir! Keiner kann meine

Mädels daran hindern, das zu erreichen, was sie sich vorgenommen haben!›»

Bonnie erinnert sich an die Zeit, als ihre älteste Tochter Alethea diesen traditionellen Botschaften – die von ihren Freundinnen verkündet wurden – Gehör schenkte. «Sie war mit ihren Freundinnen ausgegangen und hatte mir gesagt, daß sie bei einer Freundin sein würde, was nicht stimmte», erzählt Bonnie. Bonnie erinnerte sich an ähnliche Täuschungsmanöver aus ihrer Jugend, mit denen sie sich von der Mutter lösen wollte. «Ich habe eigentlich nur gesagt: ‹Hör auf damit›», sagt Bonnie lachend, «‹ich bin nicht dein Feind. Ich will, daß du aufwächst und deine Freiheit hast.› Ich habe ihr erklärt, daß ich sie liebe und daß sie mich nicht anlügen oder ausschließen muß, um sich ihren Freiraum zu sichern.» Bonnie erklärte ihrer Tochter, daß ihr Bewegungsraum nicht unfair eingegrenzt werde, was ja nach Aletheas Meinung das war, was die Mütter der anderen Mädchen taten. Obwohl Bonnie merkte, daß Alethea sie nicht richtig verstanden hatte, ließ sie nicht locker. «Als die Situation sich wiederholte, habe ich ihr dasselbe noch einmal gesagt», erzählt Bonnie. «Ich habe ihr erklärt, daß es mich zutiefst verletzen würde, von ihr ausgeschlossen zu werden. Es ist nur zweimal vorgekommen, dann hatte sie es begriffen.» Bonnie versprach, Alethea genau zuzuhören und sie fair zu behandeln, und Alethea versprach, ehrlich zu ihrer Mutter zu sein. Beide bemühen sich, ihr Versprechen zu halten, so daß eine intensive und lebendige Beziehung entstanden ist.

Mädchen brauchen ihre Mutter als Verbündete in einer Zeit, da sich unter Gleichaltrigen mit zunehmendem Alter Szenen brutalster Machtkämpfe abspielen. Die grausamen sozialen Intrigen, zu denen Mädchen fähig sind, sind äußerst schmerzhaft für Mütter, die sie ja passiv miterleben und sich an ähnliche Situationen zurückerinnern, in denen sie auch ohnmächtig waren. Für Mädchen ist eine enge Freundin sehr wichtig (obwohl ein heranwachsendes Mädchen berichtet, ihre Mutter hätte behauptet, wenn sie keine beste Freundin hätte, würde sie auch nicht in eine Cliquenwirtschaft hineingeraten).

Als Gloria in die siebte Klasse kommt, ist keine ihrer engsten

Freundinnen in derselben Klasse, aber die «beliebten Kinder» gehören dazu. Vorsichtig nähert Gloria sich Kathy. Die knospende Freundschaft der beiden erregt die Aufmerksamkeit der Anführerin der Clique, eines Mädchen namens Mary, das die vorhandene Ordnung erhalten möchte. Mary ist aufgefallen, daß Scott, der nicht zum Zentrum der Clique gehört, Gloria gut leiden kann. Mary entwickelt eine Strategie, die mehrere Gruppenmitglieder einbezieht und deren Ziel es ist, Scott für Kathy zu interessieren, so daß sein Interesse an Gloria nachläßt. Mary hat Scotts Wunsch, zum Zentrum der Clique zu gehören, und Kathys Eifersucht richtig einkalkuliert und erreicht, daß Gloria isoliert wird. Die Angelegenheit gipfelte in einem Brief, den Mary verfaßt und den die ganze Klasse – einschließlich Scott und Kathy – unterschrieben hatte, in dem die Gründe dargelegt wurden, warum keiner Gloria leiden mochte. Gloria ist am Boden zerstört. Nach und nach erzählt sie ihrer Mutter die Geschichte. Ihre Mutter ist über die Gemeinheit erbost, aber ihre erste Reaktion ist: «Hast du ihnen etwas getan? Manchmal bist du ein bißchen zu clever und schadest nur dir selbst.» Gloria ist sprachlos und stammelt: «Nein... ich meine, ich glaube nicht. Nein.» Ihre Mutter erwidert darauf: «Du darfst dir das nicht gefallen lassen» und schließt sie tröstend in die Arme. Gloria sagt nichts, aber sie wurde auch nicht aufgefordert, etwas zu sagen.

In dieser etwas ängstlichen, aber gut gemeinten Reaktion auf die sichtliche Verstörung ihrer Tochter versucht diese Mutter nicht herauszufinden, was tatsächlich geschehen ist, wie Gloria sich den Fortgang vorstellt oder was sie als Mutter tun kann. Statt dessen deutet sie an, daß ihre Tochter selbst schuld an der Situation hat. Hätte sie die Grausamkeit, mit der man Gloria behandelt hat, klar benannt und mit ihr gemeinsam überlegt, was das Mädchen tun könne, dann hätte sie sich mit ihrer Tochter gegen die brutale und wettbewerbsorientierte Machtausübung der Klassenkameraden verbündet. Wenn sie mit ihrer Tochter nach Möglichkeiten gesucht hätte, wie sie sich in Zukunft gegen solche Übergriffe wehren könne, hätte sich Gloria den Mut und die Kraft, sich zur Wehr zu setzen, wieder zurückerobert.

In dem Moment, da ein Mädchen zum ersten Mal mit der Außenwelt in Berührung kommt – angefangen mit dem Fernsehen und den Erfahrungen im Kindergarten bis hin zu Freundesgruppen und der Schule –, braucht sie eine Bündnispartnerin, die ihr bei diesen Begegnungen mit der patriarchalischen Gesellschaft zur Seite steht. «Ich wollte auf gar keinen Fall, daß meine Tochter eine Barbie-Puppe hat», erzählt Belle, «aber sie wollte unbedingt eine haben; alle ihre Freundinnen hatten eine. Ich habe also der Verwandtschaft gesagt, daß ich mich nicht überwinden könne, ihr eine zu kaufen, aber daß sie scheinbar eine brauche. Zu ihrem nächsten Geburtstag bekam sie fünf Stück.» Belles Tochter Sandra spielt mit den Barbie-Puppen – «sie sehen aus wie Mami» –, um auszuprobieren, was Frauen tun. Wenn die Mutter gemeinsam mit dem Kind die Möglichkeiten der Barbie-Puppen erforscht, statt sie Ken im Barbie-Traumhaus auszuliefern, könnten beide der Puppenwelt eine neue Dimension abgewinnen.

«Meine Töchter wollten unbedingt die Serie *Beverly Hills 90210* sehen», erzählt Susan und rollt die Augen. «Meine erste Reaktion war zu sagen: ‹NEIN! Diesen Quatsch guckt ihr euch nicht an! Ich erlaube das nicht.› Aber sie wollten es unbedingt. Alle ihre Freunde sahen die Serie, und am Tag danach sprachen sie über nichts anderes. Ich wußte, daß sie sich sehr ausgeschlossen fühlen würden, also haben wir ein Familienereignis daraus gemacht. Wir sehen uns jede Episode zu dritt an. Ich mache Bemerkungen dazu und stelle Fragen wie: ‹Meint ihr nicht, sie könnte sich auch anders verhalten?› oder ‹Wartet sie immer nur darauf, daß die Jungens zu ihr kommen?› Nach und nach haben sie angefangen, selber ihre Bemerkungen zu machen, z. B. ‹Wie kann sie sich das von ihm gefallen lassen?› Ich weiß also, daß sie die Serie mit kritischen Augen sehen und nicht einfach alles schlucken, als wäre es nur cool. Die gemeinsamen Fernsehabende machen uns Spaß. Ich glaube, ich als Mutter und auch die Kinder haben da etwas Wichtiges gelernt.» Susan läßt sich auf die Welt ihrer Kinder ein. Statt kulturelle Angebote, die ihre Kinder für sich ausloten wollen, abzulehnen und sie dadurch nur attraktiver zu machen, schließt sie sich ihren Töchtern an, interessiert sich für das, was sie denken, und bringt ihre eigenen Gefühle und Gedanken mit ein. Ihre Haltung macht deutlich, daß sie die Welt ihrer Kinder respektiert.

«Als meine Tochter Dottie mir mitteilte, daß sie bei dem Miss-San-Antonia-Schönheitswettbewerb mitmachen wolle, dachte ich im stillen: ‹Ich kann mich immer noch auf der Einfahrt vors Auto legen›», berichtet Mae, eine aktive Feministin. «Aber dann fand ich, daß das auch nichts nützen würde. Also bin ich mitgegangen und habe sie unterstützt, habe gelächelt und geklatscht. Ich muß allerdings zugeben, daß ich froh war, als sie nicht gewonnen hat.» Auch Mae läßt sich auf die Interessen ihrer Tochter ein. Mae hat über ihre Haltung zu Schönheitswettbewerben mit ihrer Tochter Dottie gesprochen, aber Dottie wollte an dem Wettbewerb teilnehmen, um zu erfahren, wie es ist, wenn man von einer Menge von Zuschauern beurteilt wird. Mae akzeptierte Dotties Wunsch und unterstützte sie. Indem Dottie sich – nur mit einem Badeanzug bekleidet – in diese Arena männlicher Sehnsüchte stürzte, setzte sie sich möglicherweise dem schwierigsten Test aus, der sich ihr bot. Sie wußte wahrscheinlich, wenn sie diese Show ungeschoren überstehe, sei sie gegen alles gewappnet. Mae sagt über ihre Töchter: «Sie waren alle starke Mädchen, und ich war sehr locker und habe sie nicht in eine bestimmte Richtung gedrängt. Und sie sind alle gute Menschen geworden.»

Diese Frauen erkennen, daß in unserer Kultur ein Keil zwischen Mütter und Töchter, aber auch zwischen Frauen generell, getrieben wird. Sie vermeiden die unnötigen Trennungen, die unvermeidlich werden, wenn ein Mädchen zur Wahl zwischen ihrer Mutter und ihrem Freundeskreis, zwischen ihren eigenen Erkundungen und den Einsichten der Mutter, zwischen ihrer eigenen Wertschätzung und der Wertschätzung ihrer Mutter gezwungen wird. Mütter, die sich der Bedürfnisse und Wünsche ihrer Töchter nach Freundschaften und nach Pop-Kultur bewußt sind, können ihren Spaß haben, wenn sie gemeinsam mit ihren Töchtern diese Welt erforschen. Wenn die Mutter die Auswüchse der patriarchalischen Gesellschaft gemeinsam mit ihrer neugierigen Tochter erkundet, erwirbt sie sich das Vertrauen des Mädchens. Dieses Vertrauen wird sich dann auszahlen, wenn Probleme auftauchen, die größere Gefahren in sich bergen. Das Verhalten der Mutter wird natürlich auch von ihrer Sensibilität und ihren Sorgen geprägt, doch muß sie deshalb die Interessen ihrer Tochter nicht abwerten. Echte Selbstachtung entsteht nicht, wenn «das Selbstbild der Mutter an die Tochter weitergereicht wird», schreibt Terri Apter, «sondern durch die Unterstützung, die die Mutter ihrer Tochter bei der Entwicklung ihrer Selbstachtung gibt.»[1]

Die Mutter zeigt auch, daß sie Vertrauen in ihre Tochter hat, indem sie ihr bei den ersten Gehversuchen in der patriarchalischen Gesellschaft folgt, auch wenn sie «es besser weiß». Nur so erhalten die Mädchen die Möglichkeit, Selbstachtung zu entwickeln und ihre eigenen Gedanken ernst zu nehmen.

Neue Deutungen

Wenn Frauen sich mit Mädchen bei deren Eintritt in die patriarchalische Kultur verbünden, brauchen die Mädchen Informationen und Methoden zur Überprüfung, damit sie ihre Wahrnehmung schärfen und die doppelte Sichtweise für sich nutzen können. Nur so können sie die Wahrheit über die Erfahrungen von Frauen in einer männlichen Kultur begreifen. Zugleich können Mütter ihren Töchtern zeigen, wie man unnötige Risiken und Gefahren meidet. Die Herrschaft der privilegierten weißen Männer ist nie so umfassend, als daß nicht ein gewisses Maß an Freiheit möglich wäre, dic Freiheit nämlich, das zu benennen, was wir sehen und was die feministische Theoretikerin und Kritikerin bell hook den «oppositionellen Blick»[2] nennt. Aufgrund der «Umstände der Herrschaft» haben farbige Frauen, Frauen aus der Arbeiterklasse und Lesbierinnen häufig einen oppositionellen Blick, der ein besonderes Licht auf Gegebenheiten wirft. Mütter können die Welt für ihre Kinder neu deuten, um ihnen die Mechanismen der inneren und äußeren Unterdrückung vor Augen zu führen. «Es ist ebenso notwendig, einem kleinen Mädchen oder einer heranwachsenden Frau die Umgangsformen zu erläutern, mit denen sie konfrontiert ist, weil sie weiblich ist», argumentiert Adrienne Rich, «wie es notwendig ist, einem nichtweißen Kind die Reaktionen auf seine Hautfarbe zu erklären.»[3]

Pearl Cleage, Autorin, Performance-Künstlerin und alleinerziehende Mutter einer Tochter, erinnert sich, wie ihre Eltern während der Nachrichten «eine Art simultan ablaufenden Kommentar abgaben»[4]. Während der Nachrichtensprecher etwas Kritisches über Patrice Lumumba sagte, nahm der Simultankommentar seinen Lauf. Pearls Mutter richtete sich an den Sprecher auf dem Bildschirm und erinnerte ihn daran, daß die Belgier den gefangenen Afrikanern die Hände abgeschlagen haben, um sie zu terrorisieren und zu Sklaven zu machen. Beim nächsten Thema wurden ein paar oberflächliche Gründe für eine Welle der Gewalt in der schwarzen Bevölkerung angegeben. Diesmal war es Pearls Stiefvater, der die fehlenden Elemente einsetzte, einen vollständigen Abriß über den Rassismus in der Gesellschaft und seine Folgen lieferte und mit der Frage schloß, wer denn diesen Nachrichtensprecher ins Fernsehen gebracht habe.

In farbigen Familien klären die Eltern die Kinder gewöhnlich über die Politik des Rassismus auf, und so geschah es auch in Pearls Familie. «Als ich acht oder neun war», erzählt sie, «verstand ich bereits, daß Sklaverei und Rassismus ein komplexes Netz von Umständen geschaffen hatten, die sich täglich auf mein Leben als Amerikanerin afrikanischen Ursprungs auswirkten. Wo ich wohnte, wie ich wohnte, welche Berufe mir offenstanden, wie sauber die Gemüseläden in meiner Wohngegend waren, die Wahrscheinlichkeit, beraubt oder vergewaltigt zu werden – all diese Faktoren waren in gewisser Weise durch den Rassismus der Weißen geprägt.» Die Vermittlung dieser Erkenntnisse war zu Hause ein fester Bestandteil des täglichen Lebens und bot ihr eine Methode, «mit Hilfe derer ich die komplexen rassistischen Stimuli, die ich aus Büchern, von Lehrern und aus den Medien erfuhr, filtern konnte... Diese afrikanischen Überlebenslektionen – die in allen Lebenssituationen dazugehörten – waren Teil des Familiengerüsts.» Pearl führt es auf diese Lektionen zurück, daß sie ein Selbstbewußtsein als Schwarze und gleichzeitig als Mensch mit verschiedenen Rollen und Zugehörigkeiten erlangen konnte. Sie sagt: «Mein Selbstbewußtsein und die klare Sicht waren das direkte Resultat meines Selbstverständnisses als Schwarze und gaben mir die wichtigsten Waffen für einen unterdrückten Menschen an die Hand: Information, Analyse und positive Identifizierung mit der Gruppe.»

Lena, eine Afroamerikanerin aus Iowa, beschreibt ihre eigenen Simultankommentare, die sie für ihre elfjährige Tochter liefert: «Ich frage sie immer, was sie in der Schule lernt und was sie mit ihren Freunden erlebt. Ich möchte wissen, welche Informationen sie erhält und inwieweit sie aus der Perspektive des Rassismus neu beleuchtet werden müssen.» Diese Mutter greift die Informationen, die ihre Tochter in einem potentiell rassistischen Kontext bekommt, auf, um sie zu analysieren und in dem Mädchen das Bewußtsein zu stärken, daß es sich gegen die Verinnerlichung rassistischer Unterdrückung wehren muß.

Wenn Mädchen sich ihre doppelte Sicht bewahren wollen, brauchen sie, wie Pearl Cleage, «Informationen, Analyse und positive Identifizierung mit der Gruppe». Die meisten Frauen jedoch, selbst Feministinnen, kennen sich mit der außergewöhnlichen Geschichte der Frauen nicht aus. Geschichten von Frauen, die sich für ihre eigene Befreiung, die der Arbeiterklasse und der Unterdrückten eingesetzt haben, werden erst in neuerer Zeit in Geschichts- und Gemeinschaftskunde-Schulbücher aufgenommen. Frauen, die als Mädchen die idealisierten Biographien von Florence Nightingale – sie leistete als Krankenschwester Pionierarbeit – und von Clara Barton, der Begründerin des Roten Kreuzes, gelesen haben, haben eine einseitige Kost genossen. Sie erfuhren nichts über Frauen wie die Journalistin Ida Wells, die Bürgerrechtlerin Fannie Lou Hamer, über Susan B. Anthony, die für die Abschaffung der Sklaverei und das Frauenwahlrecht gekämpft hat, und Sarah und Angelina Grimké, die Frauenrechtskämpferinnen und Gegnerinnen der Sklaverei. Mütter können über diese Frauen aus den Schulbüchern ihrer

Töchter etwas lernen. Doch auch ohne über die Kämpfe und Triumphe von Frauen der Vergangenheit etwas zu wissen, können Mütter mit Blick auf die Erwartungen, Chancen und Rollen für Frauen in unserer Welt dem Ruf ihrer Töchter: «Das ist nicht fair!» ihre differenziertere Stimme hinzufügen. «Meine Tochter ist erst fünf», sagt Francie, «aber immer, wenn wir zusammen etwas lesen oder fernsehen, spreche ich darüber, wer im Bild ausgelassen worden ist. Jetzt kommt sie schon manchmal zu mir und sagt: ‹Guck mal, Mama, in der Geschichte kommen gar keine Mädchen vor› oder ‹Wieso sind hier keine Menschen mit schwarzer Hautfarbe auf dem Bild?›»

«Irgendwann ist mir aufgefallen», erinnert sich Myra, «daß jedesmal, wenn ein Werbespot gezeigt wurde, die Kinder mich alle ansahen. Ich hatte es gar nicht richtig bemerkt, aber ich machte ständig kritische Bemerkungen zu den Spots, wenn z. B. eine Hausfrau im Partykleid bei der Hausarbeit gezeigt wurde oder lächelnde Frauen, die Autos verkauften, oder Fotomodelle, die Kleider in Positionen vorführten, die einer normalen Frau den Rücken brechen würden. Ich glaube, sie erwarteten meine Version der Werbespots mit ebensoviel Spannung wie die Werbung selbst. Es war mir nie in den Sinn gekommen, daß ich meinen Kindern beibrachte, was Sexismus bedeutete, aber genau das tat ich.» Myra erinnert sich auch an eine Situation, als ihre Tochter während der Grundschulzeit ein Gedicht nach Hause brachte, mit dem die Lehrerin ein bestimmtes Reimschema vorstellen wollte: «Never give a woman money, / for it's sure to harm you. / Even though she calls you honey, / never give a woman money.» Alle anderen Gedichte behandelten positive Bilder von Jungen oder Männern, nur dieses eine handelte von Frauen. Myra interpretierte das Gedicht auf humorvolle, aber deutliche Weise um. Zwar spricht sie mit ihren Kindern nicht über die Fakten des Sexismus, aber sie hilft ihnen, die Diskrepanz zwischen der Frauen- und Mutterrolle, wie sie in der Werbung verbreitet wird, und der Wirklichkeit zu erkennen. Humor ist hier ein erfolgreiches Mittel, da es dem Bild von der perfekten Mutter die Macht raubt, Frauen Gewissensbisse einzuflößen.

Die Mütter in diesen Beispielen geben ihren Kindern die Methode für eine Umdeutung an die Hand, und leider gibt es endlose Gelegenheiten, diese neue Sicht auf sexistische Darstellungen anzuwenden. Gloria Steinem berichtet in ihrem Buch *Revolution from Within:* «Eine Untersuchung von Büchern aus 14 amerikanischen Verlagen hat gezeigt, daß ein Mädchen, wenn es lesen lernt, je zwei Geschichten, in denen Mädchen die Handlung bestimmen, und fünf Geschichten, in denen Jungen im Mittelpunkt stehen, vorgesetzt bekommt. In Märchen treten viermal so viele männliche Figuren auf wie weibliche, und Lebensgeschichten behandeln sechsmal so häufig Männer wie Frauen. Sogar in Tiergeschichten kommen männliche Tiere doppelt so häufig vor wie weibliche.»[5] Wenn es stimmt, was britische und amerikanische Wissenschaftler herausgefunden haben, daß nämlich «Jungen zweimal so oft als gute Schüler gesehen und vom Lehrer gelobt werden, fünfmal so häufig die Aufmerksamkeit des Lehrers auf sich ziehen, acht- bis zwölfmal so häufig Beiträge zum Unterricht beisteuern», dann brauchen Mädchen die Unterstützung ihrer Mütter, um sich diese Ungerechtigkeiten erstens klarzumachen und sie zweitens umzudeuten. Mütter, die schon Erfahrung mit der Umdeutung gesellschaftlicher Gegebenheiten haben, sprechen mit ihren Töchtern darüber, daß die Sozialisation von Frauen darauf abzielt, Männer höher zu bewerten, und daß die Tatsache, daß Jungen und Männer bevorzugt behandelt werden, keine Aussage über die Fähigkeiten von Mädchen macht, sondern auf ein gesellschaftliches Problem hindeutet. Es gibt keine Gerechtigkeit – *noch nicht*. Indem innerhalb der Familie die Ereignisse des Tages fortwährend aus einer anderen Perspektive gesehen werden und Mädchen ermutigt werden, ihre Unterdrükkung nicht als persönliches Schicksal zu sehen, wird der Raum für Veränderungen in einer Welt geschaffen, die ohne diese Hilfe zu überwältigend und zu unwandelbar erscheinen würde.

Wenn Sexismus für Mädchen eine ebenso große Bedrohung darstellt wie Rassismus und Homophobie, erhebt sich die Frage: Können wir als Frauen – Mütter und Lehrerinnen – Sexismus so ernst nehmen, daß wir dem Beispiel von Pearl Cleage folgen und unseren eigenen feministischen Simultankommentar zu der Welt anbieten, damit unsere Töchter ein ähnliches Selbstverständnis wie Pearl Cleage entwickeln? Zweifellos haben ihre Eltern sich mit der Geschichte der Sklaverei und Unterdrückung der Schwarzen befaßt – Informationen, die in den meisten Schulen nicht leicht zugänglich sind. Auch über den hartnäckigen und mutigen Kampf vieler Frauen gegen den Sexismus wird man nur schwerlich Material in Schulen finden. Selbst Frauen, die an den renommiertesten Ausbildungsstätten des Landes studiert haben, haben keine Kenntnisse über die Geschichte des Sexismus und wissen nicht, wie lange Frauen für das Wahlrecht, das Recht auf Bildung und jede Menge anderer Rechte gekämpft haben. Als Adrienne Rich 1978 vor den Studienanfängern des Smith College, eines Elitecolleges für Frauen, sprach, sagte sie mit aller Deutlichkeit: «Es gibt zur Zeit kein Frauencollege, das den Studentinnen die Bildung gibt, die es ihnen in einer Welt, die Frauen Ganzheit nicht zugesteht, ermöglicht, ihre ganze Persönlichkeit zu entwickeln.»[6] Sie äußerte die Ansicht, daß «es nicht die Anatomie ist, sondern aufgezwungene Unwissenheit, die den Schlüssel zu unserer Ohnmacht birgt». Gloria Steinem stellt klar, daß ein «Ent-lernen» der impliziten Lektionen über den Platz und die Rolle der Frau, die so unkritisch durch die Worte und Handlungen von Männern übernommen werden, von größter Bedeutung ist.

«Schon eine nur kurzfristige Beschäftigung mit den Erfahrungen von Frauen in der Vergangenheit», beobachtete die Geschichtsforscherin Gerda Lerner, «hat eine tiefe psychologische Wirkung auf die weiblichen Teilnehmer.»* Die Geschichte von Frauen verändert das Leben von Frauen heute, da sie ihnen ein Wissen vermittelt, das eine positive Gruppenidentifizierung fördert. Für Mütter ist Zeit immer ein kostbares Gut. Wie können Mütter also etwas über die Geschichte von Frauen lernen, ohne daß sie ihre Liste der Verpflichtungen noch verlängern? Manche Frauen haben versucht, in der Mittagspause über einen kurzen Text – z. B. einen Aufsatz von Adrienne Rich oder Alice Walker oder eine Kurzgeschichte – mit Freundinnen zu reden. Der landesweite «Monat der Geschichte der

Frau» wartet mit einer bunten Palette von Gratisveranstaltungen und Informationen auf. Claire hat für sich beschlossen, einen Abend in der Woche die Schulbank zu drücken. Barbara hat ebenfalls Kurse belegt, zuvor jedoch hat sie mit ihren Töchtern deren Jugendbücher gelesen. «Meine Töchter lernen in der Schule mehr über Frauen, als ich je gelernt habe – sie haben mir echt etwas beigebracht.» Wenn ein Mädchen merkt, daß seine Mutter von ihr etwas über die gemeinsame Geschichte lernt, fühlt es sich kompetent, und beide haben die Möglichkeit, gegen den Sexismus Stellung zu beziehen.

Sexismus unterscheidet sich jedoch auf besondere Weise von Rassismus, Klassendenken und Homophobie, und insofern fällt es Frauen nicht unbedingt leicht, die Umdeutungen im Familienkreis vorzunehmen. Im Kampf gegen Rassismus und Klassendenken stehen diejenigen, die Unterdrückung vermitteln und bewußt oder unbewußt die Ungleichheit weitergeben, außerhalb der Familie. Kinder werden also angehalten, ihre Unterdrücker in den anderen zu sehen, so daß es auch für die Eltern von Interesse ist, die Welt für ihre Kinder umzudeuten. Was allerdings Sexismus betrifft, so ist die Lage schwieriger. Mädchen und Frauen *leben* nicht nur mit Männern, sondern *lieben* sie auch. Häufig sind es andere Mädchen oder Frauen und nicht die männlichen Bezugspersonen im Leben eines Mädchens, die als Vermittler von sexistischer Unterdrückung auftreten. Möglicherweise finden Frauen es schwierig, ihre Töchter auf Sexismus aufmerksam zu machen, weil sie damit die Loyalität zu ihrem Mann oder Partner, ihren Brüdern oder Söhnen verletzen. Auch wenn einige wenige Männer aktiv ihren Sexismus angehen, finden viele die feministischen Interpretationen der Welt doch eher verwirrend, oder aber sie bestehen auf stereotypen Geschlechtszuordnungen. In Familien, in denen Frauen nicht so viel Macht haben, sind die Grenzen für eine Umdeutung eng gesteckt.

Wir sprechen diese Probleme an, weil wir die Wirklichkeit nicht leugnen wollen. In Kapitel 9 werden wir auf die positive und negative Rolle eingehen, die Männer im Leben ihrer heranwachsenden Töchter spielen können und auch spielen. Wir haben jedoch festgestellt, daß alleinerziehende Mütter den Vorteil haben, daß sie bei der Umdeutung der Welt für ihre Töchter den größeren Freiraum haben. Auch dieses Thema werden wir in Kapitel 9 aufgreifen.

Die Umdeutung bringt Frauen und Mädchen zusammen und ermöglicht es ihnen, zu einer tieferen gemeinsamen Sicht der Welt zu kommen. Die Mädchen lernen, ihre Mütter als Menschen zu sehen, die kritische Informationen und Möglichkeiten zur Analyse anbieten, und können ihre Position in der Welt freier erkunden. Das Wissen um den Kampf, den Frauen in der Vergangenheit für ihre Befreiung geführt haben, bildet die Grundlage für die Umdeutung und ermöglicht Müttern und Töchtern eine positive Identifizierung mit der Gruppe der Frauen. «Ohne dieses Wissen sind sich Frauen unseres kollektiven Kontextes nicht bewußt», schreibt Adrienne Rich, «sie sind anfällig für die Projektionen männlicher Phantasien über Frauen, wie sie in Kunst, Literatur, den Wissenschaften, den Medien und den sogenannten humanistischen Disziplinen präsentiert werden.»[7] Der Prozeß der Umdeutung, der sich auf den täglichen Fluß der Medien und der Kommunikation erstreckt, ist ein nie abgeschlossener Bildungsvorgang, der uns die Diskrepanz zwischen der allgemeingültigen Sicht auf die Wirklichkeit und der tatsächlichen Erfahrung von Frauen deutlich macht. Frauen verbünden sich in diesem Prozeß mit Mädchen und teilen das Erbe der Schwestern aus der Vergangenheit. Mädchen entdecken, daß sie nicht allein sind.

Kompetenzförderung

«Wenn ich mich in meiner Nachbarschaft umsehe», sagt ein elfjähriges afroamerikanisches Mädchen, «sehe ich Mädchen, die Drogen nehmen oder schwanger werden; dann weiß ich, daß ich mehr vom Leben will.» Die Menge, die sich zu einem Empfang im Zentrum von Minneapolis versammelt hat (es ist ein gehobeneres Viertel im Vergleich zu dem Wohngebiet, aus dem das Mädchen stammt), ist überrascht, daß das Mädchen sich erhoben hat, um zu sprechen – sie ist so jung und doch so selbstbewußt. Aber genau das ist der Punkt. Dieses Mädchen wurde zusammen mit anderen Mädchen aus einem ärmeren Viertel in Minnesota mit Fotografinnen zu einem Experiment mit dem Titel «Get the Picture» («Klickt es bei dir?») zusammengebracht. Die Frauen haben sich wöchentlich mit den Mädchen getroffen, um ihnen zu zeigen, wie man fotografiert. Die Fotografinnen haben viel von der direkten Art, wie die Mädchen die Kamera benutzten, gelernt, aber was haben die Mädchen gelernt? Das Mädchen fährt fort: «In unser Viertel kommen oft Leute, die etwas verändern wollen, aber keiner bringt uns etwas bei. In diesem Projekt habe ich gelernt, wie man fotografiert. Vielleicht werde ich Fotografin, vielleicht auch nicht, aber auf jeden Fall weiß ich, daß ich fotografieren kann.» (‹Vielleicht›, so überlegte der Bürgermeister von Minnesota, ‹wird sie eines Tages eine einflußreiche Politikerin.›)

Dieses Mädchen hat erkannt – und Fachleute, die sich mit jungen Menschen befassen, stellen es auch fest –, daß es für junge Mädchen keine Gelegenheiten gibt, Fähigkeiten zu erlernen, die ihnen Zugang zur Welt verschaffen könnten. Die Oberschwester Anne St. Germain stellt besorgt fest, daß viele Leute der Ansicht sind, man könne Selbstvertrauen von außen, also durch Lob und Belohnung, aufbauen. Sie betont, daß Bestätigung eine gute Sache ist, daß dadurch aber auch die Abhängigkeit von anderen gefördert werden kann. Echtes Selbstvertrauen entsteht aus Kompetenz; es wächst dann, wenn man weiß, daß man fähig ist, sinnvolle Dinge zu tun und herzustellen.

Die Aufteilung, wonach Männer aktiv und Frauen passiv sind, wird in der Pubertät psychisch gefestigt, wenn Mädchen an die Mauer der westlichen Kultur prallen. In einer amerikanischen Studie über Selbstvertrauen bei Mädchen und Jungen wurden die positiven Gefühle, die Jungen von sich selbst haben, mit ihrer Beurteilung der eigenen Fähigkeiten und Talente gekoppelt. Sie schätzten sich als kompetent und fähig ein, Dinge zu tun, die wichtig für sie selbst und andere waren. Die Mädchen hingegen beurteilten sich nach ihrem Äußeren und hatten nur wenig Vertrauen in ihre Fähigkeiten. Sobald Mädchen sich bewußt werden, welchen Wert die Gesellschaft auf ihr Aussehen legt, verlieren sie die Verbindung zu der Welt des Tuns, in der der Schlüssel zu persönlicher Macht liegt.

«Ich war überrascht», berichtet Inez, «als meine Tochter im Haus mithelfen wollte, z. B. beim Kochen oder Nähen. Damals war sie acht oder neun.» Auch andere Mütter erinnern sich daran, daß ihre Töchter ein Interesse daran gezeigt hatten, eine gewisse Kompetenz in traditionell weiblichen Aktivitäten wie Kochen, Nähen und Stricken zu erlangen. Der Psychologe Erik Erikson nennt diese Entwicklungsphase das «Alter der Betätigung gegen die Unterlegenheit», weil er beobachtete, daß Kinder in der Zeit vor der Vorpubertät Kompetenzen entwickeln wollten. Der Frage, was geschieht, wenn ein Kind Kompetenz in Dingen entwickelt, die nicht mehr seiner Kontrolle unterliegen (wie in dem Fall von zehnjährigen Mädchen, die sich durch die Pubertät fasten, weil sie nicht zunehmen wollen), geht Erikson nicht nach. Noch befaßt er sich mit den Folgen für Mädchen, die Fähigkeiten erwerben, die sie innerhalb der Machtstrukturen der Gesellschaft als minderwertig einstufen.

Beim Aufprall an der Wand der Kultur brauchen Mädchen Kompetenzen, die ihnen eine Stimme geben und sie stark machen für den Eintritt in die von Männern dominierte Welt. Stimmübungen im Kontext der Mutter-Tochter-Beziehung bilden die beste Grundlage. Aber auch wenn Mädchen im Schulchor mitsingen oder in der Theatergruppe mitmachen, wenn sie Tagebuch führen oder sich mit Gedichten, Musik und Geschichtenerzählen beschäftigen, wenn sie malen oder fotografieren, lernen sie dabei, wie wichtig Stimme und Kompetenz sind. Auch wenn nicht alle Mädchen Künstlerinnen werden, gewährt ihnen eine Offenheit der Kunst gegenüber einen Zugang zur Welt. Zahllose Frauen haben von dem einen oder anderen Bereich der Künste gesagt, daß er ihre Seele gerettet habe. Die renommierte Psychologin Alice Miller berichtet, daß der freie Ausdruck durch Malerei, wie sie ihn in *Picture of a Childhood* beschreibt, ihr den Weg zurück zu ihrer Kindheit ermöglicht habe, den ihr auch die gründlichste Psychoanalyse nicht hätte verschaffen können.

«Meine Mutter ist Künstlerin», erzählt Adele, «und als wir klein waren, hat sie samstags immer mit uns gemalt. Bei uns war Kunst einfach etwas, was jeder machte – besonders die Frauen. Es war nichts Besonderes. Es machte Spaß und war wichtig. Keiner gab eine Wertung ab. Als wir größer wurden, fragte meine Mutter uns immer, ob wir auch das erreicht hätten, was wir uns vorgestellt hatten, und half uns mit bestimmten Techniken, damit wir unsere Ideen besser verwirklichen konnten.» Für Adeles Mutter bestand der Sinn der gemeinsamen Malaktionen darin, den Kindern die Möglichkeit zu geben, ihre Vorstellungen und Ideen auszudrücken. Was Adeles Mutter gemacht hat, können auch Mütter machen, die keine Künstlerinnen sind. Denn man muß nicht vom Fach sein, sondern einfach die Bereitschaft haben, sich auf Erfahrungen einzulassen, um gemeinsam mit der Tochter etwas zu unternehmen. Indem die Mutter gemeinsam mit ihrer Tochter mit Ausdrucksmöglichkeiten experimentiert oder ihr wenigstens Zugang zu solchen Erfahrungen ermöglicht, ebnet sie ihr auch den Weg zu psychischen Erfahrungen und einer Kommunikation, die im kulturellen Leben wertvoll ist.

«Es kommt mir zwar immer noch etwas komisch vor, daß meine Tochter reiten geht – ich selbst bin in armen Verhältnissen in den Bergen von Tennessee aufgewachsen», erzählt Belle mit einem verlegenen Lachen, «aber ich bin überrascht, wieviel Spaß sie am Reiten hat.» Sandra trieb sich bei den Reitställen herum, wo eine ihrer Freundinnen Reitunterricht nahm. Die Mutter der Freundin fragte, ob Sandra es auch einmal versuchen wolle, und von dem Moment an war Sandra eine begeisterte Reiterin. «Die Reitschule richtete einen kleinen Wettbewerb, eine Art Pferdeschau aus. Jeder führte etwas vor und bekam eine kleine Belohnung. Für Sandra war es ein aufregender Tag. Als ich sie am Abend ins Bett brachte, sagte sie mir, daß dies der schönste Tag in ihrem Leben gewesen sei. Sie erklärte mir, daß sie etwas lerne, was weder ich noch ihr Vater können. Jetzt hat sie ihr eigenes Gebiet, auf dem sie kompetent ist und

Dinge weiß, die wir nicht wissen. Ich war richtig überrascht.» Sandra hatte ein eigenes Gebiet, auf dem sie sich kompetent und sicher fühlte. Im Alter von neun Jahren reitet Sandra ein großes Pferd und pflegt es auch. Im Sattel ist sie stark.

Sandras Erfahrung bietet ihr ein Sprungbrett, von dem aus sie den Eintritt in die Pubertät wagen kann. In unserer Gesellschaft gibt es so wenige Möglichkeiten für Frauen oder Mädchen, körperlich aktiv zu sein und sich eins mit ihrem Körper und ganz lebendig zu fühlen, ohne gleich belästigt zu werden. Joanne Stemmermann entwickelte in Zusammenarbeit mit der Organisation «Outward Bound» Erlebnisferien für junge Mädchen. Sie hatte sich vorgenommen, das Beste von «Outward Bound» mit «Inward Bound», geistigen Aktivitäten, zu verknüpfen – Tagebuch schreiben, Gespräche führen – und ein maßgeschneidertes Programm zu entwerfen, um Mädchen die Möglichkeit zu geben, sich über die Grenzen hinaus, die normalerweise als akzeptabel gelten, zu erproben. Liza, eine Schülerin der Laurel School, die magersüchtig war, nahm einen Sommer an solchen Erlebnisferien teil und sagte darüber, daß sie während dieser Ferien ein stärkeres und besseres Gefühl zu sich selbst entwickelt hatte. Nicht-wettbewerbsorientierte Aktivitäten wie Zelten, Radfahren und Floßfahren geben Mädchen die Möglichkeit, ihre Grenzen zu testen und die Welt um sich herum zu erforschen.

Claire und ihre vierzehnjährige Tochter Christina verbrachten ein Wochenende in einem Zeltlager mit ihrer Kirchengruppe. Irgend jemand hatte zwei parallele Seile ziemlich hoch zwischen zwei Bäumen gespannt, auf denen die Teilnehmer balancieren sollten. Christina schaute zu, wie jemand es versuchte, und fragte dann ihre Mutter: «Versuchst du es auch?» Claire zögerte und wollte sich rausreden. «Mama!» begehrte Christina auf, «du redest so wie ich früher.» – «Versuchst du es denn?» gab ihre Mutter zurück. «Natürlich», war die Antwort, «paß nur auf.» Claire sah zu, wie ihre Tochter, ohne auch nur einen Moment zu zögern, auf den Seilen von einer Seite zur anderen gelangte. Daraufhin war sie entschlossen, es auch zu versuchen. Aber in dem Moment, als sie an die Reihe kam, rief der Leiter alle zum Mittagessen und rettete Claire vielleicht gerade noch rechtzeitig.

Claire gab dieser Vorfall zu denken. Sie ist eigentlich nicht jemand, der gerne Risiken eingeht und z. B. Seiltanz probiert. Aber die Bemerkung ihrer Tochter – «du redest so wie ich früher» – machte sie auf etwas aufmerksam, das ihr nicht gefiel. Für Claire war die Bemerkung nicht eine Herausforderung, sondern ein schockiertes Wiedererkennen. Ihre Tochter zeigte den Mut, sich über die Grenzen dessen zu wagen, was ihre Mutter als sicher betrachtete, und wollte diese Erfahrung gemeinsam mit ihrer Mutter machen. Claire hat sich in schwierigen Zeiten auf Christinas Seite gestellt und sie unterstützt, und jetzt hatte Christina den Mut, ihre Mutter zu bitten, sich auf ihre Seite zu stellen und ihr zu helfen, ihre Fähigkeiten zu entwickeln.

«Es ist klar, daß ich nicht besonders sportlich bin», sagt Katherine lachend, «aber ich hatte einen Bericht gelesen, wonach Sport treiben jungen Mädchen helfen kann, die Pubertät besser zu überstehen. Die Schule meiner Tochter bot kein Sportprogramm an, also beschloß ich, eins zu organisieren.» Zusammen mit einer Gruppe von Eltern organisierte sie einen Fußballclub. «Ich habe sportliche Aktivitäten immer gemieden, aber das war ein richtiger Erfolg. Meine Tochter ist so glücklich – und die Klasse hält viel besser zusammen, seitdem die Kinder zusammen Fußball spielen.» Mädchen, die sportlich aktiv sind, scheinen besser gegen die in der Pubertät erlebten Verluste gewappnet zu sein. Zwar treiben manche Mädchen Sport, weil sie ihr Körpergewicht unter Kontrolle halten möchten, doch diejenigen, die aus Spaß und um ihre Kräfte zu messen dabei sind, haben ein besseres Gefühl von sich selbst. Die «Women's Sport Foundation» führte eine landesweite Studie über Minderheiten durch, die ergeben hat, daß Latina-Mädchen, die an ihrer Schule – besonders in ländlichen Gebieten – Leichtathletik betrieben, «bessere Leistungen als ihre Klassenkameraden, die keinen Sport trieben, brachten, sich großer Beliebtheit erfreuten, häufiger als andere zur höheren Schule gingen, ein College besuchten und sich für ein Studium einschrieben.»[8] Für weiße Mädchen, die

Leichtathletik trieben, waren die Ergebnisse ähnlich, doch auf afroamerikanische Mädchen traf nicht dasselbe zu. Vielleicht werden Mädchen der weißen Gesellschaftsgruppe oder junge Latinas, die Sport treiben, als junge Frauen angesehen, die stereotype Bilder von Frauen durchbrechen und ein bißchen Freiheit geschnuppert haben, die ihnen den Übergang zum Erwachsensein erleichtert.

«Meine Mutter ist nie auf ein College gegangen und wußte nicht, was da ablief», berichtet Joy. «Aber sie wußte, daß ich in der Schule hell genug war, um aufs College zu gehen. Vor der Wiederholungsprüfung – die erste hatte ich versäbelt, weil ich vor Nervosität fast krank war – machte sie mir Baldriantee, um meine Nerven zu beruhigen. Sie kümmerte sich darum, was ich wann zu tun hatte, und stand mir während der ganzen Zeit zur Seite.» Obwohl Joys Mutter sich mit den Anmeldeprozeduren nicht auskannte, informierte sie sich darüber, so daß sie ihre Tochter unterstützen konnte und ihr etwas ermöglichte, was keiner in ihrer Familie hatte: einen College-Abschluß.

Linda, die zur High-School geht, und ihre Mutter Joan, die an einem College Mathematik lehrt, berichten davon, daß sie die Frage der Schulbildung für Linda gemeinsam beraten hatten: «Als Linda klein war, habe ich immer kleine Rechenspiele erfunden, die zu dem paßten, was wir gerade taten, und ich nahm mir die Zeit, sie mit ihr zu spielen.» Joan ist überzeugt, daß diese Spiele Lindas mathematische Kompetenz gefördert haben, doch Linda ist da ganz anderer Meinung. «Das war zwar auch gut», sagt sie, «aber das Wichtigste war, als du zu meinem Lehrer in der fünften Klasse gegangen bist und ihn gebeten hast, mich in eine höhere Mathegruppe wechseln zu lassen.» Damals hatte Joan darauf bestanden, daß Lindas Mathematiklehrer ihr eine Chance in der höheren Gruppe gab, obwohl ihr Ergebnis auf dem Einstufungstest nicht gut genug war. Linda ist sicher, daß es die Unterstützung und das Vertrauen ihrer Mutter waren, und nicht ihre Rechenspiele, die ihr Selbstvertrauen gefördert haben.

Bildung gehört zu den klassischen Bereichen, in denen Frauen sich Kompetenz erwerben und Positionen einnehmen, in denen sie als Autorität gelten. Doch die akademischen Disziplinen formen das Denken einer Frau so, daß es sich mit den patriarchalischen Denkmustern nicht vereinbaren läßt. «Holt euch soviel Wissen und so viele Fähigkeiten in eurem Beruf, wie ihr könnt», fordert Adrienne Rich uns Frauen auf, «aber bedenkt, daß ein großer Teil eurer Bildung in eurer Hand liegen muß, weil ihr die Dinge wissen müßt, die Frauen brauchen, und weil ihr die Stimmen in euch hören müßt.»[9] Natürlich ist es wichtig, daß Töchter ihre akademischen Fähigkeiten entwickeln. Wenn die Mutter ihrer Tochter bei den Hausaufgaben hilft und sie bei der Entwicklung von Fähigkeiten unterstützt, die ihr Respekt und einen Platz in der Welt einbringen, so ist das ein wichtiger Teil des gemeinsamen Handelns. Doch akademischer Erfolg ist nicht gleichbedeutend mit Selbstvertrauen und Kompetenz. In *Drei Guineen*, Virginia Woolfs scharfsichtigem Aufsatz über Frauen und Krieg[10], überlegt die Schriftstellerin, ob es sinnvoll ist, eine Guinee zu spenden, um einer Frau den Eintritt in einen akademischen Beruf zu ermöglichen. Sie argumentiert, daß es einer «Prostitution des Denkens» gleichkomme, wenn Frauen Männer und deren kleinliche und zerstörerische Hierarchie des Wissens und der Macht nachahmen. Deshalb fordert sie Frauen in akademischen Berufen auf, diese als Bastionen der Klassen- und Rassenprivilegien zu entlarven. Woolf sieht ungeheure Schwierigkeiten für Frauen, die eine akademische Ausbildung anstreben. Wenn Frauen Kompetenz in den Disziplinen erwerben, die aus den Erfahrungen und Sehnsüchten der Männer entstanden sind, laufen sie Gefahr, ihre Perspektive als Außenseiterinnen zu verlieren, weil sie hoffen, als Mitglied der Gemeinschaft akzeptiert zu werden. Folglich schreibt Gerda Lerner: «Inzwischen wissen wir, daß wir – wenn auch unwissentlich – beteiligt waren an der Vergewaltigung unseres Denkvermögens.»[11]

Mütter, die sich auf die Seite ihrer Töchter schlagen, um deren Kompetenz aufzubauen, suchen nach Wegen, wie die Mädchen gegen den Verlust ihrer Stimme und Stärke ankämpfen können. Indem sie intensiv auf die Stimme der Mädchen hören, versuchen sie, gemeinsam Wege zu finden, sich auszudrücken und Wissen zu erwerben. Überdies ermutigen die Mütter ihre Töchter, eine körperliche Selbstsicherheit zu entwickeln, so daß sie sich als aktive Menschen begreifen, die sich am Leben erfreuen, statt in eine passive Objektrolle zu fallen. Wenn Mädchen dem Verlust von Stimme und Stärke entgegenwirken wollen, muß die Definition des Begriffs *Kompetenz*, der sich traditionell nur auf Schulwissen bezieht, erweitert werden. Zusätzliche Kompetenzen geben Mädchen die Kraft, sich ihre eigene Perspektive in einem Bildungssystem zu bewahren, in dem Jungen bevorzugt werden und eine männliche Rangordnung der Prioritäten vorherrscht. Für ein Mädchen ist es auf lange Sicht wichtiger, Vertrauen in seine Stimme und Kompetenz zu haben, als gute Noten. Mütter, die in ihren Töchtern eine große Bandbreite von Fähigkeiten fördern, stärken auch ihr Selbstvertrauen, das ihnen in Bereichen, die durch immer deutlichere und subtilere Feindseligkeit gekennzeichnet sind, hilfreich ist.

Gemeinsame Aktionen

Katies Mutter sprach häufig über Sexismus und Frauenrechte. Als Sozialarbeiterin, die vorrangig auf dem Gebiet der häuslichen Gewalt arbeitete, und als alleinerziehende Mutter lag ihr das Thema am Herzen. Doch als Katie heranwuchs, wollte sie mit solchen Gesprächen nichts mehr zu tun haben, nach dem Motto: «Das war früher, jetzt ist jetzt.» Außerdem bestätigten ihr alle, daß sie wunderhübsch war. Warum sollte sie sich also diese negativen Dinge über Frauen und Männer anhören? Sie wollte sich vergnügen.

Als Katie dann in ihrer Schule sexuell belästigt wurde, konnte sie ihre Lehrerin nicht überzeugen, den Vorfall ernst zu nehmen; schließlich sind Jungen halt so! Dann wurden Freundinnen, die nicht auf dieselbe Schule gingen, vergewaltigt. Katie war hilflos und erzählte ihrer Mutter, was passiert war. Lucia, ihre Mutter, war keinesfalls hilflos, sondern wurde sofort aktiv. Sie ging zur Schuldirektion und bestand darauf, daß die Jungen der Belästigung wegen bestraft wurden. Dann brachte sie Katie bei, wie man eine Interessengruppe organisiert und den Druck auf die Schule aufrechterhält. So wurde Katie zur Aktivistin: gemeinsam mit ihrer besten Freundin hat sie eine Gruppe auf die Beine gestellt, in der sich junge Mädchen und Frauen gegen Sexismus organisieren. Sie gehen in die verschiedenen High-Schools und klären die Schülerinnen über sexuelle Belästigung auf.

Lucia hat sich mit Katie verbündet und ihr Wissen und ihre Informationen mit der Tochter geteilt. Um aktiv zu werden, geht man gewöhnlich nicht weit weg, sondern fängt z. B. in der Schule damit an. Häufig stellen Mütter eine Gemeinsamkeit mit ihren Töchtern her, wenn sie im Namen und Interesse des Kindes auf die Schule Druck ausüben. In der Schule, die Claires jüngere Tochter Jessica besucht, werden die Kinder bestraft, indem man sie allein mit dem Gesicht zur Wand in einem Raum sitzen läßt. Claire hat Jessicas Lehrerin und dem Direktor zu verstehen gegeben, daß sie nicht erlaubt, daß Jessica so behandelt wird. Zwar respektiert sie, daß die Schule disziplinarische Maßnahmen ergreifen muß, sie ist aber der festen Überzeugung, daß diese Methode bei ihrer Tochter nicht sinnvoll ist.

Die These von der Trennung von Mutter und Tochter basiert darauf, daß Töchter das, was Müttern wichtig ist, ablehnen werden. Wir argumentieren jedoch, daß die Pubertät eine traumatische Entwicklungsphase ist, und schlagen damit einen anderen Weg ein. Während sich vielleicht manche Mutter scheut, ihre Tochter in ihre Interessen einzubeziehen, weil sie befürchtet, zurückgewiesen zu werden, hat die wachsende Anzahl von aktiven Feministinnen, deren Töchter in ihren Fußstapfen folgen, nicht dieselben Bedenken.

Eine 1968 in Waterloo, Ontario, Kanada, durchgeführte Studie mit dem Titel «Feminist Attitudes and Mother-Daughter Relationships in Adolescence» (Feministische Einstellungen und Mutter-Tochter-Beziehungen in der Pubertät)[12] befragte 102 heranwachsende Töchter über ihre Beziehung zur Mutter. Die Studie ergab, daß «die Mehrheit der Töchter, die eine gute Beziehung zur

Mutter hat, sowohl ihre Mutter als auch sich selbst als Feministin versteht.» (Die Töchter führen die gute Beziehung aber nicht allein auf den Feminismus zurück.) Doch eine Minderheit von Töchtern, die ihre Beziehung zur Mutter als schlecht ansehen, macht ebenfalls den Feminismus verantwortlich: die Tatsache, daß ihre Mütter keine Feministinnen sind. Die Mädchen sind unglücklich über ihre Beziehung zur Mutter, da ihre Mütter sie bedrängen, die traditionellen weiblichen Rollen einzunehmen und andere Einstellungen zu Sexualität und Freiheit haben als sie selbst.

Die Schule ist die erste wichtige kulturelle Institution, auf die Mutter und Tochter stoßen, und bietet einen Kontext, in dem Mutter und Tochter zu gemeinsamer Aktion zusammenfinden können, um sich der Entmachtung des Mädchens entgegenzustemmen. Fast jede Mutter, mit der wir gesprochen haben, konnte von einer Situation berichten, in der sie im Interesse ihrer Tochter eingegriffen hatte. Zena, die selber früher Lehrerin war, gab der überarbeiteten Klassenlehrerin in der finanzschwachen Schule, die ihre Tochter besuchte, zusätzliches Unterrichtsmaterial. Sie wollte ihrer Tochter zu einer besseren Schulerfahrung verhelfen, denn das Mädchen langweilte sich in der Schule und haßte den Unterricht.

Als die vierzehnjährige June zu ihrem Direktor zitiert wurde, weil sie einen Jungen geschlagen hatte, der sie fortwährend belästigte, schritt ihre Mutter Barbara ein (nicht ohne sich vorher zu versichern, daß ihre Tochter das wünschte). June hatte nichts unversucht gelassen, sich den Jungen vom Hals zu schaffen oder jemanden von der Schule zu finden, der sich einschalten würde. Schließlich hatte sie ihn nach fortdauernder Belästigung, wütend und frustriert, wie sie war, ins Gesicht geschlagen. Barbara war außer sich, und zwar nicht, weil June zu körperlicher Gewalt gegriffen hatte, sondern weil die Schule den Jungen und ihre Tochter gleich hart bestrafen wollte. Als der Direktor June riet, sich gemäßigter und damenhafter zu benehmen, geriet Barbara in hellen Zorn: «Hör nicht auf ihn», sagte sie vor dem Direktor zu June. «Wenn es Ihnen nicht gelingt, eine Atmosphäre zu schaffen, in der meine Tochter sicher vor Belästigung ist, dann müssen Sie damit rechnen, daß sie sich selbst wehrt.» Barbara erinnerte ihn, daß ihre Tochter bei der Direktion vergeblich vorgesprochen hatte, und gratulierte June zu ihrem Mut, sich gegen den Jungen zu wehren.

Theta Reed Pavis-Weil, die heute Mitte Zwanzig ist und als Journalistin arbeitet, erzählt, was sie von ihrer feministischen Mutter, einer Rohrlegerin in einer Ölraffinerie, gelernt hat: «Einige meiner Lehrer in Jersey City, wo ich aufgewachsen bin, waren rassistisch und haben die Kinder, die kein Englisch sprechen konnten, immer angeschrien. Ich habe meiner Mutter davon erzählt, die sich dann beim Direktor beschwerte und den Lehrern Unannehmlichkeiten bescherte. Das war toll. Ich bin mit dem Gefühl aufgewachsen, daß man die Dinge nicht so akzeptieren muß, wie sie sind.»[13] Thetas Mutter hat sich nicht gescheut, sich für ihre Tochter einzusetzen, andere Mütter sind da zurückhaltender. Schließlich haben wir verinnerlicht, daß die Schule es schon am besten weiß. Das Schweigen der Perfektion bewirkt, daß Mütter das Wissen, das sie über ihre Kinder haben, anzweifeln und sich dem Urteil eines Lehrers oder jeder beliebigen Autorität beugen.

Die Psychologin Ruth Nemzoff hat sich mit der Art und Weise befaßt, wie Mütter von behinderten Kindern sich mit ihrem Wissen und ihrer Autorität angesichts der Macht von Ärzten, Sozialarbeitern und Lehrern durchsetzen. Eine Mutter weigerte sich, ihre behinderte Tochter Sandalen tragen zu lassen, und kaufte ihr statt dessen hohe Schnürstiefel. Obwohl die Sozialarbeiterin dies als ein Beispiel dafür herausstellte, daß die Mutter die Autonomie ihrer Tochter untergrub, weil das Mädchen auf die Mutter, die ihre Schuhe schnüren mußte, angewiesen war, ließ sich die Mutter weder von Ärzten noch Sozialarbeitern beirren. Die Klassenkameradinnen ihrer Tochter trugen alle Schnürstiefel, und sie wußte, daß es für ihre Tochter viel wichtiger war dazuzugehören, als morgens ihre Schuhe selber anziehen zu können. Sie bekannte sich in dem Kampf gegen eine weitere Marginalisierung zu ihrer Tochter.

Maria Corazon, eine engagierte Mutter und Analphabetin, erkannte, daß die Schule in ihrem Einzugsgebiet ein gefährlicher Ort war, wo kein Wissen vermittelt wurde. Sie ging mit ihrer Tochter zu einer katholischen Privatschule und argumentierte dort, daß das Mädchen ein guter Mensch und intelligent sei und daß man sie dort zur Schule gehen lassen solle – umsonst. Maria ließ nicht locker und setzte sich mit all ihren verbalen Mitteln ein, und letztendlich erhielt ihre Tochter ein Stipendium. «Ich glaube, wenn sie zu dieser Schule geht», sagt Maria, «wird ihr das das Leben retten.» Weder ein niedriger sozialer Status noch ein Mangel an Bildung sollte eine Mutter daran hindern, für ihre Tochter einzustehen und sich für ihre Interessen einzusetzen.

Wenn eine Mutter sich für ihre Tochter engagiert – unabhängig davon, ob diese Aktion zum Erfolg führt –, zeigt sie damit dem Mädchen, daß es für eine Frau sowohl wichtig als auch möglich ist, eine starke öffentliche Stimme zu haben. Ein solches Engagement zeigt dem Mädchen darüber hinaus, daß sie und ihre Mutter Teil einer großen, lebendigen und einflußreichen Gemeinschaft von Frauen sind, mit denen sie Sorgen und Interessen gemein haben. In ihrem Buch *Trauma and Recovery* erklärt Judith Herman, daß die Beziehungswelt einer Frau nach einem traumatischen Erlebnis zusammenbricht und ihr Leben seinen Sinn verliert. Sie unterstreicht, daß für Frauen, die die Möglichkeit haben, in einer Gemeinschaft von Frauen Anschluß zu finden, oder mit anderen für eine bestimmte Sache zu streiten, die Chance der Heilung viel größer ist.

Bei den Vorwahlen im Sommer 1992 in Kalifornien stand die Tochter von Barbara Boxer abends in einem Raum voller Frauen, die sichtlich stolz waren. Ihre Mutter hatte soeben einen unglaublichen Sieg errungen und war als Kandidatin für die Demokratische Partei aufgestellt worden (im folgenden November wurde sie in den Senat gewählt). Die Tochter von Barbara Boxer sprach darüber, wie ausgefüllt und aufregend ihr Leben bisher war, weil sie in einem Zuhause aufgewachsen ist, in dem ständig Frauen zusammentrafen, die Pläne schmiedeten und Aktionen organisierten, die letztendlich zu diesem Abend geführt hätten. Wenn man gemeinsam politisch handelt, so ist das ein beeindruckendes Zeugnis dafür, daß die Stimmen von Frauen Einfluß haben. Töchter erfahren, daß Frauen, die in der öffentlichen Arena ihre Stimmen einsetzen und die Wahrheit sagen, sowohl auf persönlicher als auch auf politischer Ebene Veränderungen bewirken können. Auf diese sehr direkte Art erleben Mädchen die positiven Auswirkungen, die das Ergebnis einer starken Stimme sind.

Es gibt Mütter, die ihre Kinder vom Säuglingsalter an in einem Klima der politischen Veränderung aufziehen. Da ist das Beispiel von Hila, die ihre achtjährige Tochter Rebecca auf eine Demonstration für das Recht auf Abtreibung mitgenommen hatte (s. Kap. 1). Wenn man außerhalb der eigenen vier Wände, im Interesse von Mädchen und Frauen, aktiv wird, können Frauen und Mädchen sich dadurch zu größerer Unterstützung beflügelt fühlen. Eine Mutter erinnert sich: «Als ich meine Kinder auf Anti-Kriegs-Demos oder Bürgerrechtsveranstaltungen mitgenommen habe, wußte ich, daß sie Zeugen einer radikalen, aber richtigen Bewegung wurden.» Mädchen, die zusammen mit Frauen «die Nacht zurückfordern» (Demonstrationen, in denen gegen die mangelnde Sicherheit von Frauen auf den Straßen protestiert wird) und zuhören, wenn Frauen über ihr Gefühl von Unsicherheit und Ausgeliefertsein reden; die mit Frauen zusammen über die Frage der Familienplanung diskutieren; oder die für Bürgerrechte auf die Straße gehen, können auch zu Hause und in der Schule ihre Überzeugungen äußern und die Ungerechtigkeiten, die sie dort erleben, benennen. Auch wenn die Tochter sich ab und zu über ungerechte Behandlung beschwert, weiß sie doch, daß sie mit ihrer Mutter eine Verbindung zu anderen Frauen hat, mit denen sie gemeinsam ihrer Entmachtung entgegenwirken.

Einige Frauen tun sich jedoch schwer, wenn es darum geht, in der Öffentlichkeit der Schule oder der Gemeinschaft aktiv zu werden, und zwar gerade, weil es öffentlich ist. Aber man muß nicht unbedingt in die Öffentlichkeit treten, um aktiv zu werden, denn dabei geht es ja nicht ausschließlich um Märsche und Proteste. Am meisten profitieren Töchter von den mutigen Handlungen, die ihre Mütter täglich zu Hause vollziehen. Am Ende jeder Rede fordert Gloria Steinem die Zuhörerinnen dazu auf, in den nächsten 24 Stunden einen «unerhörten Akt» der Rebellion zu begehen. Wenn jede Zuhörerin dieser Aufforderung nachkommt und sie, Gloria Steinem, sich ihnen anschließt, hat sich die Welt schon verändert. Dabei muß es nichts Großes sein, sagt Steinem, es reicht schon, wenn man dem Partner sagt, er solle seine Socken selbst aufheben. Für Frauen ist häufig auch der geringste Akt der Rebellion «unerhört». Eines Abends sagte eine kleine, zarte Frau am Ende der Rede: «Ich habe die Erfahrung gemacht, daß es sehr wirkungsvoll ist, seine Unterhosen am Boden festzunageln.»

Wenn wir uns mit unseren Töchtern zusammentun, um in ihrem Namen und im Namen aller Frauen zu handeln, so schafft das nicht nur eine starke Verbindung zu unserem Erbe und zu der Gemeinschaft der Frauen insgesamt, sondern es wirkt auch heilend auf die traumatisierte Welt der Beziehungen, in der heranwachsende Mädchen leben. Wenn Frauen gegen die Trennung Widerstand leisten, geben sie Mädchen die Hoffnung, daß die Welt verändert werden kann, damit Frauen in den Genuß der Sicherheit und Freiheit kommen, ohne die ein volles Leben nicht möglich ist. Ihre Taten zeigen den Töchtern, daß die Welt verändert werden kann, so daß Raum für die Stimmen und Wünsche der Töchter entsteht. Sie fördern die volle Entwicklung der Töchter, nicht die Trennung.

7 *Die Macht des Begehrens*

> Das Beste, was wir in einer schlechten Lage tun können, ist vielleicht, daß wir die Wahrheit über beide Seiten der Wirklichkeit sagen, in der wir leben, d. h. die Wahrheit über die Lust und die Gefahr weiblichen Begehrens gleichermaßen – sowie über die tatsächlichen körperlichen Erfahrungen, die Mädchen und Frauen machen.
>
> *Deborah Tolman*
> *«Daring to Desire»*

Das Begehren ist für Mütter und Töchter ein riesiges Problem. Die dem Begehren innewohnenden Gefahren machen Mütter zu den Gefängniswärterinnen ihrer heranwachsenden Töchter und lassen es nicht zu, daß das Mädchen ein gutes Körpergefühl entwickeln kann. Die Macht des Begehrens – sich zu sehnen, Lust zu empfinden, sich nach etwas zu verzehren, etwas zu brauchen und zu wollen – ist ein zentraler Teil der Ganzheit und Stärke von Frauen, denn daraus beziehen sie Kraft für ihr Handeln; es gibt ihnen Leben und Lebendigkeit. Wird das Begehren abgeschnitten, so wird auch ihre Lebenskraft gekappt.

Zwar wird in unserer Kultur das Begehren von Mädchen mit der «Forderung» nach Sex gleichgesetzt, doch hat Begehren nicht nur mit Sex zu tun. Es hat vielmehr, wie die Dichterin und Essayistin Audre Lorde es beschrieben hat, mit der Kraft der Selbsterkenntnis und mit Eigenliebe zu tun, die es uns ermöglichen, uns für andere zu öffnen. Dieses Begehren, so schreibt sie, «ist ein inneres Gefühl von Befriedigung, nach welchem wir immer wieder streben können, wenn wir es einmal erfahren haben. Denn wenn wir dieses Gefühl in seiner Tiefe kennen und seine Kraft erkennen, können wir um der Ehre und des Respekts vor uns selbst willen nicht weniger von uns verlangen.»[1] Begehren hat sowohl mit Lieben als auch mit der Sehnsucht nach Liebe zu tun, es ist ein schöpferischer Akt für einen selbst in Verbindung mit anderen und in Verbindung mit der Welt an sich durch Arbeit. Lorde nennt dieses Gefühl «das Ja in uns, unser tiefstes Sehnen».

Doch die Vorstellung von Begehren ist in unserer Kultur durch männliches Begehren besetzt. Da Macht mit Beherrschung und Überlegenheit gleichgesetzt wird, entsteht das Verlangen nach Kontrolle. Statt einer Lebenskraft, die uns von innen her leitet, wird Begehren als der Kitzel der Beherrschung bzw. als zwanghafter Trieb nach Sicherheit erfahren. Die in unserer Kultur vorherrschende Vorstellung von Begehren kanalisiert das Verlangen nach Beziehung in romantische Liebe und das Verlangen nach Lust in sexuelle Empfindungen ohne Gefühl. Die Trennung zwischen Beziehung und Lust verzerrt beide, und diese Verzerrung bedeutet, daß Mädchen entweder als «gut» und ehefähig bzw. als «schlecht» und sexuell eingeordnet werden, wobei die Unterscheidungen nicht eindeutig sind. Klar ist auf jeden Fall, daß Mädchen Objekte der Begierde sind.

In einer Gesellschaft, in der uns Bilder von Sexualität aus jeder Zeitschrift und aus jedem Werbespot entgegengeschleudert werden und in der Vergewaltigungen und Entführungen von Mädchen zur Tagesordnung gehören, ist die körperliche Entwicklung eines Mädchens zur Frau und ihre Fähigkeit, Kinder zu bekommen, ein durchaus verständlicher Anlaß zur Sorge für jede Mutter. In einem solchen Kontext wird Begehren zu einem regelrechten Problem für Mutter und Tochter. Während der Pubertät wächst der Druck auf die Mutter, ihre Tochter zu schützen, da deren Attraktivität zunimmt. In der Pubertät, die körperliche Veränderungen mit sich bringt, wird das heranwachsende Kind geschlechtsreif. Weil eine Mutter ihr Kind liebt, sucht sie nach Möglichkeiten, ihre Tochter auf dem Weg zum Erwachsensein zu schützen, damit ihr alle Wege offenstehen und ihre Seele keinen Schaden nimmt. Häufig versuchen Mütter, diese Wirkung zu erzielen, indem sie ihren Töchtern Sexualität als etwas Schlechtes oder Beschämendes hinstellen. Dadurch wird der Körper des Mädchens – ihr Eigenstes – zur Quelle der Scham.

Das Problem des Mädchens findet seine Parallele in dem der Mutter. Das aufkeimende sexuelle Verlangen, das mit der Geschlechtsreife einhergeht, ist eine Erweiterung des Begehrens, das im Leben des Mädchens auch bisher vorhanden war. Die Lust, die Sexualität für einen Erwachsenen bereithält, und die Gefahren, die damit verknüpft sind, machen den Umgang mit dem Begehren zu einer schwierigen Gratwanderung. Wenn ein Mädchen sein Begehren offen zeigt, gerät es in einen Sumpf physischer, sozialer und psychischer Probleme. Viele Mädchen behelfen sich in dieser Situation, indem sie ihr Verlangen nach Lust von dem Verlangen nach Beziehungen trennen und so ihrer Lebenskraft die körperliche Quelle entziehen. Nach vollzogener Abtrennung verliert das Mädchen seinen Lebenshunger und das innere Gefühl für Richtung und Sinn. Es übernimmt Definitionen von Begehren, die es von außen empfängt. Wenn das Begehren so aufgespalten wird, begibt sich ein Mädchen in die Welt des männlichen Begehrens, in der eine ähnliche Aufteilung zwischen idealisierter romantischer Liebe und «schlechter» sexueller Lust vorherrscht.

Im Laufe eines Lebens eröffnen sich einer Frau drei unsichtbare Institutionen – die Rolle als Frau, als Ehefrau und als Mutter –, in die sie, angeblich mit dem Segen der männlichen Wertegesellschaft, eintreten kann. Jedesmal, wenn sie an die Schwelle einer dieser patriarchalischen Institutionen tritt, muß sie ihren Körper, ihre Erfahrung, ihre Lust – also das Begehren in sich – aufgeben. Wenn die junge Frau erwachsen wird, fordert man von ihr, daß sie ihr Begehren, sich selbst zu lieben, Lust zu erleben und Verbindung mit anderen zu suchen, aufgibt. Um sich den Institutionen anzupassen, muß sie begehrenswert sein, ohne selbst zu begehren. Ähnlich sieht auch Dalma Heyn die Institution der Ehe in ihrem Buch *The Erotic Silence of the American Wife*[2]. Frauen, die in die Ehe eintreten, geben ihre erotische Stimme, ihre sexuelle Vorgeschichte und ihre Erfahrungen auf und schlüpfen in die Rolle der farblosen und sexuell harmlosen ungefährlichen Partnerin. Wir sind der Überzeugung, daß die Mutterrolle in einer patriarchalischen Gesellschaft ein ähnliches Opfer von Frauen fordert und sie auffordert, ihr Begehren, ihre Lust und ihre Verbindungen aufzugeben. Wenn eine Frau dann Mutter einer Tochter ist, die an der Schwelle zum Frausein steht, mag dieses Opfer so normal erscheinen, daß eine Verweigerung im Widerspruch zu dem stünde, was als richtig und angemessen gilt.

Zugleich können die Geschlechtsreife des Mädchens und die zunehmende Fähigkeit, sich ein eigenes Leben zu schaffen, zu widersprüchlichen Gefühlen bei der Mutter führen, wenn sie den Schmerz ihres eigenen Opfers, ihrer zurückgestellten Träume spürt. Die Aufspaltung des Begehrens wiederholt sich in der Aufspaltung der Welt – die mächtige öffentliche Domäne der Leistung und die ohnmächtige private Welt der Liebe. Viele Mütter haben sich angesichts der Aufgabe, eine der Welten zu wählen oder ein Gleichgewicht zwischen ihnen herzustellen, auf schmerzliche Kompromisse eingelassen. Als Folge können zwischen Mutter und Tochter Konkurrenz- oder Neidgefühle aufkommen, besonders dann, wenn der Tochter Möglichkeiten offenstehen, die die Mutter nie hatte.

Wenn wir verstehen wollen, was es bedeutet, diese Opfer zu bringen, müssen wir das Begehren erforschen – das weit mehr ist als nur sexuelles Verlangen – und es außerhalb der enggefaßten kulturellen Definition von männlichem Begehren verstehen. Beim Eintritt in die Pubertät geben Mädchen ihre Ganzheit auf, weil sie sich nicht sicher fühlen können, wenn sie mit ihrem Körper eine Einheit bilden. Fehlt das Begehren, so ist die Leidenschaft für das Leben und die Fähigkeit, die Sehnsüchte des Herzens zu verstehen, reduziert. Alles wird flach, farblos und verworren. Mädchen lassen sich dann leicht davon manipulieren, wie Begehren auf dem Markt gehandelt wird. Der Körper der Frau wird verpackt, um ihn als Produkt begehrenswerter zu machen, und Produkte, die diesen Körper begehrenswert machen, werden an sie verkauft. Die von weißen Männern beherrschte Gesellschaft erhält sich die Macht, indem sie das Begehren über den Markt manipuliert. Wenn Mädchen ihre Sexualität ausleben und den Vermarktungsgedanken verspotten, laufen sie Gefahr, sich AIDS zuzuziehen, schwanger zu werden oder Opfer einer Vergewaltigung. Welche Hilfe kann die Mutter ihrer Tochter, die ihr Begehren ausleben möchte, geben, wenn der Einsatz so hoch ist? Wir wollen den Begriff des Begehrens zurückfordern und aus seiner engen sexuellen Definition befreien. Bis uns das gelingt, werden Mädchen auch weiterhin durch männliches Begehren geformt, und nicht durch ihr eigenes. Mütter haben jedoch die Möglichkeit, ihre Töchter zu ermutigen, die Verbindung zu ihrem körperlichen Begehren nicht aufzugeben.

Das Ja in uns und ‹Sag einfach nein›

In *Their Eyes Were Watching God* beschreibt die Autorin Zora Neale Hurston das Erwachen eines jungen Mädchens:

Es war ein Nachmittag im Frühling in West Florida. Janie verbrachte den größten Teil des Tages unter dem blühenden Birnbaum im Garten. Seit drei Tagen hatte sie jede Minute, die sie sich von ihren Pflichten davonstehlen konnte, unter diesem Baum gesessen. Er hatte sie gerufen, zu kommen und ein Wunder zu schauen. Aus kahlen braunen Ästen waren leuchtende Blattknospen gewachsen, und die Blattknospen hatten sich zu schneeweißen, jungfräulichen Blüten entwickelt. Es wühlte sie auf. Wie? Warum? Es war wie ein Flötenlied, das in einer anderen Existenz verlorengegangen war und wieder erinnert wurde. Was? Wie? Warum? Das Lied, das sie hörte, hörte sie nicht mit ihren Ohren. Die Rose der Welt verströmte ihren Duft. Er folgte ihr den ganzen Tag hindurch und streichelte sie zärtlich im Schlaf. Er verwob sich mit anderen, nur vage empfundenen Dingen, die sich ihr bemerkbar gemacht und sich in ihr Fleisch eingegraben hatten. Jetzt stiegen sie empor und drangen in ihr Bewußtsein.[3]

Janies Erwachen umfaßt alles. «Ach, wäre ich ein Birnbaum – irgendein Baum! Mit küssenden Bienen, die vom Anfang der Welt erzählen! Sie war sechzehn. Sie hatte glänzende Blätter und pralle Knospen, und sie wollte sich in das Getümmel des Lebens stürzen, aber es schien sich ihr zu entziehen. Wo waren die singenden Bienen für sie?» Aus Janies Erblühen zur Frau spricht eine Sehnsucht nach Leben und Lieben, die alle ihre Sinne gefangennimmt. Sie will wissen, «sich in das Getümmel stürzen», teilnehmen an etwas, das sie mit dem tiefsten Lebenssinn in Verbindung bringt. Janie spürt zum ersten Mal die Macht des Begehrens.

Können wir uns nicht alle daran erinnern, daß uns die körperlichen Veränderungen während der Pubertät ein ähnliches Gefühl vermittelt haben? Es wäre falsch zu sagen, daß dieses Begehren nur sexueller Art sei. Es erfaßt sie ganz, ihre Vorstellung von sich selbst, ihre Verbindung zur Welt. Janies körperliches Begehren, ihre Fragen an sich selbst und ihr Platz in der Welt – das alles bildet eine Einheit. Janie ist ganz, vollständig. Ihr Beispiel macht deutlich, daß sich körperliches Begehren nicht leicht von anderen, intellektuellen Wünschen an die Zukunft trennen läßt.

Das Problem, vor dem junge Mädchen stehen und das sie nur gemeinsam mit ihren Müttern lösen können, besteht darin, daß Begehren fälschlicherweise mit Sex gleichgesetzt wird. Im Laufe der Zeit lernen junge Mädchen, daß Lebhaftigkeit und Temperament als Provokation gelten. Innerhalb eines solchen gefährlichen Kontexts werden Mädchen angehalten, «einfach nein zu sagen» – zu denjenigen, die sie begehren, aber häufig auch zu sich selbst. Manche Mädchen spielen mit der Provokation – und gehen damit ein großes Risiko ein – oder benutzen sie wie einen Schild. Andere wiederum halten sich unter Kontrolle, um das Risiko zu mindern, können das aber nur tun, indem sie ihre Vorstellung von sich selbst von dem körperlichen Ursprung ihres Begehrens abtrennen. Die eine wie die andere Strategie spaltet das Mädchen von ihrem inneren Ja – dem Gefühl, was es will und was richtig ist – ab. Es beugt sich dann leicht den gesellschaftlich geltenden Vorschriften und verliert die Fähigkeit, sein Leben und seine Geschichte selbst in die Hand zu nehmen.

Wie schon in Kapitel 2 besprochen, ist das Begehren in jungen Mädchen eine Erfahrung des ganzen Körpers (und wird häufig mit voller Stimme geäußert). «Meine dreijährige Tochter wollte – zum hundertsten Male – diesen Entencartoon sehen», erzählt Xiaoming. «Ich mußte zu einem Termin und sagte deswegen nein. Daraufhin hopste sie auf der Stelle auf und ab und schrie: ‹Disney Club! Disney Club! Disney Club!› Ich war wütend, aber auch verblüfft, mit welcher Stimme und welcher Leidenschaft sie sich äußerte.» Auch die französische Schriftstellerin Colette erinnert sich an die Leidenschaftlichkeit ihrer Kindheit: «Ja, Leidenschaft, da ich kein besseres Wort finde für die intensive, heftige und geheimnisvolle Beziehung zur Erde und allem, was ihrem Schoß entspringt, die ich empfand.»[4] Die Leidenschaft junger Mädchen ist unmißverständlich, deutlich und unmittelbar.

Ihr Begehren und ihre Liebe zu sich selbst entspringen dem Wohlgefühl und dem Vertrauen in den eigenen Körper. Eine starke Persönlichkeit hat ihren Ursprung immer im Körper. Die unmittelbare Zärtlichkeit eines kleinen Mädchens entspringt seinem direkten Wunsch nach Liebe – nach der Liebe nahestehender Menschen und nach Eigenliebe – und seinem Gefühl, ein Recht auf diese Liebe zu haben. Dieses Begehren – von Erwachsenen oft als ermüdend empfunden – enthält die Kraft der körpergewordenen Eigenliebe des Kindes – *Ich will, ich brauche, ich liebe.* Es sollte freudig anerkannt und in Ehren gehalten werden. Je stärker die Verbindung zu dem Ja in uns ist, desto größer auch die Fähigkeit zur Autonomie, zur Verantwortung für uns selbst.

Von dem Moment an, da ein Mädchen anfängt fernzusehen, wird sein Begehren manipuliert.[5] Während der Mann meistens das Geld innerhalb der Familie verdient, geben die Frauen es aus. Unsere Gesellschaft ist so konsumorientiert wie keine zuvor.[6] Durch die Barbie-Puppe, ursprünglich als «die Puppe, die jedes Kind gerne anzieht» angepriesen, werden Mädchen an ihre Rolle als Verbraucherinnen und dekorative Objekte im Leben herangeführt. Barbie lebt in einem Barbie-Traumhaus – und jedes Mädchen wünscht sich ein solches Traumhaus. Obwohl Barbie jetzt auch einen Aktenkoffer hat und als Superfrau ausgestattet ist, werden Mädchen durch die Kleidung, den Körper und die Liebhaber der Puppe in die Falle der romantischen Liebe gelockt.

Wenn Mädchen älter werden, wollen sie mehr über das Begehren lernen, das sie um sich herum beobachten. «Als Vera acht Jahre alt war, spielte sie häufig im Badezimmer ein geheimnisvolles Spiel mit Barbie und Ken», erzählt Judith. «Jedesmal nach dem Spiel räumte sie alles sorgfältig auf – was eher ungewöhnlich für sie ist, normalerweise muß ich sie ständig ermahnen. Eines Tages wurde sie unterbrochen und rannte aus dem Haus, ohne aufgeräumt zu haben. Ich ging ins Badezimmer und stellte fest, daß sie mit Papier und Tesaband die Anatomie der Puppen vervollständigt hatte! Mein Mann und ich sprachen lange darüber und kamen schließlich zu der Überzeugung, daß sie mehr wissen wollte; sie versuchte herauszukriegen, was sich zwischen Mann und Frau abspielt. Mein Mann und ich gingen in die Bibliothek und holten uns alle Bücher für Kinder über Sexualität und Fortpflanzung. Sie hat sie *alle* gelesen. Ein paar Monate später ließ sie das Thema fallen und hat es jahrelang nicht mehr erwähnt.» Auch andere Mütter erinnern sich daran, daß ihre Töchter mit ungefähr acht Jahren mehr über Sex wissen wollten. Der Wunsch nach Wissen wächst mit dem Entstehen neuer körperlicher Empfindungen.

«Das soll wohl ein Witz sein», oder «Meine Eltern tun so was nicht» sind typische Reaktionen, wenn Viertklässlerinnen in die Geheimnisse des Geschlechtsverkehrs eingeweiht werden. Sie denken in dieser Situation zuerst an ihre Eltern oder andere Erwachsene. «Ach du lieber Himmel», sagte die elfjährige Dara und lachte teils ungläubig, teils erschrocken, «wir sind vier Kinder zu Hause. Meine Eltern müssen das also *vier*mal gemacht haben!!» Aber wenn sich der Körper eines Mädchens verändert und männliche Blicke ihn treffen, erkennt es, daß dies auch ihm bevorsteht.

Wenn Begehren fälschlicherweise mit Sex gleichgesetzt wird, hören Mädchen oft den Ratschlag: «Sag einfach nein.» Häufig interpretieren Mütter das Begehren ihrer Töchter als sexuellen Wunsch und raten ihr zur Zurückhaltung. Die Feministin und Psychologin Michelle Fine stellte fest, daß in den Schulbüchern zum Sexualkundeunterricht der Aspekt, daß Mädchen Begehren verspüren, ausgelassen wird.[7] In der Schule, in der heutzutage vermutlich eher Diskussionen über Sexualität stattfinden als zu Hause, werden Mädchen auf die Gefahren des Geschlechtsverkehrs und die Vorkehrungen zu ihrem Schutz hingewiesen. Zwar sind das lebenswichtige Informationen, doch darüber hinaus setzen sie Sexualität mit Gewalt gleich, bringen Sexualität in Verbindung mit einer Täter-Opfer-Konstellation und moralischen Werten. Sexuelles Begehren wird in den Schulbüchern als etwas dargestellt, das das Mädchen empfängt, aber nicht selber empfindet. So wird sexuelles Begehren als Domäne der Jungen gesehen, während es für Mädchen mit Gewalt und unmoralischem Verhalten verknüpft wird, sie zu Opfern macht. Michelle Fine hörte von der Lust und dem sexuellen Begehren der Mädchen nur als «Unterbrechung» im Aufklärungsunterricht. Das unlösbare Problem besteht darin, daß Mädchen, die ihrem Begehren nachgehen, sich in Gefahr begeben, aber diejenigen, die sich davon abspalten, laufen ebenfalls Gefahr – daß sie nämlich ihre Ganzheit als Mensch und die Kraft ihres Begehrens verlieren.

Leider sind die Gefahren im Zusammenhang mit der Sexualität im Leben eines Mädchens nur allzu gegenwärtig. Im Jahre 1990 berichtete der Children's Defense Fund, daß «alle 31 Sekunden eine Jugendliche schwanger wird». Die Fälle von Geschlechtskrankheiten sind «bei Jugendlichen höher als in jeder anderen Altersgruppe; jede/r vierte Jugendliche infiziert sich beim Geschlechtsverkehr, bevor sie oder er die High-School abschließt»[8]. Die Gruppe der Teenager ist besonders anfällig für AIDS.[9] In den Schulen greift sexuelle Belästigung stark um sich, und auch wenn Mädchen derartige Belästigungen melden, werden ihre Klagen von den Behörden oft übergangen.[10] Gewalt gegen Mädchen, angefangen von Belästigungen in der Schule und auf der Straße bis hin zu Vergewaltigungen und Inzest, existiert in einem kaum vorstellbaren Ausmaß.[11] Auch daß das Verhalten von Mädchen einseitig als sexuelle Äußerung interpretiert wird, ist in unseren Augen eine wenig offensichtliche Verletzung ihrer ganzen Person.

Angesichts dieser Gefahren und Risiken verlieren Mädchen das Gefühl für das «Ja» in ihrem Inneren. Die Psychologin Debora

Tolman sprach mit 30 Mädchen – farbigen und weißen Mädchen aus städtischen Bezirken und reinen Vororten, von denen einige sich als lesbisch bzw. bisexuell zu erkennen gaben – über ihre Erfahrung mit sexuellem Begehren. Nur knapp mehr als die Hälfte der Mädchen bekannte sich zu dem Gefühl von sexuellem Begehren, während die anderen nicht sicher waren oder sagten, sie verspürten Begehren, könnten es aber nicht beschreiben.[12]

Manche Mädchen lassen sich in ihrer Sexualität nicht beirren; sie sind die «schlechten» Mädchen. «Du kennst dieses Mädchen», schreibt Dalma Heyn[13], «es trägt wahrscheinlich Make-up und zeigt sich offen an sexuellen Dingen interessiert; es macht sich über Affektiertheit lustig und redet laut darüber; es hat den Mut, so auszusehen, sich so zu kleiden und so zu reden und zu handeln, wie es will.» (In der weißen Mittelschicht wird hiermit praktisch das afroamerikanische Mädchen definiert.) Doch diese Mädchen sind in Gefahr – nicht nur, weil sie sich Gewalt und Krankheit aussetzen, sondern auch, weil man sie möglicherweise immer über ihren Körper und ihre Sexualität definieren wird. Gute Schulen und bessere Arbeitsplätze bleiben «schlechten» Mädchen verschlossen. Häufig leugnen die Mädchen die Gefahr, in der sie sich befinden. Die Intensität ihres Begehrens scheint in die Verteidigung ihrer sexuellen Gefühle einzufließen.

Mädchen, die sich, unter der Aufsicht von Frauen und anderen Mädchen, dem patriarchalischen Bild vom «guten Mädchen» fügen, verlieren ihre Ganzheit, weil sie ihr eigentliches Begehren von den verinnerlichten patriarchalischen Ideen abspalten und damit ihre Kraft lahmlegen. Sie haben keinen Kontakt mehr zu ihrem Begehren, der ausdrucksstarken Quelle ihres Sehnens. Statt dessen lassen sie sich auf das ein, was auf dem Markt gewünscht wird, und schaffen sich mit den Ideen von außen ein neues Bild von sich, damit auch sie begehrenswert sind – und vor der Unsicherheit und Gewalt um sie herum geschützt. Sie geben ihre autonome Lebensführung auf. Sie warten auf die Veränderungen in ihrem Körper, um abschätzen zu können, wie sie bei den Männern ankommen, dann warten sie auf jemanden, der ihr Begehren weckt. Deborah Tolman hat in verschiedenen Untersuchungen festgestellt[14], daß heranwachsende Mädchen selten davon erzählen, daß sie sexuelle Aktivitäten eingeleitet haben – es heißt immer «er hat mich geküßt» und nicht «ich habe ihn geküßt». Diese Haltung geht mit einem erheblichen Verlust an Selbstvertrauen und dem Gefühl einher, daß man den Anforderungen dieser Welt nicht gewachsen ist. Die Mädchen geben ihre Begeisterung auf. Ihre stereotype Antwort «ich weiß nicht» zeigt, daß sie tatsächlich *nicht wissen*, wie wir bereits in Kapitel 2 besprochen haben. Selbst Sigmund Freud stellte einen Zusammenhang her zwischen den Tabus, die den Ausdruck weiblicher Sexualität verhindern, und den Grenzen des weiblichen Denkens.[15]

Angesichts der allgegenwärtigen Gefahren wird ein Mädchen vielleicht aus Vernunftgründen ihre sexuellen Gefühle unterdrükken oder hintanstellen. Doch die Schwierigkeit liegt darin, daß wahres Begehren, das «Ja!» in uns, ein tiefes und frohes Gefühl ist, das weit über Sexualität hinausgeht. Die Psyche kann nicht das eine Begehren abtrennen, ohne daß ein anderes in Mitleidenschaft gezogen wird. Wenn sexuelles Begehren zurückgestutzt wird, betrifft das jedes andere Begehren mit, einschließlich der Fähigkeit, sich selbst zu lieben und zu wissen, was wir eigentlich wollen. Der Zugang zu unserem Begehren, unsere Fähigkeit, aus der Fülle zu leben und zu fühlen, so Audre Lorde, ist der Prüfstein für jeden Aspekt unseres Lebens, sowohl in unseren Beziehungen als auch in unserer Arbeit. Wenn Mädchen ihre Sexualität abtrennen und sie verteidigen müssen, verlieren sie das Gefühl dafür, was richtig und wahr ist. Die Folge davon ist, daß Bedürfnisse nach einer neuen Frisur oder nach neuen Kleidern aufkommen – entsprechend den Angeboten des Marktes. Das Begehren von Mädchen nach Leben und Lebendigkeit wird zu einer Konsumjagd nach erstrebenswerten Objekten. Der Verlust des körperlichen Begehrens hat zur Folge, daß Mädchen sich von gesellschaftlichen Vorstellungen, wie das Leben von Frauen aussehen soll, einfangen lassen, denn sie wissen nicht mehr, was sie eigentlich wollen.

Erst kürzlich erklärte der Dekan einer bekannten Eliteuniversität im Osten der USA einer ehemaligen Studentin, warum es in seiner

Universität derzeit keine Schülerinnen gebe, die ein Rhodes-Stipendium erhielten, das renommierteste Stipendium für weiterführende Studien. Die Schule konnte sich vieler junger Frauen mit hervorragenden Leistungen, sportlichen Fähigkeiten und sozialem Engagement rühmen. Doch wenn sie gefragt wurden, warum sie ein Rhodes-Stipendium haben wollten, waren die jungen Frauen verdutzt und wußten nichts zu sagen. Etwas zu wollen kam in ihrem Leben nicht vor. Sie waren mustergültige «gute» Mädchen, die alles richtig gemacht hatten: Sie erbrachten gute Leistungen, sie «konnten durch brennende Reifen springen». Trotz Ihres Erfolges hatten sie aber die Verbindung zu dem «Ja» in sich verloren. Eine Untersuchung in drei verschiedenen Universitäten im Rahmen des Harvard-Projekts hat gezeigt, daß die Mädchen jedesmal ins Stocken gerieten, wenn sie über ihre Wünsche sprechen sollten. Statt ihre Wünsche offen zu formulieren («Ich will»), wichen sie aus und wählten eine indirekte Formulierung («Man möchte vielleicht...»).[16]

Beim Abschluß der High-School haben Mädchen häufig klarere Vorstellungen von ihrer Zukunft. Doch handelt es sich dabei um gewissermaßen geschlechtslose Versionen ihrer selbst, was ihnen den Einstieg in die Mittelschicht erleichtert. Die Formbarkeit junger Mädchen wird zum Ziel von Werbefachleuten, die in ihnen einen wachsenden Markt sehen. Begehren wird zum Konsumrausch umgewandelt – nach Kleidern, Schuhen, Kosmetikartikeln, CDs, Schmuck, elektronischen Geräten und so weiter. Mädchen lassen sich ihre Wünsche von außen suggerieren, statt sie aus der Quelle des Begehrens in ihrem Inneren zu empfangen. Indem sie die gesellschaftlichen Vorstellungen von dem, was wünschbar ist und zum Erfolg führt, verinnerlichen, die eigentlich das Produkt männlicher Erfahrungen sind, verschaffen sie sich eine gewisse Sicherheit.

Wir erobern unser Begehren zurück

Wenn wir damit beginnen wollen, müssen wir uns den engen, auf Sexualität begrenzten Definitionen unserer Lebenskraft und unseres Begehrens entziehen. Mütter können damit anfangen, daß sie die Geschichte ihrer Lust – mit sich selbst und mit anderen, oder bei der Arbeit – und die Entfaltung ihrer Sexualität zurückverfolgen. Wenn Frauen Überlebensstrategien erproben, können sie darüber sprechen, wie die Ideale von wahrer und romantischer Liebe fälschlicherweise Rettung versprochen haben und sie in verzehrende Leidenschaften gestürzt haben. Die Lebendigkeit der Tochter mitzuerleben gibt der Mutter die Möglichkeit, ihr eigenes Begehren und ihren Körper für sich zurückzuerobern.

Die Rückgewinnung fängt mit dem Widerstand gegen die verinnerlichte Gleichsetzung von Begehren und Sexualität und deren Überprüfung an. Freude und Lust bilden zusammen den Ausgangspunkt für unseren Widerstand gegen die enggefaßte, konventionelle und uns von außen übergestülpte Art, Begehren zu erleben. Wenn wir zurückdenken, können wir uns in jeder Lebensphase an Dinge erinnern, die uns froh und glücklich gemacht haben. «Die ersten Sonnenstrahlen über den Hügeln bei meinem ersten Pfadfinderlager», erinnert Carla sich lachend. «Ich stand ganz still am Seeufer und sah, wie sich der Wald rosa verfärbte. Ich war so glücklich.» Lisa erlebte als Heranwachsende Freude beim Sport. Sie erzählt: «Ich liebte es, in Bewegung zu sein, zu laufen, mich wie der Wind zu fühlen. Ich fühlte mich beflügelt.» Erfülltes Begehren ist Freude, die im Leben jeder Frau einzigartig ist. Schlüsselerlebnisse wie die von Carla und Lisa legen unsere Erwartungen fest, was für uns ein volles Leben bedeutet.

Linda erinnert sich an ein Schlüsselerlebnis, als sie in der achten Klasse einer Privatschule war. Lindas Klasse hatte eine Partnerklasse in einer städtischen Schule. Gemeinsam wollten sie untersuchen, ob eine integrierte Erziehung von Kindern verschiedener Rassen in den Schulen von St. Louis möglich war. «Für mich war das eine zentrale Erfahrung. Ich war mit allen meinen Sinnen bei der Sache, ich ging vollkommen darin auf. Ich weiß noch, meine Mutter fand es großartig, was ich da machte, aber...» Ihre Mutter schenkte der Begeisterung und dem Stolz ihrer Tochter bei der Arbeit an diesem Projekt nicht allzuviel Aufmerksamkeit. Wonach sich Linda sehnte, und was sie manchmal bei den Freunden ihrer Eltern fand, war «jemand, der etwas darüber erfahren wollte und der mir zuhörte, weil es ihn ebenso faszinierte wie mich. Ich erinnerte mich an dieses Körpergefühl, es war wie... es war dieses unglaublich leichte Gefühl; ich lief auf Hochtouren.»

Lindas Erlebnis des erfüllten Begehrens ist ein allumfassendes Gefühl und macht ihr bewußt, daß sie fähig ist zu lieben und in der Welt zu leben. Ihr Gefühl von Freude und Erfüllung lag in ihrem Wunsch, in der Fülle des Lebens zu stehen und ihrem Leben einen Sinn zu geben. Ihr Erlebnis aus der achten Klasse ist für sie der Maßstab für spätere Erfahrungen: Bin ich mit derselben Leidenschaft und Lebendigkeit dabei? Warum nicht? So erkennt sie ihr wahres Begehren.

Die Rückgewinnung unserer frühen sexuellen Erlebnisse ist häufig weniger freudig und hat nicht viel mit Lust zu tun. Teresa erinnert sich an die spielerische Frechheit von Jungen, die einem Mädchen mit der Hand über den Rücken fuhren, um zu fühlen, ob es einen BH trug, oder die an den BH-Gummis zogen. Agnes erinnert sich an eine Situation im Schwimmbad, wo zwei Jungen hinter ihr herjagten. Als sie sie gefangen hatten, versuchten sie, ihre Hände in den Badeanzug des Mädchens zu zwängen. «Ich wußte nicht, warum sie das taten. Ich war höchstens elf und fühlte mich merkwürdig beschmutzt.»

Andere Frauen hingegen spürten im Alter von elf oder zwölf Jahren Sehnsucht nach Leidenschaft. «Ich geriet an einen Feuilletonroman, in dem der Held seine glühenden Lippen auf die weiße Brust der Heldin drückte», schreibt Simone de Beauvoir in *Memoiren einer Tochter aus gutem Hause.* «Dieser Kuß brannte in mir fort; gleichzeitig Mann, Frau und begieriger Zuschauer, gab, ertrug und erschaute ich ihn.» Sie sehnte sich schmerzlich nach der einzigen

Vereinigung, die ihr offenstand: «Verzweifelt rechnete ich mir aus: ‹Man kann erst mit fünfzehn heiraten!›»[17] Doch kurz darauf wurde sie im Kino von einem Mann belästigt, der sie frech angrinste, als sie aufstand und ging. Sie war völlig verwirrt und hatte keine Ahnung, was er wollte.

«Meine Brüder haben nach der Schule immer ‹Bonanza› und ‹The Big Valley› gesehen», erinnert sich Jean. «Als ich in der sechsten Klasse war, war ich völlig gebannt von den Küssen, die wir zu sehen bekamen. Ich habe mir alles genau angeguckt. Was machten die mit ihren Mündern? Preßten sie einfach nur die Lippen aufeinander? Das schien nicht das Wahre! Ich erinnere mich an das erste Mal, als ich einen Kuß mit geöffneten Lippen im Fernsehen sah. Holla! Ich war schockiert und fasziniert zugleich. Ich habe dann im Bett immer auf einem Kissen probiert und mir alle möglichen Abenteuergeschichten aus dem Wilden Westen ausgedacht.»

Erste Informationen über Geschlechtsverkehr und die erste Menstruation sind die eigentlichen Marksteine beim Erwachsenwerden. «Als ich zehn Jahre alt war, zeigte ich meiner Mutter die merkwürdigen Flecken in meiner Unterhose», berichtete Sara. «Sie gab mir einen Klaps ins Gesicht – nicht besonders hart – und lachte bitter. ‹Gratuliere›, sagte sie, ‹du bist jetzt auch eine Frau.› Ich habe mich schrecklich gefühlt.» Oft sind es Krämpfe und der schwierige Umgang mit Binden, die einem als Erinnerung an den Eintritt ins Frausein geblieben sind. «Ich war erst neun Jahre alt, als ich meine erste Periode hatte», erinnert sich Dora. «Ich war so aufgeregt, daß ich in die Küche gelaufen kam und meinen Eltern meine Unterhose gezeigt habe. Ich fand es einfach toll.» Nicht jedes Mädchen, das so früh seine Periode bekommt, ist ebenso stolz. Viele verschweigen es und verstecken die Utensilien. Spätentwicklerinnen hingegen haben ganz andere Probleme. «Meine Mutter fing an, sich Sorgen zu machen, denn ich war fünfzehn und hatte immer noch nicht meine Periode», erzählt Louise. «Ich habe allen meinen Freunden etwas vorgeschwindelt, und im Sportunterricht saß ich einmal im Monat auf der Bank und gab vor, meine Periode zu haben. Ich war besorgt, aber gleichzeitig auch glücklich, denn ich war sehr flachbrüstig und glaubte, wenn ich meine Periode bekäme, würden meine Brüste nicht mehr wachsen. Ich glaube, ich hielt an diesem Aberglauben fest, damit ich mir nicht völlig abnormal vorkam.» Uns wird die Vorstellung vermittelt, daß im Prozeß des Heranreifens der Körper eine Quelle von Schmerz, Unwohlsein oder Antizipation ist. Wenn Mütter sich in Erinnerung rufen, was ihnen über ihren Körper, über Sex und Liebe erzählt wurde, können sie erkennen, wie ihr eigenes Begehren durch die dominierenden Vorstellungen über Sexualität und romantische Liebe geformt wurde.

Für manche Frauen folgen Furcht und Schreckensahnungen auf ihr jugendliches Sehnen. Simone de Beauvoir beschreibt den Unterschied zwischen ihren sehnsüchtigen Gefühlen mit zwölf und denen zu einem späteren Zeitpunkt: «Mit zwölf Jahren hatte ich in meiner Unwissenheit eine Ahnung von dem, was körperliches Verlangen, sich Umarmen und Festhalten bedeutete, doch mit siebzehn, obwohl ich viel besser informiert war, wußte ich nicht, um was es eigentlich ging. Ich weiß nicht, ob in meiner Naivität ein gewisses Maß an Selbstbetrug lag: wie auch immer, Sexualität jagte mir Angst ein.» Beauvoirs Bewußtsein davon, daß sie sich etwas vormacht, um ihr Begehren und ihre Furcht im Zaum zu halten, ist typisch für die Art des Verlusts, die wir hier beschreiben. Oftmals werden Mädchen mit Informationen über Sexualität konfrontiert, die sie aus der Bahn werfen. «Mein Bruder hatte Pornohefte im Badezimmer im Wäschekorb versteckt», erzählt Melissa. «Ich vermute, er hat sich da einen runtergeholt. Ich habe einen Pornoroman gefunden und war zutiefst schockiert, aber auch neugierig angesichts der üblen Dinge, die sie mit dem Mädchen angestellt haben.» Beim Babysitten ergab sich oft eine Gelegenheit, etwas über Sex zu lesen. «Ich wußte immer auf Anhieb, wo die Eltern ihre Geheimliteratur versteckten – auf dem Nachttisch, hinter einer Reihe Bücher. Ein Typ hatte einen Raum voller Pornobücher», erinnert sich Terri. «Ich sollte eigentlich nicht in das Zimmer gehen, aber ich habe mich nicht daran gehalten. Mann, habe ich da was über Perversion gelernt! Ich konnte nicht aufhören zu lesen, obwohl mir dabei ganz anders wurde.» Sheila erinnert sich, daß sie in der achten Klasse mit einer

Freundin «Dirty Barbie» gespielt hat: Barbie war so hübsch wie immer und hatte Sex-Probleme mit Ken. «Es war ein gemeines Spiel, bei dem Barbie ziemlich erniedrigt wurde», erzählt sie. «Ich weiß, daß ich beim Spielen dieses beklemmende Gefühl in der Brust hatte – ich schämte mich und ärgerte mich gleichzeitig über Barbies Dummheit. Und Barbies Dummheit war später meine eigene.»

Die Rückgewinnung von Erinnerungen an die Gewalt im Leben von Frauen – in pornographischen Veröffentlichungen, wenn man uns angrapscht, hinter uns herpfeift oder uns mit Blicken taxiert – ist schmerzlich und bedrohlich. Wir empfehlen, daß sich Frauen hier in Gruppen zusammentun. Wir haben bereits gesehen, daß unsere Psyche nach ausgefeilten Regeln verhindert, daß wir die Angst und Furcht, die mit der Erkenntnis unserer Verletzbarkeit einhergehen, spüren. Deshalb kann die Erinnerung an diese Situationen ein schmerzlicher Moment sein. Wenn wir uns bewußt werden, daß wir diesen Mißbrauch überstanden haben und eine Gemeinschaft von Frauen uns Halt gibt, werden wir frei dafür, auch die Scham und Furcht wieder zu erleben, die diese Vorfälle begleiteten, und nicht nur die Vorfälle selbst, die wir so lange versteckt gehalten haben.

Viele Frauen werden sich bei diesem Prozeß an Situationen des Mißbrauchs erinnern. «Bei dem Gedanken, wie ein Mädchen zur Frau wird, fällt mir nichts ein», sagt Barbara. «Das liegt daran, daß ich mit drei Jahren von meinem Onkel vergewaltigt wurde. Ich bin mit drei Jahren zur Frau geworden. Er hat mir das genommen.» Wir wollen Frauen, die solche Erinnerungen in ihr Bewußtsein rufen, dazu ermutigen, bei einer feministisch eingestellten Therapeutin Hilfe zu suchen. Wenn wir zurückfordern, was uns so brutal genommen wurde, gewinnen wir auch wieder die Kraft und Energie, die wir verdienen und brauchen, um ein erfülltes Leben zu führen.

Barbara erzählt weiter, daß ihr Leben als Jugendliche und als junge Frau von ihren Männerbeziehungen geprägt war. «Ich war der Fußabtreter und über alle Maßen verliebt. Ich hatte schon früh gelernt, sexuelle Beziehungen einzugehen – und sie mit Liebe zu verwechseln – und genau das tat ich.» Die Flucht in eine romantische, obsessive Liebe – die einen häufig weit weg von einem ernsthaften Lebensplan oder dem Wunsch nach einem ausgefüllten Leben führt – ist wahrscheinlich die häufigste und gleichzeitig die lähmendste aller Überlebensstrategien. Auch Frauen mit einem erfolgreichen Berufsleben sind dagegen nicht gewappnet. Sie opfern sich auf dem Altar der romantischen Leidenschaft und vergeuden ihr wahres Begehren und ihre Eigenliebe. Terese erzählt von ihrem Leben mit einem Mann, das immer sinnloser wurde. «Ich war furchtbar verliebt, aber mochte ihn nicht einmal besonders. Als er anfing, mich zu schlagen, sagte ich mir: ‹Du mußt hier weg.›» Die Vermischung von Liebe und Furcht, von romantischer Liebe und echtem Begehren führt Frauen in eine verworrene Situation, aus der sie nur schwer wieder herausfinden. Wenn Sex auf Verlust gegründet ist, ist es nur ein verzweifeltes, blindes Sich-Festklammern an einen Menschen in der irrigen Hoffnung, daß er einem das zurückgeben kann, was man verloren hat. Doch dieser Mensch kann das nicht für uns tun. Wenn wir diese verworrenen Beziehungen als Überlebensstrategien entlarven, können wir unser wahres Begehren und unsere Liebesfähigkeit entdecken. Wenn wir diesen Schritt nicht tun, wird es uns schwerfallen, unseren Töchtern einen gangbaren Weg zu zeigen.

Frauen, die die Vielschichtigkeit des Begehrens erkennen und die alles verzehrende Leidenschaft als Überlebensstrategie entlarven, gewinnen eine komplexe und fruchtbare Sicht auf die Kraft des Begehrens in ihrem Leben. Sie bestehen darauf, das Schöne zu sehen und Freude zu suchen, auch inmitten von Furcht und Schmerz. Mütter, die das Echo ihres eigenen Begehrens in sich suchen, erleben das Zwiegespräch mit ihren Töchtern als Markstein. «Manchmal höre ich, wie unsere Tochter singend durch die Wohnung hüpft», sagt Belle. «Ich kann kaum sagen, welche Gefühle das bei mir auslöst. ‹Sie ist glücklich hier›, denke ich dann bei mir und empfinde tiefe Freude.» In diesen Momenten, wenn die Mutter die Lebensfreude und erotische Kraft ihrer Tochter miterlebt, kann sie ihre eigene Lebenslust wiedererlangen – oder zumindest kann sie beschließen, daß auch sie das Recht hat, solche Freude zu empfinden. «Wenn meine Tochter badet», sagt Diane, deren Tochter sechs

Jahre alt ist, «bin ich fast erschrocken über ihren freien Umgang mit ihrem Körper. Es ängstigt mich.» Es kann ein wichtiges Geschenk der Tochter sein, wenn die offene Lust des Kindes an seinem Körper dazu führt, daß die Mutter sich ihrer Angst davor bewußt wird und die Quelle der Angst erschließen will. Kinderfotos von älteren Töchtern können Müttern helfen, sich an ihre Leidenschaft als junges Mädchen zu erinnern. Ohne solche Hilfen ist es schwer für eine Mutter, die jahrelang dazu angehalten wurde, das «Ja!» in sich zu fürchten, sich an dem Körper ihrer Tochter zu freuen, besonders in Zeiten der Veränderung.

Wenn die Mutter die Erinnerung an diese Erlebnisse wachhält und sich sowohl der romantischen Liebe als auch den engen Definitionen des Begehrens verwehrt, hat sie eher die Möglichkeit, für ihre Tochter eine Autorität darzustellen, von der diese lernen möchte. Die Kraft des weiblichen erotischen Begehrens ist so stark, daß kein Mädchen sie aufgeben möchte. Die Fragen an ihre Mutter sind folgende: Hilfst du mir, mein Begehren zu erhalten, oder willst du es auslöschen? Bist du meine Wärterin, oder zeigst du mir den Weg in die Freiheit? Nur wenn die Mutter Lust und Gefahr kennt, hat sie die Autorität, aufgrund ihrer wiedergewonnenen Erfahrungen, wirkliche Befreiung vorzuleben.

Lektionen des Begehrens

Das Begehren im Leben der Mutter steht in engem Zusammenhang mit den Stimmübungen der Tochter. Ein Mädchen wird auf der Grundlage des Lebens seiner Mutter entscheiden, ob es ihr als Stimmbildnerin trauen kann. Sie beurteilt, ob es lernenswerte Lektionen im Leben der Mutter gibt. Sind die Warnungen der Mutter vor Gefahr ernst zu nehmen, oder ist sie nur neidisch, weil sie nicht haben konnte, was die Tochter sich erhofft? Die heftigsten Konflikte in einer Mutter-Tochter-Beziehung gibt es, wenn die Mutter Angst um ihre Tochter hat, die Tochter aber das Verlangen verspürt, die Welt zu erforschen; wenn die Mutter sich in der patriarchalischen Gesellschaft als überflüssig empfindet, die Tochter aber ein weites Spektrum an Möglichkeiten für sich sieht.

Das Vertrauen der Tochter wird in dieser schwierigen Phase davon abhängen, ob die Mutter Erfolg bei der Lösung dieser Konflikte hat. Zwar sind Jugendliche in ihrem Denken eher unvoreingenommen, jedoch mangelt es ihnen an Lebenserfahrung. Nur widerstrebend nehmen sie Anleitungen von den Eltern an, und sobald die Eltern einen Irrtum begehen, lautet das pauschale Urteil, daß auf sie sowieso kein Verlaß sei. Wenn eine Mutter das Thema Begehren nicht ausklammert, wird sie von ihrer Tochter eher als Autorität angenommen, und wenn sie ihr eigenes Begehren nicht leugnet, kann sie die Gefahr, mit ihrer Tochter in Konkurrenz zu treten, vermeiden. Mütter können das Schweigen, das Themen wie Begehren und Erotik umhüllt, durchbrechen, wenn sie über Menstruation, Sex und Lust sprechen.

«Meine Mutter haßt mich», sagt Dora. «Es fällt mir schwer, das zuzugeben, aber es ist wahr. Als ich mein Studium *summa cum laude* abschloß – und zwar an demselben College, an dem mein Vater war, als sie das Studium aufgab, um ihn zu heiraten –, hat sie mich mit ihrem Blick beinahe aufgespießt. Es war schlimm.» Doras Mutter ist eine sehr intelligente Frau, die unter Agoraphobie leidet. Sie hat sich von den Konventionen fesseln lassen, die ihren Ehrgeiz und Antrieb lähmen.

Innerhalb der traditionellen sozialen Ordnung werden Mütter und heranwachsende Töchter zu lächelnden Konkurrentinnen. Wer ist die attraktivere? Wer ist beliebter? Wer wird die Aufmerksamkeit des Mannes in der Familie oder anderer interessanter Männer auf sich ziehen? «Ich habe früher stundenlang über den Fotos meiner Mutter gesessen», erzählt Lorelei, «weil ich so eifersüchtig auf sie war. Sie war Anführerin der Cheerleaders. Obwohl ich sportlich war und auch aktiv Sport betrieb, war ich nicht annähernd so beliebt wie sie. Dafür habe ich sie gehaßt. Aber darüber, über unsere unterschiedlichen Erfahrungen, haben wir nie geredet.» Wenn heranwachsende Mädchen begreifen, welche Möglichkeiten ihnen offenstehen, und Mütter an der Entwicklung ihrer Töchter erkennen, daß sie selber älter werden, kann sich der Zorn der Hilflosigkeit in der Mutter-Tochter-Beziehung – meistens auf versteckte Weise – zu konkurrierendem Verhalten auswachsen. Mütter, die ihre soziale Rolle gefunden haben, indem sie die Geschichte von der romantischen Liebe ausagierten, haben gelernt, daß Attraktivität und stillschweigende Duldung den Schlüssel zum Happy-End bargen. Mutter und Tochter treten häufig in Konkurrenz miteinander und messen sich an den Regeln des «Markts», um festzustellen, wie begehrt sie sind. Frauen, deren jugendliche Attraktivität sich im mittleren Alter verliert, müssen damit fertig werden, daß die Bestätigungen, die sie als Frau erhalten, geringer werden. Wenn zur selben Zeit die Tochter zur jungen Frau heranwächst, kann dies für die Mutter derart schmerzlich sein, daß es ihr nicht möglich ist, die Entwicklung der Tochter mit Freude zu beobachten und die Freude mit ihr zu teilen. «Meine Mutter hat mit mir und meinen beiden Schwestern immer die Schulkleider eingekauft», erzählt Golda mit einem gequälten Lachen, «und wir kamen mit ein paar billigen Klamotten aus einem Discount-Laden nach Hause. Aber meine Mutter! Wenn wir für sie einkaufen gingen, hat sie uns immer in die teuersten Läden geschleift und sich die besten und feinsten Kleider ausgesucht.»

«Ich erinnere mich daran, daß ich einmal nach Hause kam und meine Mutter die Sachen trug, die ich für mich gekauft hatte», sagt Rhea. «Ich hatte ein ganz komisches Gefühl dabei. Als ob sie versuchen wollte, ich zu sein.» Eine ganze Anzahl von Frauen und Mädchen erzählen, daß ihre Mütter ihre Kleider anprobiert oder mit ihren Freunden auf eine Art und Weise geflirtet haben, die falsch schien. Andererseits ist es für eine Tochter aufregend, die Kleider der Mutter anzuziehen, um zu sehen, ob sie mit ihr gleichziehen kann, ob sie ihre Größe erreicht hat. Wenn das Mädchen die Sachen der Mutter anprobiert, versucht sie sich als Erwachsene. Nimmt aber die Mutter die Sachen der Tochter, so wirkt das auf die Tochter eher befremdlich, denn für die Tochter ist die Mutter gewöhnlich eine so starke Figur, daß man sie sich nicht in der Rolle der

Tochter vorstellen kann. Zudem braucht die Tochter ihre Mutter als Autorität und nicht als unfertige Heranwachsende, denn ihre eigene Entwicklung sollte im Schutz der Stärke der Mutter ihren Lauf nehmen.

Es wird von Müttern erwartet, daß sie als Vermittler der patriarchalischen Ordnung auftreten. In einer Studie über das Leben in der Geschäftswelt stellte Rosabeth Moss Kanter fest [18], daß Frauen einen schlechten Ruf haben, da sie typische Vermittlerinnen sind, d. h., sie haben enorme Verantwortung und keine Macht. Die Eigenschaften, die an Frauen bemängelt wurden, waren typisch für Mitarbeiter, die keine Machtposition innehatten. Menschen, die keine Macht ausüben, treten mit anderen in Konkurrenz, weil sie kaum etwas haben, das ihnen sicher ist; sie werden kleinlich, weil sie sich in ihrem eng umgrenzten Einflußgebiet gegen Einmischung schützen müssen; und sie reißen die Kontrolle an sich, weil sie das, was sie haben, nicht abtreten können. «Machtlosigkeit korrumpiert», sagt Kanter in Abwandlung einer bekannten Redensart, «und absolute Machtlosigkeit korrumpiert absolut.» Frauen haben nur wenig Einfluß – Zugang zu größerer Macht wird ihnen nur durch die Männer in ihrem Leben gewährt –, und gleichzeitig tragen sie eine enorme Verantwortung, denn sie ziehen die nächste Generation auf. Aber Mütter, die sich damit abgefunden haben, daß ihre Attraktivität, die über das Körperliche hinausgeht, ihnen Sicherheit und Einfluß in der Welt gibt, können durchaus konkurrierend, kleinlich und herrschsüchtig im Umgang mit ihren Töchtern werden, die ihnen ja so ähnlich sind.

Wenn einer Tochter Möglichkeiten offenstehen, die die Überlebensstrategien der Mutter überflüssig machen, kann das für die Mutter bedrohlich wirken, denn ihr Bild von sich selbst basiert auf dem Mythos der romantischen Liebe, der ihr nur begrenzten Einfluß gewährt. Die Chancen der Tochter werfen vielleicht ein kritisches Licht auf die Entscheidungen der Mutter; zudem können die neuen und unbekannten Strategien der Tochter in der Mutter auch Sorge um ihr Kind auslösen. Folglich kann die Reaktion der Mutter auf die Entscheidungen der Tochter, wie sie ihr Leben gestalten möchte, eine komplizierte Mischung aus Wut, Sorge und Eifersucht sein. Gefühle dieser Art, die gewöhnlich keiner gerne offen zugibt, behindern eine Verbindung zwischen Mutter und Tochter und bewirken, daß die Mutter in einer Art und Weise handelt, die in den Augen der Tochter von Neid und Mißgunst zeugt. Zugleich reagiert die Tochter mit Verwirrung auf diese Gefühle: Kann sie die Welt frei und ungezwungen mit dem Segen ihrer Mutter erkunden? Oder wird ihr Erfolg in der Welt sie die Liebe der Mutter kosten? Wenn diese Gefühle nicht offen angesprochen werden, sieht die Tochter sich in einer Situation, in der sie entweder der Mutter oder sich selbst nicht gerecht werden kann. Oft wollen Töchter ihren Müttern zurufen: «Geh deinem eigenen Verlangen nach – lebe dein Leben.»

Begehren wird in Worte gefaßt

Eine Frau, die ein erfülltes Leben lebt und dem Lustprinzip folgt, durchbricht das Schweigen um das Thema ‹Begehren›, in dem Mutter und Tochter verhaftet sind. Wenn die Mutter den Sinnesfreuden einen Platz einräumt und ihre Erfahrungen mit der Tochter teilt, vermittelt sie, was Begehren in einem weiteren Sinn bedeutet. Für die Tochter ist es eine wichtige Erkenntnis, wenn sie von der Mutter erfährt, daß körperliche Leidenschaft für sie ein wesentlicher Aspekt in einem erfüllten Leben ist, daß es aber nicht die einzige Art von Leidenschaft im Leben einer Frau sein muß. Wenn die Mutter zeigt, daß sie ihre Arbeit liebt, ermutigt sie das Mädchen, Liebe außerhalb des romantischen Paradigmas zu erleben. Sie spricht von Freude, Lust und Begehren, die sie außerhalb der sexuellen Beziehungen zu Männern oder des Konsumrausches empfindet, und vermittelt ihr auf diese Weise, daß die Erfahrung von Frauen ein breites Spektrum umfaßt.

Das Begehren in Frauen wird zum Schweigen gebracht und durch Herrschsucht ersetzt. Mütter, die sich die gesellschaftliche Erwartung, daß sie perfekt und selbstlos für das Wohl der Familie zu sorgen haben, zu eigen gemacht haben, sind von ihrer Eigenliebe und jeglicher Lebensfreude abgetrennt. Wenn man durch Aktivitäten, die einen einfachen Genuß bereiten, das Begehren wieder freisetzen kann, hat man einen gelungenen Anfang gefunden. Manche Mütter halten ihr Begehren durch Übungen und Aktivitäten, bei denen sie ihren Körper regelmäßig über seine natürlichen Grenzen hinaus zwingen, unter Kontrolle. Wenn man sich bewegt, ohne Lust dabei zu verspüren, sondern nur um ein Ziel zu erreichen, z. B. fit zu sein oder sein Gewicht zu reduzieren, hat das mit Begehren nichts zu tun. Ein angenehmes Körpergefühl und Vergnügen an der Sache sind hier die richtigen Leitlinien.

In Dalma Heyns Gesprächen mit Frauen, die eine außereheliche Affäre hatten, aber ihre Ehe nicht beenden wollten, stellte sich heraus, daß viele dieser Frauen etwas «für sich» getan hatten, indem sie die Grenzen des gesellschaftlich Akzeptablen aus ihrem Begehren heraus überschritten hatten. Manche Frauen hatten sogar das Gefühl, daß ihre Affäre sich positiv auf die Kinder ausgewirkt hatte, da sie als Mütter danach mehr Selbstvertrauen hatten und sich ihrer Wurzeln und ihrer Lebenskraft viel klarer bewußt waren. Eleanor formuliert das so: «Ich meine, also: vor meiner Affäre habe ich mich meinen Kindern gegenüber distanziert verhalten, weil ich selbst so unsicher und unglücklich war. Ich habe z. B. das Urteil der Lehrer über meine Kinder, die ich ja viel besser kannte, kritiklos hingenommen und mich auf die Seite der Autoritäten gestellt. Das ist zwar ein kleiner Punkt, aber jetzt erscheint es mir als große Ungerechtigkeit und Betrug an den Menschen, die mir besonders nahestehen, und auch als Betrug an meinen wahren Gefühlen. Mir kommt es so vor, als ob etwas ins Lot gekommen sei und ich jetzt richtig sehen und meine Gefühle zulassen kann. Als ob meine Gefühle vorher künstlich waren – so fühlt man als Mutter, so fühlt man als Ehefrau. Durch die Affäre kann ich die Gefühle wie eine Außenstehende erleben und habe gleichzeitig noch die Anteilnahme der direkt Betroffenen. Ich habe das Empfinden, ich selbst zu sein.»[19]

Andere Mütter haben an ihren Wünschen festgehalten und so das

Schweigen um das Thema ‹Begehren› gebrochen. «Meine Tochter Audrey war ganz erschrocken, als ich darüber nachdachte, mich für ein Aufbaustudium an derselben Universität einzuschreiben, wo ich schon meinen Magister gemacht hatte», berichtete Virginia. «Wir haben ausführlich darüber gesprochen. Dann habe ich ihr gesagt: ‹Ich finde, es ist wichtig, daß ich mir meine Träume erfülle. Und ich glaube, es ist auch für dich wichtig, daß ich das tue; daß du merkst, daß man das, wovon man träumt, auch erreichen kann; und daß du siehst, daß es mir gelingt.› Danach hatte sie eine andere Haltung dazu. Ich glaube, sie hat es sehr gut verstanden.» Die einundzwanzigjährige Claudia erzählt, daß sie dagegen war, als ihre Mutter Jura studieren wollte, als sie selbst noch in der High-School war. «All die anderen Mütter haben ihre Kinder immer nach der Schule abgeholt, und ich fühlte mich betrogen. Aber im nachhinein – ich kann gar nicht sagen, wie froh ich bin, daß sie es getan hat – für mich und für sich. Es wäre schrecklich, wenn sie jetzt nur zu Hause säße, jetzt, wo wir alle weg sind.» Diese Mütter sagen: ‹Ja, es ist wichtig, Wünsche zu haben und sich für ihre Verwirklichung einzusetzen.›

«Meine Tochter Christina war am Anfang der Pubertät sehr schwierig», erinnert sich Claire. «Sie hatte an keinen außerschulischen Aktivitäten Interesse – obwohl ich sie dazu drängte. Schließlich habe ich sie gefragt: ‹Was möchtest du machen? Was macht dir Spaß? Als sie sagte, sie würde gerne schwimmen, habe ich ihr angeboten, ihr in jeder Hinsicht zu helfen. Ich stoppe in ihren Trainingsstunden die Zeit, und im Frühling habe ich sie zu einem Wettkampf nach Florida begleitet. Sie hat sich verändert. Sie ist viel selbstbewußter geworden.»

Das Begehren der Tochter zu ergründen, es zu bekräftigen und ihr dann dabei zu helfen, die richtige Ausdrucksform dafür zu finden – das sind wichtige Schritte für Mutter und Tochter. Es fällt leichter, je früher die Mutter damit beginnt. Nachdem Xiaoming das Begehren aus der Dringlichkeit ihrer dreijährigen Tochter herausgehört hat, kann sie es als solches lebendig halten. Wenn Eltern ihren Töchtern so weit wie möglich die Entscheidung über ihren

Körper, ihre Eßgewohnheiten und Zimmereinrichtungen geben, ermöglichen sie ihnen, an dem «Ja!» in ihrem Inneren festzuhalten. Wenn wir das laute und temperamentvolle Auftreten eines Kindes als Leidenschaft oder Begehren deuten können, so geben wir ihm die Möglichkeit, eine Vielfalt von erotischen Erfahrungen in seiner Entwicklung lebendig zu halten. «Bei meinem ersten Elternabend, als meine Tochter in den Kindergarten ging», erzählt Elba, «sagte die Lehrerin zu mir: ‹Ihre Tochter ist so leidenschaftlich!› Ich war völlig verdutzt. So hätte ich es nie genannt. Man hat mich immer als ‹intensiv› bezeichnet, was so klingt, als hätte man von irgendeiner Sache zuviel. Aber, zum Teufel noch mal, es ist tatsächlich Leidenschaft!» Jetzt bemüht sich Elba, die Leidenschaftlichkeit ihrer Tochter positiv zu sehen und ihre eigene ‹intensive› Art zu bestärken, statt sie zu fürchten. Manchmal reicht es, die Bezeichnung für ein Verhalten zu ändern, um unsere Einstellung zu diesem Verhalten ebenfalls zu ändern.

Wenn sich die Tochter der Pubertät nähert, ist es wichtig, daß wir auf die Stimme des Begehrens in ihr hören, die von ihr gewählten Zeitpunkte akzeptieren und auf Signale ihrer Bereitschaft achten, damit sie ihre erotischen Wünsche wahrnehmen kann. Jedes Mädchen erreicht diesen Punkt zu einer anderen Zeit. Die elfjährige Edie berichtet z.B., daß sie sich für eine gemeinsame Verabredung mit Jungen und Mädchen noch zu jung fühlte. Sie geht auf eine Mädchenschule und war es nicht gewohnt, mit Jungen zusammenzusein. Da sie klein und auch weniger entwickelt als ihre Schulfreundinnen ist, war sie nicht sicher, ob sie zu dieser Verabredung gehen wollte. «Als ich meiner Mutter sagte, daß ich nicht gehen wollte, hat sie gelacht und gesagt, ich solle ruhig gehen, es würde bestimmt Spaß machen.» Ihre Mutter hatte also gehofft, daß sie ihrer Tochter helfen würde, doch Edie hatte einfach Angst. «Ich war noch nicht soweit. Ich wollte es einfach nicht. Es war noch nicht die richtige Zeit für mich.» Bei ihr hatte die Verabredung eine ähnliche Wichtigkeit wie der erste Geschlechtsverkehr. Sie wollte nicht gehen, doch schließlich ging sie doch und erzählte: «Ich habe mich mit meinen Freundinnen unterhalten; es war also nicht so schlimm.»

Ein Mädchen mag auch den Wunsch haben, mit anderen Mädchen zusammenzusein statt mit Jungen. Der gesellschaftliche Druck zur Heterosexualität läßt viele Mädchen äußerst angespannte Beziehungen zu Jungen eingehen, obwohl sie sich eigentlich zu Mädchen hingezogen fühlen. Wenn wir erlauben, daß ein Mädchen die Stimme seines Begehrens klar hört, ersparen wir ihm womöglich jahrelange Qualen.

Wenn Begehren ein normales Thema für Mutter und Tochter ist, kann die Mutter auch die Diskussion um Fortpflanzung und Sexualität normal führen. Sind *Begehren, Lust und Leidenschaft* keine Fremdworte in einer Familie, dann ist Sex nur eine von vielen Möglichkeiten, Begehren umzusetzen. Das Einsetzen der Menstruation kann erklärt werden als eine Veränderung im Körper des Mädchens, die ihr den Weg zur lebensschaffenden Kraft öffnet. Es gibt Mütter, die Freundinnen einladen, um die erste Menstruation ihrer Tochter als Initiation zu feiern. Eine fröhliche Feier anläßlich dieser neugewonnenen Kraft ist die passende Einführung eines Mädchens in die Welt der Frauen.

Auch wenn in einer Familie offen über Zuneigung und Begehren gesprochen wird, haben Gespräche über Sexualität für eine Sechsjährige eine ganz andere Bedeutung als für eine Zwölfjährige. Beim Eintritt in die Pubertät sind Mädchen, ebenso wie deren Müttern, diese Gespräche eher peinlich. Zena berichtet dazu, daß sie einfach weiter über Sexualität gesprochen habe, obwohl sie die Verlegenheit ihrer Tochter wohl bemerkt hatte. Allmählich brachte ihre Tochter sich in das Gespräch ein und entspannte sich. Zu Beginn wird die Mutter mit sanfter Hartnäckigkeit das Thema immer wieder anschneiden. Sie kann von den Zweifeln und Fragen erzählen, die sie geplagt haben, als sie so alt war wie ihre Tochter. Es ist auf jeden Fall in Ordnung, wenn Mütter mit ihren Töchtern über Sex und Verhütung sprechen möchten. Nathalie Vanderpool, die das verfügbare Material über die Kommunikation zwischen Müttern und Töchtern über das Thema Sexualität ausgewertet hat, sieht sich zu folgendem Kommentar angeregt:

«Ich würde es am liebsten mit einem Megaphon von den Dächern rufen: ‹Hört zu, ihr Mütter heranwachsender Töchter – wenn ihr mit ihnen über Sex sprecht, so ist das *in Ordnung.* Sie werden daraufhin nicht schneller sexuell aktiv werden, aber wenn sie beschließen, sexuell aktiv zu werden, können die Gespräche bewirken, daß sie Verhütung ernst nehmen. Es ist *in Ordnung*, wenn ihr nicht immer die richtigen Worte wählt oder wenn ihr ein paar Dinge verwechselt. Macht es auf eure Art; ihr könnt ein paar Anregungen von mir oder anderen aufgreifen und sie in eure persönlichen Wertvorstellungen übernehmen. Und es ist *in Ordnung*, wenn ihr erwähnt, daß Sex auch lustvolle Seiten hat!»[20]

Die Bereitschaft der Mutter, über Sexualität zu sprechen, kann es der Tochter leichter machen, ihre Hoffnungen, Ängste und Fragen zur Sprache zu bringen. Für Mädchen, die heute aufwachsen, scheint der Bereich der Sexualität mehr und nicht weniger Gefahren zu bergen als für ihre Mütter. Die Unterschiede zwischen den Generationen können zu Konflikten führen, aber ebenso häufig können sie der Ausgangspunkt für offene Gespräche über Sexualität sein, wie Mädchen sie heute erleben.

Die Mutter fängt ein solches Gespräch an der richtigen Stelle an, wenn sie offen über ihre eigenen Gefühle in dieser Gesprächssituation spricht: ob sie verlegen, unsicher oder aufgeregt ist, wenn sie mit ihrer Tochter über Sex spricht. Mütter, deren Töchter behindert sind, scheinen ihre Kinder vor Aufklärung besonders schützen zu wollen, was diese aber anfällig für negative Erfahrungen macht. In einem solchen Fall brauchen die Mütter Informationen von anderen Frauen mit ähnlichen Behinderungen wie die ihrer Tochter, oder von Ärzten, die sie über die Möglichkeiten der Tochter, Lust zu empfinden und Kinder zu bekommen, aufklären können. Angesichts gefährlicher Krankheiten wie AIDS ist es wahrscheinlich ratsam, daß Mütter mit ihren Töchtern in einer öffentlichen Bibliothek, bei einem Arzt oder bei Pro Familia nach den neuesten Informationen über Sexualität und Gesundheit fragen.

Die Richtung des Gesprächs mit der Mutter kann sich an der Richtung, die das Begehren der Tochter vorgibt, orientieren. Was möchte *sie* wissen? Welche Erwartungen stellt *sie* an sexuelle Begegnungen? Was ersehnt *sie* sich von ihrer ersten intimen Beziehung? Wenn die Mutter zuhört, um das zu erfahren, so hat sie einen besseren Einblick in die Sehnsüchte ihrer Tochter und kann dem Denken und Handeln des Mädchens mehr Vertrauen entgegenbringen, das dann von der Tochter möglicherweise erwidert wird. «Als ich ‹aufgeklärt› wurde», erzählt Teresa und macht ein übertrieben langes Gesicht, «waren meine Mutter und meine Großmutter bierernst. Es klang aus ihren Mündern so tödlich, so schrecklich. Sex macht Spaß! Das will ich meinen Töchtern mitgeben.» Wenn Erwachsene sich lieben, gehen sie oft spielerisch mit Sex um. Wenn man den Humor beim Sex nicht aus dem Auge verliert, wird die ganze Diskussion darum leichter. Kommen Spaß, Begehren und Liebe – alles Dinge, die sich heranwachsende Mädchen von ihrer ersten sexuellen Begegnung erhoffen – in den Diskussionen um Sex nicht vor, kann es passieren, daß die Mädchen die Warnungen und Informationen der Mutter in den Wind schlagen, weil die beschriebenen Situationen nicht denen entsprechen, die sie erleben oder zu erleben hoffen. Die einfache Gleichung Sex ist schlecht paßt nicht auf die Erfahrung, die Mädchen machen, wenn sie sich mit Jungen küssen oder auf Petting einlassen.

Jede Mutter muß für sich entscheiden, wie sie mit ihrer Tochter über diese Dinge spricht. Doch ein Gespräch darüber, wie man Lust empfindet oder gibt und ob man Lust fordern kann, kann das Selbstbewußtsein der Tochter enorm stärken. Manche Mädchen machen sexuelle Erfahrungen, die man mit ‹rein-raus-runter› beschreiben könnte, und zwar aus zweierlei Gründen: Zum einen haben sie das Gefühl, daß sie Lust und einen gefühlvolleren Umgang nicht fordern dürfen, und zum anderen wissen sie nicht, was für Möglichkeiten dem Körper offenstehen. Wenn die Mutter der Tochter erklärt, wie man sich streicheln und berühren kann, eröffnet das dem Mädchen neue Wege zu einem erfüllten Zusammensein, die ihm sonst verschlossen geblieben wären. Möglicherweise scheuen Mütter vor solchen Unterhaltungen zurück, weil sie befürchten, sie könnten zu persönlich werden. Doch man muß ja nicht sagen: «Ich liebe es, wenn dein Vater meine Klitoris streichelt.»

Statt dessen kann sie darüber reden, wie wichtig Streicheln für ihr Lustempfinden ist, und ihre Tochter dazu ermutigen, für sich herauszufinden, wo und wie sie am liebsten berührt werden möchte.

«Wie ist es beim ersten Mal?» – «Wie kriegt man einen Jungen dazu, daß er etwas tut, was man möchte?» – «Wird sich überhaupt jemand finden, der mit mir zusammensein möchte?» Dies sind nur einige der Fragen, die eine Gruppe junger behinderter Frauen aufschrieben und in einen Hut warfen, so daß erwachsene Frauen sie beantworten konnten. Wegen ihrer Behinderung formulierten diese Mädchen ihre Fragen vielleicht besonders deutlich, doch ansonsten sind es dieselben Fragen, die alle jungen Leute stellen und die die meisten Frauen in ihrer Jugend auch gerne gestellt hätten. So wie sie auf eine Antwort gewartet haben, warten jetzt ihre Töchter darauf. Wir haben bereits gesagt, daß es wichtig ist, die Wahrheit zu sagen. Doch gibt es immer eine Reihe von Wahrheiten. Es ist die Wahrheit, wenn wir über unsere Entscheidung, nicht zu sprechen, sprechen. Es ist die Wahrheit, wenn wir allgemeine Aussagen über das Lustempfinden machen, statt persönlicher darüber zu reden. Und die Mutter sagt die Wahrheit, wenn sie ihre eigene Geschichte ohne den Glanz des romantischen Mythos erzählt. (Sobald wir unsere Vergangenheit mit einem romantischen Glanz überziehen, erhalten wir den Mythos am Leben.) Wenn die Mutter über ihre eigenen Erfahrungen als junges Mädchen und über ihre ersten sexuellen Begegnungen spricht, ermöglicht sie der Tochter die Verbindung, die diese so dringend braucht. Ob der richtige Zeitpunkt für ein solches Gespräch gekommen ist, läßt sich an der Bereitschaft der Tochter zuzuhören und der Fähigkeit der Mutter, mit dieser Situation gelassen umzugehen, ablesen. In den meisten Fällen wird die Mutter die Diskussion über Sexualität einleiten müssen.

Viele Frauen umgeben die Geschichte ihrer sexuellen Geschichte, die für sie mit Schmerz und Scham verbunden ist, mit tiefem Schweigen. Wir haben jedoch so viele Geschichten gehört von Mädchen, die praktisch die Fehler ihrer Mütter wiederholen, daß wir uns fragen, ob die Fortsetzung des Schweigens nicht auch eine Fortsetzung der jeweiligen Geschichte bedeutet. Angelas Mutter und

Großmutter bekamen ihr erstes Kind jeweils mit fünfzehn Jahren. Angela, die das siebte Kind in dieser armen Familie ist, bekam ihr erstes Kind mit neunzehn. Sie war fest entschlossen, ihre Ausbildung nicht abzubrechen, heiratete den Vater des Kindes, machte ihren College-Abschluß (was außer ihr nur ein anderes Geschwisterkind tun konnte), arbeitete und versorgte ihr Kind. Sie blieb in demselben Stadtteil, zog aber in eine Straße, in der Familien der Mittelschicht wohnten. Angela und ihr Mann haben den Sprung in die Mittelschicht geschafft und arbeiten beide in soliden Berufen. Vivian, ihre Tochter, war die erste in dieser Großfamilie, der ein College-Platz in einer anderen Stadt angeboten wurde, den sie auch wahrnehmen konnte. Im Alter von achtzehn Jahren zog Vivian aus der elterlichen Wohnung aus, um zu studieren. Mit neunzehn, im Dezember desselben Jahres, kam sie zurück – zusammen mit ihrem ersten Kind. Sie war im sechsten Monat schwanger gewesen, als ihr College-Kurs anfing. «Sie spricht nicht darüber», sagt Angela, verzweifelt, daß sich dieses Muster im Leben ihrer Tochter wiederholt.

Auch andere Mütter berichten von Mustern, die sich über Generationen wiederholen. «Als ich schwanger war und darüber nachdachte, ob ich das Baby behalten und die Hoffnung auf ein erfolgreiches Berufsleben aufgeben sollte, habe ich meine Mutter angerufen – ich weiß gar nicht genau, warum. Vielleicht, weil ich ihr sagen wollte, daß ich sie enttäuschen würde», erzählt Bethany. «Sie erzählte mir, daß sie in meinem Alter in genau derselben Situation war. Ich war wie vor den Kopf geschlagen. Sie hat illegal abgetrieben – meine Mutter, eine gläubige Katholikin!» Das Geständnis ihrer Mutter war eine Gnade, eine Befreiung. «‹Aber du bist ein so guter Mensch›, platzte ich heraus, ‹du würdest für deine Kinder alles tun!› Plötzlich wurde mir klar, daß sie keineswegs perfekt war, und das gab mir die Möglichkeit, ich selbst zu sein und das zu tun, was ich wollte.» Bethany hatte bisher das aufopfernde Leben ihrer Mutter mit ‹Frausein› gleichgesetzt, worüber sie sich bis zu diesem Moment nicht im klaren gewesen war. Bethanys Problem, daß sie ihren Beruf ausüben wollte und sich nicht in die weibliche Rolle fügte wie ihre Mutter, manifestierte sich in ihrer Schwangerschaft. Vielleicht knüpfen Töchter ihre Vorstellung von Weiblichkeit an die reproduktive Geschichte ihrer Mütter. Worin die Gründe auch liegen mögen, keine der Mütter oder Töchter, mit denen wir über diese komplizierten generationsübergreifenden Kreisläufe gesprochen haben, hat ein offenes Gespräch über die Fragen und Möglichkeiten geführt, bevor die Wiederholung des Musters einsetzte. Wenn Mütter diesen Kreislauf durchbrechen und ihren Töchtern die Wahrheit über ihre Erfahrungen erzählen können, vermitteln sie ihnen ein Bewußtsein, das ihnen den Weg zu echten Entscheidungen öffnet.

Bonnies jüngere Tochter Athena wollte sich vom Arzt die Anti-Baby-Pille geben lassen. Sie war vierzehn, hatte noch keinen Geschlechtsverkehr gehabt, spielte aber mit dem Gedanken daran. Bonnie und ihre ältere Tochter Alethea führten ein Gespräch mit Athena, in dem sie ihr davon abrieten, jetzt schon mit Jungen zu schlafen. «Warte doch noch», hatte Bonnie gesagt. «Wir sind der Ansicht, daß es noch nicht der richtige Zeitpunkt für dich ist. Wir haben beide die Erfahrung gemacht und glauben, daß du zu jung bist.» Athena sagt schulterzuckend, daß sie von der Idee, mit einem Jungen zu schlafen, abgekommen sei. Warum? «Weil sie mich darum gebeten haben. Es schien ihnen sehr wichtig zu sein, deswegen dachte ich, daß es wahrscheinlich noch keine gute Idee ist.» Die offene und direkte Art der Beziehung ermöglichte es Athena, zu einer Entscheidung in Übereinstimmung mit ihrer Mutter und ihrer Schwester zu kommen. Wenn die Mutter über ihre eigenen Erfahrungen spricht, ihre Tochter ermutigt, Lust durch Petting statt durch Geschlechtsverkehr zu erfahren, und allgemein eine lockere Atmosphäre für Gespräche über Sexualität schafft, so hilft das ihrer Tochter enorm bei Entscheidungen über ihr sexuelles Verhalten. Manchmal ist der Mutter nicht wohl angesichts der Wahl des Freundes, und sie spricht mit der Tochter über ihre Gefühle. Wenn die Mutter berechtigte Gründe hat und nicht willkürlich verlangt, daß die Tochter die Beziehung beendet, hört das Mädchen wahrscheinlich zu, auch wenn es zunächst nicht so scheint. Doch vielleicht ist die schwierigste Erkenntnis für eine Mutter die, daß ihre Tochter letztendlich ihre eigenen Entscheidungen treffen wird.

Wir haben hier fast ausschließlich über Sexualität gesprochen, weil dieser Bereich den Müttern soviel Angst macht. Doch eine umfassendere Diskussion über das Begehren endet nicht da, wo Sexualität anfängt – damit würden wir die Gleichsetzung von Begehren und Sexualität übernehmen. Wir setzen die Diskussion über das Begehren fort, von dem Sexualität ein Bestandteil ist. Auch das Schweigen, das den Wunsch der Mutter nach sinnvoller Tätigkeit umgibt, muß durchbrochen werden und die Wahrheit an seine Stelle treten. Welche Träume hatte die Mutter als Mädchen? Wurden ihre Wünsche vereitelt oder umgesetzt? Worin lagen für die Mutter die Schwierigkeiten bei der Verwirklichung ihrer Wünsche? Wenn die Mutter hier die Wahrheit sagt, vermittelt sie ihrer Tochter ein tieferes Bewußtsein dafür, wie unsere Gesellschaft Frauen zwingt, Einschränkungen in ihrem Lebensplan hinzunehmen; sie zeigt auf, daß es andere Bereiche des Begehrens gibt, und ermutigt ihre Tochter, ein Leben außerhalb des romantischen Mythos zu planen.

Die gemeinsame Erkundung des Begehrens

Gemeinsam mit der Tochter noch einmal in die patriarchalisch geordnete Welt einzutreten, ist für eine Mutter eine schwierige Aufgabe. Die Wünsche der männlichen Welt finden überall im Leben von Frauen ihren Niederschlag, so daß man nur schwer einen Anfangspunkt findet. Wenn die Mutter gemeinsam mit der Tochter die männlich orientierte Deutung des Begehrens uminterpretiert und erweitert, wenn sie das Selbstbewußtsein des Mädchens fördert und sich gegen sexuelle Gewalt zur Wehr setzt, können Mutter und Tochter gemeinsam den Weg durch das Labyrinth männlicher Vorstellungen und Wünsche antreten.

Beim Eintritt in die patriarchalische Gesellschaft können Mütter ihren Töchtern beibringen, den «Anschein der Konformität»[21] zu wahren. Die wunderbare Macht der Frauen, in ihrem Körper ein neues menschliches Leben zu tragen – die Mädchen in der Pubertät zuteil wird –, bedeutet eine große Verantwortung. Diejenigen, die Frauen Grenzen aufzwingen, wollen diese Macht kontrollieren. Deshalb müssen Töchter in den Untergrund des Widerstands eingeladen werden. Hier lernen Mädchen, diese Macht in ihrem Körper zu beschützen und zu erhalten, während sie sich gleichzeitig äußerlich den Konventionen ihrer Gesellschaft anpassen. Mädchen können sich ihre Autonomie sichern, indem sie Geheimagentinnen in der Aufmachung von netten Mädchen werden. Statt sich von der Leidenschaft des Konsums hinreißen zu lassen, können Mädchen lernen, daß gewisse Maßstäbe an Kleidung und Benehmen wie ein Kostüm sind, das man an- und ablegt, um sich ungehinderten Zugang zu männlich orientierten Institutionen der Gesellschaft zu sichern. Der respektlose Umgang der Mutter mit weiblichen Konventionen und ihre Fähigkeit, sie frei zu manipulieren, gibt ihrer Tochter die Möglichkeit, in die patriarchalische Gesellschaft einzutreten, ohne sich in ihre Grenzen zwingen zu lassen.

Die meisten Mädchen wollen – unter dem Einfluß ihrer Schule oder Gruppe – den Jungen gefallen. Bei sich ständig wandelnden Standards müssen Mütter hier einen schmalen Pfad zwischen zwei Extremen beschreiten: entweder die Tochter bei dem Spiel, den Jungen zu gefallen, mitmachen zu lassen oder zu riskieren, daß sie zur sozialen Außenseiterin wird. Vielleicht sind das Vergnügen, das Wohlempfinden und die Freude, die ein junges Mädchen empfindet, der beste Leitfaden. «Meine Töchter sollen verstehen, daß ein Junge sie nicht liebt, wenn er will, daß sie sich ändern», sagt Teresa. «Ich habe jede Menge Lebenserfahrung und weiß, wie es nicht klappt, und das möchte ich ihnen weitergeben.» Wenn eine Mutter ihre Tochter liebevoll so akzeptiert, wie sie ist, erwartet die Tochter auch positive Zuneigung von anderen. Wenn das Mädchen anfängt, sich mit Jungen zu verabreden und mit anderen Mädchen zu konkurrieren, kann die Mutter sie darin bestärken, ihre Freundinnen nicht zu verraten. Indem die Mutter ihrer Tochter klarmacht, daß die Freundschaft mit anderen Mädchen wichtig ist, vermittelt sie ihr eine andere Art zu denken und zu handeln, was in der Welt der männlichen Wünsche, in der Mädchen normalerweise wehrlos sind, besonders wichtig ist.

Wir fordern Frauen auf, mit ihren Töchtern Selbstverteidigungskurse zu besuchen. Wir können gar nicht genug betonen, wie wichtig es für Mädchen ist, sich verteidigen zu können. In einem Selbstverteidigungsprogramm für Mädchen in Brooklyn, New York, stellten die Lehrer fest, daß zehn- bis elfjährige Mädchen diese Fähigkeiten mit größter Begeisterung erlernen. Kurz bevor Mädchen in die Pubertät eintreten, aber schon eine Ahnung davon haben, was sich zwischen Mädchen und Jungen abspielt, haben sie den Ehrgeiz, den Jungen Paroli bieten zu können. Wenn sie dann von dem Lehrer hören, daß sie ihre ganze Körperkraft einsetzen sollen, läßt ihre defensive Haltung sie verlegen kichern. «Model Mugging», das landesweite Programm von Selbstverteidigungskursen, in dem Überfallsituationen nachgestellt und die Verteidigung geübt wird, bietet besondere Kurse für Mütter und heranwachsende Töchter an, in denen sie lernen, sich in potentiellen Gewaltsituationen effektiv zu wehren. In diesen Kursen erleben Frauen wieder ihre Wut und den Anstieg von Adrenalin, der ihnen bei Gefahr zu einer intelligenten und wachsamen Reaktion verhilft. Mädchen, die beim Eintritt in die patriarchalische Gesellschaft zu Selbstverteidigung fähig sind, haben sicherlich einen psychologischen Vorteil, der es ihnen vielleicht ermöglicht, das Gefühl für ihr Verlangen zu erhalten. Auch wenn eine solche individuelle Antwort auf Gewalt von Männern keine echte Lösung ist, so erkennt sie doch die Verletzbarkeit von Mädchen an und gibt ihnen Kompetenz und größere Sicherheit.

Bevor das Mädchen die Welt der männlichen Sehnsüchte betritt, kann die Mutter ihm helfen, die einströmenden Botschaften umzudeuten. Ein klassisches Beispiel dafür ist das häßliche Verhalten von Jungen gegenüber einem Mädchen, das Mütter immer als Zeichen der Zuneigung gewertet haben: Er ärgert dich, weil er dich mag. Diese Interpretation ist nur die eine Seite; viel wichtiger ist es, dem

Mädchen zu zeigen, wie es den Jungen damit konfrontieren kann. Wird ein Mädchen von einem Jungen belästigt, kann die Mutter erklären, was mit diesem Verhalten bewirkt werden soll – nämlich das Mädchen klein zu halten, damit es Angst hat, sich selbst zu verwirklichen. Auch die Gründe dafür, daß manche Mädchen verrückt nach Jungen sind, kann eine Mutter erläutern: Eine Verbindung zu Jungen scheint diesen Mädchen die sicherste Möglichkeit für ihr Überleben. Den romantischen Mythos demystifizieren und ein Mädchen ermutigen, sich ernsthaft und vorbehaltlos auf jemanden einzulassen, – das sind wichtige Umdeutungen herrschender Vorstellungen.

Während die Mutter das Begehren und die Leidenschaft ihrer Tochter bestärkt, kann sie das Mädchen dabei unterstützen, auf der Grundlage des Begehrens Kompetenz aufzubauen. Junge Mädchen tun sich schwer damit, einen Lebensplan zu entwickeln, in dem Leidenschaft eine Komponente ist, der aber nicht eine Neufassung der romantischen Liebesgeschichte beinhaltet; denn es gibt so wenige Geschichten von Frauen, die Begehren in ihrem Leben ausleben. Die Medien, Filme und Groschenromane bestärken junge Mädchen darin, sich ihre Zukunft auf dem Markt der Sehnsüchte zu sichern. Mutter und Tochter können Biographien von Frauen, aus deren starkem Verlangen große Taten entsprungen sind, gemeinsam lesen, so daß das Mädchen neuen Stoff für Geschichten an die Hand bekommt. Beim Eintritt der Tochter in die Welt kann die Mutter ihr Zugang zu Fähigkeiten und Erfahrungen verschaffen, die sie für die Zukunft stärken. Als die zwölfjährige Alyshea mit Zweifeln und Empörung auf die AAUW-Studie über den Rückgang des Selbstbewußtseins von Mädchen reagierte (s. Kap. 1), ging ihre Mutter Karen mit ihr zu einem Psychologieprofessor. Diese Begegnung war der Ausgangspunkt für Alysheas psychologische Forschungsarbeit, für die sie inzwischen zwei Schulpreise für wissenschaftliche Arbeiten gewonnen hat. Alyshea ist dabei zu lernen, sich von ihrem Begehren in die Welt hinaustragen zu lassen.

Über die Liebe junger Mädchen für den Pferdesport ist viel geschrieben worden. Für die Frauen und Mädchen, mit denen wir gesprochen haben, ist Reiten nicht nur eine erotische Aktivität, sondern eine Möglichkeit, ein starkes Wesen zu beherrschen, was wir in Kap. 6 bereits diskutiert haben. «Als meine Tochter elf Jahre alt war, habe ich ihr ein Pferd gekauft», erzählt Jane. «Der Stallbesitzer meinte, daß dies eine gute Idee sei – wenn sie reiten würde, wäre die Pubertät kein Problem. In gewisser Weise erschien das sinnvoll.» Ihre Tochter Corinne sagt, daß das Reiten ihr ein neues Selbstbewußtsein und das Gefühl gegeben hat, kompetent zu sein, weil sie ein Pferd beherrschen kann. Reiten ist ein teurer Sport, aber Fahrradfahren und andere sportliche Aktivitäten geben einem Mädchen ebenfalls ein gutes Körpergefühl und machen sie kompetent. Gerade für das Selbstbewußtsein von Latinas und weißen Mädchen spielt Sport eine ganz besonders wichtige Rolle.[22]

In Kap. 6 haben wir von zwei Frauen berichtet, die gemeinsam mit ihren Töchtern gegen sexuelle Belästigung ins Feld zogen. Wenn Mütter sich mit ihren Töchtern für den Schutz ihrer Rechte und die Kontrolle über ihren Körper einsetzen, so ist es dasselbe, worum es feministischen Bestrebungen geht. Demonstrationen gegen Belästigung und Gewalt, für Abtreibung und gegen Vergewaltigung sind Möglichkeiten für gemeinsame Aktionen. Wenn die Tochter zu einem bestimmten Problem ihre Wünsche oder Sorgen ausdrückt, kann die Mutter das zum Anlaß nehmen, um gemeinsam mit ihrer Tochter in der Schule, dem sozialen Umfeld oder auf nationaler Ebene aktiv zu werden. Die Leidenschaft und Einsatzfreude der Mutter, die sich in der Liebe zu ihrer Tochter ausdrückt, ist ein starkes Zeichen für Gemeinsamkeit. Für ein heranwachsendes Mädchen, das von Müttern umgeben ist, die für die Belange ihrer Tochter aktiv werden, wird die Furcht vor dem Leben in einer Welt voller männlicher Gewalt gemildert. In einer solchen Umgebung kann das Mädchen dem «Ja!» in sich folgen und den Überlebensstrategien des romantischen Mythos und dem Konsumkult widerstehen.

Mütter, deren wahres Begehren von romantischen Vorstellungen und Mutterpflichten umgeleitet wurde, können ihre Wut und Enttäuschung von sich und ihren Töchtern weg auf die gesellschaftlichen Verhältnisse richten, um so Energien freizusetzen, die in Aktionen für sich und ihre Tochter fließen können. Die in unserer Gesellschaft vorherrschende Trennung von privatem und öffentlichem Bereich, von Arbeit und Liebe hindert Frauen daran, ihre Familie zu versorgen und gleichzeitig einen gesellschaftlichen Beitrag zu leisten. Die Liebe einer Frau zu ihren Kindern und die zu ihrer Arbeit stehen in einem ständigen Konflikt; denn in unserer Gesellschaft müssen Frauen Kompromisse zwischen Liebe und Arbeit eingehen, die ihre Kraft und Lebensfreude unterminieren. Wenn Mütter das verändern, was sie einschränkt, haben sie weniger Ursache, mit ihren Töchtern in Konkurrenz zu treten. Der neu gefundene Lebenszweck der Mutter gibt der Tochter die Freiheit, ihr Potential zu erproben und die Macht ihres Begehrens zu bestärken.

8 *Körperlektionen*

Der Schönheitsterror zerstört die Frauen körperlich und laugt sie seelisch aus. Wenn sie es schaffen sollen, sich von dem Ballast zu befreien, den Weiblichkeit schon wieder bedeutet, brauchen sie dafür in erster Linie nicht Stimmzettel, Lobbys oder Transparente. Sie müssen vor allem auf eine neue Weise sehen lernen.

Naomi Wolf
«Der Mythos Schönheit»

Die Heldin in *Skrupel*, einem Roman von Judith Krantz, betritt nach einer erstaunlichen Transformation die Szene. Aus einem knapp 100 kg schweren Schulmädchen ist eine langbeinige amerikanische Schönheit geworden. «Sie war schlank und sie war schön, sagte Billy entschlossen... diese neue Billy konnte heiraten, wen sie wollte. Sie brauchte nicht auf eine Sekretärinnenschule zu gehen und eine langweilige Tippse werden.» [1] Billy hatte recht. Ihr Aussehen sicherte ihr den Boß und seine 250 Millionen Dollar.

Wie die meisten Frauen wußte Billy genau, wie man sich in eine perfekte Frau verwandelt. Was sie nicht wußte, oder zumindest nicht zugeben konnte, war die Tatsache, daß der ganze Schönheitskult – die Bedeutung der äußeren Erscheinung und der Aufwand an Zeit und Geld, der für die Verschönerung des Körpers getrieben wird – das Leben von Frauen verzerrt, da er sie im Grunde entstellt. Billy hat aber anscheinend erkannt, daß Schönheit die wichtigste Überlebensstrategie in unserer Gesellschaft ist.

Geschichten wie die von Billy gibt es tatsächlich – die Chancen dafür stehen wahrscheinlich eins zu einer Million. Wie fanatische Lottospieler setzen Frauen ihr Leben ein und versuchen, gut auszusehen, um die Liebe, Sicherheit und Erfüllung zu bekommen, nach der sie sich sehnen. Eine neue Frisur, eine Diät, ein Fitneßkurs, ein neuer Lippenstift – das sind alles Schritte auf dem Weg dazu, eine

Frau zu einem begehrenswerten Objekt zu machen und ihr – vielleicht – ein Luxusleben zu bescheren. Schöne und begehrenswerte Frauen – die Erfolgreichen im «richtigen» Leben – ziehen reiche und berühmte Männer an: Cindy Crawford heiratet Richard Gere, Christy Brinkley heiratet Billy Joel, Jerry Hall heiratet Mick Jagger (wurde aber von einem neueren, jüngeren Modell abgelöst).

Was als schön und begehrenswert an einer Frau gilt, unterliegt einer enggefaßten Definition, die sich uns durch Zeitschriften, Film und Fernsehen mitteilt. Wie Cindy, Christy und Jerry ist die begehrenswerte Frau groß und dünn, hat große Brüste und wohlgeformte Beine – fast so wie die Barbie-Puppe. Sie hat glänzende, meist lange Haare, ihre Haut ist rein und frei von Falten, ihre Züge sind ebenmäßig und klar. In den siebziger Jahren begannen viele Frauen – von denen einige jetzt Töchter haben – das Standardbild der weiblichen Schönheit zu hinterfragen. Innerhalb und außerhalb der Frauengruppen setzten sie sich damit auseinander, ob sie nun Make-up tragen, die Achselhöhlen und die Beine rasieren, ihre Augenbrauen zupfen, hohe Absätze tragen sollten; ob sie sich modisch kleiden und – frei von Angst – Hüfthalter aufgeben sollten. Sie verglichen sich mit der Norm der gängigen, kulturellen Vorstellung, wie Frauen es häufig tun, aber diesmal nicht, um zu sehen, wie sie selbst abschnitten, sondern um andersherum zu sehen, wie das Bild abschnitt. Sie fragten: Warum ähnelt dieses Bild der begehrenswerten Frau uns so wenig? Warum ist das Schönheitsideal in einem Land, in dem so viele verschiedene Menschen zusammenleben, immer eine junge weiße Frau der Mittelschicht?

Doch nachdem bereits kleinere Erfolge zu verzeichnen waren, wandten Frauen ihre Aufmerksamkeit von der politischen Dimension des Schönheitskults ab. Andere Belange auf der Liste der Frauenbewegung waren wichtiger – und wurden nicht so schnell ins Lächerliche gezogen. In einer Zeit des zunehmenden Widerstands gegen die Frauenbewegung wurden Frauen vor einem einsamen, leeren Leben ohne Männer gewarnt.[2] Zwischen Lächerlichkeit und Furcht gefangen, wurden Frauen immer empfänglicher für die Zusicherung, daß Schönheit auch eine positive Rolle in ihrem

Leben spielen konnte. Jetzt sind *mehr* Frauen als zuvor dem Konsumrausch verfallen und wollen schön werden, indem sie Diät halten, joggen, schwimmen, Bodybuilding oder Gymnastik machen, Feuchtigkeits- und Antifaltencremes auftragen sowie Farbberaterinnen und Kosmetik-Salons aufsuchen. Frauen widmen sich ihrer Schönheit mit einer Hingabe, die die Autorin Naomi Wolf in dem Buch *Der Mythos Schönheit* mit religiösem Eifer vergleicht. Die Vorstellung, wie die begehrenswerte Frau auszusehen hat, mag sich im Laufe der Zeit ändern, doch unser dringender Wunsch, diesem Bild zu entsprechen, scheint in unserer Gesellschaft und in unseren Köpfen nach wie vor einen überaus großen Stellenwert zu haben.

Als Heranwachsende werden unsere Töchter in den Schönheitsmythos eingeführt. Sie bemühen sich, das Bild der schönen Frau in ihre Lebensplanung zu integrieren und sind damit nicht unbedingt glücklich. Dabei müssen sie sich notgedrungen mit schwierigen Fragen wie Macht, Gewalt, wirtschaftlichem Einfluß, sexueller Anziehung, Klasse und Rasse auseinandersetzen. Ihre Identität als Frau wird von ihren einsamen Bemühungen geprägt – in einem Umfeld der widersprüchlichen Signale und einer Welt, in der Frauen miteinander konkurrieren, sich in Schweigen hüllen oder gegen ihre Geschlechtsgenossinnen arbeiten.

Aussehen als Überlebensstrategie

Schon früh lernen Mädchen auf schmerzliche Art, welcher Wert auf ihre Erscheinung gelegt wird. Sara, die in die 8. Klasse geht, erzählt von den Problemen ihrer besten Freundin:

«Sie hat ein sehr schwaches Selbstbewußtsein. Ich meine, teilweise liegt es daran, daß die Jungen sie nicht mögen… weil sie, na ja, ein bißchen unreif ist und so… aber auch weil sie, also, sie sieht ja ganz hübsch aus, aber ihre Figur, also sie ist eher flach, und die Jungen nennen sie flachbrüstig und sagen sie hat keine…, sie ist noch nicht entwickelt und so... und sie sieht natürlich, daß wir entwickelt sind, und sie nicht.»[3]

Sara stimmt hier in die verächtliche Art der Jungen, über die fehlenden Rundungen ihrer Freundin zu reden, ein, obwohl ihr klar ist, daß ihre abschätzige Haltung mit ein Grund für das geringe Selbstbewußtsein ihrer Freundin ist. Sie sind kaum aus dem Kindergarten heraus, und schon fügen sich alle – Sara, ihre Freundin und die Jungen – in die romantische Werteordnung ein, in der eine Frau nach ihrer Attraktivität bewertet wird. Innerhalb dieser Ordnung werden Mädchen auf ihr Äußeres reduziert und hetzen sich im Kampf um die Anerkennung der Jungen gegeneinander auf. Die Jungen gewinnen dadurch neue soziale Macht, da sie in der Position sind, die Attraktivität der Mädchen zu beurteilen. Im Machtgefüge sind die Jungen bevorzugt, die Mädchen müssen mit einer untergeordneten Position vorliebnehmen. Schließlich hängt der Status der Mädchen von der positiven Meinung der Jungen ab, doch Jungen sind nicht in derselben Weise von Mädchen abhängig. Jungen können sich auf sportliche und akademische Erfolge berufen, was für Mädchen meistens nicht möglich ist. Es wird den Mädchen weisgemacht, daß sie keine richtige Wahl haben; folglich lernen sie, ihre körperliche Attraktivität einzusetzen, die ihnen die Illusion von Einfluß und Kontrolle verschafft.

Was finden Jungen attraktiv? In einer Untersuchung unter Achtkläßlern wurden drei Kriterien herausgestellt: eine gute Figur, ein hübsches Gesicht und eine angenehme Persönlichkeit.[4] Damit haben die Mädchen das Phantom beschrieben, daß durch ihre Jugend geistert: das perfekte Mädchen, eine jugendliche Version der begehrenswerten Frau. Natürlich wollen junge Mädchen in einer genauen Untersuchung ihres sich entwickelnden Körpers feststellen, inwieweit sie dem Ideal ähneln – meistens ein enttäuschendes Unterfangen. Carrie, die Mutter einer zehnjährigen Tochter, beschreibt mit einer Mischung aus Schmerz und Ironie: «Mit dreizehn oder vierzehn lag ich abends im Bett und betete, nein, ich bettelte Gott an, er möge meine Brüste wachsen und mich nicht flachbrüstig bleiben lassen.» Carrie hat einige Jahre zuvor, als sie zehn war, den

Glauben an Gott abgelehnt. «Jetzt war ich verzweifelt und verwarf meine Prinzipien. Ich machte alle möglichen frommen Versprechen, damit ‹Er› mich retten möge, nicht vor Verdammnis oder vor der Hölle, sondern vor dem Leben mit einem Körper, den Jungen nicht attraktiv finden würden.»

Viele Mädchen warten ängstlich und besorgt darauf, daß Brüste wachsen, Hüften sich runden und der Körper weibliche Formen entwickelt. Andere warten darauf, daß das Wachstum doch aufhören möge. Eine gute Figur ist ohne Zweifel das wichtigste Moment, wenn die Attraktivität für Jungen bewertet wird. Ein hübsches Gesicht, das wissen wir aus Saras Geschichte über ihre Freundin, kann den Mangel an Rundungen nicht aufwiegen. Doch anscheinend kann die Fähigkeit zu flirten und ein Wesen, das den Jungen schmeichelt, ein Mädchen vor endlosem Spott bewahren. Sara erklärt das folgendermaßen:

«Also, Mädchen flirten ja gerne, und Jungen lieben es einfach, wenn ein Mädchen mit ihnen flirtet. Sie flirtet nicht... Sie weigert sich. Also, sie sagt mir ständig, ich sei ein Flirt, aber dann ist sie total eifersüchtig, weil ich flirte und sie nicht. Und wenn sie zu einem Jungen geht und mit ihm redet, dann schlägt sie ihn oder so... Und deshalb, also, sagen die Jungen immer, daß sie flachbrüstig ist und daß sie keine Figur hat. Sie ist wirklich sehr flach... Also, ich will so etwas ja nicht über meine beste Freundin sagen, aber es stimmt. (lacht) Andere Mädchen, die flachbrüstig sind, sind bei den Jungen richtig beliebt und brauchen sich keine Sorgen zu machen, weil sie so beliebt sind. Außerdem können sie flirten und so was.»[5]

Da Saras Freundin nicht flirtet, kann sie sich dem Spott der Jungen nicht entziehen wie die anderen Mädchen mit kleinen Brüsten. Doch keine von ihnen kann vermeiden, daß Jungen ihren Körper beäugen und gewisse Partien – meistens Brüste, Hüften und Beine – einer besonders gründlichen Betrachtung unterziehen. Somit werden Mädchen auf Objekte in den Augen der Jungen reduziert. Wie soll Saras Freundin damit umgehen, daß man sie zu einer «Flachbrüstigen» reduziert, und dann zu einer «Körperlosen», und welche Auswirkungen wird dieses Urteil auf ihre eigene Vorstellung von sich als Frau haben?

Die Ohnmacht, die ein Mädchen empfindet, löst einen Schutzmechanismus in ihrer Psyche aus. Mit ihren schärferen intellektuellen Fähigkeiten sehen sie sich nun durch die Augen anderer und verinnerlichen die männlichen Maßstäbe, an denen Schönheit gemessen wird. Sie betrachten und beurteilen sich genau so, wie es die Jungen tun. Im Kampf um die Gunst von Jungen und Männern sind Mädchen und Frauen nicht nur Opfer, sondern auch die Vollstrecker des obsessiv betriebenen Schönheitskults. Melanie, eine junge Studentin, beschreibt, daß sie mit dreizehn Jahren den Zwängen des Schönheitsideals erlegen sei, da an ihrer Schule, einer reinen Mädchenschule, «körperliche Schönheit den einzigen Maßstab darstellte, an dem Freundinnen gemessen und verglichen wurden; wenn jemand als modebewußt, modisch aktuell und schlank bezeichnet wurde, waren dies die größten Komplimente.» Sie kann sich «deutlich daran erinnern, daß die ganze Klasse, alle 32 Schülerinnen, in den Pausen in einer Reihe saßen und ihre mehr oder weniger wohlgeformten Beine verglichen.» Ähnlich wie bei einem Schönheitswettbewerb wurden Punkte von eins bis zehn vergeben, wobei jedes Mädchen zwei Noten bekam: eine für die Länge der Beine und eine für «allgemeinen Eindruck und Form». Nach längerem Überlegen entschied ein Mädchen: «Ich würde Victoria fünf Punkte für Länge und acht für Form geben. Was meint ihr?» Ein anderes Mädchen antwortete nachdenklich: «Ja, das könnte hinhauen. Sie würde ganz gut zu John passen; der mag nämlich kurze wohlgeformte Beine... Aber wie sieht's denn mit Natalie aus? Leider können wir dir für beides nur drei Punkte geben. Gerechtigkeit muß sein.» Natalie nimmt ihre niedrige Note resigniert hin und ist böse auf ihre Mutter: «Das stimmt wahrscheinlich... Ich könnte meine Mutter umbringen dafür, daß sie mir so häßliche Oberschenkel vererbt hat.» [6] Mit jedem kritischen Blick und jeder verletzenden Beurteilung treiben die Mädchen den Keil zwischen sich tiefer hinein und nehmen so ihre Zukunft als Frauen vorweg.

Mädchen lassen sich auf Verteidigungsmanöver ein, wenn sie ihren Körper betrachten, statt ihn zu fühlen und zu erleben. Sie haben die männlichen Vorstellungen von weiblicher Schönheit fest verinnerlicht und bewerten ihren Körper mit überaus kritischem Blick. Das allgegenwärtige männliche Schönheitsideal führt dann dazu, daß ein Mädchen wie Irene aus der siebenten Klasse auf das Kompliment: «Sie hat ein freundliches Wesen und ist sehr nett» selbstkritisch und entschieden reagiert: «Nein, guck doch mal, meine Nase, und meine Beine erst!»[7] Das negative Bild, das Mädchen von ihrem Körper mit sich tragen; die Sorgen, die sie quälen; das Mißfallen, das sie empfinden – all das gehört fest zur Tagesordnung in jeder High-School. Eine neuere Untersuchung über heranwachsende Mädchen in Minnesota fand heraus, daß 64 % der Mädchen ein negatives Bild von ihrem Körper haben.[8] Bekanntermaßen leiden Mädchen mit einem negativen Körpergefühl häufiger an Depressionen und haben Eßprobleme.

Nach den derzeit geltenden kulturellen Wertmaßstäben lernen Mädchen, Schönheit mit Schlankheit gleichzusetzen.[9] Der Kult um den schlanken, straffen Körper begann um die Jahrhundertwende mit der Modeindustrie und dem Versicherungswesen. Modeschöpfer entwarfen die neue «schlanke Silhouette» in Form der langen, schmalen Futterale, während Versicherungsstatistiker zur gleichen Zeit die mittlerweile allseits bekannten Versicherungstabellen der «Durchschnitts-», «Ideal-» oder «Wünschenswerten Gewichte» aufstellten. Ärzte fingen an, Patientinnen bei Routineuntersuchungen zu wiegen, so daß Frauen plötzlich objektive Maße zur Hand hatten, mit denen sie ihren Körper vergleichen konnten. Damit aber nicht genug, führte die gerade entstehende Konfektionswarenindustrie standardisierte Größen ein. Bislang hatten Frauen ihre eigenen Kleider genäht oder sie sich schneidern lassen, so daß Einheitsgrößen keine Rolle spielten. Doch bei Konfektionskleidern wurden sie wichtig. Frauenkörper wurden also – vielleicht unwiderruflich – nach objektiven Größen standardisiert.

Der Weg zu modernen Diäten war damit geebnet, und in dem ersten, 1918 veröffentlichten Bestseller zu diesem Thema, *Diet and Health with a Key to the Calories*, sprach die Autorin ihre Überzeugung folgendermaßen aus: «Wieso es Leute gibt, die nicht dünn sein wollen, ist mir völlig schleierhaft.»[10] Ja, wieso eigentlich? Die Definition des Begriffes «dünn» hat sich immer wieder gewandelt (am sichtbarsten in den fünfziger Jahren, als üppigere Formen in Mode waren), doch insgesamt gesehen ist «dünn» immer dünner geworden. Fotomodelle, Film- und Rockstars, ja selbst Miss America, die ja unser «Ideal» darstellen soll, sind jetzt dünner als vor einigen Jahren. Obwohl die Durchschnittsgröße der Miss Americas 1,72 m beträgt, belief sich ihr durchschnittliches Gewicht in den letzten 30 Jahren auf magere 54 kg.[11]

Ein negatives Körpergefühl ist die Reaktion auf den Druck der kulturellen Vorstellungen, die keinen Zweifel darüber aufkommen lassen, wie Mädchen und Frauen auszusehen haben und wie wichtig ihr Aussehen ist. Der einzigartige Maßstab für weibliche Schönheit in unserer Gesellschaft, die Barbie-Puppe, ist schon für weiße Mädchen deprimierend genug; für afroamerikanische und asiatische Mädchen sowie für Latinas ist der Wettbewerb um Schönheit völlig aussichtslos. Die Dramatikerin Ori Lampley bemerkt mit spitzer Feder über Barbie: «Was für ein niedliches Spielzeug für ein schwarzes Mädchen, eine eindeutig weiße Frau mit Gummikopf, spitzen Titten aus Plastik, mit schmalen Hüften und einem flachen Po, die einen Ständer braucht, um zu stehen, da sie ständig auf den Fußballen balanciert... Barbies Haar muß nicht entkraust werden. Sie hat keine Brandmale auf ihren winzigen rosafarbenen Ohrläppchen.»[12]

Die feministische Theoretikerin und Kulturkritikerin bell hooks beschreibt die dunkelhäutige Tochter einer Freundin, die «gerade in die Phase der Vorpubertät eintrat, in der wir fortwährend mit unserem Bild befaßt sind, mit unserem Aussehen und unserer Wirkung auf andere.» Das Kind war wütend. «Aber ihre Wut fand keine Worte. Sie konnte nicht sagen: ‹Mama, ich bin wütend, weil ich all diese Jahre, seit meiner Babyzeit, gedacht habe, ich sei ein wunderbares, schönes und begabtes Mädchen, und jetzt stelle ich fest, daß die Welt mich nicht so sieht.»[13] Dieser Schmerz findet seine Parallele in den Selbstporträts einer Gruppe Latinas und asiatischer Studentinnen, die ihr Kunstlehrer beschreibt: breite Nasen wurden zierlich, volle Lippen schmaler und asiatische Augen gerundet.

Wenn weiße Frauen dem Bild der begehrenswerten Frau nacheifern, haben sie größere Aussichten auf Erfolg. Frauenzeitschriften wie *Seventeen* und *Sassy* gewähren ihnen Einblick in Diätpläne, Gymnastikübungen, Kosmetiktricks und geben Modetips. (In Amerika geben Frauen und Mädchen jährlich 3 Milliarden Dollar für Kosmetikprodukte aus, weltweit sind es 20 Milliarden Dollar.) Mädchen träumen ebenso wie ihre Mütter von der völligen Verwandlung. In der Geschichte *Mary Anne's Makeover*[14] nimmt eine moderne Version des Aschenputtel-Märchens ihren Lauf, als die dreizehnjährige Heldin in einer Frauenzeitschrift die perfekte Frisur für sich entdeckt. Sie beschließt, sofort zum Friseur zu gehen: «Ich hatte mir zum neuen Jahr vorgenommen, in jeder Hinsicht ein guter Mensch zu sein – und das bedeutete ja wohl auch, so gut auszusehen wie möglich.» Mit der herausgerissenen Zeitschriftenseite geht Mary Anne in einen Schönheitssalon, um sich die Haare schneiden zu lassen. Die neue Frisur und ein elegantes Make-up werden mit dem Kommentar: «Liebling, du siehst aus, als kämst du direkt aus *Vogue*» honoriert. Noch ein paar neue Sachen zum Anziehen, und sie sieht «sensationell» (die Stiefmutter) bzw. «großartig» (der Vater) aus. Ihr Freund neckt sie mit den Worten: «Kenn ich dieses Mädchen denn überhaupt?» In der Schule, so erfährt die Leserin, «fühlte ich mich wie ein Filmstar. Stellt euch vor, *ich*, die kleine, langweilige Mary Anne! Keiner hatte je ein Wort über mein Aussehen verloren, und jetzt fiel es *jedem* auf.» Selbst ihre Lehrer behandeln sie mit mehr Respekt.

Mary Anne ist begeistert von der Wirkung ihrer Verwandlung. Sie lernt eine wichtige Lektion für die Überlebensstrategien von Frauen: Schönheit ist «eine Ware, die man eintauschen kann»[15] gegen Macht, Geld, Sicherheit und Geborgenheit. Der «wirtschaftliche Aspekt von Schönheit» beherrscht den Heiratsmarkt. Wie ihre Mütter, die im Arbeitsleben stehen, erkennen Mädchen, daß Schönheit ihnen in Grenzen Zugang zur Macht verschafft. Doch wenn Frauen ihr Aussehen einsetzen, um sich einen kleinen Vorteil zu sichern oder Ärger am Arbeitsplatz oder in der Schule abzuwenden, so ist das eine individuelle und kurzfristige Lösung; das Problem ist jedoch ein kollektives. Der Schönheitskult ist eine Überlebensstrategie, die es einer Frau ermöglicht, die Privilegien und die Macht der Männer zu umschiffen, ohne eine Bedrohung für sie darzustellen.

Wir fordern unseren Körper zurück

«Als ich zehn Jahre alt war, wog ich 50 kg. Unser Hausarzt sagte, ich müßte 20 Pfund abnehmen und verordnete mir eine strenge Diät. Er gab meiner Mutter ein fotokopiertes Blatt und sagte ihr, sie solle einmal in der Woche mit mir vorbeikommen; er würde mir eine Spritze geben, um die Diät zu unterstützen.» Linda aß das, was ihre Mutter ihr vorsetzte, und ergatterte nur gelegentlich ein Stück heiß ersehnter Schokolade. Einmal in der Woche ging sie zum Arzt, der sie wog und ihr eine Spritze in den Arm gab. «Ich habe keine Ahnung, was er mir gegeben hat, und meine Mutter auch nicht. Wichtig war nur, daß ich innerhalb weniger Monate 20 Pfund abgenommen hatte. Ich war begeistert.» Linda erinnert sich auch an andere Veränderungen, die mit diesem Gewichtsverlust einhergingen. «Ich fing an, mich um mein Aussehen zu kümmern, pflegte mein Haar und kleidete mich sorgfältiger. Ich war kein kleines Mädchen mehr.»

Wenn wir unseren Körper zurückfordern, decken wir einerseits unseren Widerstand gegen gesellschaftliche Forderungen auf, aber andererseits auch unsere Unterwerfung. Generationen von Frauen in diesem Land haben sich dem Schlankheitskult unterworfen, der sich als Überlebensstrategie mit einem täuschenden Anschein von Widerstand anbot. Schlankheit wird mit jugendlicher, ja jungenhafter Freiheit und Unabhängigkeit in Verbindung gebracht; sie gibt sich als Protest gegen das traditionelle, eingrenzende Weiblichkeitsmodell aus. Doch dieser Protest wird über die Körper von Mädchen und Frauen ausgetragen, und nicht auf der größeren politischen Bühne. Der obsessive Wunsch, schlank zu sein, so die Philosophin Susan Bordo, hat «mit einer tief verwurzelten Furcht vor der ‹Weiblichkeit› mit all ihren alptraumhaften archetypischen Assoziationen zu tun: ein alles verschlingender Appetit und sexuelle Unersättlichkeit.»[16] Eine Frau beschreibt das so: «Ich hatte oft das Gefühl, daß ich ‹zu viel› war: daß ich zu viele Gefühle hatte, zu viele Bedürfnisse, zu laut und zu fordernd war, zu sehr gegenwärtig. Ich kann das nur so ausdrücken.» Wie diese Frau sich erlebt, erinnert an die Beschreibung eines lebhaften neunjährigen Mädchens, allerdings mit einer negativen Tendenz. Eigenschaften, die in einem vorpubertären Mädchen toleriert, womöglich gefördert werden, rufen Angst und Ablehnung hervor, wenn eine erwachsene und sexuell voll entwikkelte Frau sie zeigt. Sobald junge Mädchen in die Pubertät kommen, lernen sie, auf ihr Aussehen zu achten und ihren Appetit zu zügeln, statt ihr Verlangen zu erkennen und es zu befriedigen.

Auf Lindas erste Diät folgten viele weitere. Sie ist keinesfalls dick, doch versucht sie unentwegt, ein paar überflüssige Pfunde loszuwerden. Damit ist sie nicht allein. Obwohl nur ein Viertel der Frauen in den Vereinigten Staaten eindeutig zu dick sind, halten sich drei Viertel für zu dick, und die Hälfte bis drei Viertel aller Frauen unterziehen sich immer wieder Diätkuren.[17]

Der Schlankheitskult entpuppt sich als Paradox – scheinbarer Widerstand einerseits und heimliches Einverständnis andererseits –, das Frauen und Mädchen von ihren wahren Bedürfnissen ablenkt und ihre Selbstachtung unterminiert. Echter Widerstand jedoch, den die Psychologinnen Tracy Robinson und Janie Ward «Widerstand mit dem Ziel der Befreiung» nennen, ermutigt Frauen, «die Aspekte ihrer Unterdrückung zu benennen und eine Veränderung einzufordern»[18]. Die meisten Frauen können sich an Situationen erinnern, in denen sie dem Schönheitskult widerstanden haben. Oft sind Mädchen kurz vor dem Eintritt in die Pubertät mit ihrem Aussehen einverstanden, einfach nur, weil *sie* es sind, die so aussehen. Sie mögen sich selbst und deshalb auch ihr Aussehen. Die neunjährige

Celeste befand, daß sie hübsch sei, und als man sie fragte, warum sie dieser Meinung sei, antwortete sie: «So wie ich bin, gefalle ich mir... weil *ich* es bin.»

Die fünfunddreißigjährige Lorraine nahm an einem Workshop unter der Leitung von Carol Gilligan und der Stimmbildnerin Kristen Linklater teil. Sie ist sehr groß und schlank; ihr dunkelblondes, glattes Haar trägt sie kinnlang geschnitten und aus dem Gesicht gekämmt. In einer Übung sollten die Teilnehmerinnen ein Bild von sich als Kinder malen. Lorraine ist zwar «keine Künstlerin», wie sie der Gruppe sagte, aber ihr Porträt von sich selbst als Neun- oder Zehnjähriger war doch recht glaubwürdig. Allen fiel die starke Ähnlichkeit zwischen dem Kinderbild und Lorraine als Erwachsener auf. Mit ihrem Blick auf das Bild geheftet, erzählte Lorraine den anderen Frauen: «Mein Gesicht sieht immer gleich aus. Selbst als Baby kann man mich erkennen.» Ohne den Blick von dem Bild abwenden zu können, sagte sie, wie «glücklich und zufrieden» sie mit ihrem Aussehen gewesen sei. In dem Moment wurde ihr etwas klar. Wenn sie immer noch so aussah, warum konnte sie nicht auch jetzt «glücklich und zufrieden» sein? Sie lächelte und *war* «glücklich und zufrieden». Lorraine versuchte, diese Erkenntnis lebendig zu halten, und seit jenem Tag begann sich etwas zu verändern.

Anne, die fünfundvierzigjährige Mutter einer neun Jahre alten Tochter, war über ihre Gefühle und Erinnerungen überrascht. Sie hatte sich als Erwachsene eigentlich nicht für attraktiv gehalten. Doch auf einem Foto, das sie als Neunjährige bei einem Familienfest zeigt, wirkt sie recht unbefangen. Sie trägt ein festliches hellblaues Kleid mit weißen und hellgrauen Streifen, durchwirkt mit silbernen Bändern; am Gürtel steckt eine künstliche Blume, an die Anne sich lebhaft erinnert. Sie lächelt ein wenig schief, und ihre großen blauen Augen blicken konzentriert hinter einer runden, blau-weiß gesprenkelten Brille hervor. Das braune Haar ist zu einem Pferdeschwanz zusammengebunden. Während sie jede Einzelheit auf dem Bild eingehend betrachtet, stellt sich auch wieder die Erinnerung an das Gefühl ein, das Anne an jenem Tag empfunden hat. Sie erinnert sich, daß ein intensives Glücksgefühl sie durchströmte, als sie sich im Spiegel des elterlichen Schlafzimmers bewunderte.

Als Anne ein Jugendbild von sich betrachtete, sah sie ein ganz anderes Gesicht. Das Bild zeigt sie auf einem Stuhl sitzend, auf dem sie mit vornübergebeugtem Oberkörper so wenig Platz wie möglich einzunehmen versucht. Ihre Schultern fallen nach vorne, das Kinn ist nach unten gepreßt und der Kopf leicht seitlich gelegt. Anders als auf dem Bild, das sie als Neunjährige zeigt, öffnen sich ihre Lippen nicht, noch wird ihr Gesicht erhellt von dem dünnen Lächeln. Anne erinnert sich, daß sie auf der Heimfahrt im Bus immer mit zwei Jungen aus ihrer achten Klasse fuhr, die sie laut wegen ihres Gewichts und der sichtbar sprießenden Pickel hänselten. Zu Beginn war sie wütend über das Verhalten der Jungen, doch später fühlte sie sich beschämt und ohnmächtig. Tagtäglich saß sie schweigend auf ihrem Platz und wünschte sich nichts sehnlicher, als hübsch zu sein, damit die Qualen aufhörten.

Mit neun Jahren ruhte sie in sich selbst und beurteilte ihr Aussehen entsprechend. Mit dreizehn hatte sie gelernt, sich ebenso gnadenlos zu kritisieren wie ihre Klassenkameradinnen. Anne hatte viel Zeit für eine Therapie verwendet und viele Tränen vergossen und dabei Fragen des Aussehens im Zusammenhang mit Selbstachtung und Minderwertigkeitsgefühlen diskutiert. Der Kontakt, den sie zu der selbstbewußten Neunjährigen wiederherstellte, hat ihr und ihrer Beziehung zur Tochter gutgetan, denn, wie Anne sagt, «das Mädchen in mir erinnert sich an das, was die Frau nicht mehr wissen will».

Wenn wir uns unserer kindlichen Erfahrungen wieder bewußt werden, erinnern wir uns auch häufig an den Mut unserer Mütter. Mit diesen Erinnerungen bauen wir das, was Adrienne Rich «eine starke Linie von Liebe, Bestätigung und Beispiel» [19] nennt, auf, die uns und unsere Töchter unterstützt. Adele weiß von besonderen Abenden mit ihrer Mutter und ihrer Schwester, wenn die Mutter sich zurechtmachte, um mit dem Vater auszugehen. «Meine Mutter ist Künstlerin und ein sehr unabhängiger Mensch. Meistens kleidete sie sich sehr schlicht und faßte ihr Haar einfach im Nacken mit einer Spange zusammen.» Adeles Vater war Partner in einer Anwaltssozietät in San Francisco, und als Adele älter wurde, hatten ihre Eltern oft Gäste oder gingen zu Abendgesellschaften. «Wenn sie ausgingen, machte meine Mutter sich zurecht, ohne es so richtig ernst zu nehmen. Sie machte sich fein und forderte mich und meine Schwester auf mitzumachen. Wir hatten viel Spaß dabei, wenn sie ihre feinen Kleider anzog, ihr Haar hochsteckte, ihr Make-up auflegte – alles war ein Spiel... als ob sie auf ein Kostümfest gehen wollte.» Adeles Mutter hat ihren Kindern gezeigt, daß es Spaß macht, sich zu schmücken, und unterlief gleichzeitig die Konventionen, die der äußeren Erscheinung von Frauen einen zu hohen Stellenwert einräumen.

Wenn wir das gute Gefühl, das wir uns selbst gegenüber als Kinder hatten, zurückgewinnen, aber auch die Überlebensstrategien erkennen, die wir in dem Spiel mit der Schönheit angewandt haben, können wir uns aus dem Würgegriff des Zorns befreien. Die Freude, mit unserem Aussehen zu spielen und uns mit unseren Gelüsten anzunehmen, macht uns frei; so können wir eine andere, tiefergehende Schönheit feiern, die zu dem Lustempfinden unserer Kindheit zurückführt. Je deutlicher sich die Mutter zu ihrem Erbe und der Erfahrung von Lust und Freude an sich selbst bekennt, desto eher kann sie ihrer Tochter zeigen, wie sie in Harmonie mit ihrem Körper leben kann.

Körperlektionen

Mütter versuchen mit Geboten und Ratschlägen Einfluß auf die Erscheinung ihrer Töchter zu nehmen.

Zieh den Bauch ein.
Kämm dich ordentlich.
Streich das Haar aus dem Gesicht.

Willst du etwa so ausgehen?
Leg doch etwas Lippenstift auf.
Nimm die Hände aus dem Gesicht.
Pingel nicht immer in deinem Gesicht herum.
Hör auf, an den Nägeln zu kauen.
Stell dich gerade hin.
Schlurf nicht so.
Sitz gerade.
Lächle doch mal.

Klingt das vertraut? Hinter jeder Ermahnung steht eine Vorstellung von dem, was in unserer Kultur erwünscht ist und was nicht. Sowohl die Vorstellungen als auch deren Vermittlung laufen der Entwicklung von Frauen und Mädchen zuwider.

Was versteht denn ein Mädchen, dem man sagt: «Zieh den Bauch ein.»? Zunächst einmal versteht es, daß ein nicht eingezogener Bauch schlecht ist, obwohl das nicht gesagt wird. Es wird erwartet, daß sie der Aufforderung folgt, und sie versteht, daß sie sowohl die Kontrolle über ihren Bauch als auch die Verantwortung für ihn hat. Wenn sie ihn nicht einzieht, nimmt sie ihre Verantwortung nicht wahr und sollte sich schämen. Wenn sie ihn aber einzieht, so macht sie anderen vor, daß sie keinen Bauch hat, obwohl das nicht stimmt. Mädchen müssen sich entscheiden, ob sie andere täuschen oder Schuldgefühle haben wollen, weil sie sich dieser Verantwortung entziehen. In beiden Fällen fühlen sie sich nicht besonders wohl in ihrer Haut.

Heranwachsende Mädchen werden aus allen Richtungen von den kritischen Äußerungen ihrer Eltern, den Bemerkungen von Jungen, den herben Urteilen anderer Mädchen und ihrer eigenen gnadenlosen Selbsteinschätzung bedrängt. Diese kritischen Stimmen vermitteln, zusätzlich zu den Massenmedien, kulturelle Normen, die für das negative Körpergefühl junger Mädchen in diesem Land verantwortlich sind. Wenn nur eine kritische Stimme ausscheidet – nämlich die der Mutter – so ist das ein Gewinn für das angegriffene Körpergefühl junger Mädchen. Doch trotz bester Absichten ist es schwierig, diese kritische Stimme zum Verstummen zu bringen. Wir sind es so gewöhnt, uns selbst und andere Frauen zu kritisieren, daß uns die Worte entschlüpft sind, bevor wir uns dessen bewußt werden können. Wenn wir uns über die Wirkung dieser Worte klarwerden und uns große Mühe geben, können wir diese Gewohnheit durchbrechen.

Luisa hat zwei Töchter, die vierzehnjährige Amanda und die neunjährige Margarita. Mit einem verlegenen Lächeln und einem traurigen Blick erzählt Luisa folgende Geschichte: «Als Amanda ungefähr sieben war, sind wir zusammen einkaufen gegangen. Ich habe sie in eine Umkleidekabine gescheucht, wo sie schnell ein paar Hosen anprobieren sollte. Ich weiß nicht mehr, warum wir es so eilig hatten – das war ganz oft einfach so –, und meine Aufmerksamkeit war nur darauf gerichtet, Amanda aus den Kleidern zu helfen, damit sie die Hose anziehen konnte.» Als Luisa sich aufrichtete, fiel ihr Blick in den Spiegel, und sie murmelte vor sich hin: «Himmel! Ich bin so häßlich.» Amanda sah zu ihr auf und sagte: «Du bist nicht häßlich, Mama. Du siehst so aus wie ich.» Dann sagte sie: «Das sagst du oft.» Luisa versuchte, die Situation zu retten, und erklärte ihrer Tochter, daß sie sich tatsächlich ähnlich sähen und daß sie beide hübsch seien. Dann versuchte sie, ihre eigentlichen Gedanken zu erklären, daß nämlich ihre Haare furchtbar ungepflegt seien und sie müde aussähe. Schließlich sagte sie, daß Amanda recht habe und daß sie, Luisa, tatsächlich zu oft sage, sie sei häßlich, daß sie früher dieser Meinung gewesen sei und heute noch manchmal so handle. Zweierlei veränderte sich für sie nach diesem Vorfall: «Zum einen sage ich nicht mehr, daß ich häßlich bin, auch wenn ich mich so fühle, und schon gar nicht vor Amanda und Margarita. Zum zweiten, wenn ich mich so fühle, mache ich mir bewußt, daß ich so aussehe wie Amanda, und ich weiß, daß sie hübsch ist.»

Weil in unserer Gesellschaft Schönheit mit Dünnsein gleichgesetzt wird, kreist die Unzufriedenheit von Mädchen vor allem um ihr Gewicht. Wie eine Mutter sagte: «Ich liebe Heather und möchte, daß sie ein erfolgreiches und glückliches Leben hat. Und ich glaube, wenn sie ihre schlanke Linie und ihre Attraktivität bewahren kann, wird sie sicher von ihren Freunden und Bekannten gemocht.» Heather stemmte sich zunächst gegen die Körperlektion ihrer Mutter: «Ich sage zu ihr: ‹Mama, warum mußt du immer auf dein Gewicht achten? Du bist doch schon so dünn. Zu dünn.›» Aber ihre Mutter ist da anderer Meinung: «Man kann nie zu dünn oder zu reich sein.» Heather nimmt die Lektion ihrer Mutter an und kapituliert vor dem kulturellen Standard, der ihr, so hofft ihre Mutter, Schutz geben wird: «Jetzt benutze ich diesen Spruch selber.» Mehr noch, Heather ist jetzt unzufrieden mit einem Körper, der nie zu dünn sein kann.

Ein negatives Körpergefühl erhöht die Wahrscheinlichkeit, daß ein Mädchen zu Anorexia nervosa oder Bulimie neigt. Frauen, die jetzt dreißig Jahre und älter sind, hatten als junge Frauen oder Mädchen von diesen Eßproblemen nie gehört. Jetzt sehen sie ihre Töchter und deren Freundinnen und alle möglichen heranwachsenden Mädchen und fragen sich, ob sie wohl Opfer einer dieser Krankheiten werden. Da Anorexie und Bulimie weiter verbreitet sind als früher, sind auch ihre Symptome hinreichend bekannt. Ein magersüchtiges Mädchen ist besessen von der Angst, dick zu werden, weigert sich zu essen, hat ein gestörtes Verhältnis zu ihrem Körper und verliert bis zu 25 % ihres Körpergewichts.[20] Magersucht läßt sich im Frühstadium nur schwer erkennen, da die Symptome dem Verhalten vieler Heranwachsender ähneln: Die Mädchen werden depressiv, halten strengste Diät und behaupten, sie seien dick.[21] Bulimie betrifft eher ältere Mädchen oder junge Frauen und zeigt sich darin, daß sie riesige Mengen von kalorienhaltigen Eßwaren verkonsumieren und sich dann durch Erbrechen oder mit Hilfe von Abführmitteln entleeren. Bulimie wird jetzt als Krankheit betrachtet, die unabhängig von Magersucht existiert und nicht etwa eine Variante der Anorexie darstellt.

Anorexie wurde zum ersten Mal im 19. Jahrhundert als «eine lange Geschichte der Nahrungsverweigerung und Appetitzügelung bei Frauen betrachtet, die mindestens bis ins Mittelalter zurückführt»[22]. Im 20. Jahrhundert, besonders in den letzten zwei Jahrzehnten, hat Anorexie bei weißen Mädchen der Ober- und Mittelschicht epidemische Ausmaße angenommen, was ganz eindeutig mit unserem Schlankheitskult und der Überbetonung von Diät zu tun hat. Farbige Mädchen leiden seltener an diesen Erkrankungen; sie neigen statt dessen eher zu Fettleibigkeit. (In den letzten 20 Jahren ist Fettleibigkeit bei afroamerikanischen Mädchen um 53% gestiegen.) Sie werden jedoch zunehmend anfälliger für Anorexie und Bulimie, was im Zusammenhang mit der sozialen Aufwärtsmobilität ihrer Familien steht, denn der Aufstieg in eine höhere soziale Schicht geht gewöhnlich einher mit einer stärkeren Assimilierung an kulturelle Normen wie den Schlankheitskult. Damit soll nicht gesagt werden, daß Magersucht und Bulimie allein kulturelle Erkrankungen seien; sie haben auch psychologische und physiologische Ursachen. Die Häufigkeit dieser Krankheiten, verglichen mit der Zeit vor 30 Jahren, bestätigt aber die Einschätzung mancher Theorien, daß sich hier «ein Übel unserer Gesellschaft kristallisiert, das unsere Aufmerksamkeit erfordert – angefangen mit der überlieferten Ablehnung unseres Körpers, über unsere zeitgenössische Angst vor dem Verlust der Kontrolle über unsere Zukunft, bis hin zu der beunruhigenden Bedeutung von Schönheitsidealen in einer Zeit der weiblichen Stärke.»[23]

Es gibt keine garantiert wirksamen Vorbeugemaßnahmen gegen Magersucht oder Bulimie, doch ein geschärftes Bewußtsein ist sicherlich ein Schlüssel. Ein ganz wichtiger Ansatzpunkt, den Mütter für sich nutzen können, ist ihre eigene Einstellung zu Ernährung und Gewicht. Auch wenn es uns nicht völlig gelingt, unsere Gewohnheiten umzustellen, ist es doch wichtig, sie als zwanghaft zu erkennen, wenn wir sie durchbrechen wollen. Fortgesetzte Bemerkungen über Gewicht, Figur und Eßgewohnheiten der Tochter und Hinweise auf Diätpläne bestärken sie nur in ihrem negativen Körpergefühl und unterlaufen ihr Selbstbewußtsein. Wenn Frauen ihre Gefühle zum Thema Gewicht und Ernährung ergründen, sind weder sie noch ihre Töchter darauf angewiesen, sich selbst Schuld zuzuweisen und das Aussehen von anderen Frauen und Mädchen überkritisch zu bewerten.

Leah ist Mitte Dreißig und schlank. Als Kind war sie dick und sehr unglücklich darüber. Als junges Mädchen hat sie abgenommen, und es ist ihr gelungen, seitdem mehr oder weniger ihr «Idealgewicht» zu halten. Ihre zwölfjährige Tochter Ruth fing vor einem Jahr an zuzunehmen, so daß Leah sie immer wieder fragte: «Möchtest du das wirklich essen?», wenn Ruth sich zum zweiten Mal auftat, zwischen den Mahlzeiten etwas aß oder sich einen Nachtisch nahm. Leah war sich bewußt, daß sie eigentlich nichts sagen sollte, konnte sich aber nicht immer zurückhalten. Bei einer Gelegenheit sprach sie offen mit Ruth über ihre Gefühle. «Ich sagte ihr, daß ich meine eigene Unzufriedenheit darüber, daß ich ein dickes Kind war, und meine Angst davor, als Erwachsene dick zu sein, mit ins Spiel brachte. Ich habe es nicht in diesen Worten gesagt, aber ich erklärte Ruth, daß es eigentlich nichts mit ihr zu tun hat. Und dann habe ich sie gebeten, mich darauf hinzuweisen, wenn ich wieder etwas sagte. Das hat dann auch geklappt.»

Wenn wir den Widerstand unserer Töchter unterstützen, so lassen wir uns nicht auf die gesellschaftliche Überbewertung ihres Aussehens ein. Mädchen sind klug, hartnäckig, witzig, ehrlich, verständnisvoll, unabhängig, stark, beweglich, künstlerisch, musikalisch, fleißig und vieles mehr. Ein Körper ist nicht nur dazu da, gut auszusehen. Als die sechzehnjährige Alison gefragt wird, wie sie ihren Körper findet, erwidert sie: «Insgesamt mag ich mich so, wie ich bin. Ich bin stärker als die meisten Menschen. Ich habe mehr Ausdauer. Ich sehe zwar nicht toll aus, aber häßlich bin ich auch nicht.» Das Aussehen ihres Körpers ist für sie weniger wichtig als das, wozu ihr Körper fähig ist. Eine Mutter, die dem Drang, Bemerkungen über das Äußere der Tochter zu machen, widersteht und statt dessen deren körperliche Fähigkeiten fördert, kann ihrer Tochter zeigen, daß ein aktiver Körper Freude und Lust vermittelt und nicht als Objekt zum Ansehen dienen muß.

Gemeinsame Schönheit

Mädchen können dem kulturellen Zwang zur romantischen Liebe und zur Attraktivität besser widerstehen, wenn sie «gründlich über die Gefahren informiert sind, eine klare Vorstellung von den eigenen Prinzipien und ein starkes Vertrauen in ihre Verbündeten haben»[24]. Diese Merkmale, die Judith Herman in *Trauma and Recovery* für politische Gefangene herausstreicht, können sich in Mädchen besonders stark entwickeln, da sie in der Regel in einer engen Verbindung mit Frauen stehen. Die «Gemeinschaft der Frauen» heißt junge Mädchen willkommen und lädt sie ein, ihr Wissen über Politik und Schönheit zu teilen, sich an einer kritischen Betrachtung der verschiedenen Schönheitsideale, die im Leben von Mädchen und Frauen wirken, zu beteiligen und dem Romantikkult zu widerstehen.

Wenn Mädchen älter werden, erleben Mütter mit, welche Sorgen sie sich über ihr Aussehen machen. «Als meine Tochter zwölf Jahre alt war, machte sie eine, sagen wir, schwierige Phase durch», berichtet Claire. «Sie schoß in kürzester Zeit regelrecht in die Höhe und war sehr schlaksig.» Claire machte nie eine Bemerkung über das veränderte Aussehen ihrer Tochter. Auch ihre Tochter sagte nichts – bis sie in Urlaub fuhren. Dort, fern der Heimat, wurde Christina von zwei Jungen gehänselt, als sie mit einem Bikini bekleidet am Strand entlangging. «Ich dachte, hier würden sie mich in Ruhe lassen», klagte sie weinend ihr Leid. Claire sagte, sie wisse, wie weh es täte, doch daß es nicht in ihrer Macht stünde, sie oder die Welt zu verändern, in der das Aussehen eines Mädchens so wichtig war. «Außerdem sagte ich ihr, daß sie gerade in einer schwierigen Wachstumsphase war und nicht mehr das süße kleine Kind sei, das sie mal gewesen sei. Ich wüßte, daß sie sich weiter verändern und diese Phase überwinden würde – aber ich wußte natürlich nicht, wie sie aussehen würde. Ich nannte ihr einige Gründe, warum sie in meinen Augen einzigartig und etwas Besonderes war, obwohl mir klar war, daß ihr das nicht viel nutzen würde.» Claire wußte aber natürlich auch, daß wir in einer Kultur leben, in der Schönheit von großer Bedeutung ist. Sie machte sich die Mühe herauszufinden, was Christina an ihrem Aussehen am meisten störte, und ließ sie Frisuren und Kleider ausprobieren. Zur gleichen Zeit beschloß Christina, in einen Schwimmverein zu gehen und sich mit aller Energie für die Entwicklung ihrer Stärke und Ausdauer einzusetzen. «Für mich war es sehr wichtig, daß meine Mutter mir mit meinem Aussehen geholfen hat und mir geraten hat, wie ich darüber nachdenken kann» sagt Christina. «Sie war ganz auf meiner Seite.»

Zu behaupten, daß Aussehen unwichtig ist, wenn das einfach nicht stimmt, hilft Mädchen nicht. Statt dessen können Frauen mit Anteilnahme und Verständnis den Sorgen der Mädchen zuhören und deren Erfahrung bestätigen, daß dem Aussehen in unserer Gesellschaft viel zu viel Bedeutung beigemessen wird. Wir können bezeugen, daß dies der Fall ist, und gleichzeitig den Sexismus aufdecken und das Ziel, das mit dieser Überbewertung von Schönheit verfolgt wird, benennen. So nehmen wir die Gefühle ernst, ohne das System gutzuheißen.

Welche Rolle sollte Schönheit in unserem Leben spielen? Welche alternativen und erfrischenden Definitionen von Schönheit gibt es? Welche Verbindung gibt es zwischen sexueller Anziehung, Schönheit und Macht? In ihrem Buch *Revolution from Within* stellt Gloria Steinem das Beispiel einer Frau vor, die im gängigen Sinne keine Schönheit war, aber jeden beeindruckte, der ihr begegnete: Margaret Mead. Sie war «anziehend, sinnlich und in sich selbst ruhend» und dadurch so schön, daß «selbst Männer, die weibliche Intellektuelle belächelten, in ihren Bann gezogen wurden.»[25] Was schön ist und anziehend wirkt, ist die Leidenschaft – für das Leben, für Ideen, die Lust, für die Erfahrung. Frauen können sich mit Mädchen auf der Basis gemeinsamen Wissens zusammenfinden, um ihre Erfahrungen zu überprüfen, zu bewerten und neu zu deuten.

Vor kurzem waren Tätowierungen für Frauen der letzte Schrei – nicht die echten, bei denen die Tinte mit feinen Nadeln unter die Haut gespritzt wird, sondern echt aussehende Abziehbilder. Für nur wenige Dollar konnte man einen Bogen mit den raffiniertesten und farbenfrohesten Tätowierungen mit den bekannten Motiven erstehen – Herzen, Rosen, chinesische Drachen, Tiger, Adler. In Long Island, New York, erhielt Marysa zu ihrem zehnten Geburtstag ein paar dieser Bögen. Ihre vierzig Jahre alte Mutter, ihr Vater, ein älterer Bruder und zwei Nenntanten fanden sich zu der Geburtstagsfeier über ein langes Sommer-Wochenende zusammen. Eine nach der anderen erhielt ihre Tätowierung nach Marysas Vorstellung. Wenn man Marysa dabei beobachtete, wie sie voller ausgelassener Freude die Bildchen auswählte und anbrachte – eins reichte nicht –, konnte man sehen, daß die Lust an dem Vorgang selbst das eigentlich Wichtige war, und nicht ihre Wirkung auf andere. Sie schmückte sich lediglich für sich selbst. Andere durften an dem Vergnügen und dem reizvollen Ergebnis teilhaben, doch sie und ihre Ansichten waren nicht die treibende Kraft. Für die Frauen, die gekonnt mit Make-up-Pinsel und Puderquaste umgehen können und Zauberinnen der Verkleidung sind, war dies eine ungewöhnliche Situation. Wenn nun Frauen Make-up auflegen und sich schmükken würden aus der Freude heraus, sich zu schmücken, zum eigenen Vergnügen oder um die Freude zu teilen? Was wäre, wenn Frauen aufhören würden, sich gegenseitig zu bewerten und abzuschätzen?

Wenn Aurea und ihre Tochter zum Strand gehen, sprechen sie darüber, daß sie sich darauf freuen, schwimmen zu gehen, und es genießen, die Sonne auf ihrer Haut zu spüren. Aurea nutzt die Gelegenheit auch, um der neunjährigen Lizette die Scheu vor ihrem Körper zu nehmen, die weibliche Verwandte ihr vermittelt hatten, für die das Aussehen einen viel zu hohen Stellenwert hatte.

«Als ich klein war, lebten zwei Schwestern meiner Mutter in Puerto Rico, und eine lebte in Brooklyn, ganz in unserer Nähe. Jedes Jahr, gewöhnlich im Sommer, besuchten die Tanten aus Puerto Rico uns in Brooklyn. Und wenn sie kamen, ging die ganze Familie – Tanten, Onkel, Vettern und Kusinen ersten, zweiten und dritten Grades – zum Strand, um dort den Tag zu verbringen.

Wir Kinder verbrachten den Tag im Wasser und kamen nur zum Essen heraus. Nach dem Essen mußten wir eine Stunde warten, bevor wir wieder ins Wasser durften. Diese Zeit verbrachten wir spielend im Sand in der Nähe der Decke, auf der die Frauen saßen. Die Schwestern blickten über das Meer und tauschten Familienklatsch aus. Wenn andere Frauen in Badebekleidung vorbeikamen, unterbrach sich die Schwester, die gerade sprach, und machte die anderen auf ‹die da› aufmerksam: ‹Guckt euch bloß den Bauch von der da an. Und dann in einem Zweiteiler!› – ‹Na ja, die da hat ja gute Beine, aber ihre Taille ist zu dick!› – ‹Seht ihr, was die da für Speckrollen auf dem Rücken hat?› Wir mußten immer lachen. Aber gleichzeitig war es auch verwirrend. Eine der Tanten war fett, und ich auch. Als ich älter wurde, ging ich nur noch ungern zum Strand.»

Aurea und ihre Tochter reden miteinander darüber, warum diese Tanten – die jetzt alte Frauen und für ihre Milde bekannt sind – fremde Frauen kritisierten; warum es ihnen wichtig war, wie diese Frauen aussahen; und warum die Erinnerung an ihre Reden Aurea das Vergnügen an einem Strandtag vergällt hat. Aurea versucht, ihrer Tochter verständlich zu machen, daß es gefährlich ist, wenn man so auf das Äußere – sei es das eigene oder das anderer – fixiert ist. Sie möchte, daß ihre Tochter einen leichteren Weg geht.

Mädchen, die ein Bewußtsein davon haben, daß der Schönheitskult einem erfüllten Leben entgegensteht, schaffen ihre eigenen Alternativen, sozusagen als Gegenmittel gegen den Mythos der romantischen Liebe und Attraktivität und die daraus entstehende Isolation von Frauen. In einer High-School in New York haben die Mitglieder des «Vereins für Frauenfragen» eine Aufklärungskampagne ins Leben gerufen, um gegen Eßprobleme von Schülerinnen anzugehen. In den Fluren wurden selbstentworfene Plakate aufgehängt, auf denen die Anzeichen von Anorexie und Bulimie erklärt wurden und auf denen Schülerinnen gegen den Schlankheitswahn, der durch die Medien gefördert wird, ins Feld zogen. Angesichts großer Nachfrage organisierten die Clubmitglieder kleine Diskussionsgruppen, verteilten Flugblätter an Mädchen und Jungen und schrieben Artikel für die Schülerzeitung. Diese Bemühungen einer kleinen Gruppe von Mädchen hatten zur Folge, daß eine große innerstädtische Schule ein Problem vieler ihrer Schüler benennen und seine Existenz erkennen mußte. Außerdem wurde eine Angelegenheit, die normalerweise im Privaten und Individuellen verhaftet bleibt, zu einem öffentlichen und kollektiven Thema. Die Mädchen sagten, daß ihre Aktion ihnen das Gefühl gegeben habe, etwas Sinnvolles zu tun, sie aus der Isolation herausgeholt und ihnen ein Gemeinschaftsgefühl vermittelt habe.

Jenny und Nicki, zwei Achtklässlerinnen aus den Südstaaten, sind ihre eigene Mädchengruppe. Vor nicht allzu langer Zeit stellten sie fest, daß sie nicht mehr so viel Hunger hatten wie früher. Sie hatten über Anorexie gelesen und machten sich Sorgen umeinander. Folglich fingen sie an «böse zu werden, wenn eine kein Mittagessen wollte oder so». Wenn Nicki ihr Pausenbrot verschenken will, sagt Jenny zu ihr: «Du ißt das auf!» Wenn Nicki sich weigert, besteht Jenny: «Doch, du ißt das», so daß Nicki ihr schließlich gehorcht. Auf spielerische Art wachen die beiden Mädchen über ihre Eßgewohnheiten und helfen sich gegenseitig, dem in den Medien propagierten Bild des mageren Mädchens zu widerstehen. Wenn Jenny sich abwertend mit den gertenschlanken Fotomodellen in den Zeitschriften vergleicht, ermahnt Nicki sie: «Diese Fotomodelle sind schrecklich! Kauf keine Zeitschriften mehr; dann fühlst du dich gleich besser.» Beide «hassen es, wenn jemand eine andere wegen ihres Aussehens hänselt, denn für manche Dinge kann man nichts», und versuchen, gemeine und grundlose Bemerkungen von Schülern, die «einfach auf einen zukommen und sagen: ‹Mann, du bist ja vielleicht fett›, zu überhören.» Doch der Trotz in ihren Worten – «solche Leute können mich mal» – verschleiert nicht ganz die Furcht auf ihren Gesichtern. Aber sie zitieren Jennys Mutter mit großer Überzeugung, die ihnen erklärt hat: «Leute, die mit sich selbst nicht zufrieden sind, müssen sich an anderen Leuten schadlos halten, damit sie sich besser fühlen.» Nicki und Jenny halten an ihrer Verbindung fest und benutzen sie gegenseitig, um sich in ihrem Widerstand zu bestärken. Zu ihrem Bündnis zählen sie auch ihre Mütter, die sie in ihrem Bemühen unterstützen, sich schädlichen und eingrenzenden kulturellen Normen zu widersetzen.

Es ist nicht leicht für Mädchen, dem Reiz des Schönheitskults zu widerstehen. Sie brauchen Frauen, die sie unterstützen. Aber auch Frauen brauchen Mädchen mit ihrer respektlosen Art, den Konventionen die kalte Schulter zu zeigen oder sie spielerisch zu unterlaufen. Frauen und Mädchen können gemeinsam aus dem Syndrom ausbrechen, das Naomi Wolf die «Eiserne Jungfrau» nennt – ein Gefängnis aus einengenden Maßnahmen zur Erlangung körperlicher Perfektion. Wenn Frauen ihre Energie und Lebenskraft freisetzen und ihre Gedanken aus den Klauen der Wut reißen, gewinnen sie eine weniger eingegrenzte Sicht auf die Welt, in der Frauen und Mädchen ihrer Macht beraubt werden. Danach können sie die Möglichkeiten, die die Freiheit bietet, erkunden und sich ein neues Selbst schaffen. Doch werden diese Gelegenheiten begrenzt sein, wenn Frauen und Mädchen sich nicht zu gemeinsamen Aktionen zusammenfinden. Die Macht des gemeinsamen Handelns ist der stärkste Widerstand gegen den Schönheitskult, zu dem Mütter ihre Töchter anspornen.

III
Eine Revolution der Mütter

Marie:

In Buenos Aires zogen 1977 vierzehn Frauen gemeinsam von einem Regierungsamt zum nächsten. Sie hatten Fotografien von ihren Kindern dabei. Heftig schlugen sie an die Türen: «Wo sind unsere Kinder? Wo sind die Babys? Sagt uns nur, wo sie sind. Wir wissen nicht, ob sie frieren oder hungern. Sie wurden uns lebend fortgenommen; wir wollen sie lebend zurück.» Als sie keine Antwort erhielten, gerieten sie in Verzweiflung und inszenierten einen furchtlosen Akt des Widerstands. Obwohl die Militärregierung öffentliche Versammlungen verboten hatte, bildeten sie auf dem größten Platz der Stadt, der Plaza de Mayo, einen kleinen Kreis. Mit weißen Tüchern, auf die sie die Namen ihrer Kinder geschrieben hatten, versammelten sie sich jeden Donnerstag und gingen immer im Kreis herum. Sie trugen Schilder mit den Namen und Bildern von ihren Kindern. Andere Mütter, deren Kinder «verschwunden» waren, kamen und schauten zu. «Das erste Mal setzte ich mich auf die Plaza und sah ihnen zu», erzählte eine Mutter. «Beim zweiten Mal kam noch eine Frau und setzte sich zu mir. Schließlich standen wir beide auf und stellten uns in den Kreis.»

Die ganze Zeit über verschwanden aus Häusern und von Straßen immer noch junge Leute. Bei jedem Verschwinden, jedem Bericht von Folterung oder Tod verstummten die Menschen und ließen in ihrem Widerstand gegen die Unterdrückung nach. Freunde hatten Angst, eine Familie zu besuchen, aus der ein Angehöriger verschwunden war. Das Land war wie gelähmt und stumm vor Angst... alle, außer den Müttern, die jeden Donnerstag marschierten. Ganz allmählich wurden diejenigen, die nur zugesehen und die Mütter «diese verrückten Frauen von der Plaza de Mayo» genannt hatten, von deren Mut angesteckt. Die Zahl der Frauen mit den Namen und Fotografien der Verschwundenen stieg von vierzehn auf tausend, und ihr wöchentlicher Marsch erregte weltweite Aufmerksamkeit.

Die Frauen waren sich der Macht des Widerstands bewußt geworden – sie wollten sich nicht opfern, sondern dem, was geschah, einen Namen geben. Sie beanspruchten die Macht, die Öffentlichkeit auf eine unausgesprochene, aber verbreitete Lüge aufmerksam zu machen, indem sie die Wahrheit aussprachen. Sie riskierten alles, aber sie konnten nicht länger schweigen; sie bezogen Stellung für ihre Kinder und so auch für sich selbst.

Überall in der Welt gibt es Geschichten von Frauen, die sich für ihre Kinder geopfert haben. Der Alltag von Frauen war oft eine einzige Serie von Opfern, wenn nicht gar Selbstbetrug. Doch die argentinischen Frauen fanden heraus, daß sie durch den Widerstand gegen das Unrecht an ihren Kindern in sich selbst eine Stimme entdeckten, die sie vorher nicht gekannt hatten, und daß sie mit dieser Stimme auch Macht wiedergewannen. Und mit dieser Macht vereinigten sie sich mit ihren Kindern zum Wohle aller.

Mitte der achtziger Jahre hörte ich von den «Madres», wie die «verrückten Frauen» der Plaza de Mayo genannt wurden. Das Bild dieser im Kreis marschierenden Frauen berührte mich als Mutter tief im Innersten. Ihre mutige Wache rief mir die Jahre der Sorge um die Sicherheit meiner eigenen Kinder, besonders meiner Töchter, in Erinnerung. Durch die Madres erinnerte ich mich daran, wie wir zornig vor die Schulen und zu politischen Versammlungen marschiert waren, um uns gegen Diskriminierung oder mangelnde Sensibilität zu wehren, und wie hilflos ich mich gefühlt hatte, weil ich meine Kinder nicht wirkungsvoll vor den Gefahren der Straße beschützen oder dafür sorgen konnte, daß ihr Leben einmal leichter sein würde.

In den siebziger Jahren waren meine politischen Freunde und ich in Lager gespalten. «Wir werden nicht ernst genommen, wenn wir uns nur für uns persönlich und unsere Kinder einsetzen», argumentierte das eine Lager.

«Das sind aber die einzigen Probleme, bei denen man uns für zuständig hält, und außerdem sind es wichtige Dinge», entgegnete das andere Lager.

Wir diskutierten eine Frage, die für Frauen immer noch schwierig zu entscheiden ist: Wenn wir als Frauen sprechen, die sich um ihre Kinder und Familien sorgen, werden wir dann nicht ernst genommen? Wenn wir als Frauen sprechen, die sich um andere Angelegenheiten kümmern, werden wir, wie die Senatorin Patty Murry, als «Mama in Tennisschuhen» abqualifiziert? Doch die Fragestellung ist falsch.

Die richtigen Fragen lauten: Wen betrachten wir als Familie, und wie werden diese verschiedenen Familien unterstützt? Wie weiten wir die Verantwortung für die Kindererziehung auf die Gemeinschaft aus? Wie schaffen wir Gemeinschaften, in denen alle Menschen zu ihrem Recht kommen?

Es ist Zeit, daß wir diese Fragen, die lange als Privatsache von Frauen betrachtet wurden, in die öffentlichen Plazas des Patriarchats tragen. Es ist Zeit, zu Müttern einer Revolution zu werden, die sich mit der Wahrheit über weibliches Leben beschäftigen. Wir können nicht warten, bis eine weitere Generation von Mädchen in eine Gesellschaft verschwindet, die sie nicht als eigenständige Personen willkommen heißt. Die Kapitel 9 und 10 befassen sich mit dieser Revolution.

9 *Revolutionäre Zellen*

> Wie sie sich nennen, ist nicht so wichtig,
> wichtig ist, daß sie frei sind, nicht größer
> als eine große Familie, persönlich
> und politisch, und überall.
>
> *Gloria Steinem*

Die Mauer unserer gegenwärtigen Kultur erscheint undurchdringlich und unangreifbar. Als einzige Realität, die wir kennen, scheint sie unveränderlich, gehört einfach zum Leben. Die Mutterschaft, wie sie heute existiert, ist ein Teil dieser Mauer: sie ist eine patriarchalische Institution, die die Macht von Frauen, Leben in die Welt zu bringen, zerrüttet. Bei näherer Betrachtung jedoch hat die Mauer Risse und Lücken, an denen Auflösungserscheinungen sichtbar werden. Wir sehen das Mutter-Sein als eine Lücke in der Mauer, die die Frauen durch ihren Widerstand gegen kulturelle Forderungen für sich nutzen können. Als ersten Schritt können Mütter ihren Töchtern beibringen, sich zu äußern und zu wehren. Als nächsten Schritt gehen die Frauen über diese enge Paarbeziehung hinaus, verbünden sich miteinander und lösen eine Revolution der Mütter aus.

Die Autorin Elizabeth Janeway erklärt, daß Macht ein Prozeß ist, eine «bewegliche, dynamische Beziehung». Nur selten sind Machtverhältnisse absolut oder operieren auf der «extremen Ebene von vollständiger Beherrschung und völliger Unterordnung»[1]. Sie nennt drei Arten von Gegen-Macht, die den Unterdrückten die Möglichkeit geben, sich vor einer totalen Beherrschung durch die Mächtigen zu schützen. Elizabeth Janeway schreibt die Fortschritte der Frauenbewegung in den letzten zwanzig Jahren unserem geschickten Zugriff auf diese drei Gegenkräfte zu: Mißtrauen und Zweifel, Zusammenhalt und gemeinsame Aktion.

Wir möchten zu einem gesunden Mißtrauen und Zweifeln an der

vorherrschenden «Wirklichkeit» der privilegierten weißen Männer anspornen und dringen auf ein hilfreiches Bündnis zwischen Müttern und Töchtern, die sich ihre Ganzheit bewahrt haben. Wir haben gezeigt, daß durch Mutter-Tochter-Beziehungen Mütter wie Töchter voneinander lernen, sich effektiv zu wehren und einen klaren Blick zu behalten. Wie bell hooks schreibt: «Durch mutige Blicke verkündeten wir trotzig: ‹Ich werde nicht nur schauen. Ich will, daß mein Blick die Wirklichkeit verändert.›»[2] Die Verwandlung der kulturellen Wirklichkeit beginnt, wenn Töchter in ihren Müttern Verbündete finden, die ihren Widerstand und ihre Ausdauer unterstützen. Andererseits finden Mütter in ihren Töchtern Führerinnen, die sie zurück zu klarer Sicht und ehrlichem Kontakt leiten. Doch Töchter erforschen ihre Macht und Freiheit nur dann, wenn eine Gemeinschaft existiert, die ihnen eine Alternative zur patriarchalischen Realität bietet. Aus diesem Grund müssen Frauen sich zusammenschließen und gemeinsam zu handeln beginnen.

Wir wollen Möglichkeiten untersuchen, wie Frauen einen «gangbaren Weg» für sich finden können, der direkt vor ihrer eigenen Haustür beginnt. Revolutionäre Bewegungen fangen klein an. Zur Zeit der Sklaverei gab es ein System geheimer Verschiebestationen für entflohene Sklaven; Freiheitskämpfer reagierten auf eine verzweifelte Situation, indem sie ihr Heim und alles, was sie gerade da hatten, zur Verfügung stellten. Wirklich notwendig war nur ihr Mut. Moderne revolutionäre Bewegungen begannen mit kleinen Gruppen von Menschen, die miteinander sprachen und sich über ihre Unterdrückung austauschten. So entsteht eine Revolution, vom politischen Rand der Gesellschaft aus. Auch in einer Mutter-Tochter-Revolution beginnt das gemeinsame Handeln im kleinen – im unmittelbaren Umkreis der Mutter.

Revolutionäre Zellen entstehen direkt aus dem Alltag von Müttern.[3] Die erste Zelle ist die Familie, das Lebensumfeld der Mutter-Tochter-Beziehung. Wenn Vater und Brüder als Verbündete der Tochter gewonnen werden können, wird die Familie zu einem konspirativen Ort im Untergrund. «Mitmütter» bilden eine zweite Zelle. Diese Frauen (Verwandte, «Nenntanten», Patinnen) sind

Mütter im Geiste, «die den leiblichen Müttern helfen, indem sie Verantwortung für die Kinder übernehmen». Sie geben Müttern Hilfe und Töchtern Nähe zu anderen Frauen. Die dritte Zelle ist ein Kreis von Frauen, die gegenseitige Unterstützung und gemeinsames Handeln bewußt organisieren.

Die Familie als konspirativer Ort

In der Familie macht ein Mädchen ihre ersten Erfahrungen als Mitglied einer Gruppe.[4] In der Intimität ihres Zuhauses lernen Mädchen, was es bedeutet, in unserer Gesellschaft eine Frau zu sein – und sie erleben zum ersten Mal Sexismus. Sie akzeptieren mit der Zeit männliche Privilegien, die sie in ihren direkten Interaktionen mit den Männern und Jungen, die sie lieben, kennenlernen. Da die Vorstellung von Familienleben auf Nähe und Liebe basiert, wird Sexismus hier unmittelbarer als andere ebenso vertraute Phänomene wie Rassismus und Klassenhaß erfahren. Letztere werden gewöhnlich zum ersten Mal in der Außenwelt und durch Fremde erlebt, nicht von seiten jener, die wir lieben und denen wir vertrauen.[5] Heim und Familie sind ein Refugium vor Rassismus und Klassenhaß, ein Zufluchtsort vor Unterdrückung und Angst. Um die Familie zu einem konspirativen Ort für Mädchen zu machen, müssen alle Familienmitglieder gegen Sexismus ankämpfen, sonst besteht das Risiko, daß die Mädchen lernen, sich in ihren engsten Beziehungen unterzuordnen – eine Lektion, die sie in ihrem weiteren privaten und öffentlichen Leben anwenden werden. Natürlich ist das nur unter der Voraussetzung möglich, daß die Familie auch tatsächlich frei von Gewalt und Mißbrauch ist. Der Kampf gegen Sexismus muß ganz bewußt begonnen und verfolgt werden. Die Entscheidung für Eltern ist einfach: entweder sie kopieren männliche Privilegien und Herrschaftsstrukturen in ihrem Heim, oder sie verbünden sich mit anderen und mit ihren eigenen Kindern im Kampf um Gleichheit.

Die Familie hat das Potential «zu humanisieren, Geschichte zu überliefern und Widerstand zu leisten»[6]. In der Familie werden Kinder sozialisiert und in die Kunst der Kommunikation eingeführt: sie lernen, ihre Gefühle zu entwickeln und mit anderen Menschen zusammenzuleben. Wichtige Informationen werden von einer Generation an die nächste weitergegeben: Werte und Moralvorstellungen, Fähigkeiten aller Art, ein Verständnis für die Welt, in der wir leben, die Wertschätzung von Musik und Kunst, Kenntnisse über Politik und Wirtschaft und ein wachsames Auge für Sexismus. Die starke Widerstandskraft der Familie sollte dafür eingesetzt werden zu verhindern, daß männliche Privilegien in jeder Generation reproduziert werden. Die feministische Aktivistin und Autorin Letty Cottin Pogrebin formuliert es so: «Die Familie kann als revolutionäre Zelle in einer repressiven Gesellschaft wirken, als ein Ort, an dem Nicht-Anpassung geschätzt und alternative Werte gepflegt werden. Kurz gesagt, ein ‹inniges Agens› des Widerstands.»[7]

Die heutige Gesellschaft liefert jede Menge Beispiele für die Familie als Ort des Widerstands. Afroamerikanische Familien wehren sich gegen rassistische Vorurteile und geben den Anführerinnen der Bürgerrechtsbewegung Rückhalt. Arbeiterfamilien lehnen sich gegen die Ausbeutung von Arbeitern auf und unterstützen die Gewerkschaften. Einwandererfamilien weisen diskriminierende Stereotypen zurück und bringen erstaunliche Leistungen hervor. Auch wenn eine Familie ihre Mitglieder nicht vor Auswüchsen von Gewalt und Macht schützen oder einzelne Katastrophen verhindern kann, so kann sie doch weiterhin die Saat der Veränderung säen und Andersartigkeit beschirmen. Diese Möglichkeiten stehen auch Frauen und Mädchen in ihrem Kampf gegen Sexismus offen. Die Machtverhältnisse in den Familien erzeugen Machtverhältnisse in der Gesellschaft. Väter und Mütter können die Klischees von weiblichem Leben widerlegen und starke, lebensfrohe Mädchen durch die Pubertät begleiten. Dazu müssen sie nur innerhalb ihrer Einflußsphäre, in der sie mehr Macht ausüben können als außerhalb, entsprechend handeln. Wandel, auch sozialer Wandel, beginnt zu Hause.

Obwohl sich die Familienform immer stärker differenziert, beruht die Gesellschaft immer noch auf der traditionellen Kleinfamilie – einer Hierarchie, in der Männer sich größerer Autorität und Kontrolle erfreuen als Frauen – und setzt sie als Maßstab, an dem alle Familien gemessen werden. In dieser traditionellen Familie macht es sich der Vater an der Spitze bequem – als «Top-Manager» des Unternehmens Familie (in einer Analogie, die Cottin Pogrebin in *Family Politics* dafür fand). «Mama, die Betriebsleiterin, setzt Papas Politik durch und managt die Angestellten (Kinder), die wiederum nach Alter gestaffelte Privilegien und Pflichten haben.»[8] Während Mama inzwischen wahrscheinlich berufstätig ist – das sind zwei Drittel der verheirateten Frauen heutzutage –, ist ihre Rolle in der Familienhierarchie fast unverändert geblieben.[9] Wichtige Familienentscheidungen – wo die Familie wohnt, wie sie ihre Geldmittel verwendet – werden immer noch am häufigsten vom Ehemann/Vater getroffen. Trotz ihrer Berufstätigkeit erledigen die Frauen die meiste Hausarbeit. Nach dem Abendessen sind es in der Mehrzahl der Fälle die Frauen, die Geschirr spülen, während die Ehemänner es sich im Sessel gemütlich machen und Zeitung lesen oder fernsehen. Ob «Top-Manager» oder «Angehöriger der Mittelschicht» – in der Familienstruktur üben Männer mehr Macht aus. Doch die Familie verändert sich.

Die Familie ist eine Institution im Wandel. Immer weniger Familien gleichen der traditionellen Familie, wie sie in den Fernsehserien der fünfziger Jahre dargestellt wurde. Da fast die Hälfte der Ehen mit Scheidung endet und mehr alleinlebende Frauen sich für Kinder entscheiden, gibt es immer mehr Familien mit nur einem Elternteil, was das Beharren der extrem familienorientierten Rechten auf der traditionellen Familie als «Norm» Lügen straft. Familien mit komplexen Verwandtschaftsbeziehungen – Stiefeltern, Stiefschwestern und Stiefbrüdern – sind inzwischen so verbreitet, daß man sie nicht mehr als Sonderfälle abtun kann. Großfamilien waren bei Afroamerikanern und Latinos schon immer die Norm. Es gibt bereits über vier Millionen Familien mit lesbischen oder homosexuellen Paaren als Eltern.[10] Die Notwendigkeit, die Funktion von *Familie* zu überdenken, schafft eine Gelegenheit, familiäre Machtverhältnisse zu verschieben und aus der Familie eine Zelle für die Revolution der Mütter zu schaffen. Wenn Frauen die Rolle der Familie bei der Verbreitung von Sexismus erkennen, können sie Familienmitglieder als Verbündete anwerben.

Mädchen setzen sich ihr Bild von der weiblichen Realität Stück für Stück zusammen, indem sie ihre Mütter bei ihren Manövern in alltäglichen Familiensituationen beobachten. «Mit dem kindlichen Blick und Gehör für Feinheiten und der Fähigkeit, die Handlungen und Beziehungen von Menschen praktisch wie bei einem Film Einstellung für Einstellung wiederzugeben», schreiben Carol Gilligan und Annie Rogers, «erzählten uns die Mädchen in sehr nüchternem Ton von den Realitäten eines Frauenlebens – von der Müdigkeit und Depression der Mütter; von der Bereitschaft der Mütter, bei Konflikten nachzugeben oder zu schlichten; von der Bereitschaft der Männer, in diesen Situationen zu Gewalt zu greifen.»[11] Mädchen beobachten die Geschlechtsstrategien ihrer Mütter und stellen sie in Frage: Wie geht sie mit ihrem Ehemann – dem Vater – um, wie verhält er sich ihr gegenüber? Wenn eine Frau der romantischen Illusion anhängt, daß eine Frau ohne Mann ein Nichts ist, deshalb die Beziehung zu einem Mann in den Mittelpunkt ihres Lebens stellt und sich ihrer eigenen Bedeutung beraubt, wird ihre Tochter das erkennen. Die Tochter wird sehen, daß der Preis für romantische Liebe der Verlust von Autorität und Macht ist. In der Familie stützt also die romantische Liebe die traditionellen Machtverhältnisse. Um das zu ändern, müssen die Frauen den Griff der Romantik abschütteln. Die klugen Beobachtungen und Fragen der Mädchen können Müttern dabei helfen. Doch die ungeschminkten Wahrheiten, die Mütter dabei von ihren Töchtern zu hören bekommen, sind manchmal schmerzhaft, und Antworten fallen schwer.

Anas Eltern sind beide berufstätig. Anas Vater Angel arbeitet länger und kommt später nach Hause als ihre Mutter. Julia, die Mutter, erledigt die gesamte Hausarbeit und bleibt abends oft noch lange auf, um die Wäsche zu waschen oder das Haus zu putzen. Außerdem kocht sie und hat immer pünktlich das Essen auf dem

Tisch, wenn Angel nach Hause kommt. Jeden Abend, wenn sich die Familie an den Tisch setzt, reicht Julia Angel höflich die Schüsseln mit dem Essen, das sie zubereitet hat. Ebenso höflich antwortet er ja oder nein und dankt ihr, wenn sie ihm das Essen auf dem Teller serviert. Während des Essens achtet sie darauf, ob ihm etwas fehlt, und fragt, ob er noch etwas möchte. Sie sieht auf sein Wasserglas und füllt nach, bevor er ausgetrunken hat. Jedesmal dankt er ihr freundlich. Die neunjährige Ana beobachtet dieses Ritual mit wachsendem Interesse. Eines Nachmittags ruft Anas Bruder Luis aus dem Wohnzimmer: «Mami, bring mir ein Glas Wasser.» Julia dreht sich zu Ana um, die am Küchentisch sitzt und Hausaufgaben macht, und sagt: «Ana, bring deinem Bruder ein Glas Wasser.» – «Warum kann er sich das nicht selbst holen?» – «Ana, bring deinem Bruder jetzt ein Glas Wasser.» Wütend steht Ana auf, holt das Wasser, funkelt ihre Mutter böse an und sagt, während sie ins Wohnzimmer stapft: «Nur weil du das für Papi machst, heißt das noch lange nicht, daß ich es für ihn mache. Blöder... Faulpelz!» Anas wütende Antwort zeigt, daß sie das unterwürfige Verhalten der Mutter durchschaut hat und es nicht wiederholen will, indem sie ihrem Bruder gegenüber eine ähnlich unterwürfige Rolle übernimmt. Wie soll Julia reagieren?

Mütter müssen keine vollkommene Beziehung zu den Männern und Jungen in der Familie haben, um ihren Töchtern einen Zufluchtsort vor Sexismus bieten zu können. Aber sie müssen ehrlich mit sich und ihren Töchtern und allen familiären Beziehungen umgehen. Wenn die Mutter ihre Position im Netz der Beziehungen überprüft, stellt sie vielleicht fest, daß sie schon routinemäßig den Forderungen ihres Ehemannes nachgibt oder ihre Söhne anders behandelt als die Töchter. Wenn das so ist, wird ihre junge Tochter es früher oder später ansprechen. Und trotz allen guten Willens wird es der Mutter schwerfallen, auf die scharfsinnigen, direkten Beobachtungen ihrer Tochter nicht defensiv zu reagieren. Das Zugeständnis, daß ihr diese Wahrheiten unangenehm sind, ist ein guter Ausgangspunkt für weitere Gespräche. Wenn sie ihrer Tochter erklärt: «Ich fühle mich angegriffen, wenn du das sagst», gewinnt sie erst einmal etwas Luft, um dann das Gespräch aufrichtig und konzentriert weiterzuführen. Eine Mutter muß zwar ihre Lebensentscheidungen nicht vor der Tochter rechtfertigen oder dieser ihre eigenen Kämpfe anvertrauen, aber sie kann ehrlich mit ihr reden. Mütter, die die Strukturen, die für sie selbstverständlich geworden sind, durch die Augen ihrer Tochter neu sehen, entdecken, daß es schon etwas nützt, wenn die Tochter mehr von ihren eigenen Wahrnehmungen mitteilen kann. Es erinnert sie daran, daß die Beobachtungen der Mädchen nicht nur die Umgebung reflektieren, sondern auch die Ängste der Tochter in bezug auf die eigene Zukunft mit Männern.

Wenn Barbaras heranwachsende Töchter ihr vorhalten, daß sie sich ständig ihrem Ehemann fügt, gibt sie zu, daß sie damit zu kämpfen hat – einen Mann in ihrem Leben zu haben ist ihr wichtig. Doch sie versucht, sich zu ändern. Die Unterordnung in der Beziehung zu dem Ehemann geschieht weder unbewußt, noch ist sie unumkehrbar. Sie sagt den Töchtern auch: «Das ist mein Problem, nicht eures.» Barbara leugnet nicht, daß die Töchter eine Wahrheit erkannt haben, und sie versucht weder, sich vor ihren Töchtern zu entschuldigen, noch sich zu analysieren. Sie achtet darauf, daß die Probleme mit dem Ehemann auf ihren eigenen Schultern lasten, nicht auf denen ihrer Töchter.

Da Familien leicht in sexistische Muster verfallen, muß sich für Mütter erst eine Gelegenheit ergeben, bei der sie die Stimmen ihrer Töchter hören können. Eine Mutter erkannte, daß sie und ihr Mann ihren Sohn am Eßtisch bevorzugt behandelten. «Als mein älterer Sohn auf einem Sommerlager war», sagt Isabel, «fanden mein Mann und ich Dinge über unsere Tochter heraus, von denen wir vorher keine Ahnung gehabt hatten. Beim Essen imitierte sie Leute und gab uns die köstlichsten Vorstellungen. Wir waren begeistert. Als ich sie fragte, warum sie das nicht auch tat, wenn ihr Bruder da war, lächelte sie mich einfach nur an und zuckte die Achseln. Wir sehen sie jetzt ganz anders.» Indem sie eine Seite ihrer Tochter, die sie vorher nicht kannte, so enthusiastisch lobt, unterstützt Isabel ihren Widerstand eindeutig. Auch wenn Eltern nicht immer beeinflussen können, wie Jungen in unserer Gesellschaft mit Mädchen umgehen, können sie in Familien, in denen es Söhne gibt, deren Bewußtsein formen und die Stimme ihrer Tochter stärken, indem sie ihr in der Familie Gehör verschaffen.

Judith erzählt, wie ihre Tochter Vera ebenfalls «aufblühte, als Dennis, ihr älterer Bruder, im Sommerlager war. Ich merkte erst jetzt, wie er sich beim Essen immer breitgemacht hatte. Als Dennis vom Lager zurückkam, mußte er sich mit Vera um den Platz streiten – die Dinge hatten sich geändert, als er weg war, und sie ließ ihn nicht wieder die Oberhand gewinnen.» Judith hatte Zutrauen zu ihrer Tochter und kannte ihren Sohn, deshalb konnte sie ihm sagen, er werde sich anpassen müssen. Dann ging sie noch einen Schritt weiter und machte ihn zu einem Verbündeten, einem Mitglied der revolutionären Zelle. Wenn die Mutter ihrer Tochter die Möglichkeit gibt, sich im Stimmengewirr der Familie durchzusetzen, wird ihre Position innerhalb der Familie und der familiäre Widerstand gegen Sexismus insgesamt an Gewicht zunehmen.

Auch wenn kein Vater im Haus ist, müssen sich alleinerziehende Mütter hinsichtlich der Machtverhältnisse mit mehr oder weniger denselben Problemen auseinandersetzen. Verfolgt von der Idee der traditionellen Familie, zu der an der Spitze ein Mann gehört, halten viele Familien mit alleinerziehenden Müttern sozusagen einen Platz für das wahre Oberhaupt der Familie frei, den Ex-Ehemann, der einmal da war, und den neuen Mann, der in Zukunft hoffentlich einmal da sein wird. Die Autorität alleinerziehender Mütter leidet unter der geisterhaften Gegenwart des fehlenden Mannes und wird von der Einstellung unterminiert, daß alles besser liefe, wenn nur ein Mann im Haus wäre. Doch meistens haben die Töchter alleinerziehender Mütter einen gewissen Vorsprung, was Kompetenz und Selbstachtung angeht.[12] Durch die Abwesenheit eines Mannes im Haus haben Mädchen größeres Zutrauen zu ihrer eigenen Autorität. Ihre Mütter üben vermutlich im Haushalt und im Leben ihrer Töchter mehr Macht aus als in traditionellen Familien mit zwei Elternteilen. Durch die größere Kontrolle können alleinerziehende Mütter leichter den Sexismus aus dem Alltag der Familie verbannen. Doch eines kontrollieren sie nicht: die Beziehungen ihrer Töchter zu deren Vätern.

Nach dem Schock einer Scheidung formiert sich jede Familie neu, gewöhnlich mit sehr wenig Unterstützung und Anleitung seitens der Gesellschaft. Eltern entwickeln neue Beziehungen zu ihren Kindern und zueinander. In einer Kultur, die eine verantwortungsvolle Vaterschaft nicht gerade fördert, sehen Töchter ihre Väter meistens nicht oft genug. In der Kindheit laufen Töchter Gefahr, ihre Väter zu idealisieren, und dann, als Frauen, suchen sie nach ähnlichen Männern, die sich zu romantischen Helden stilisieren lassen. Mütter können zwar die Beziehung der Tochter zu ihrem Vater nicht kontrollieren, doch sie können sie fördern und vor allem davon absehen, sich unnötig einzumischen. Faith beispielsweise verließ ihren Mann, einen Alkoholiker, vor sechs Jahren, als ihre jüngere Tochter erst sechs Monate und die ältere erst eineinhalb Jahre alt war. Trotz Faiths verständlicher Beklommenheit besuchen die beiden Mädchen ihren Vater zwei- bis dreimal pro Jahr (sie leben in verschiedenen amerikanischen Bundesstaaten) für längere Zeit. Um die Sicherheit ihrer Töchter zu gewährleisten, verlangt Faith, daß ihr wohlhabender Ex-Mann während der Besuche jemanden zur täglichen Kinderbetreuung engagiert. Sie erträgt die Besuche, auch wenn sie sich Sorgen macht, weil sie davon überzeugt ist, daß es schädlicher für die Töchter wäre, wenn sie ihnen jede Beziehung zu ihrem Vater vorenthalten würde. Seine sehr offenkundigen Schwächen könnten ohne diese Besuche in Vergessenheit geraten. Statt dessen haben Faiths Töchter die Chance, ihre Beziehung zu einem Mann auszuprobieren, zu sehen, wie er als Vater wirklich ist, und diese Wirklichkeit zu akzeptieren. Wenn sie heranwachsen, wird ihnen diese gegenseitige Vertrautheit immer wichtiger werden, wie das bei den meisten heranwachsenden Mädchen der Fall ist. Mädchen, denen erlaubt wird, ein Gefühl für Familie und Verwandtschaft auch über eine Scheidung und über die eigenen vier Wände hinaus zu entwickeln, besitzen dadurch eine größere Eigenständigkeit.

Eine echte Bindung an ihre Familie ist für Mädchen eine der besten Schutzmaßnahmen gegen die Probleme der Pubertät. Um diese Bindung aufrechtzuerhalten, muß die Familie ihre Möglichkeiten des Widerstands ausschöpfen und eine revolutionäre Zelle werden, ein konspirativer Ort, an dem die Mädchen erwachsen werden können. Auch wenn der Anstoß für die Revolutionierung der Familie oft von Müttern ausgeht und einer Tochter zuliebe geschieht, kann jedes Familienmitglied das Mädchen lieben und es aktiv unterstützen. Die Rolle des Vaters ist ganz wesentlich. Wenn Väter mit ihren Töchtern in Kontakt bleiben, können sie Lebens- und Denkweisen schätzen lernen, die sie sich selbst vorenthalten haben und die ihnen durch die Kultur versagt wurden.

Väter als Verbündete

Die Beziehung einer Tochter zu ihrem Vater ist ihre erste Beziehung zu einem Mann. Wie er sie behandelt, ist eine wichtige Lektion, die sie in ihre späteren Beziehungen zu Männern hineinträgt. Ihre Erwartungen, was ihren Platz in der Welt betrifft, werden davon geprägt, welchen Platz ihr Vater den Frauen in der Welt einräumt. Vater einer Tochter zu sein, ist eine Chance für Männer, Sexismus auf eine Weise kennenzulernen und zu verstehen, wie sie es sonst selten tun. Es ist auch eine Chance für sie, ihrer Tochter und sich selbst zuliebe gegen Sexismus anzukämpfen. bell hooks erinnert uns: «Männer werden vom Sexismus nicht ausgebeutet oder unterdrückt, aber in gewisser Weise leiden auch sie darunter.» [13] Heutige Väter entscheiden sich entweder dafür, den Sexismus in ihre Beziehung zu der Tochter zu integrieren oder sich mit ihr und der ganzen Familie dagegen zu verbünden.

Sexismus beeinflußt die Vater-Tochter-Beziehung, noch bevor ein Mädchen geboren wird. Bei wissenschaftlichen Untersuchungen stellt sich immer noch heraus, daß werdende Väter «sich eher männliche als weibliche Nachkommen wünschen, und das mit einer Intensität, die die ihrer Frauen weit übertrifft.» [14] Väter bevorzugen Jungen, und zwar vor der Geburt wie danach. Zweijährige Jungen genießen doppelt soviel Zuwendung von ihren Vätern wie zweijährige Mädchen, und die Aufmerksamkeit, die Mädchen von ihren Vätern bekommen, nimmt mit dem Alter noch ab.[15] Selbst Väter, die an ihren kleinen Töchtern «sehr hingen», «sind ihnen mit neun weniger nah und mit dreizehn noch weniger»[16]. Die väterliche Mißachtung prägt die traditionelle Vater-Tochter-Beziehung. Im traditionellen Szenario hat der Vater wenig Zeit und Energie für seine Kinder, besonders für die Mädchen. Die Tochter spielt die Rolle von «Vatis kleinem Mädchen» oder «kleiner Prinzessin», und sie wird wegen ihrer konventionellen Weiblichkeit, ihres hübschen Äußeren, ihres anschmiegsamen Wesens, ihrer Nettigkeit und sogar wegen ihrer charmanten Lebhaftigkeit geschätzt, nicht jedoch auf Grund von Kompetenz, Selbstbewußtsein oder Unabhängigkeit. Ausflüge mit ihrem beschäftigten Vater sind besondere Ereignisse, bei denen er sie unterhält und hofiert. Wenn sie Papis kleine Prinzessin ist, ist er ihr Prinz. Diese romantisch getönte Beziehung treibt Mädchen in die erdrückende weibliche Perfektion, die in unserer Kultur so wichtig ist. Die «kleine Prinzessin» und das perfekte Mädchen sind eins. Beide sind wirklich nett, gut, fröhlich, großzügig, lieb, aufopferungsvoll und natürlich hübsch.

Wenn sich Vater-Tochter-Beziehungen zu stark auf das Mädchen als zukünftige romantische Heldin konzentrieren und die volle Entwicklung ihrer Persönlichkeit behindern, erhält die Beziehung eine unterschwellige, aber beunruhigende sexuelle Färbung. Wegen dieser Färbung kann die körperliche Nähe, die zwischen Vater und kleiner Tochter besteht, für beide unbehaglich werden, wenn der Körper der Tochter sich entwickelt. Ältere Mädchen merken regelmäßig, daß ihre Väter manchmal die dramatischen Veränderungen ihres Körpers betont *nicht* zur Kenntnis nehmen.[17] Weibliche Teenager wollen zwar gesehen werden, mögen es aber nicht, wenn man sie anstarrt. (Ein Mädchen sagte, sie fühle die Augen der Leute auf sich wie «Schmirgelpapier».) Diese Gratwanderung fällt Vätern leichter, die ihre Töchter wirklich kennen und die der Versuchung widerstehen, sie ihr Leben lang Stereotypen zuzuordnen. Durch Beziehungen, in denen die Tochter über die Grenzen konventioneller Weiblichkeit hinaus anerkannt und geschätzt wird – z. B. für ihren lebhaften Verstand, ihren Humor, ihr Temperament, ihre körperliche Ausdauer und Beweglichkeit –, kann sich bei den heranreifenden Töchtern eine größere Ausgeglichenheit einstellen, was auch Vätern guttut.

Die konventionelle Weiblichkeit, die in der traditionellen Vater-Tochter-Beziehung gepflegt wird, ist einer der ausgetretenen Pfade ins Patriarchat, die wir in Kapitel 2 «Wege des geringsten Widerstands» nannten. In der neuesten Strömung des Feminismus versuchen besonders weiße Mittelschicht-Eltern, diesen Pfad zu umgehen, indem sie eine geschlechtsneutrale Erziehung praktizieren. Trotz guter Absichten wird daraus häufig eine Anpassung an männliche Normen, und die Mädchen beschreiten einen der Wege des geringsten Widerstands. Väter, die in diesem Ansatz befangen sind, bestehen darauf, daß ihre Töchter alles tun können – und vielleicht sollen – was Jungen tun. Stillschweigend gehen sie von männlichen Modellen des Handelns und Lebens aus, ohne zu erkennen, was das ihre Töchter kostet – Verrat an sich selbst und an ihrem Kontakt zu Frauen. Wenn Mädchen scheinbar gleich behandelt werden, indem man sie behandelt, als seien sie Jungen, fördert diese Haltung die männliche Vorherrschaft. Außerdem werden Mädchen in der Regel nicht wirklich wie Jungen behandelt. Judith Levine, die Autorin von *Geliebter Feind*, fand heraus, daß Väter, die nicht-traditionelle Aktivitäten mit ihren Töchtern unternehmen, diese dafür loben, daß sie fröhlich sind und sich begeistern können, doch nicht für ihre Kompetenz – das bleibt den Söhnen vorbehalten. Die tiefsitzende Überzeugung von Vätern, daß ihre Töchter sich in diesen Aktivitäten nicht wirklich hervortun *müssen*, bestimmt ihr Verhalten und zweifellos auch die Leistung ihrer Töchter.

Als Verbündeter der Mutter-Tochter-Revolution wehrt sich der Vater bewußt dagegen, seine Tochter auf einen der Wege des geringsten Widerstands zu führen – sei es konventionelle Weiblichkeit, sei es Anpassung an männliche Denkmuster. Statt dessen leiten ihn väterliche Liebe und Fürsorge, und er versteht es als seine Verantwortung, sich innerhalb und außerhalb der Familie von sexistischen Vorurteilen zu befreien und aktiv dagegen anzugehen. Er übernimmt nicht die kulturell sanktionierte väterliche Mißachtung, sondern beobachtet seine Tochter und hört ihr zu, um so herauszufinden, wer sie ist – vor allem auf dem Weg zur Pubertät.

Die meisten heranwachsenden Töchter beteuern, daß ihre Väter sie «einfach nicht verstehen», eine Vorwegnahme künftiger Klagen über die Mißverständnisse zwischen Männern und Frauen, die die Linguistin Deborah Tannen in ihrem Buch *Du kannst mich einfach nicht verstehen* beschrieben hat. Tannen berichtet, wie oft die Kommunikation zwischen Männern und Frauen nicht funktioniert. Frauen erwarten, in ihren Gefühlen bestätigt zu werden, wenn sie über Probleme sprechen, für Männer ist es eine Einladung, das Problem zu lösen, und sie sind verwirrt, wenn ihre angebotenen Lösungsvorschläge ungeduldig abgewehrt werden. Frauen und Männer «reden aneinander vorbei» [18]. Wenn Töchter zu Frauen werden, wirkt sich die Art, wie ihre Väter sonst mit Frauen kommunizieren und sie behandeln, störend auf die Vater-Tochter-Beziehung aus.

Ellen, Davids dreizehnjährige Tochter, vertraute ihm kürzlich an, daß ihre beste Freundin «richtig gemein» zu ihr war. Die Freundin hatte Ellen geneckt und gesagt, sie sei «ein Baby», das nicht wisse, wie man mit Jungen umgehe. David sieht, wie verletzt seine Tochter ist, und sagt: «Beachte sie einfach nicht.» Er ist verwundert, als seine Tochter wütend wegläuft und sagt: «Du verstehst überhaupt nichts!» Ellen wollte darüber sprechen, wie *sie* sich fühlte, und ihm von ihrer Beziehung zu ihrer besten Freundin erzählen, und ihr Vater reagierte mit einer entschiedenen Problemlösung. Das Problem war ihm klar und die Lösung noch klarer. Er verstand jedoch nicht, was seine Tochter wirklich von ihm wollte. Als die Psychologin Terri Apter jugendliche Mädchen in ihren Familien beobachtete, fiel ihr auf, wie unterschiedlich die Beziehung der Mädchen zum Vater und zur Mutter war. Mit den Jahren wurde die Beziehung zum Vater weniger eng und gegenseitig, was Apter zu der Folgerung veranlaßte, daß «heranwachsende Mädchen ihren Vätern nicht nahe stehen» [19]. Mädchen beginnen, ihre Väter anders zu sehen und zu behandeln, und oft äußern sie das Gefühl, daß ihre Väter sie nicht verstehen.[20] Väter, behaupten die Mädchen, hätten für die Gefühle der Töchter «keine Zeit», «kein Interesse», «keine Geduld» und versuchten einfach nicht, sie zu verstehen. Für die Mädchen war die Unfähigkeit oder fehlende Bereitschaft ihrer Väter, ihnen zuzuhören, ein wichtiges Thema.

Väter und Töchter gehen, wie Männer und Frauen überhaupt, argwöhnisch miteinander um. Als Elternteil tragen Väter die Verantwortung dafür, diesen Argwohn zu überwinden, indem sie ihren Töchtern ehrliche Aufmerksamkeit widmen, indem sie hören, was sie zu sagen haben, und vor allem, indem sie versuchen zu verstehen, was sie meinen. Eine ungehinderte Kommunikation ist die Voraussetzung für die echte Beziehung, die Töchter und Väter sich wünschen. Indem sie sich daran freuen, wie ihre Töchter wirklich sind, anstatt sie dorthin zu drängen, wo unsere Kultur sie haben will, beziehen Väter gegen Sexismus Stellung und durchbrechen den Kreislauf des Verrats.

Mütter sollten sich die Verantwortung für eine echte Beziehung zwischen Vater und Tochter nicht auch noch aufbürden. Den Vater als Verbündeten zu gewinnen, ist sicher eine lohnende Alternative zu einem anderen Verhalten, auf das Mütter gerne zurückgreifen, wenn sie sich zwischen Vater und Tochter als Vermittlerin in Gefühlsdingen betätigen. Doch wenn sie der Versuchung widerstehen, dem Vater die emotionale Beziehungsarbeit abzunehmen, ermutigen sie ihn, selbst aktiv zu werden und seine Töchter kennenzulernen. Allerdings stehen Mütter oft vor dem Dilemma, daß sie sich eigentlich nicht in die Beziehung zwischen Vater und Tochter einmischen wollen, es jedoch tun müssen, um die Tochter zu schützen. Rita, die Mutter einer Sechzehnjährigen, tut sich schwer damit. Kürzlich wollte ihre Tochter Jeanette auf eine kurzfristig verabredete Pyjama-Party bei einer Freundin gehen. Rita hörte im Nebenzimmer, wie Jeanette vorsichtig den Vater um Erlaubnis bat. Der Vater, gewöhnlich ein ruhiger und beherrschter Mann, hatte an jenem Abend etwas getrunken. Wie eine Katze, die mit einer Maus spielt, stichelte er Jeanette, führte sie an der Nase herum und machte ihr falsche Hoffnungen, daß er sie gehen lassen würde. Rita hörte zu und fand die Unterhaltung quälend, weil sie merkte, wie hilflos und verzweifelt ihre Tochter war und wie wütend sie wurde, als ihr schließlich dämmerte, daß der Vater sie auf keinen Fall aus dem Haus lassen würde. Doch Rita mischte sich nicht ein. Statt dessen ging sie ins Wohnzimmer, wo sie ihre Arbeitsecke hatte, setzte sich auf einen Stuhl und ließ den Tränen freien Lauf. Sekunden später kam ihre Tochter herein, setzte sich auf die Armlehne, kuschelte sich an ihre Mutter und seufzte: «Er ist so gemein, Mama.» Rita antwortete nur: «Ich weiß.»

Als sie die Geschichte später erzählte, gab Rita zu, daß sie sich gefangen fühlte und nicht wußte, was sie tun sollte. Sie wollte nicht in die Bemühungen ihrer Tochter eingreifen, eine selbständige Beziehung zu dem Vater aufzubauen. Sie war auch sicher, daß es bei der geringsten Kritik ihrerseits zu einem Streit zwischen ihr und ihrem Mann gekommen wäre, aber über ihr Verhältnis zueinander und nicht über sein Verhalten gegenüber der Tochter. Sie war verwirrt und wußte nicht, wie sie diese Befürchtungen mit dem Wunsch, ihre Tochter zu beschützen, in Einklang bringen konnte. Indem sie sich mit Jeanette als mitfühlendes, aber ebenso machtloses Opfer verbündete, bestätigte Rita die traditionellen Machtverhältnisse in ihrer Familie und damit auch in der Welt. Wie sonst hätte sie handeln können? Zweifellos wäre es schwierig gewesen, ihren Mann wegen seiner Psycho-Spielchen zur Rede zu stellen, doch als erwachsene Frau ist Rita in einer besseren Position, diese Konfrontation auszuhalten, als die verletzlichere Tochter. Ungeachtet der Reaktion ihres Mannes könnte sie ihrer Tochter vorführen, wie ein selbstbewußtes, aktives Auftreten aussieht. Sie kann sich gemeinsam mit ihrer Tochter wehren.

Wenn ein Vater in der Revolution der Mütter ein Verbündeter und kein Feind sein möchte, muß er gleiche elterliche Verantwortung übernehmen. Ein guter Vater zu sein ist ebenfalls ein politischer Akt. Väter müssen sich das Bewußtsein erarbeiten, wie unsere Kultur Frauen und Mädchen ausbeutet und unterdrückt. Väter, die den Sexismus in der Welt für ihre Töchter entlarven, entkräften massiv die kulturellen Botschaften, die Mädchen ständig in der Schule, in ihrem sozialen Umfeld und durch die Medien erhalten. Ein Vater, der zum Beispiel bei Frauen Eigenschaften anerkennt, die nichts mit dem Aussehen zu tun haben (unter anderem Ehrgeiz, körperliche Stärke, Selbstbewußtsein, Humor und Intelligenz), und der sich weigert, Frauen auf der Grundlage ihres Äußeren zu bewerten, nutzt seine Autorität und seine privilegierte Stellung in der Welt, um sich gegen Sexismus zu stellen. Er ist ein glaubwürdiger Anwalt und ein verantwortlich handelnder Vater. Wenn er sich in der Öffentlichkeit gegen Sexismus wendet – zum Beispiel indem er sexuelle Belästigungen in der Schule anprangert, Lehrpläne kritisiert, die Mädchen diskriminieren, an einer Demonstration teilnimmt oder sich auf andere Arten einsetzt –, überzeugt er seine Tochter von seinem ehrlichen Engagement für eine faire Behandlung von Frauen. Sein gelebter Widerstand gegen die Unterdrükkung von Frauen ist für ein Mädchen von größter Bedeutung.

Als Verbündeter und starkes Mitglied der Familie als revolutionärer Zelle verstärkt der Vater die Auflehnung seiner Tochter durch das eigene Beispiel. Väter, die dies tun, können natürlich ihre eigene sexistische Erziehung nicht über Nacht ablegen. Erforderlich ist die Bereitschaft, sich dem Lernprozeß zu öffnen, mit allen Unsicherheiten, die das mit sich bringt. Der Vater kann von seiner Tochter lernen, auch wenn ihm das ungewohnt vorkommt, und gleichzeitig kann er ihr beibringen, daß männliche Autorität nicht unfehlbar ist und daß auch sie Macht ausüben kann. Der aktive Widerstand des Vaters ist ein Schlüssel für die Verwandlung der Familie in eine revolutionäre Zelle, und sein Engagement trägt die Revolution über die Mutter-Tochter-Beziehung hinaus.

Mitmütter

In der Pubertät, schreibt Carol Gilligan, stellen die Mädchen die bange Frage Mirandas aus Shakespeares *Sturm*: «Why all the suffering? and where are the women?»[21] Dieser Ausruf jugendlicher Mädchen ist ein Echo der oft unausgesprochenen Frage von Müttern: Warum bin ich so erschöpft? und wo sind die Frauen? «Müde, müde, müde, und mir reicht's, daß ich immer müde bin», so beschreibt eine Mutter ihr Leben. «Als ich meine beiden Kinder adoptierte, wußte ich, was das für mein Leben bedeuten würde und wie es meine Arbeit verändern würde. Aber keiner hat mir gesagt, was ich für eine Kondition brauche.» Mutterschaft ist in unserer Gesellschaft anstrengend. Obwohl sich daran nichts ändern wird, solange die Gesellschaft sich nicht ändert, können persönliche Entscheidungen der Mutter ihnen neue Hilfsquellen erschließen. Mutterschaft heißt nicht, daß eine leibliche Mutter oder Adoptivmutter vereinzelt, in der Isolation ihrer Kleinfamilie die ganze Verantwortung tragen muß. Viele der Probleme bei der Erziehung einer Tochter ergeben sich aus der alleinigen Verantwortung von Müttern für das Lebensglück ihrer Töchter.

Was wäre, wenn Mütter ihre Macht vom Patriarchat zurückfordern würden? Was wäre, wenn Mütter sich auf andere Frauen stützen könnten, wie Töchter sich auf ihre Mütter stützen, wenn sie ihre eigene Persönlichkeit entdecken? Und wer könnte in den Applaus von Müttern einstimmen und Töchtern andere Perspektiven und Modelle des Frauseins bieten? Mitmütter, die Müttern helfen, ihre Autorität wieder einzufordern und der Rolle der «perfekten Mutter» zu entgehen, erhöhen die Wahrscheinlichkeit, daß die Töchter zu starken Frauen werden.

Wenn, wie Untersuchungen dokumentiert haben, die Gegenwart einer fürsorglichen Erwachsenen, mit der das Mädchen eine vertrauensvolle Beziehung unterhält, die Widerstandskraft der Mädchen stabilisiert, warum formieren sich nicht alle Frauen – ob sie nun Mütter sind oder nicht – und verwandeln die Mutterschaft in ein revolutionäres Netz? Lehrerinnen, Therapeutinnen, Gruppenleiterinnen, Gemeindehelferinnen – all die Frauen, die mit Mädchen in Berührung kommen, haben die Möglichkeit, bei den Mädchen einen gesunden Widerstand zu nähren. Wenn alle Frauen einen Aspekt der Mutterschaft für sich beanspruchen, wird das Mutter-Sein zu einer Antriebskraft für sozialen Wandel.

Mutterschaft als patriarchalische Institution verlangt, daß Frauen sich selbst aufopfern. Mutterschaft als revolutionäre Erfahrung birgt das Potential für eine bewußte Gemeinschaft und gemeinsames Handeln. Eine bewußte Gestaltung dieses Potentials ist kein moralisches, sondern ein pragmatisches Prinzip, das auf der sehr realen Macht basiert, die Frauen im Leben ihrer Kinder ausüben. Frauen in unserer Kultur sind im Moment gespalten in Frauen, die Mütter sind, und Frauen, die es nicht sind; in Frauen, die in einem Beruf arbeiten, und Frauen, die nicht außer Haus arbeiten; in Frauen, die sich andere Frauen als Betreuerinnen ihrer Kinder leisten können, und Frauen, die andere Kinder betreuen statt ihre eigenen. Jeder dieser Teilbereiche behauptet, moralisch einwandfrei zu sein; manche umgeben sich mit romantisch verklärten Vorstellungen von der Unentbehrlichkeit von Müttern, andere nehmen das Konzept der Chancengleichheit zum Anlaß, weniger privilegierte Frauen auszubeuten. Durch diese zermürbenden Spaltungen erkennen Frauen nicht, daß sie alle in einem System gefangen sind, in dem, wie Audre Lorde sagt, «wir niemals überleben sollten. Nicht als Menschen.»[22] Die Forderung, daß Frauen sich als Mütter zusammenschließen und sich ihre Macht vom Rand der Kultur aus neu erobern sollen, kann zur Solidarität aller Frauen führen.

«Jahrhundertelang», schreibt Adrienne Rich in *Von Frauen geboren*, «wurden Töchter von nichtbiologischen Müttern gestärkt und mit Energien versehen, die die Sorge für die praktischen Werte des Überlebens mit dem Ansporn zu weiteren Horizonten, das Mitgefühl für Verletzbarkeit mit beharrlichem Bestehen auf unseren verschütteten Kräften verbanden. Genau das hat uns erlaubt zu überleben; nicht unsere gelegentlichen Durchbrüche in eine Alibiexistenz, nicht unsere ‹speziellen Fälle›, obwohl sie uns Leuchtfeuer waren, Signale für das, was sein sollte.»[23] In vielen afroamerikanischen Gemeinschaften übernehmen diese einen Teil der Kindererziehung. Die komplexen Wechselwirkungen zwischen den westafrikanischen Traditionen und der gezielten Zerstörung von Familien unter der Sklaverei haben viele afroamerikanische Frauen eine ganz andere Sicht von gemeinschaftlicher Verantwortung für Kinder vermittelt, als weiße Frauen aus der Mittelschicht sie haben. Afroamerikanische Mitmütter sprechen von «unseren Kindern» und machen es sich zur Aufgabe, die Kinder in ihrem Viertel zu kennen. Die Soziologin Patricia Hill Collins schreibt: «Die innere Einstellung schwarzer Frauen, daß sie für die Erziehung der Kinder aus ihrer eigenen Großfamilie verantwortlich sind, hat eine Fürsorglichkeit hervorgebracht, durch die sich schwarze Frauen für alle schwarzen Kinder ihrer Umgebung zuständig fühlen.»[24]

Mitmütter geben Mädchen wieder andere Widerstandsstrategien an die Hand. Sie sind Erwachsene, die sich außerhalb der Familiengeschichte bewegen; sie lieben die Mädchen aus freien Stücken, sie sehen die Mutter-Tochter-Beziehung mit anderen Augen und geben Stimmlektionen, indem sie den Mädchen zeigen, welche anderen Möglichkeiten des Frauseins es gibt als die der eigenen Mutter. Durch eine enge Beziehung zu Mitmüttern lernen Mädchen ein breites Spektrum an Lebensentwürfen kennen und lernen es, ihr eigenes Leben besser zu steuern. Patricia Hill Collins sieht dies als entscheidendes Plus für Widerstand und Machtgewinn: «Im Gegensatz zu der Isolation der Mutter-Tochter-Dyaden in der weißen Mittelschicht fördern erweiterte Familiennetzwerke eine frühe Identifizierung mit vielfältigen Lebensmodellen für schwarze Frauen, die bei jungen schwarzen Mädchen zu einem stärkeren Machtgefühl führen kann.»[25]

Mitmütter bieten Töchtern die Gelegenheit, ihre Kompetenz oder bestimmte Fähigkeiten auszubilden – oft auf überraschende Weise. Elsa «adoptierte» Jackie (eine ehemalige Austauschschülerin und Freundin von Elsas Mutter) als Mitmutter, obwohl Elsa in Dänemark und Jackie in den Vereinigten Staaten lebte. Trotz der Entfernung und der Sprachschwierigkeiten entwickelten die beiden eine enge Freundschaft. Mit elf überraschte Elsa Jackie mit dem Geständnis, sie habe sich heimlich Englisch beigebracht (durch englischsprachige Fernsehserien!), damit sie ihr Briefe schreiben und mit ihr sprechen könne. Doch die dänische Gesellschaft schätzt einzelne, die sich hervortun, die ihren Altersgenossen voraus sind, nicht besonders. Elsa beschloß, ihre Kenntnisse in der Schule geheimzuhalten, weil es dort Ärger gegeben hätte. Jackie unterstützte ihr Schweigen, aber sie rückte auch die Perspektive zurecht: «Es ist wichtig für dich zu wissen, daß du diese Entscheidung bewußt triffst, aber dennoch ist es eine große Leistung.» Jackie erzählte es Elsas Eltern. Obwohl Elsas Eltern besorgt waren, weil sie ein Tabu gebrochen hatte, das von der dänischen Gesellschaft verlangt wird, half Jackie Elsa und ihren Eltern, den Mut, die Intelligenz und die Ausdauer des Mädchens zu würdigen. Als Außenstehende vermittelte Jackie Elsa eine neue Sicht ihrer Erfahrung.

Mädchen sprechen Mitmütter oftmals mit Ideen und Informationen an, die ihnen für ihre leiblichen Mütter zu riskant erscheinen. Valerie wurde für ihre Stiefenkelin Dalia zur Mitmutter. Sie wußte, daß ihre Tochter (Dalias Stiefmutter) davor zurückschreckte, mit Dalia über Menstruation zu sprechen. Deshalb schrieb Valerie Dalia einen Brief darüber, wie es ist, eine Frau zu werden. Sie fragte sie direkt, ob sie schon ihre Periode hätte. Als dieser erste Schritt getan war, konnte das Mädchen direkt mit ihrer Mutter sprechen. Sexualität und sexueller Mißbrauch werden oft zuerst Mitmüttern gegenüber angesprochen und mit ihnen diskutiert. Carminas Tochter erzählte einer Mitmutter, daß sie in eine inzestuöse Beziehung mit ihrem Vater verstrickt war, und diese Nachbarin erzählte es dann ihrer Mutter. Die Mitmutter hielt zu beiden, als sie sich mit ihrem Schmerz auseinandersetzten. Mitmütter informieren Mütter nicht nur häufig über Mißbrauch, sie können ihn gelegentlich auch verhindern.

«Ich wollte Töchter, damit ich sie anders erziehen kann, und das habe ich auch getan», sagte Monica. Ihre Töchter, jetzt schon im Teenageralter, sind selbstbewußte junge Frauen. Als sie gefragt wurde, was ihr geholfen habe, sagte sie: «Ich habe eine starke

Freundin. Meine Töchter sehen, daß es möglich ist, enge Beziehungen zu Frauen und zu Männern zu haben. Meine Freundin bestärkt mich in meiner Art, die Mädchen zu erziehen. Sie kritisiert mich, wenn sie glaubt, ich zeige nicht genug Stärke, und sie demonstriert meinen Töchtern, wie sie auch anders erwachsen werden können.»

Monicas Freundin hält sich auch manchmal länger bei der Familie zu Hause auf, und ihre Gegenwart und Bedeutung in Monicas Leben beweist ihren Töchtern, daß Frauen wertvoll sind und daß Männer nicht unbedingt der Mittelpunkt ihres Beziehungslebens sein müssen. Aber das ist noch nicht alles. Monica fährt fort: «Als ich meiner Freundin erzählte, daß mein Mann anfing, mich grob zu behandeln, tauchte sie mit anderen Freundinnen bei mir zu Hause auf. Sie ließen ihn wissen, daß es für sein Verhalten Zeugen gab und daß sie es nicht dulden würden.» Die Psychologin Mary Belenky arbeitete mit jungen Müttern, die isoliert in ihren Familien im ländlichen Vermont lebten. Sie durchbrach die Vereinzelung und brachte die Frauen in Gruppen zusammen. Manche von ihnen hatten gewalttätige Ehemänner, die aber jetzt aufhörten, ihre Frauen zu schlagen, als sie mitbekamen, daß ihre Frauen Zeuginnen und Unterstützung von außen hatten. Sehr häufig sind die drückende Enge und die Gewalt, die auf Familien lasten, auf Vereinzelung zurückzuführen. Die Existenz von Mitmüttern schafft neue Energien und Auswege und nimmt den Eltern einiges von ihrer Anspannung. Mitmütter können Gewalt abwenden.

Sie sind gleichzeitig wichtige Verbündete der Mütter. Wie die *madrinas* (Patinnen) der Latino-Kultur geben sie den Mädchen emotionale und mütterliche Hilfestellung und dienen als *comadres* (Mit-Mütter) der eigentlichen Mütter. Mitmütter ermutigen Mütter, ihrer Sachkenntnis zu trauen, ihre Autorität zurückzufordern und sich auf ihre Wahrnehmungen bei der Kindererziehung zu verlassen. Indem sie einen gewissen Anteil an Verantwortung für das Wohlbefinden der Tochter übernehmen, bilden sie gemeinsam mit den Müttern ein revolutionäres Netz von Frauen, innerhalb dessen die Töchter furchtlos ihre Macht ausüben können. Mitmütter helfen Frauen, ihre Macht auszudehnen, indem sie eine Gemeinschaft bilden, in der Mütter aufrichtig respektiert und geschätzt werden.

«Ich habe eine lesbische Freundin, die keine Kinder hat, aber ihre eigene harte Kindheit und ihr Erwachsenwerden und Überleben hat sie zu einer Frau gemacht, die sich etwas zutraut und die nicht ständig von dem Gedanken an ‹Anständigkeit› geplagt wird», erzählt Iris von ihrer *comadre.* «Ich bin als ‹vernünftiges› Mädchen aufgewachsen, und das macht es mir schwer, mich als Mutter durchzusetzen. Eine meiner Töchter hat mich wirklich zur Weißglut getrieben; sie kennt meine Schwächen ganz genau und trifft immer genau ins Schwarze, wenn sie mich reizen will. Ich rufe meine Freundin an und heule und fluche. Dann reden wir darüber, wie ich freundlicher mit mir selbst umgehen kann und mir als Mutter etwas zutrauen.» Die Mutterrolle ist gerade in Situationen schwierig, in denen früher die Mutter selbst nie mütterlich behandelt wurde. Töchter finden diese verletzlichen Punkte in der Psyche ihrer Mütter oft besonders schnell heraus. Mitmütter können Mütter ermutigen, sich um diese «mutterlosen» Punkte bei sich selbst zu kümmern. Wo sich Mitmütter in die Welt der Mütter integrieren, müssen diese nicht alle Lasten tragen oder perfekt funktionieren. «Ich habe das Gefühl, ich kann es der Tochter ermöglichen, daß sie in ihren eigenen Worten über die Welt spricht und nicht mit den Worten ihrer Mutter», sagt eine Mitmutter.

Mitmütter bestärken biologische Mütter in ihren Wahrnehmungen und ihrer erzieherischen Kompetenz. Patricia hatte den Eindruck, daß ihre schöne junge Tochter Elizabeth etwas mit sich herumtrug, das sie ständig ablenkte. Sie hatte sie zwei verschiedenen Psychologen vorgestellt, die einfach nur ein hübsches, bezauberndes Mädchen sahen. Sie mißtrauten der Mutter, nicht diesem reizenden Kind. Shelley, eine Freundin von Patricia, verbrachte zwei Tage bei der Familie. Sie und Elizabeth verstanden sich auf Anhieb und sprachen über Elizabeths Hoffnungen und Träume. Danach sprach Shelley mit Patricia über ein Muster, das sie in Elizabeths Verhalten entdeckt hatte. «Shelley fand heraus, was meine Tochter so beunruhigte – Elizabeth hatte als Kind jahrelang mit einer lebensbedrohlichen Krankheit im Krankenhaus gelegen. Sie verhielt sich während dieser schweren Zeit vorbildlich», sagt Patricia. «Shelley erkannte, daß ihre Zerstreutheit und ihre übertriebene Risikobereitschaft ein Mittel war, um alte Ängste zu bewältigen, die sie während der Krankheit nicht zugelassen hatte. Obwohl Patricia Shelleys Analyse als hilfreich empfand, war sie besonders dankbar, weil ihre Wahrnehmungen bestätigt und nicht von Experten abqualifiziert worden waren. Mitmütter bestätigen Müttern, daß sie ihre Töchter gut kennen. Eine Frau klagte: «Jane Goodall ging in den Urwald, schaute sich Affen an und kam als Expertin wieder heraus. Wir sehen uns unsere Töchter jeden Tag an und werden nicht für Expertinnen gehalten.» Innerhalb der Gemeinschaft von Müttern und Mitmüttern sind Mütter endlich einmal die Expertinnen.

Die enge Bindung der Mitmütter an Mütter und Kinder bindet diese Frauen ganz konkret auch an die Vorgänge in ihrem Wohnort. Wie Patricia Hill Collins feststellt, ist die Mitmutterrolle ein Sprungbrett für soziales und politisches Handeln. Die Mitmütter, mit denen wir sprachen, beschrieben das Vergnügen und die Kraft, die ihnen aus der Beziehung zu Mädchen erwachsen. «Ich identifiziere mich mit ihr», sagte Betty, eine Mitmutter, über ihre «Tochter». «Wenn ich mich mit ihr beschäftige, beschäftige ich mich mit dem Leben, beginne zu handeln, und das ist sehr heilsam.» Da sie sich über den alltäglichen Rassismus in der Schule aufregte, den ihre «Tochter» schon akzeptiert hatte, stellte Betty, eine Theaterkritikerin, ein Programm mit zwei neuen Stücken von afroamerikanischen Autoren zusammen, die jetzt in staatlichen Schulen gespielt werden.

«Also, ich habe einen Traum», erzählt die elfjährige Elsa ihrer Mitmutter Jackie. «Es ist nicht nur ein Nachttraum», fährt sie fort. «Es ist ein Traum, in dem die Leute sich ihre Familien aussuchen können. Du kannst in der Familie von jemand anderem sein, und nicht nur als Freundin, sondern richtig als Verwandte, und du brauchst es nur zu sagen.» Mädchen wünschen sich echte Beziehungen mit uns Frauen und können uns viel beibringen: wie wir Freundschaften pflegen können, wie wir weiblicher Stärke trauen, wie wir wütend sein und heftig lieben und streiten können. Frauen müssen Mädchen in ihr Leben integrieren, damit die Mädchen der

Isolierung entgehen und sich mit Frauen zusammentun, die bereits freundschaftlich miteinander verbunden sind; auf diese Weise können Frauen die Teile ihrer Persönlichkeit, die bei den Mädchen noch unbeschädigt vorhanden sind, heilen. «Manchmal rennt Aida aus dem Zimmer, in dem ich mit meinen Freundinnen sitze», sagt Delia und lächelt bei dem Gedanken an ihre neunjährige Tochter. «Und sie sagt: Tschüs, Mama, und Mama, und Mama!› Sie ist sehr gerne bei uns. Wir nehmen sie ernst. Sie nennt diese Frauen ihre Freundinnen. Für meine Freundinnen, die keine Kinder haben, ist sie auch eine ‹Freundin›». Diese Mutter und ihre Tochter genießen gemeinsam das Zusammensein in einem kleinen Kreis befreundeter Mädchen und Frauen.

In Liebe und Freundschaft verbunden, auf Ausdauer und Widerstand eingeschworen, schlagen Frauen gemeinsam einen Keil in die Mauer. Nur die gemeinsame Anstrengung von Müttern und Mitmüttern kann das «Leben, wie es nun einmal ist» als Konstrukt entlarven und die moralische Entrüstung hervorbringen, mit der wir dann fordern, daß Mädchen frei und sicher leben können. Der erste Schritt heißt für alle Frauen, sich mit den Müttern zu verbünden und sich an der Mutterrolle zu beteiligen. Um der nächsten Generation willen müssen Frauen in Kontakt bleiben und konkurrenzfreie Wege der Zusammenarbeit finden, während sie gleichzeitig ihre Unterschiede achten und beibehalten. Die Aneignung der Mutterrolle ist für alle Frauen eine einzigartige Möglichkeit, Leben zu schaffen. Sie sind nicht mehr bereit, immer nur Grenzen weiterzugeben, sondern wollen Mädchen die Chance geben, neue Lebensentwürfe zu entdecken und gestalten.

Ein Kreis von Müttern

Die gegenwärtige Frauenbewegung begann mit Frauen, die sich trafen und ihre Lebensgeschichten austauschten – keine Theorie, keine extremistischen Forderungen, nur Geschichten und die radikale

Überzeugung, daß Frauen Menschen sind. Dieser Austausch all dessen, was sie erlebt hatten, was sie bewegte und was sie sich selbst oft nicht eingestehen wollten, markierte den Beginn einer Analyse auch der politischen Hintergründe. Doch im letzten Jahrzehnt hat sich diese Verflechtung des Persönlichen und Politischen gelockert. Es geschieht heute nur noch selten, daß persönliche Hilfe und politische Aktion zu wahrer Solidarität kombiniert werden. Die Müttergruppen, die wir kennengelernt haben, trafen sich zu gegenseitiger Unterstützung und manchmal zur Durchführung gemeinsamer Aktionen, aber nie ausdrücklich zu beidem. Die intimsten Einzelheiten unseres Lebens werden von Machtverhältnissen geprägt und sind darum politisch; jede noch so entfernte politische Aktion hat starke persönliche Auswirkungen auf uns und darauf, wie wir vermeintlich leben müssen. Ein Kreis von Müttern, wie wir ihn uns vorstellen, beginnt mit der Überzeugung, daß Muttersein eine politische Arbeit ist und Auswirkungen hat und daß wir als Mütter, wenn wir ein politisches Bewußtsein entwickeln, für uns und unsere Töchter eine starke Position erlangen können.

Isolation ist eines der wirksamsten Mittel der Unterdrückung. Das Patriarchat setzt dieses Mittel bewußt ein, indem es Frauen durch Scham, Erschöpfung und Angst vor Wahnsinn und Unvollkommenheit voneinander isoliert. Die inneren Grenzen, die bei der Kollision mit der Wand entstehen, spalten Frauen in Gruppen, die verschiedenen angeblich erfolgversprechenden Idealen anhängen – dem der perfekten Frau, Ehefrau und Mutter, und dem des trügerischen «Mädchen sind wie Jungs». Auch die Werte und Lebensformen der Mittelschicht, die als so erstrebenswert gelten, trennen Frauen voneinander. Der Druck von Berufs- und Familienleben gibt vielen Frauen das Gefühl, als stünden sie breitbeinig auf zwei galoppierenden Pferden, wie die Stunt-Reiter in alten Cowboyfilmen. Wer Hilfe sucht, gilt in unserer Kultur als «Schwächling», obwohl es doch für unsere Fähigkeit, für uns selbst zu sorgen, unerläßlich ist, Hilfen zu finden und auf das Können anderer zurückzugreifen. Einen Kreis von Müttern zu bilden, ist eine machtvolle Handlung, die dieser Isolation entgegenwirkt. Aus diesem Grund ist der Beginn ebenso notwendig, wie er für manche vielleicht unangenehm (oder unbequem) sein mag.

«Meine Tochter versteht, daß es zum Leben von Frauen gehört», sagt Judith, «sich regelmäßig mit anderen Frauen zu treffen und sich gegenseitig zu unterstützen.» Judith trifft sich seit fast fünfzehn Jahren einmal monatlich mit einer Gruppe von Frauen. Manche sind gute Freundinnen von ihr, andere nicht. Selbsthilfegruppen von Frauen haben sich zu einer Vielzahl von Themen gebildet. Bücher wie *Fat Is a Feminist Issue* und *Wenn Frauen zu sehr lieben* enthielten Tips für Selbsthilfegruppen, die sich mit der Abhängigkeit von Essen beziehungsweise von Männern auseinandersetzten. Manche Zwölf-Schritte-Programme (wie die der Anonymen Alkoholiker, die Anonymen Eßsüchtigen und so weiter) bieten – besonders in abgewandelten Versionen, die sich für Frauen besser eignen (z. B. Charlotte Kasls *Many Roads, One Journey*) – Frauen eine sichere Umgebung, in der ihre Bemühungen vor Zeugen stattfinden und aufgewertet werden.

Auch Mütter finden sich zu Gruppen zusammen, besonders in den ersten Lebensjahren ihrer Kinder. Ruthellen Josselson, eine Ärztin für klinische Psychologie, rief eine Müttergruppe ins Leben, als sie nach der Geburt ihrer Tochter von dem isolierten Leben einer jungen Mutter selbst betroffen war. Sie rief eine der Frauen an, die sie aus der Geburtsvorbereitung kannte und mochte. Sie beschlossen, noch ein paar andere Mütter anzusprechen und sich dann zu treffen. Ihre Gruppe, die jetzt aus sechs Frauen besteht, trifft sich seit vierzehn Jahren. Eine der Frauen verließ die Gruppe, eine zog weg. «Die Gruppe hat mich gerettet», sagt Ruthellen. «Wir haben praktisch über alles geredet.» Lorri Slepian, die Leiterin der kürzlich gegründeten Nationalen Vereinigung der Mütterzentren (National Association of Mother Centers) erkannte, daß Mütter nach ihrem ersten Kind dringend Hilfe und Ermutigung brauchen. Die Vereinigung hält lockeren Kontakt zu 250 Zentren in den Vereinigten Staaten und in Deutschland. Slepians Büro hält Informationen und Hinweise bereit, wie Mütter ihren Einfluß und ihre Kenntnisse gemeinsam mit anderen Frauen erweitern können. Slepian spürt «eine Kraft da draußen» bei den Müttern, eine Kraft, die, wie sie glaubt, immer gezielter politisch genutzt wird, da den Müttern die Macht ihres Wissens und ihrer Kenntnisse, aber ebenso die Mißachtung durch die Gesellschaft immer stärker bewußt wird.

Als sich herumsprach, daß das Harvard-Projekt und die AAUW Untersuchungen über das Selbstwertgefühl von Mädchen durchführen, wurden einige Mütter von Töchtern aktiv und bildeten selbst Gruppen, in denen sie Fragen der Gleichberechtigung diskutierten. Diese Mütter waren besonders besorgt über die Geschlechtsstereotypen, mit denen ihre Töchter in der Schule konfrontiert wurden. Die Mütter in einem Vorort von Boston organisierten eine Reihe von Vorträgen und Veranstaltungen für Mütter und Töchter, um die spezifischen Probleme von Mädchen in den Schulen stärker ins Bewußtsein zu rücken. In Texas nahmen arme Latina-Mütter und ihre etwa zwölfjährigen Töchter an einem Projekt teil, das von der Pädagogin Villamil Tinajero geleitet wurde. Diese Mütter und Töchter trafen sich in getrennten Gruppen auf dem College-Gelände, um zu überlegen, wie sie als Gegengewicht zu gleichgültigen Schulen den Horizont der Mädchen erweitern könnten. Einer der Gründe – so stellte sich heraus –, warum besonders farbige Mädchen es so schwierig finden, ein anderes Leben als ihre Mütter anzustreben, ist die Gefahr, die das für ihre Beziehungen bedeutet – wenn sie aufs College gehen, würden sie sich vielleicht in eine andere Richtung entwickeln, wegziehen und den Schutz vor einer feindlichen Welt verlieren.[26] In Texas besuchten im Anschluß an das Projekt nicht nur mehr Mädchen das College als vorher, auch eine Anzahl von Müttern ging wieder zurück auf die Schulbank. Die Macht dieser Mütter ließ neue Pläne und neue Möglichkeiten für ihre Töchter entstehen.[27]

«Wir müssen Gruppen bilden, die Sicherheit, Sachkenntnis und Unterstützung bieten, um an die Gefühle über unsere und ihre Pubertät heranzukommen», sagt Leslie McGovern, eine Psychologin, die solche Frauengruppen initiiert. Sie sieht ihre Arbeit als Grundlage für ein «immer umfassenderes Bild, das weit über die Beziehung zwischen uns und unseren Töchtern hinausgeht»[28].

Gloria Steinem schreibt: «Es kommt nicht darauf an, wo wir den politisch/persönlichen Kreis anfangen, aber es ist von entscheidender Bedeutung, daß wir ihn schließen.»[29] Der Kreis von Müttern, der uns vorschwebt, schließt sich zu einem vollständigen persönlichen und politischen Ganzen und befaßt sich mit der Zurückeroberung, mit Stimmübungen und mit gemeinsamem Handeln. Wichtig ist, daß in dem Kreis Frauen verschiedenster Herkunft vertreten sind. Nur wenn sie die ganze Bandbreite von Unterdrückung und Ausbeutung, die Frauen verschiedener Schicht und Rasse erleben, im Gespräch thematisieren, können alle Frauen wirklich verstehen lernen, was sexistische Unterdrückung bedeutet und wie sie durch Rassenhaß, Klassenvorurteile und Homophobie verbreitet wird. Eine solidarische Frauengruppe durchkreuzt die Trennlinien, die durch die Wand entstanden sind, und zeigt radikale Perspektiven auf. Auch Gruppen mit Frauen ähnlicher Herkunft können überprüfen, inwieweit sie Privilegien genießen oder von Unterdrükkung auf Grund von Rasse, Schicht oder sexueller Orientierung betroffen sind. Jede Frauengruppe wird über Unterschiede diskutieren müssen – zwischen Müttern, die berufstätig sind, und solchen, die es nicht sind, zwischen alleinerziehenden Müttern und solchen, die mit Partnern leben, und so weiter. Die gemeinschaftliche Kreativität von Frauen fördert unsere Fähigkeit, aus individuellen Erfahrungen politische Schlußfolgerungen zu ziehen. Durch gemeinsame Arbeit, stellt Leslie McGovern fest, «fangen wir an, uns genauer über die Entmachtung unserer jungen Frauen/Töchter Gedanken zu machen, gegen die sie jede Sekunde ihres Teenagerlebens ankämpfen müssen».

Zu Beginn müssen wir uns als Kreis von Müttern formieren und von den Töchtern lernen, dann können wir voneinander lernen und gemeinsam für unsere Töchter aktiv werden. Diejenigen Teile des Selbst zurückzugewinnen, die uns beim Zusammenprall mit der Mauer verlorengegangen sind, ist in Gruppen leichter. Die Gegenwart anderer Frauen, die es wagen, sich daran zu erinnern, wie sie vor der Mauer lebten, löst eigene Erinnerungen aus. In einem Workshop, den Carol Gilligan und die Stimmlehrerin Kristen Linklater leiteten, riefen sich die Frauen das Umfeld ihrer Kindheit in Erinnerung, indem sie Geräusche, Gerüche, Stoffe, Spiele und Lieder heraufbeschworen. Jede Erinnerung löste bei anderen Frauen wieder neue Bilder aus. Gemeinsam können Frauen einen Zugang zu dem finden, was sie an der Mauer verloren oder verdrängt haben. Vieles davon geschieht spielerisch und macht Spaß. Doch wenn wir uns an den Zusammenstoß mit der Mauer erinnern, steigen auch alte Ängste auf. Durch das Mitgefühl und die Aufmerksamkeit anderer können wir uns als Frauen dem stellen, was uns als Mädchen überwältigt hat. Die Rückgewinnung ist eine politische Handlung, die die Struktur der Mauer offenlegt und Frauen wieder mit sich selbst in Kontakt bringt. Wenn Frauen sich aus eigener Erfahrung ein Grundwissen über die Mauer aneignen, fällt es ihnen leichter, für ihre Töchter dazusein und Strategien für ihr eigenes Leben und das ihrer Töchter zu erfinden.

Es gibt kein festes Programm für den Kreis von Müttern. Wie Kathy Thurber, die Vizepräsidentin der *Minneapolis Park and Recreation Board*, herausfand, beginnt bei Frauen und Mädchen der soziale Wandel, wenn sie etwas tun, was sie *können*. Kathy startete eine Mädcheninitiative in städtischen Parks, um Mädchen Raum in der Öffentlichkeit zu geben. Sie las die Studie des Harvard-Projekts und andere Veröffentlichungen der University of Minnesota sehr aufmerksam, um herauszufinden, wie sie das Begonnene sinnvoll weiterführen sollte. Weil sie sich sorgte, daß sie eigentlich noch mehr unternehmen sollte, als sie schon tat (d. h. Mädchen entscheiden lassen, was sie tun wollten, und sie mit erwachsenen Frauen zusammenarbeiten lassen), fragte sie Carol Gilligan, wann sie denn Leitlinien für Gruppenarbeit veröffentlichen würde. Gilligan erklärte ihr, daß sie das überhaupt nicht beabsichtige. «Sie sind doch schon dabei. Sie hören den Mädchen zu, lesen die Untersuchung, geben ihre Ideen weiter.» Kathy sagte, sie habe sich wie Dorothy am Ende von *Der Zauberer von Oz* gefühlt: «Du meinst, ich hätte die ganze Zeit heimgehen können?» Indem sie Mädchen zusammenbrachte und herausfand, was sie wollten, hat Kathy das «Richtige» getan. Mütter können einen Kreis auf die «richtige» Art bilden, wenn sie mit dem anfangen, was sie am meisten beschäftigt. Wir schlagen vor, daß Mütter sich dem Prozeß, der hier im Buch beschrieben ist, öffnen, das heißt, daß sie mit einer Diskussion über Schuldzuweisungen an Mütter und Sexismus in unserer Kultur beginnen und dann das Material auswählen, das den Gruppenbedürfnissen am meisten entspricht. Jedes Treffen könnte nacheinander die Rückgewinnung von Erinnerungen, Stimmübungen und gemeinsames Handeln enthalten, je nachdem, was die Gruppe wünscht. Die Macht eines Kreises von Müttern entspringt der persönlichen Erfahrung, die politisches Bewußtsein auslöst und sich in gemeinsamem Handeln äußert.

Durch die Erfahrung vieler Frauen hat sich ein bestimmtes Vorgehen bei der Gruppenbildung und Gruppenarbeit als vorteilhaft erwiesen. Ein erstes Organisationstreffen für Mütter (angekündigt in der Schule der Tochter oder in einer Lokalzeitung) setzt die Grundregeln fest: ein fester zeitlicher Rahmen für die Treffen (zwei oder drei Stunden), eine Anzahl von Wochen (wenn sich die Gruppe wöchentlich treffen will) oder Monaten, zu denen sich jedes Mitglied verpflichtet, und der Ort der Treffen (der gut erreichbar sein sollte und keine Frau dazu verpflichten sollte, Gastgeberin zu spielen). Ein Kreis von sechs bis zwölf Mitgliedern, die sich für den angegebenen Zeitraum verpflichten, läßt sich meist recht gut realisieren. Was Frauen in diesem Kreis von sich preisgeben, ist strikt vertraulich. Die Leitung kann von Mal zu Mal wechseln.

Natürlich können die Mitglieder eines Kreises entscheiden, was sie am liebsten untersuchen möchten, doch wir würden vorschlagen, daß jedes Treffen sich an einen Ablauf hält: erst der Austausch persönlicher Erfahrungen, dann politische Analysen und Aktionen. Die Literaturliste am Ende des Buches enthält Hinweise, wie ein Kreis von Müttern vorgehen kann. Aus diesen Hinweisen greifen wir einige heraus, die wir für besonders wichtig halten. Bei den Treffen wird jede Mutter am Anfang gebeten, etwas von sich zu erzählen oder das Wort weiterzugeben, wenn sie gerade nicht sprechen will. Mütter sprechen von eigenen Erfahrungen – *ich* fühle… *ich* denke… *ich* versuche – und geben nicht die Meinung anderer oder Theorien weiter. Am wichtigsten ist es, Erlebnisse auszutauschen. Frauen geben sich keine Ratschläge und kommentieren sich gegenseitig nicht, es sei denn durch das Erzählen von Geschichten, die ihnen zu dem, was andere erzählt haben, einfallen. Auf diese Weise läßt der Kreis jeder Frau die Würde ihrer Gefühle und Wahrnehmungen. Nachdem die Frauen ihre Geschichten über die Rückgewinnung von Erinnerungen ausgetauscht haben, werden die verschiedenen Fäden zusammengefaßt und zu der Frage vereint, welche politische Bedeutung sie für Frauen und ihre Töchter haben. Als nächster Schritt kann daraufhin ein gemeinsames politisches Handeln entstehen.

Mütter lernen in einem Kreis, ihre Stimme wiederzufinden, indem sie eine funktionierende, aktive Gruppe aufbauen. Ein lebendiger Kreis läßt Raum für Humor und heftige Gefühle, auch für Streit zwischen Gruppenmitgliedern. Der Zusammenprall mit der Wand macht viele Frauen anfällig für Hoffnungen, die sie in die Frauengruppen hineintragen – die Hoffnung auf vollkommene Harmonie und eine vollkommene Befriedigung der Bedürfnisse aller Frauen. Die Hoffnung, endlich einmal angehört zu werden – die Geschichte der Frauen ist eine Geschichte des Nicht-gehört-Werdens –, treibt manche Frauen dazu, sich unrealistischen Hoffnungen hinzugeben, daß in der Frauengruppe eine perfekte Zuhörerschaft existiert. Manche Frauen sind mißtrauisch gegenüber anderen Frauen, weil sie die Erfahrung gemacht haben, daß Gruppentreffen leicht zu Therapiesitzungen oder Nörgelstunden werden.

Auch die Furcht vor Rassismus und Klassenvorurteilen steht dem Zuhören und gemeinsamen Handeln entgegen. Die Kritikerin bell hooks rät: «Wenn Frauen zusammenkommen, sollten wir, statt so zu tun, als seien wir einig, uns eingestehen, daß wir gespalten sind und Strategien entwickeln müssen, um Ängste, Vorurteile, Abneigungen, Konkurrenz etc. zu überwinden.»[30] Frauen aus der Mittel- und Oberschicht fühlen sich oft schuldig und leugnen ihre Privilegien, was andere Frauen in Rage bringt, die weder die Bequemlichkeiten des Wohlstands noch eine Wahlmöglichkeit bezüglich ihres Berufs haben und denen ein menschenwürdiges Leben auf

Grund von Hautfarbe oder ethnischer Zugehörigkeit abgesprochen wird. Leider behandeln weiße Frauen in gemischten Gruppen die anderen Frauen oft wie Kinder und werden aus lauter Schuldgefühlen defensiv. Sicherlich sind Schuldgefühle oft unvermeidlich, wenn wir den Schmerz derer fühlen, die keine Privilegien haben, doch privilegierte Frauen können sich immerhin dazu bekennen, daß sie in bestimmten Situationen als Unterdrückerinnen handeln, und die Einsichten, die sie aus der Kritik gewinnen, dazu benützen, ihr eigenes Bewußtsein zu revolutionieren. In einer Revolution von Müttern ist kein Platz für Schuld.[31] Eine Revolution im Bewußtsein beseitigt die Furchtsamkeit, die in einer Wirtschaftsform begründet liegt, die Menschen zu schärfster Konkurrenz zwingt. Dies ist ein ganz wesentlicher Schritt auf dem Weg zu Freiheit und Authentizität.

Es gibt keine perfekte Gruppe, keinen perfekten Kreis von Müttern. Die Pädagogin Judy Dorney arbeitete im Rahmen des Harvard-Projekts mit einer Gruppe von Lehrerinnen an der Laurel School. Über ihre Erfahrungen schreibt Judy: «Ich kämpfe hier dagegen an, nicht in die übliche Falle zu tappen und zu sagen: ‹Aber wir waren keine perfekte Gruppe›, was bedeutet, daß es irgendwo eine solche perfekte Gruppe gibt. Ich halte das für ebenso gefährlich wie der Glaube, daß es ein ‹perfektes Mädchen› oder eine ‹perfekte Frau› gibt.»[32] Ein Kreis wird eine Gemeinschaft, wenn seine Mitglieder sich offen mit Meinungsverschiedenheiten auseinandersetzen und über ihr Vorgehen reflektieren können, während sie sich gleichzeitig darum bemühen, sich selbst und einander besser zu verstehen und zu respektieren, liebevoll miteinander umzugehen und schließlich politisch zu handeln. Die Struktur und Zielsetzung des Kreises mag sich mit der Zeit ändern, doch sie bleibt in der kritischen Perspektive verankert, die die Mütter durch einen Austausch ihrer Erfahrungen einbringen.

Judith Herman hat in ihrem brillanten Buch *Trauma and Recovery* erklärt, daß ein Trauma zu einer Abspaltung von der Gemeinschaft führt, die dem Leben Wärme und Bedeutung gibt. Wenn Traumata so sehr ein Bestandteil unserer Gesellschaft sind, existieren sie unerkannt und uneingestanden und sind nur durch die Sprache des Verlusts zugänglich, die aus den unteren Schichten der Psyche aufsteigt. Judith Herman behauptet, daß es nur mit einer aktiven politischen Bewegung möglich sei zu verhindern, daß der «aktive Vorgang des Bezeugens» in den «aktiven Vorgang des Vergessens» abstürzt.[33] Mütter müssen eine Revolution von Frauen in Gang bringen, die den Mut der Mädchen bezeugt und Töchter unterstützt, wenn sie sich der Wand nähern. Diese Revolution beginnt im Privatleben der Frauen – in ihren Familien und unter Freundinnen. Eine Revolution von Müttern ruft alle Frauen auf, die Macht und Verantwortung des Mutterseins für sich zu beanspruchen, indem sie Mitmütter werden. Und die Revolution breitet sich durch Kreise von Müttern immer weiter aus. Diese Kreise bieten Frauen die Möglichkeiten, anerkannt zu werden und sich zu formieren; sie sind notwendig, um die Gräben in ihrem Inneren und in der Gemeinschaft von Frauen zu schließen. Mütter sorgen für eine Revolution, indem sie Macht ausüben und indem sie ihre engsten Beziehungen in den Wandel einbeziehen.

10 *Vom Verrat zur Macht*

Widerstand ist das Geheimnis des Glücks!

Alice Walker

Was bedeutet es, eine Tochter zu lieben inmitten einer Kultur, die ihre Entwicklung zur vollen Persönlichkeit beschneidet? In einer Gesellschaft, die Macht mit Dominanz und Herrschaft gleichsetzt, bringt die Tatsache, daß Männer das öffentliche Leben mit all seiner politischen und ökonomischen Macht kontrollieren, Mütter in einen schier ausweglosen Konflikt, wenn ihre Töchter erwachsen werden. Die üblichen Wege, die Mütter ihren Töchtern weisen – wir haben sie in Kapitel 2 die «Wege des geringsten Widerstands» genannt –, verlangen von Mädchen schwere seelische Opfer, wenn sie Arbeit (die männlich besetzte öffentliche Sphäre von Politik und Geschäftswelt) und Liebe (die «weibliche» Welt von Fürsorge, Heim und Familie) miteinander in Einklang bringen wollen. Wenn Mädchen herausfinden, daß sie so, wie sie sind, keinen Zugang zu den Institutionen des Patriarchats haben, fühlen sie sich von ihren Müttern verraten. Doch Mütter haben diese beiden getrennten Sphären nicht geschaffen. Es ist der Verrat unserer Kultur an der menschlichen Ganzheit, der uns in diese verschiedenen Sphären aufspaltet, der es zu einer politischen Arbeit macht, eine Tochter zu lieben und aufzuziehen.

Der Liebe-Ehe-Mutterschafts-Mythos[1], der Mitte des 18. Jahrhunderts entstand, schärfte den Frauen ein, daß ihr wahres Wesen am besten zu Hause, im Privatleben zu verwirklichen sei. Als im Zuge der industriellen Revolution zunehmend marktorientierte Firmen die traditionelle Frauenarbeit – d. h. die Produktion von Nahrung, Kleidung, Arznei und Kunsthandwerk – übernahmen, sahen sich Frauen ihrer Sachkenntnisse und ihrer Autorität beraubt. Statt einer «rationalistischen» Lösung, die bedeutet hätte, daß «Frauen auf gleicher Basis mit Männern in die moderne Gesellschaft integriert worden wären», bevorzugten männliche Experten die «romantische Lösung», die darin bestand, Frauen ins Haus zu verweisen, in sicherer Entfernung vom kapitalistischen Arbeitsmarkt. Die Romantik wurde durch ganz unromantische, wirtschaftliche Gründe aufrechterhalten. Die Erfindung der Mutterschaft, wie wir sie kennen, die sich im Schoß der Kleinfamilie abspielt, sicherte den steigenden Konsum von Gütern, der für eine wachsende Wirtschaft notwendig war. Trotz der Tatsache, daß viele Frauen gegen Lohn auf Farmen und in Fabriken arbeiteten, verbreitete sich die Illusion, daß «richtige» Frauen, Frauen, die aufrichtig geliebt wurden, zu Hause bei ihren Kindern blieben. Frauen aus der Arbeiterklasse wurden mit einem kulturellen Ideal konfrontiert, das sie nie erreichen konnten, und dadurch wurde eine erste Spaltung zwischen Frauen erzielt. Mädchen an der Schwelle zum Erwachsensein, die dieses Ideal wahrer Weiblichkeit verkörpern sollten, litten angeblich unter Hysterie. Seit dieser Zeit durchleben Mädchen eine immer umfassendere Krise. Ihnen bleibt nur die Wahl, sich entweder jede öffentliche Macht zu versagen oder sich innerlich zu spalten, um den widersprüchlichen Aufforderungen, wie sie zu leben hätten, irgendwie nachzukommen.

Erst jetzt verfügen wir über das Wissen und die Macht, das Leid von Mädchen umzuwandeln. Mädchen wehren sich dagegen, die vernichtenden Opfer zu bringen, die von ihnen zugunsten der Trennung von öffentlichem und privatem Leben gefordert werden. Carol Gilligan hat als erste diesen Widerstand untersucht. Wie sie und Lyn Brown dokumentiert haben, sind junge Mädchen klar denkend, mutig und selbstsicher. Sogar schüchterne Mädchen wissen ganz genau, was sie wollen und denken. Zu Beginn der Pubertät sehen sie, was auf sie zukommt, und kämpfen dagegen an. Doch ohne Hilfe verwandelt sich ihr Mut schnell in Schuldgefühle und Selbstzweifel, die sich oft zu Depressionen, Eßstörungen, bis hin zu schweren Formen der Selbstzerstörung wie Selbstmord steigern können. Ganz einfach gesagt: die Mädchen verlieren ihre Selbstachtung.

Muttersein im revolutionären Sinn ermutigt die Mädchen zu praktischem, täglichem Widerstand. Der Mythos der perfekten Mutter, die für alles zuständig ist, hat ausgedient, das persönliche und politische Erbe von Frauen wird neu entdeckt und bewertet. Jede Mutter hat ein persönliches Erbe von Mut und Widerstand, auf das sie zurückgreifen kann. Als Frauen können wir unser kollektives Erbe wieder aktivieren. Durch die Jahrhunderte haben, wie Adrienne Rich uns in Erinnerung ruft, in jedem Land Frauen «vitale Zähigkeit und visionäre Stärke»[2] in ihrem Freiheitskampf an den Tag gelegt. Durch die Rückeroberung des Muts zum Widerstand beginnen Mütter gemeinsam mit ihren Töchtern die Beziehung zueinander zu verändern, und zwar nicht mehr als scheinbare Verräterin, sondern als Korevolutionärin.

Der Wandel vom Verrat zur Macht beginnt zu Hause in der Vertrautheit der Mutter-Tochter-Beziehung und durch die Verwandlung von Familien in revolutionäre Zellen. Doch die Stimme der Frauen muß auch bis in die Öffentlichkeit vordringen. Wenn wir unseren Kontakt zueinander wieder enger knüpfen, ist die Mutterrolle nicht mehr selbstloses Handeln im Privaten, sondern ein politischer Akt der Solidarität, der Töchtern eine Gemeinschaft zeigt, der sie sich anschließen können. Eine Revolution von Müttern verbindet alle Frauen – leibliche Mütter, Adoptivmütter und Mitmütter –, da sie die Erziehung der folgenden Mädchengeneration als politische Aufgabe betrachten. So findet ein radikaler Wandel der Mutterrolle statt: die Mutter ist nicht mehr Vollstreckerin der patriarchalischen Ordnung, sondern Visionärin und Aktivistin. Wenn die Dynamik des Verrats die Beziehungen von Frauen untereinander nicht mehr belastet, werden Frauen endlich frei, selbst Führung zu übernehmen oder starke Frauen zu unterstützen. An allen Fronten fordert die Revolution jetzt, daß die Arbeit der Liebe und die Liebe zur Arbeit gleichermaßen ernst genommen werden. Eine Revolution von Müttern bringt die getrennten Sphären von Liebe und Arbeit zusammen, damit Töchter nicht vor unmöglichen Entscheidungen stehen, dem Entweder-Oder, das Frauen innerlich und äußerlich zerreißt.

Eine Veränderung der Mutter-Tochter-Beziehung beginnt mit Stimmübungen, die zu Widerstand ermutigen; eine Mutter-Tochter-Revolution beginnt mit dem Sprechen in der Öffentlichkeit, mit der entschiedenen Kritik an dem kulturellen System von Trennung und Herrschaft. Was wir nicht wissen und sehen sollen, müssen wir erst benennen und dann untereinander diskutieren; das sind die ersten Schritte auf dem Weg vom Verrat zur Macht. Das bekannte Wort «Wissen ist Macht» ist tatsächlich wahr. Das Wissen um unser Erbe und unsere Geschichte, um die Winkelzüge unserer Psyche, die Unterschiede zwischen uns und die Möglichkeiten des Handelns geben uns die Macht, genauer zu erkennen, welche Wege in Richtung Leben und Liebe wir einschlagen können. Diese Macht des Wissens schafft ein Bedürfnis nach mehr als dem, was uns auf dem Supermarkt unserer Kultur angeboten wird. Was wollen wir wirklich für uns und unsere Töchter? Sicher nicht das, was man für Geld kaufen kann. In einer Revolution der Mütter werden wir mächtiger, wenn wir uns selbst diese schwierigen Fragen stellen, und zwar im geschützten Kontext unserer revolutionären Zellen – den konspirativen Orten der Familie, im Gespräch mit Mitmüttern und im Kreis von Müttern. Wir können unsere Fragen bei jedem Kontakt mit öffentlichen Institutionen – Schulen, Regierungsämtern, im Geschäftsleben – aufs neue stellen.

Die Revolutionierung der Gesellschaft, die darin besteht, daß die Mauern innerhalb unserer Kultur niedergerissen werden und die Trennung zwischen dem öffentlichen und dem privaten Leben aufgehoben wird, wird noch Generationen dauern. Eine Welt, in der unsere Töchter sicher und ohne Einschränkungen leben können, wird in ihrer Jugend noch nicht geschaffen sein, und wahrscheinlich nicht einmal zu ihren Lebzeiten. Für die Probleme, die so vollständig mit unserer Kultur verwoben sind, existieren keine Patentrezepte. Es gibt für Mütter keine einfache Erfolgsformel, die eine glatte Schneise ins Unbekannte schlägt.

Des Rätsels Lösung heißt fortgesetzter Widerstand. Das bedeutet zunächst einmal, daß alles, was zwischen Müttern und Töchtern, zwischen Frauen, aber auch zwischen Frauen und Männern bislang unausgesprochen blieb, ans Licht und damit an die Macht gebracht wird; zweitens muß das Mutter-Sein ins öffentliche Bewußtsein gerückt werden, indem wir auf jeder Ebene der Gesellschaft tätig werden – von Mütterkreisen bis zu politischen Frauennetzwerken, die sich für Mädchen einsetzen. Was unsere Töchter wissen müssen, ist, daß es Frauen Ernst damit ist, die Welt zu einem Ort zu machen, in dem sie es wagen können, aufrichtig, ehrlich und machtvoll zu leben. Wir können eine Gemeinschaft von Frauen bilden, der sie sich anschließen. Wenn Frauen der Verlockung des Privatlebens widerstehen, kann der eigentliche Verrat – der Verrat an Mädchen und Frauen durch eine von Männern definierte Kultur – in ein Potential verwandelt werden, in bessere Lebensmöglichkeiten für Töchter und Söhne, Frauen und Männer aller Klassen und Rassen. Dies ist mit Führung gemeint: die Verantwortung dafür übernehmen, daß diese Vision durch unsere Worte und Taten zu Wirklichkeit wird. Eine Revolution von Müttern legt allen Frauen nahe, sich an der Führungsaufgabe zu beteiligen, damit die nächste Generation von Frauen von den Ergebnissen profitieren kann.

Der Schritt in die Öffentlichkeit

Was würde es für Frauen bedeuten, in der Öffentlichkeit die Wahrheit zu sagen? Mütter, die das tun, fordern alle Menschen auf, für ihre Töchter, für sich selbst und füreinander Verantwortung zu übernehmen. Im Stil junger Mädchen beschweren sich revolutionäre Mütter lauthals, daß das Leben nicht fair ist. Revolutionäre Mütter stimmen in die Forderung ihrer Töchter nach Fairneß und Mitgefühl im Staat und in der Arbeitswelt mit ein. Das geschieht auf Gemeindeversammlungen, bei Elternabenden, in den Gerichtsfluren, im Fernsehen und bei Wahlen. Das revolutionäre Verständnis der Mutterrolle ruft alle Frauen auf, die wahre Geschichte ihres Lebens zu erzählen und die Zielsetzungen des öffentlichen Lebens neu zu definieren. Die Grenze zwischen öffentlich und privat, zwischen Arbeit und Liebe verschwindet, wenn Mütter sprechen und uns von der Haustür direkt ins Weiße Haus führen. Nur dann können Mädchen sich unserer Kultur verbunden fühlen, ohne einen Teil von sich selbst aufzugeben.

Wenn Frauen in der Öffentlichkeit sprechen, sind ihre Stimmen häufig von kulturellen Trennlinien gefärbt. Wie wir in Kapitel 2 ausgeführt haben, erscheinen die ausgetretenen Wege in das Patriarchat als Wege des geringsten Widerstands, als Alternativen zum öffentlichen Auftreten: einerseits die traditionelle Weiblichkeit mit einer sanften, gefühlvollen Sprache, oder die Anpassung an männliche Standards, die dazu führt, daß wir denken und sprechen «wie ein Mann». Feministische Rednerinnen haben andere Stimmen, aber auch diese klingen in einer männlich bestimmten Welt verzerrt. Frauen, die sich öffentlich äußern, sind in der Klemme: wenn sie «wie ein Mann» sprechen, werden sie von anderen Frauen beschuldigt, sich zu verkaufen; wenn sie für «Frauen» sprechen, werden ihre Worte als nebensächlich eingestuft, weil diese Diskussionen am Rand und nicht im Mittelpunkt des öffentlichen Lebens stattfinden. Bisher gibt es keine weibliche Stimme in der Öffentlichkeit, die erfolgreich die volle Wahrheit über die Erfahrung von Frauen ausspricht, keine setzt sich überzeugend dafür ein, daß Liebe und Arbeit im Leben von Frauen eine Einheit bilden müssen. Deshalb ist es eine Hauptaufgabe der Revolution von Müttern, eine neue Sprache zu finden, die den öffentlichen Dialog umformt. Um das zu tun, müssen wir wissen, wie die Wahrheiten und Stimmen von Frauen im derzeit üblichen Sprachgebrauch verzerrt worden sind.

Die öffentliche Sprache von Frauen ist, wie ihr Leben, durch die Spaltung in öffentlich und privat blockiert. Wenn Frauen von den Dingen sprechen, die sie bei ihrem Spagat zwischen Beruf und Familie am meisten beschäftigen, sind das «Frauenfragen», die, per definitionem, in der männlichen Kultur nur von geringerer Bedeutung sind. Wenige Männer sprechen öffentlich über die sogenannten Frauenfragen wie Kinderbetreuung und Erziehungsurlaub. Die

Bürde von Familie und Kindern tragen die Frauen, denen gleichzeitig die Berechtigung abgesprochen wird, sich kompetent über diese Themen zu äußern. So erleben Frauen den Verrat einerseits dadurch, daß sie bei den Fragen, die sie am direktesten betreffen, nicht ernst genommen werden, und andererseits dadurch, daß man sie durch die verschiedensten Maßnahmen ins Haus zurückverweist.

Wir leben in einer Kultur, in der es noch immer als peinlich gilt, in der Öffentlichkeit von Liebe zu sprechen. Jene, die in der maskulinen Welt des öffentlichen Lebens Gefühle und Mitleid zeigen, werden als feminine «Softies» belächelt. «Sich wie ein Mädchen benehmen» ist ein Anlaß für Spott und Verachtung. Eine Revolution der Mütter behauptet, daß die Liebe es wert ist, der Öffentlichkeit ins Bewußtsein gerückt zu werden. Wenn wir alle uns nicht dafür einsetzen, daß sich die Lebensfreude unserer Kinder entfalten kann, werden wir ebenso verraten wie sie. In einer Revolution von Müttern ist Liebe keine mütterliche Aufopferung und idealisierte Fürsorge. Sie ist eine politisierte Liebe, die dem Wissen um eben diese unsere Unterschiede und dem Verständnis für Unterschiede entspringt. Die Stimme der Wahrheit, die der Liebe zu unseren Töchtern Ausdruck gibt, hat die Macht, die unterschiedlichen Verletzungen als gemeinsame Wunde zu begreifen.

In jüngster Vergangenheit haben feministische Aktivistinnen versucht, die Probleme und Perspektiven von Frauen zu artikulieren und damit ernst genommen zu werden. Während der siebziger Jahre verschafften sie sich vorwiegend auf zwei Arten Gehör: mit der *Stimme der Gleichberechtigung* und der *Stimme der Opfer*. Die Stimme der Gleichberechtigung fordert Rechte in einer Sprache, die von der männlichen Kultur verstanden wird. Gleichberechtigung fordert einen vertragsmäßigen Tauschhandel – dies gegen das –, auf dem unser Wirtschafts- und Rechtssystem ohnehin basiert. Diese Stimme hatte den ungewollten Effekt, daß sie ein Rechtssystem legitimiert, das von privilegierten Männern zum Schutz ihrer Interessen geschaffen worden ist. Der Ruf nach Frauenrechten und Gleichberechtigung erklang hauptsächlich von weißen Frauen aus der

Mittelschicht und wurde von ihnen aufgenommen. Doch wir sollten uns mit bell hooks fragen: da nicht alle Männer in diesem Land die gleichen Chancen haben – «mit welchen Männern wollen Frauen gleichberechtigt sein?»[3] Vielen Frauen war in diesem Stadium der Frauenbewegung die Antwort ganz klar: mit den privilegierten weißen Männern. Frauen wollten mit Männern zu den Bedingungen konkurrieren, die diese festgesetzt hatten. Sie behaupteten, sie könnten von der Welt der Liebe zur Arbeitswelt überwechseln. Bestenfalls idealisierten sie die Berufsarbeit und versuchten im schlimmsten Fall, sich die Privilegien weißer Männer der Oberschicht anzueignen. Dieser Ansatz setzte ungewollt die Rassen- und Klassentrennungen zwischen Frauen fort, die im Mittelschicht-Ideal von der «wahren» Weiblichkeit ihren Ursprung hatten.

Während viele Frauen in der Frauenbewegung der siebziger Jahre mit der Stimme der Gleichberechtigung sprachen, kam eine andere Stimme als Echo auf. Die Stimme der Opfer versuchte, die persönliche Misere vieler Frauen und deren Machtlosigkeit in das Licht der Öffentlichkeit zu rücken. Diese Stimme hat das Schweigen gebrochen, das Vergewaltigung, Gewalt in der Ehe, Armut und den sexuellen und körperlichen Mißbrauch von Kindern umgeben hatte. Sie hat eine tiefgreifende Änderung im öffentlichen Bewußtsein bewirkt. Doch auch sie verzerrt die Wirklichkeit von Frauen. Diese Stimme postuliert eine vereinfachende Polarisierung von Menschen als Opfer und Täter. Nicht berücksichtigt waren in dieser Gleichung die Stärke und Widerstandskraft von Frauen. Für Frauen, die ein schweres Leben hatten, es aber tapfer meisterten, war die Rolle des Opfers ein erneuter Verrat.

In den frühen achtziger Jahren kam zu diesen Stimmen eine dritte, die Stimme der Anteilnahme. Indem sie Frauen genau zuhörten, wenn sie von ihren Erfahrungen und ihrem Selbst- und Weltverständnis sprachen, versuchten die Feministinnen, die als erste dieser Stimme in der Öffentlichkeit Raum gaben, die Stärken und Verletzlichkeiten von Frauen in *deren eigener Begrifflichkeit* und nicht durch Vergleiche mit Männern zu benennen. Jene, die die

Stimme der Anteilnahme benutzten, nannten den Vorrang von Beziehungen im Leben von Frauen eine Tugend, die durch Unterordnung in den engsten Beziehungen pervertiert werde. Psychologinnen wie Carol Gilligan und Jean Baker Miller und Philosophinnen wie Nel Noddings und Joan Tronto sprachen von der potentiellen Kraft einer solchen Stimme. Die Stimme der Anteilnahme verlangte nach einer Neuordnung der kulturellen Werte; sie brach im öffentlichen Diskurs das Schweigen über Fragen zu menschlichem Kontakt und gegenseitigen Abhängigkeiten. Anteilnahme verweist auf Werte, die nicht auf dem Markt gekauft oder verkauft werden können. Sie besteht darauf, daß die Werte, die dem Privatleben zugeschrieben werden, auch im öffentlichen Leben Bestand haben müssen. Diese Werte, sagten die genannten Frauen, sind entscheidend für den Fortbestand der Zivilisation.

Für manche Frauen klang die Stimme der Anteilnahme ganz ähnlich wie die romantische, traditionalistische Stimme – die Stimme der Frauen des Patriarchats. Diese argumentiert, daß Frauen anders als Männer sind, weil ihre Lebenserfahrung sich von der der Männer unterscheidet. Unterschiede zwischen Männern und Frauen aufzuzeigen war für Frauen schon immer gefährlich. Im 19. Jahrhundert bestanden Frauen darauf, daß ihnen durch ihre moralische Überlegenheit als Lebensspenderinnen das Wahlrecht zukäme. Nachdem sie es erhalten hatten, wurden sie pauschal ins Haus zurückgeschickt, mit dem Argument, das sei ja schließlich ihre Domäne. Der derzeitige Status von Frauen als Wahlmehrheit ist noch längst nicht in politische Macht umgesetzt.

Unterschiede zwischen Männern und Frauen werden immer noch angeführt, um Frauen an den Rand der Kultur zu drängen. Wie Susan Faludi in *Die Männer schlagen zurück* dokumentiert hat, hat die traditionell «weibliche» Stimme, unterstützt von Wirtschaft und Medien, die Stimme der Anteilnahme untergraben. Ziel war es, die Fortschritte, die die Frauen in den siebziger Jahren erzielt hatten, wieder rückgängig zu machen. Die Stimme der Anteilnahme wurde zu einem Wiegenlied traditioneller Weiblichkeit entstellt, mit dem Frauen eingelullt und vom öffentlichen Leben ausgeschlossen werden sollten. Die Medien brachten unablässig Geschichten von Frauen, die, von der Doppelbelastung Beruf und Familie ausgelaugt, sich nach einer traditionellen Mutterschaft im Stil der fünfziger Jahre sehnten. Frauen, die nicht berufstätig waren, sahen in der traditionalistischen Stimme eine Chance zur Selbstachtung. Die Stimme übt deshalb einen so großen Reiz aus, weil sie, wie Susan Faludi zeigt, Frauen eine flüchtige romantische Vision vor Augen führt. Doch sie leugnet vollständig die praktischen ökonomischen Realitäten von Frauen und beschwört bei berufstätigen Frauen Schuldgefühle herauf, wobei sie die Frauenbewegung für deren Probleme verantwortlich macht.

Die feministische Stimme der Anteilnahme war nicht in der Lage, einen öffentlichen Diskurs zu führen, der die politischen Belange von Frauen aufgriff. Sie spricht nicht von dem systematischen Verrat an Frauen durch diskriminierende Gesetze und Praktiken. In einer Kultur, die so stark zwischen privatem und öffentlichem Leben trennt, ist sie selten als Kritikerin des öffentlichen Lebens vernehmbar, was ihre eigentliche Aufgabe wäre. Obwohl sie die Trennlinien zwischen privat und öffentlich durchkreuzt, indem sie «private» Belange öffentlich macht, wird sie oft für eine Stimme gehalten, die Frauen aus dem öffentlichen Leben ausschließt, weil sie nicht wie die öffentlichen Stimmen klingt, an die wir gewöhnt sind, und deshalb von Traditionalisten leicht für ihre Zwecke mißbraucht werden kann. Hillary Rodham Clinton will «eine Gesellschaft errichten, die auf Liebe und Nähe basiert, eine Gesellschaft, in der die Basis nicht Profit und Macht, sondern ethische und geistige Sensibilität und ein Gefühl für gemeinsames Handeln, gegenseitige Unterstützung und Verantwortung ist». Doch sie sagt, daß «die richtige Sprache noch erfunden werden muß». Als sie beispielsweise diese Ideen politisch umzusetzen versuchte, stellten sie und der Kommentator Michael Kelly die Frage: «Würde die Presse über uns herfallen?»[4] Ein Reporter verhöhnte ihre Ideen als «unfreiwillig komisch».

Wie würde eine neue öffentliche Stimme bei einer Revolution von Müttern klingen? Wir können es nicht genau sagen. Wir wissen, daß sie die Stimmen der Gleichberechtigung und der Anteilnahme in sich vereinen muß[5]; und es sollten in ihr unsere unterschiedlichen Erfahrungen von Unterdrückung und Ausbeutung und unser außerordentliches Potential für Freude, Widerstand und Macht mitschwingen. Die Stimme der Gleichberechtigung, die auf einer Gleichbehandlung von Frauen und Männern bestand, muß revolutioniert werden und das Alltagsleben von Frauen berücksichtigen.[6] Gleiche Ergebnisse, und nicht gleiche Behandlung nach dem Gesetz, ist das, was einen tatsächlichen Ausgleich der historischen Diskriminierung herbeiführen könnte. Gleiche Rechte mögen in der ersten Phase der neuen Frauenbewegung eine wichtige strategische Forderung gewesen sein. Doch unsere Probleme und Fragen sind viel komplizierter, als daß man die Decke der Rechtsprechung über sie werfen könnte. Wenn wir an der Komplexität unseres Lebens festhalten, werden wir und das, woran uns etwas liegt, nicht fragmentiert und zersplittert. Die Forderung nach Abtreibung als Recht jeder Frau beispielsweise war eine wichtige Strategie. Das Recht, wählen zu können, wann oder ob wir Mutter werden und wie oft, ist eine Grundvoraussetzung für die Möglichkeit, zu aufgeschlossenen und verantwortungsbewußten Menschen zu werden. Vielleicht ist die Länge des Streits um den Schwangerschaftsabbruch ein Resultat der unangemessenen Sprache der Gesetzgebung, die die Fähigkeit von Frauen, Leben zu gebären, romantisiert – und die ganze emotionale und psychische Komplexität, die das mit sich bringt, unter den Teppich kehrt.

Die Stimme der Anteilnahme vermenschlicht die Abtreibungsdebatte und stellt die Wahlmöglichkeiten für Frauen, die vor der Frage stehen, ob sie ein Kind wollen oder nicht, zutreffender dar.[7] Die Stimme spricht von dem Verantwortungsgefühl von Frauen und ihrem Wunsch, die Mittel zu haben, die notwendig sind, für sich und ihre Kinder gut zu sorgen. Solche Äußerungen sind notwendig, damit die Diskussion weniger polarisiert verläuft. Wir müssen uns auch vor Augen führen, daß in der ganzen Zeit, in der die Debatte um das Selbstbestimmungsrecht von Frauen in dieser Frage geführt wird, arme und vor allem farbige Frauen in den

Vereinigten Staaten in erschreckendem Ausmaß sterilisiert werden. Über ein Drittel puertorikanischer Frauen sind bereits sterilisiert[8]; ihre Sterilisationsrate ist die höchste auf der ganzen Welt. Schwangeren, die arm oder nicht weiß waren, wurde gesagt, daß sich kein Arzt um sie kümmern würde, wenn sie einer Sterilisation bzw. Abtreibung nicht zustimmten. Manchmal werden Frauen noch unter den Wehen zur schriftlichen Zustimmung zur Sterilisation gedrängt. Abtreibung und Sterilisierung sind so brutal gegen diese Frauen eingesetzt worden, daß die Forderung weißer Mittel- und Oberschichtfrauen auf Abtreibung als Recht nicht ihr Ziel sein kann. Ein unausgesprochener und versteckter Aspekt in der Debatte über das Abtreibungsrecht ist der, daß der Staat, als Instrument der männlichen Öffentlichkeit, kontrollieren will, welche Frauen Kinder bekommen. Daß Frauen durch Rasse und Herkunft voneinander getrennt sind, hindert uns daran, ein umfassendes Verständnis der Probleme zu entwickeln, die uns alle betreffen.

In einer Revolution von Müttern schmiedet die neue «öffentliche» Stimme ein *radikales* – radikal im Sinne von «bis zur Wurzel gehendes» – Bewußtsein der Spaltungen, die wir in unserem Leben akzeptiert haben. Nur durch unseren Einsatz für eine radikale Solidarität unter Frauen können wir erreichen, daß Frauen – und ihre Verbündeten – sich aufgerufen fühlen, die Führung zu übernehmen. Es gibt keine wesentliche «weibliche» Erfahrung außer der wachsenden Erkenntnis, was sexistische Unterdrückung ist, und dem schärferen Blick dafür. Eine Revolution der Mütter ruft jede Frau auf, sich dem Kampf um Solidarität über alle Unterschiede hinweg anzuschließen.

Der Kampf um Solidarität

Eine Revolution der Mütter widersteht dem Verrat der Kultur, indem sie Frauen aufruft, auf dem Weg zur Solidarität Führung zu übernehmen. Wenn Frauen der Zugang zur politischen und ökonomischen Macht verwehrt wird – es sei denn, sie wird von Männern großzügig gewährt –, tun wir uns gegenseitig keinen Gefallen, wenn wir um das magere Stückchen Sicherheit auch noch konkurrieren. Statt uns in die männlichen Herrschaftsstrukturen einzugliedern, müssen wir uns erst einmal zusammenschließen, um aus unserer vereinten Stärke heraus andere Wege zu finden. Doch dieses Bündnis kann nicht darin bestehen, daß wir uns in unserer Opferrolle bestärken und endlos gegenseitig beistehen. Das wahre revolutionäre Potential von Müttern wird ausgeschöpft, wenn Frauen gemeinsam die Gräben der Herrschaft, die sie voneinander trennen und die das Patriarchat erhalten, zuschütten. Audre Lorde schreibt, daß alle Formen von «menschlicher Blindheit» – Sexismus, Rassenhaß, Klassenschranken, Homophobie – «derselben Wurzel entspringen – einer Unfähigkeit, die Idee der Andersartigkeit als dynamische menschliche Kraft zu begreifen, eine Kraft, die für die eigene Persönlichkeit bereichernd und nicht bedrohlich wirkt, wenn es gemeinsame Ziele gibt.»[9] Unser gemeinsames Ziel, die Welt zugunsten unserer Töchter zu verändern, sollte uns doch zu einer Zusammenarbeit befähigen.

Genau wie Mütter Unvollkommenheit riskieren und sich um Kontakt zu ihren Töchtern bemühen können, so können revolutionäre Mütter sich für Solidarität über Schranken hinweg einsetzen. Es ist schwierig. Als Mädchen haben wir gelernt, daß wir nur bei Männern und in deren System sicher sind. Wir haben Schwierigkeiten, einander zu trauen, weil unsere tiefsten Verletzungen uns von den Frauen zugefügt wurden, die wir am meisten liebten. Unsere weibliche Geschichte hat wenig dazu getan, dieses Mißtrauen zu zerstreuen. Um eine echte Solidarität unter Frauen zu schaffen, untersuchen wir zuerst, welche Auswirkungen der Zusammenprall mit der Mauer auf uns und andere Frauen, deren Erfahrung sich von der unseren unterscheidet, gehabt hat.

In den vergangenen hundert Jahren haben weiße Frauen wiederholt ihre Privilegien dazu benutzt, sich im Wettbewerb um eine Position im öffentlichen Leben Vorteile zu verschaffen. Die beginnende Koalition von weißen und afroamerikanischen Frauen im

Kampf um das Wahlrecht wurde roh auseinandergerissen, als klar wurde, daß der Kongreß ernsthaft erwog, schwarzen Männern das Wahlrecht zu gewähren, Frauen jedoch überhaupt nicht. Weiße Frauen argumentierten, daß sie, auf Grund ihrer Rasse, das Wahlrecht eher bekommen sollten als schwarze Männer oder schwarze Frauen. Dieser Verrat, ein Schandfleck für weiße Frauen, hat bis heute bei Afroamerikanerinnen einen bitteren Nachgeschmack hinterlassen. Die meisten farbigen Frauen hegen zu Recht ein tiefes Mißtrauen gegenüber Weißen. Farbige Frauen kamen in der letzten Phase der Frauenbewegung weder zu Wort, noch wurden sie als integraler Bestandteil der Bewegung betrachtet. Viele farbige Frauen sind es leid, weiße Frauen immer wieder auf ihre Rassenvorurteile hinzuweisen, und haben es aufgegeben, über Rassenschranken hinweg zu sprechen. Weiße Frauen sollten versuchen, sich ihrer Privilegien und deren Mißbrauch bewußt zu werden.

Die Zwänge der Klassenhierarchie, die unsere Gesellschaft strukturiert, haben Frauen aus der Mittel- und Oberschicht zu Handlungen bewegt, die andere Frauen als Verrat empfanden. In den siebziger Jahren glorifizierten Zeitschriften Mittelschicht-Frauen auf Titelseiten als «Superfrauen». Doch die Arbeiterinnen, die sich schon immer zwischen Arbeit und Familie zerrieben haben, nannten sie abfällig «Kostümfrauen»[10]. Arbeiterinnen, schreibt bell hooks, «wußten, daß für die Massen weißer Frauen, die Arbeit suchten, keine neuen Arbeitsplätze geschaffen werden würden, und sie fürchteten, daß sie und ihre Männer ihren Arbeitsplatz verlieren könnten». Durch das Recht der Mittelschicht-Frauen, in höheren Befehlsebenen des Machtgebäudes einzudringen, ging die umfassendere Solidarität unter Frauen verloren.

Vielleicht die größte Herausforderung für die Solidarität unter Frauen ist die folgenreichste Bedrohung männlicher Dominanz, die lesbische Liebe. Als Mädchen fühlten wir uns von den Frauen, die wir liebten – Mütter, Lehrerinnen, andere Mädchen – wiedergeliebt und schließlich verraten. Widerstrebend wandten sich die Mädchen dann Männern zu. Als Gegenleistung für Schutz und Macht verlangt das Patriarchat, daß Männer im Leben und Denken von Frauen einen zentralen Platz einnehmen. Frauen zu lieben, Frauen im Mittelpunkt unseres Lebens zu behalten, ist aus Sicht der männlichen Vorherrschaft ein ungeheuerlicher Mangel an Loyalität.[11] Aus diesem Grund ist die Homophobie, die Furcht und Diskriminierung von Lesbierinnen und Homosexuellen, die eleganteste Waffe im Kampf um den Fortbestand der männlichen Dominanz. Die Furcht, als Lesbe gebrandmarkt zu werden – als Frau, die Frauen liebt und in einer Welt falscher Polaritäten folglich Männer hassen muß –, ist für Frauen erschreckend. Lesbierinnen erleben es nur allzu häufig, daß heterosexuelle Frauen sie ausschließen, weil sie fürchten, mit ihnen in Verbindung gebracht zu werden. Lesbisch sein birgt die Gefahr, von der Macht und Protektion von Männern vollständig abgeschnitten zu werden. Obwohl ein Großteil der Angst vor Lesbierinnen der allgemeinen Ambivalenz unserer Gesellschaft in bezug auf Sex zugeschrieben werden kann, geht es hier nicht darum, wer mit wem schläft. Das wahre Vergehen besteht in der Entscheidung, Frauen zu lieben und zu achten. Jede Frau, die dies auf irgendeine Weise tut, läuft Gefahr, «Lesbe» genannt zu werden. Gloria Steinem bewies, daß sie begriff, wie die Homophobie dem Sexismus Auftrieb gibt: während einer besonders lesbenfeindlichen Debatte unter Politikern schlug sie vor, daß alle Frauen sich zu Lesbierinnen erklärten, damit die zersetzende Gewalt der Trennung – hier lesbisch, hier heterosexuell – verwischt würde.

Wenn wir unsere eigenen unklaren Vorstellungen von Loyalität entwirren, können wir ernsthaft darangehen, eine Gemeinschaft von Frauen aufzubauen, die unsere Töchter in sich aufnehmen kann. Frauen zu lieben bedeutet nicht, Männer zu hassen, und Frauen gegenüber loyal zu sein ist nicht nur für Töchter, sondern auch für unsere Söhne wichtig. Wenn Frauen zusammenbleiben und ihre Liebe zu Frauen deutlich zeigen, dann werden vielleicht Männer endlich auch ihre eigenen unnötigen Verluste bemerken, und dann wird die These, daß Jungen zu ihrem eigenen Besten von ihren Müttern getrennt werden müssen, in Frage gestellt werden.

Kulturelle Trennlinien durchlässig zu machen, ist ein schmerzhafter und beängstigender Prozeß, der unsere Selbstschutz-Strategien unweigerlich angreift. Doch für die nächste Generation müssen wir es tun. Der Kampf um Solidarität unter Frauen kann ein Dialog ohne Vorwürfe, Schuldzuweisung, Verweigerung und Anklagen sein. Wir haben soviel voneinander zu lernen. Wenn wir uns gegenseitig zuhören, wenn wir darüber sprechen, wie Unterdrükkung funktioniert, schaffen wir eine neue Struktur, die nicht von Ober- und Unterordnung abhängt. So wie es an sich ein Akt der Liebe ist, einer Tochter aufmerksam zuzuhören, so ist das Zuhören über kulturelle Grenzen zwischen Frauen hinweg ebenfalls ein Akt der Liebe. Diese Liebe ist notwendig, wenn wir die Mutter-Tochter-Beziehungen verändern wollen, doch auch die Gesellschaft als Ganze profitiert davon.

Wenn Mütter sich ihren Töchtern zuliebe mutig dafür einsetzen, daß alle Frauen solidarisch werden, erleben die Mädchen die erste Begegnung mit unserer Kultur anders. Nur Frauen, die sich über die Grenzen von Rasse, Schicht und sexueller Orientierung hinweg zusammenschließen, können das Herrschaftssystem zerstören, das uns trennt und uns die Töchter nimmt. Die Liebe, die das erfordert, ist eine radikale Liebe, nicht die idealisierte Liebe der romantischen Geschichten. Diese größere, radikale Liebe ist im Feuer der Andersartigkeit geschmiedet. Aus der Liebe zu ihren Töchtern kämpfen revolutionäre Mütter um Kontakt zu den Töchtern, wobei sie akzeptieren lernen, daß die Töchter anders sind als sie selbst. Wenn wir trotz unserer Verschiedenartigkeit engen Kontakt zu anderen Frauen suchen, können wir diese Liebe in die Welt tragen. Das ist eine schwere, schmerzhafte und dynamische Arbeit, die unser Gemeinschaftsgefühl stärkt und uns selbst belebt. Sie beinhaltet den hartnäckigen Widerstand gegen billige Allgemeinplätze und unüberbrückbare Unterschiede. Eine radikale Liebe sagt die Wahrheit, selbst wenn sie verletzt. Sie bemüht sich, den Kampf der anderen um Ganzheit zu verstehen, und erklärt sich dort solidarisch, wo wir alle mit Machtlosigkeit konfrontiert sind oder die Chance zur Weiterentwicklung haben.

Durch Liebe können wir den Verrat bewältigen. Eine solche Liebe spricht Wahrheiten aus, die keinen Gegensatz zur eigenen

Lebenserfahrung darstellen. Wenn wir unsere Töchter, uns gegenseitig und uns selbst genug lieben, so daß wir unsere Wahrheiten offen aussprechen können, während wir uns gegen die Herrschaft solidarisch zusammenschließen, schaffen wir eine Welt, die sich der Anbiederung an das System widersetzt. Wenn Frauen denjenigen Frauen, von denen sie lernen, trauen können, entsteht eine Verschwörung, die allen einen Machtgewinn bringt. Nur die Stärke von Frauen, die von verbündeten Männern unterstützt werden, kann eine Alternative zur patriarchalen Unterdrückung entstehen lassen. Unsere Töchter können ihre Macht nur dann ganz und gar erleben, wenn unsere Solidarität einen Wandel der Kultur bewirkt hat.

Gemeinschaft ersetzt Konsum

Für die Zukunft unserer Töchter können wir die Macht unseres Verlangens zurückerobern und uns dadurch mit ihnen und anderen Frauen auf einer ehrlichen Basis zusammenschließen. Wie sollen wir jedoch unser Verlangen ausleben? Die Geschäftswelt drängt uns im Privatleben eine verzehrende Leidenschaft auf: perfekte Frauen haben ein endloses Angebot von Produkten und Moden, um sich dem gesellschaftlichen Ideal anzunähern. Perfekte Mütter bekommen endlose Listen von Erfahrungen und Gegenständen, die ihre Kinder für ein gelungenes Leben angeblich brauchen. Diese kulturellen Überlebensstrategien hinter sich zu lassen ist schwierig, aber durchaus nicht unmöglich.

Es beginnt damit, daß wir uns fragen, was wir für uns und unsere Töchter wirklich wollen. Was bedeutet für uns Glück? Was macht uns Freude? Unsere Töchter sind uns da gute Lehrmeisterinnen: sie suchen die Wärme und Herausforderung echter Beziehungen und echter Nähe. Die *Gegenstände* des Lebens erscheinen ihnen erst dann notwendig, wenn sie aus den Medien, von uns und von ihren Freundinnen hören, daß «man sie haben muß». Die Abkehr vom

Konsum beginnt mit vielen mutigen kleinen Schritten; wir müssen die vielen Einzelteile unseres Lebens zusammenfügen und eine Gemeinschaft von Frauen bilden, der sich unsere Töchter anschließen können, ohne daß auch sie in Fragmente zerfallen müssen.

Die radikale Liebe, die Mütter und Töchter und andere Frauen zusammenbringt, ist eine Praxis, die sich um eine Neudefinition des Begriffes ‹Selbstgefühl› bemüht, ein Prozeß, der immer weitergeht. Wo ist der Endpunkt? Wie Audre Lorde sagte, können wir das «Ja!» in uns als Leitlinie nehmen, wenn wir unsere Fähigkeit, Freude zu empfinden und zu geben, stärken wollen. Wir lernen es, uns selbst zuzuhören, so wie wir anderen zuhören. Auf uns selbst zu achten bedeutet auch, daß wir uns von der Furcht vor Isolation befreien, wenn wir anders sind, und uns nicht zu einem Verharren im Status quo zwingen lassen. Wir wissen nicht, wie Frauen, die außerhalb einer Kultur der Dominanz geboren wären, aussehen, handeln oder fühlen würden. Doch wenn wir nicht mehr alles ängstlich oder resigniert hinnehmen, erkennen wir unsere tiefsten Wünsche deutlicher. Wenn wir den Kontrast sehen zwischen dem, was wir wollen und brauchen, und dem, was wir angeblich sind und haben müssen, entwickeln wir Selbstachtung und entdecken die Freiheit. Wir üben die Macht aus, eine neue Persönlichkeit zu entwickeln, die sich auch in der Öffentlichkeit erprobt. Und wir fühlen die Kraft unserer Wünsche, durch die wir neue, gemeinsame Lebensformen entdecken.

Bevor wir damit anfangen, wird unser Verlangen – nach Kontakt, nach interessanter und sinnvoller Arbeit, nach Gruppen, in denen wir sicher und aufgehoben leben können – weiterhin auf *Gegenstände* umgelenkt werden. Unsere Kultur hat grenzenlose Bedürfnisse geschaffen, indem sie Produkte mit dem Versprechen verknüpft, daß wir kaufen können, was das Herz begehrt – «alles und jedes, von Selbstbewußtsein bis hin zu Prestige, Freundschaft und Liebe». Ein Kreislauf von «Verdienen und Ausgeben», wie es die Volkswirtschaftlerin Juliet Schor in *The Overworked American*[12] kennzeichnet, verschleißt die arbeitenden Menschen und verhindert eine sinnvolle Beteiligung am öffentlichen Leben. Dieser strapaziöse Kreislauf, der alle Schichten verführt, bedingt eine Gesellschaft, die immer fragmentierter und konkurrenzorientierter ist. Geld verdienen und ausgeben wird zu einer der wenigen Ausdrucksmöglichkeiten für persönliche Macht, die das Individuum noch hat. Sinn wird ausschließlich in der Privatsphäre gesucht und nicht mehr im Beruf oder durch eine Beteiligung an öffentlichem Leben und an der Politik. Man nötigt uns, die wahre Befriedigung in einem möglichst luxuriösen Privatleben zu suchen – je mehr eine Familie besitzt, desto zufriedener sollen ihre Mitglieder sein.[13]

Der Schlüssel zu einer Neuordnung des Sozialgefüges liegt in Veränderungen, die die Bedeutung und die Wertigkeit von Liebe, Arbeit und Lohn betreffen. Frühe Gewerkschaftler wehrten sich klugerweise dagegen, statt Freizeitausgleich mehr Lohn zu akzeptieren.[14] Sie wußten, daß Selbstachtung nicht durch materielle Güter erworben werden kann. Was bedeutet Erfolg, wenn wir wenig Sinn in unserer Arbeit sehen? Was bedeutet Erfolg, wenn die Arbeit uns daran hindert, haltbare Beziehungen zu anderen Menschen aufzubauen? Der Kreislauf von Verdienen-und-Ausgeben kann süchtig machen und wird nur dann durchbrochen, wenn wir andere Quellen der Befriedigung entdecken.

Gemeinschaftliche Arbeitsmethoden sind eine Möglichkeit dazu. Neue Lebensformen, die von größeren Einheiten als die der Kleinfamilie ausgehen, sind eine andere. Die Gewalt und die Gefahren in unseren Städten beschränken nicht nur die Entfaltung unserer Töchter, sondern verbannen auch uns in die Häuser, wodurch wir am Leben in der Gemeinschaft kaum teilnehmen. Sichere Lebensräume zu schaffen, ist die Aufgabe von Müttern, Mitmüttern und verbündeten Männern. Indem wir die inneren und äußeren Definitionen von Familie und Gemeinschaft weniger eng fassen, entstehen Räume, in denen unsere Töchter ihr Leben frei gestalten können.

Gemeinschaft ist jedoch weder mit flexibler Arbeit noch mit neuen Wohnformen gleichzusetzen. Wahre Gemeinschaft bedeutet die Integration von Arbeit und Liebe, von öffentlichem und privatem Leben, und zwar durch eine Neuordnung der Gesellschaft. Eine Revolution von Müttern wird diese angeblich separaten Welten schließlich zusammenführen. Schon wenn wir uns weigern, von einem «Gleichgewicht von Beruf und Familie» zu sprechen, weil das die Existenz zweier separater Bereiche voraussetzt, entdecken wir einen Lebensentwurf, der wirklich harmonischer verläuft. So zu arbeiten und zu lieben, daß wir uns kennenlernen und einander vertrauen, würde unser Leben und das unserer Kinder entscheidend verändern. Für Töchter ist jeder Schritt zu einer Einheit von Arbeit und Liebe der Beweis für unser Engagement und damit das potentielle Ende des Verrats in ihrem Leben.

Persönlicher und politischer Wandel

«Wandel ist etwas, das die Menschen sich am meisten wünschen und am heftigsten fürchten», sagt die feministische Aktivistin Catlin Fullwood. «Das ist der Grund für alle Vorwärtsbewegungen und alle Kehrtwendungen, die bei Änderungsversuchen auftreten.» Im persönlichen wie im politischen Bereich vollziehen sich Veränderungen am besten spiralförmig und nicht linear. Jene von uns, die sich mühsam aus den Verstrickungen der Vergangenheit gelöst und sich eine neue Persönlichkeit geschaffen haben, wissen, wie oft wir unsere mühsam gewonnenen Einsichten rasch wieder vergessen. Unter Streß zerfallen wir in Einzelteile. Unsere Lebensgeschichten sind in ständiger Bewegung. Wir tanzen im Twostep durch die Welt: zwei Schritte vorwärts, zwei Schritte zurück, zwei seitwärts – eine energiegeladene, aber sehr zwiespältige Bewegungsart. Auch der Tanz des sozialen Wandels ist ein Twostep. Auf die hektische Aktivität der siebziger Jahre folgten die reaktionären achtziger Jahre, deren Auswirkungen auf die Frauen Naomi Wolf in *Der Mythos Schönheit* und Susan Faludi in *Die Männer schlagen zurück* dokumentiert haben. Wenn wir in politischen oder psychologischen Wandlungsprozessen den kritischen Punkt erreicht haben, spüren wir wie eine untergründige, gefährliche Strömung, einen starken Sog, so zu bleiben, wie wir sind. Doch Rückschläge sind im

Grunde ein Zeichen für Fortschritt, ein Signal, daß wir uns auf persönlicher, zwischenmenschlicher und gesellschaftlicher Ebene stark genug verändern, um Panik auszulösen. Sie zeigen uns auch, daß wir bei jedem Schritt vorwärts immer größeren Gegendruck zu gewärtigen haben.

Bei jedem Schritt, bei jeder Veränderung in unserem Verhalten als Mütter werden wir Unbehagen verspüren oder das Gefühl, daß wir es einfach nicht fertigbringen. Es wird nicht leicht sein, sich dem Status quo zu widersetzen und die Kultur zu verraten, die von uns verlangt, Töchter zu produzieren, die das Zentrum ihres Lebens einem Mann vorbehalten; es ist kein bequemes Leben, wenn wir die Mythen von Perfektion, Aufopferung und Trennung in Frage stellen. Veränderungen lösen fast immer das Gefühl von Gefahr und Unbehagen aus. Obwohl es wichtig ist, daß wir diese Gefühle zulassen, sind sie nicht immer die besten Berater. Wenn wir uns ihnen überließen, würden wir niemals handeln. Ein Kreis von Müttern und eine Gemeinschaft von Frauen gibt uns die Chance, Strategien und Verhaltensweisen auszuprobieren, Gefühle zu überprüfen, unsere Kompetenz bestätigen zu lassen und Entscheidungen zu treffen, wann und wo wir anders handeln konnten. Auf der gesellschaftlichen Ebene kann nur eine wahre Solidarität – immer größere Kreise von Müttern – sich die Macht der Mutterrolle aneignen und Gemeinschaften errichten, in denen die Verluste der Mädchen ganz und gar überflüssig werden.

Selbst mit Unterstützung und Aufwertung ist Wandel eine Reise ins Unbekannte. Selbst wenn unser Verstand und unser Herz sagen, daß uns die Veränderung guttun wird, müssen wir unser bisheriges Ich und unsere Vorstellungen vom Leben loslassen. Zwischen dem Leben, das wir führten, und der Verwirklichung des Neuen hängen wir in der Luft wie Trapezkünstler, die darauf warten, im sicheren Netz zu landen. Die Einzelteile unserer Persönlichkeit sind unter dem Druck von Furcht entstanden: sie sollten uns als Kinder davor beschützen, ganz erdrückt zu werden. Dasselbe gilt für unsere kulturell bedingten Verhaltensmuster. Die bewußte psychologische Manipulation unserer Ängste durch Werbung und Wirtschaft hat bei vielen eine große Besorgnis ausgelöst, nicht genug zu haben. Gleichgültig, mit wieviel Geld oder Besitz wir uns umgeben, wir sollen immer glauben, wir hätten noch nicht genug. Wenn wir alle begierig geworden sind, immer und immer mehr zu konsumieren, werden wir zu mißtrauischen Konkurrenten. Wovor wir uns bei anderen fürchten, gibt oft Aufschluß darüber, wovon wir uns selbst bedroht fühlen. Individualismus und Wettbewerb führen uns voneinander weg und versperren den Zugang zur Gemeinschaft. Dieses gefährliche kulturelle Muster in Frage zu stellen erschreckt uns, weil Konsum uns als *die* Fahrkarte ins wahre Leben verkauft worden ist.

Unsere Überlebensstrategien als Frauen und Mütter lehren uns Unterwürfigkeit und sperren uns in das Gefängnis eines angsterfüllten Perfektionismus. Der Weg, den dieses Buch beschreibt, macht es erforderlich, daß wir Unvollkommenheit riskieren. Auch auf einem Gebiet, das uns besonders am Herzen liegt – bei der Liebe zu unseren Kindern und bei deren Erziehung –, werden wir Fehler machen. Aus diesem Grund erfordert der Wandel Mut, ein beherztes Aussprechen von Wahrheiten und die unerschrockene Annäherung an das, was wir am meisten wollen – und fürchten.

Jede Generation von Frauen hat sich für ihre Töchter ein besseres Leben gewünscht. Die Veränderungen, die für Frauen bereits erreicht wurden, haben auf politischer wie persönlicher Ebene einen hohen Preis gefordert. Wenn diese Veränderungen leicht wären, sähe das Leben jetzt schon anders aus. Die unverminderten Schuldzuweisungen an Mütter und Frauen geben uns die Gewißheit, daß uns unsere Töchter nicht lieben oder vertrauen werden, wenn wir uns unterordnen oder von ihnen Anpassung und Resignation fordern. Nur wenn wir uns unablässig gegen Unterdrückung stellen und uns solidarisch für die Freiheit engagieren, hat unsere Revolution eine Chance.

Das Leben in den Vereinigten Staaten, schreiben Robert Bellah und seine Kolleginnen in *Gewohnheiten des Herzens*[15], ist ein Experiment der Spaltung und des Individualismus. Die amerikanische Kultur, ein Archetypus der Moderne, hat mit der traditionellen europäischen Autorität gebrochen, um eine Nation von Individualisten zu gründen. Jetzt, argumentieren die Autoren, befindet sich Amerika mitten in einer Krise, die das Land vor ganz ähnliche Probleme stellt wie Heranwachsende, die man aufgefordert hat, sich von ihrer Kindheit zu trennen. Lose verbunden durch Konsum und zu Konkurrenz zwischen Individuen und Gruppen angestachelt, gleicht die amerikanische Massenkultur auf bemerkenswerte Weise einer Teenager-Kultur, die sich von der «elterlichen» Autorität Europas trennt. Infolgedessen muß unserer übertriebenen Wertschätzung von Eigenständigkeit und Individualität «eine Erneuerung von Bindungsfähigkeit und Gemeinschaft entgegengestellt werden, wenn sie sich nicht selbst zerstören oder in ihr Gegenteil umschlagen soll». Psychologische Modelle von Trennung und Individuation sind sowohl auf individueller als auch auf gesellschaftlicher Ebene für die Errichtung eines ganzheitlichen Modells menschlichen Lebens ungeeignet. Um der Herausforderung der Pubertät zu begegnen, um sich über ihre Identität klarzuwerden, muß die amerikanische Kultur erkennen, daß Erneuerung durch das persönliche Engagement in Gemeinschaften «tatsächlich eine ganze Welt entstehen lassen könnte, wenn wir nur den Mut hätten, sie zu sehen».

Wie sähe eine Welt aus, in der unsere Töchter von der Kultur nicht verraten würden? Wir geben nicht vor, diese neue Welt zu kennen. Eine Welt, in der alle Frauen, Kinder und Männer sich zu radikaler Liebe und Solidarität bekennen, ist eine äußerst vage Utopie. Unser ständig wechselndes Selbst- und Weltverständnis ändert auch unsere Vorstellungen von dem, was wir für realisierbar halten. Die Theorien, die wir vorstellen, sind Arbeitshypothesen, nicht absolute Wahrheiten. Sie müssen getestet und erforscht werden, neu definiert und erweitert, und vielleicht am Ende verworfen. Dieses Buch hätte noch vor kurzem nicht geschrieben werden können. Neue Hypothesen über die psychologischen Auswirkungen von traditionellen Denkweisen, die das öffentliche und private Leben strukturieren, haben es uns ermöglicht, unsere Einsichten zu formulieren. Keine von uns dreien hätte dieses Buch allein schreiben können. Unser Schreiben erforderte, genau wie der Prozeß der Solidarisierung, den wir beschrieben haben, die Zusammenarbeit über Grenzen hinweg und hatte das Ziel, etwas Neues zu schaffen.

Wir fordern Sie auf, sich uns solidarisch anzuschließen. Verrat in Macht zu verwandeln heißt, daß wir fortwährend Widerstand leisten müssen: wir haben versucht, theoretisches und praktisches Wissen zusammenzutragen, das dabei helfen kann, sich gegen psychologische und politische Unterdrückung zu wehren. Durch praktischen Widerstand befreien wir unser Herz und unseren Geist von der Erfahrung, daß der Verrat der Kultur uns schwächt und entmutigt. Wir möchten Sie ermutigen, selbst die Mutter-Tochter-Beziehung und die Beziehung von Frauen untereinander kritisch zu befragen. Engagement beginnt mit bohrenden Fragen, mit einem öffentlichen Diskurs, der die trennenden Schranken in unserem Leben niederreißt, mit Partnerinnen, die unsere Ansichten in Frage stellen. Jede Frau kann eine Revolution in ihrem eigenen Leben auslösen und Mutter einer Revolution für die nächste Generation werden. So wie wir aufgefordert wurden, uns dem Widerstand anzuschließen, fordern wir jetzt Sie auf. Die Kraft der Mutter-Tochter-Revolution wartet darauf, geboren zu werden.

Anhang

Anmerkungen

Einleitung

1 Diese fünfjährige Langzeitstudie mit Mädchen im Alter von sechs bis siebzehn Jahren wurde an der Laurel Mädchenschule unter der Leitung von Lyn Brown durchgeführt. Carol Gilligan war die leitende Forscherin. Diese Studie wurde von der Cleveland Stiftung, der George Gund Stiftung, der Lilly Endowment und der Spencer Stiftung finanziert. Brown analysierte die Entwicklung dieser Mädchen in ihrer unveröffentlichten Dissertation «Narratives of Relationship: The Development of a Care Voice in Girls Ages 7 to 16» (Harvard University, Graduate School of Education, 1989). Die Arbeit war ein wichtiger Bezugspunkt in der späteren Harvard-Studie über die Entwicklung von Mädchen, deren Ergebnisse in Lyn Brown und Carol Gilligan: *Meetings at the Crossroads: Women's Psychology and Girls's Development*, Harvard University Press, Cambridge, Mass. 1992, veröffentlicht wurden.

2 Die erste Studie, «Understanding Adolescents At-Risk», wurde von Jill MacLean Taylor mit Deborah L. Tolman als Hilfsprojektleiterin und Janie Victoria Ward als wissenschaftliche Beraterin durchgeführt. Die Studie wurde von der Boston Stiftung finanziert. Die zweite Studie, «Strengthening Healthy Resistance and Courage in Girls», wurde von Annie Rogers mit Normi Noel als wissenschaftlicher Beraterin durchgeführt. Die Forschungsarbeit wurde maßgeblich von der Lilly Endowment finanziert. Carol Gilligan war bei beiden Studien die leitende Forscherin.

Erster Teil: Unnötige Verluste

1 Idelisse zitiert in ihrer Geschichte Joanna Russ, «Russalka or The Seacoast of Bohemia», in Jack Zipes (Hg.), *Don't Bet on the Prince*, Routledge, New York 1987, S. 91, 94.

1 *Die Krise am Scheideweg*

1 *Ms.* Foundation for Women and Center for Policy Alternatives, «Women's Voices», Bericht der Autorinnen zum gemeinsam finanzierten Projekt (New York 1992); «1990 Virginia Slims Opinion Poll», The Roper Organisation Inc., 1990; The Yankelovich Clancy Shulman poll, Oktober 23–25, 1989, für *Time*/CNN.

2 B. Allgood-Merton, P. Lewinsohn und H. Hops, «Sex Differences and Adolescent Depression», *Journal of Abnormal Psychology* 99 (1990), S. 55–63; A. Whitaker, J. Johnson, D. Shaffer, J. Rapoport, K. Kalikow, B. T. Walsh, M. Davies, S. Braiman und A. Dolinsky, «Uncommon Troubles in Young People: Prevalence Estimates of Selected Psychiatric Disorders in a Non-Referred Adolescent Population», *Archives of General Psychiatry* 47 (1990), S. 487–96; Minnesota Women's Fund, *Reflections of Risk: Growing Up Female in Minnesota, a Report on the Health and Well-being of Adolescent Girls in Minnesota* (Autorin, Minneapolis 1990); P. Gjinde, J. Block und J. Block, «Depressive Symptoms and Personality during Late Adolescence: Gender Differences in the Externalization-Internalization of Symptom Expression», *Journal of Abnormal Psychology* 97 (1988), S. 475–86; M. Demitrack, F. Putnam, T. Brewerton, H. Brandt und P. Gold, «Relation of Clinical Variables to Dissociative Phenomena in Eating Disorders», *American Journal of Psychiatry* 147 (1990), S. 1184–88.

3 Linda Harris, Robert W. Blum und Michael Resnick, «Teen Females in Minnesota: A Portrait of Quiet Disturbance», in Carol Gilligan, Annie Rogers und Deborah Tolman (Hg.), *Women, Girls and Psychotherapy: Reframing Resistance*, Haworth Press, Binghamton, N. Y. 1991, S. 119–35.

4 Greenberg-Lake Analysis Group, *Shortchanging Girls, Shortchanging America: A Nationwide Poll to Assess Self-esteem, Educational Experiences, Interest in Math and Science, and Career Aspirations of Girls and Boys Ages 9–15*, American Association of University Women, Washington, D. C., 1991; Myra Sadker, David Sadker und Susan S. Klein, «Abolishing Misperceptions about Sex Equity in Education». *Theory in Practice* 25 (1986), S. 219–26; Wellesley Center for Research on Women, *The AAUW Report: How Schools Shortchange Girls*, American Association of University Women, Washington, D. C., 1992.

5 Harris, Blum und Resnick, «Teen Females in Minnesota», S. 119.

6 Dana Crowley Jack, *Immer hab' ich mich dir angepaßt. Wenn Frauen ihr Selbst zum Schweigen bringen. Über weibliche Depressionen*, Heyne, München 1993.

7 Carol Gilligan, *Die andere Stimme. Lebenskonflikte und Moral der Frau*, Piper, München 1984.

8 Kimberly Schonert-Reichl und Daniel Offer, «Gender Differences in Adolescent Symptoms», in: B. Lahey und A. Kazdin (Hg.), *Advances in Clinical Child Psychology*, Bd. 14, S. 28.

9 Michigan State Board of Education, Office of Sex Equity in Education, 1991. *The Influence of Gender-Role Socialization on Student Perceptions: A Report Based on Data Collected from Michigan Public School Students.*

10 Vgl. auch Greenberg-Lake, *Shortchanging Girls*.

11 Carol Gilligan, «Teaching Shakespeare's Sister: Notes from the Underground of Female Adolescence», in Carol Gilligan, Nona Lyons und Trudy Hanmer (Hg.), *Making Connections: The Relational Worlds of Adolescent Girls at Emma Willard School*, Harvard University Press, Cambridge, Mass. 1990, S. 6–29.

12 Carol Gilligan, «Joining the Resistance: Psychology, Politics, Girls and Women», *Michigan Quarterly Review* 29 (1990): 501–36.

13 Alyshea zitiert Christina Kelly, «Why You Liked Yourself Better When You Were 11», *Sassy*, Juli 1991, S. 77.

14 Persönliche Mitteilung. Alyshea erhielt für diese Forschungsarbeit eine Auszeichnung.

15 Annie G. Rogers, Auszug aus «The Development of Courage in Girls and Women», eine frühere Fassung von «Voice, Play, and a Practice of Ordinary Courage in Girls' and Women's Lives», *Harvard Educational Review*, erscheint demnächst.

16 J. M. Tanner, «Sequence, Tempo, and Individual Variation in Growth and Development of Boys and Girls Aged Twelve to Sixteen», in J. Kagan und R. Coles (Hg.), *12 to 16: Early Adolescence*, W. W. Norton, New York 1972, S. 1–24.

17 Brown, «Narratives of Relationship».

18 Brown, «Narratives of Relationship».

19 bell hooks, *Black Looks: Race and Representation*, South End Press, Boston 1992, S. 116.

20 Nancie Zane, *In Our Own Voices*, Project on Equal Education Rights, New York 1988. Vgl. auch Greenberg-Lake, *Shortchanging Girls*, zu weiteren Differenzen im Selbstwertgefühl von Mädchen unterschiedlicher Rassen.

21 Audre Lorde, *Zami. Ein Leben unter Frauen*, S. Fischer, Frankfurt 1993.

22 Greenberg-Lake, *Shortchanging Girls.*

23 Audre Lorde, *Sister Outsider*, Crossing Press, Freedom, Calif. 1984, S. 45.

24 Barbara Ehrenreich und Deirdre English, *For Her Own Good: 150 Years of the Expert's Advice to Women*, Anchor Books, New York 1979, S. 4.

25 Ebda., S. 212.

26 Vgl. Jean Baker Miller, *Die Stärke weiblicher Schwäche. Zu einem neuen Verständnis der Frau*, S. Fischer, Frankfurt 1979.

27 Terri Apter, *Altered Loves: Mothers and Daughters during Adolescence*, St. Martin's, New York 1990, S. 14, 16, 18.

28 Alice Walker, *Sie hüten das Geheimnis des Glücks*, Rowohlt, Reinbek 1993.

29 Ehrenreich und English, *For Her Own Good*, S. 227.

30 Janet Surrey, «The Mother-Daughter Relationship: Themes in Psychotherapy», Bandaufnahme einer laufenden Arbeit, Wellesley College, Stone Center, Wellesley, Mass.

31 Smith, 1990, zitiert in Surrey, ebda.

32 Ehrenreich und English, *For Her Own Good*, S. 235. Vgl. auch: Betty Friedan, *Der Weiblichkeitswahn oder die Selbstbefreiung der Frau: ein emanzipatorisches Konzept*, Rowohlt, Reinbek 1988.

33 Judith Lewis Herman und Helen Block Lewis, «Anger in the Mother-Daughter Relationship» in T. Bernay und D. Cantor (Hg.), *The Psychology of Today's Women*, Harvard University Press, Cambridge, Mass. 1989, S. 142–158.

34 Irene Stiver, «Beyond the Oedipus Complex», in A. Kaplan, J. B. Miller, I. Stiver und J. Surrey (Hg.), *Women's Growth in Connection: Writings from the Stone Center*, Guilford Press, New York, S. 109.

35 Judith Arcana, *Our Mother's Daughters*, The Women's Press, London 1981, S. 105.

36 Adrienne Rich, *Von Frauen geboren. Mutterschaft als Erfahrung und Institution*, Frauenoffensive, München 1979, S. 228.

37 Valerie Saiving, «The Human Situation: A Feminine View» in Carol P. Christ und Judy Plaskow (Hg.), *Womanspirit Rising: A Feminist Reader in Religion*, Harper & Row, San Francisco 1979, S. 26.

38 Susan Faludi, *Die Männer schlagen zurück. Wie die Siege des Feminismus sich in Niederlagen verwandeln und was Frauen dagegen tun können*, Rowohlt, Reinbek 1993.

39 Phyllis Chesler, *Mothers on Trial: The Battle for Children and Custody*, McGraw-Hill, New York 1992, S. 80–81.

40 Linda Gordon, *Heroes of Their Own Lives*, Penguin Books, New York 1988.

41 Brown and Gilligan, *Meeting at the Crossroads*, S. 232.

2 *Von der Macht zum Verrat*

1 Judith Viorst, *Mut zur Trennung*, Hoffmann und Campe, Hamburg 1988.

2 Herman und Lewis, «Anger in the Mother-Daughter Relationship», S. 149.

3 Judith Herman, *Father-Daughter Incest*, Harvard University Press, Cambridge, Mass. 1981, S. 12.

4 Herman, *Father-Daughter Incest*, passim.

5 Herman und Lewis, «Anger in the Mother-Daughter Relationship», S. 151.

6 Zitiert in: Jack, *Über weibliche Depressionen.*

7 Herman und Lewis, «Anger in the Mother-Daughter Relationship». Rich, *Von Frauen geboren*, S. 238.

8 Toni Morrison, *Sehr blaue Augen*, Rowohlt, Reinbek 1979, S. 61.

9 Jerome Kagan, persönliche Mitteilung.

10 Eine eingehendere Analyse von Jessie und Selbstbehauptung erscheint in Lyn Brown, «Telling a Girl's Life: Self-authorization as a Form of Resistance», in Carol Gilligan, Annie Rogers and Deborah Tolman (Hg.), *Women, Girls & Psychotherapy: Reframing Resistance*, Haworth Press, Binghamton, N. Y. 1991.

11 Brown und Gilligan, *Meeting at the Crossroads*, S. 43.

12 Gilligan, «Teaching Shakespeare's Sister», in *Making Connections*, S. 17.

13 Brown und Gilligan, *Meeting at the Crossroads*, S. 47.

14 Susan Ferraro, «Girl Talk», *New York Times Magazine*, 6. Dezember 1992, S. 62.

15 Brown und Gilligan, *Meeting at the Crossroads*, S. 99.

16 Lyn Brown, «Narratives of Relationship: The Development of a Care Voice in Girls Aged 7 to 16», unveröffentlichte Diss., Harvard University, 1989.

17 Brown und Gilligan, *Meeting at the Crossroads*, S. 160.

18 Gilligan, «Joining the Resistance», S. 501–36.

19 Ritus Geschichte aus Carol Gilligan, «Revision», Vortrag vor der Division 24, Theoretical and Philosophical Psychology, der American Psychological Association, Jahreskonferenz in San Francisco, August 1991, S. 25. Ritu war Teilnehmerin des Projekts «Strenghtening Healthy Resistance and Courage in Girls», das von Annie Rogers geleitet wurde, mit Carol Gilligan als leitender Forscherin und Normi Noel als wissenschaftlicher Beraterin.

20 Gilligan, «Teaching Shakespeare's Sister», in *Making Connections*, S. 17.

21 Brown und Gilligan, *Meeting at the Crossroads*, S. 185.

22 Vgl. Judith Herman, *Trauma and Recovery*, Basic Books, New York 1992.

23 Zitat aus Signithia Fordham, «Racelessness as a Factor in Black Students' School Success: Pragmatic Strategy or Pyrrhic Victory?», *Harvard Educational Review* 58 (1988): 68.

24 Fordham, «Racelessness as a Factor», S. 73.

25 Die AAUW-Studie zeigt, daß Mädchen und Jungen die Veränderungen im Körper der Jungen als positiv betrachten. Jungen und Mädchen sehen beide Vorteile darin, daß Jungen weder menstruieren noch schwanger werden können. Vor allem afroamerikanische Mädchen äußerten Besorgnis über diese «schlechten Dinge», die das Frausein mit sich bringt. Dreimal mehr High-School-Mädchen als Grundschülerinnen nannten die größere psychische Kraft und die Vorteile von Jungen als Grund, warum diese als Jungen im Vorteil seien.

26 Nan Stein, Nancy L. Marshall und Linda R. Tropp, *Secrets in Public: Sexual Harassment in Our Schools – A Report on the Results of a* Seventeen *Magazine Survey*. Gemeinsames Projekt der NOW Legal Defense and Education Fund und des Wellesley College Center for Research on Women, März 1993.

27 Zu Alterswerten bei sexueller Mißhandlung siehe Judith Musick, persönliche Mitteilung. Vgl. auch: Herman, *Father-Daughter Incest*.

28 Herman, *Trauma and Recovery*, S. 61.

29 Barrie Levy (Hg.), *Dating Violence: Young Women in Danger*, Seal Press, Seattle 1991, S. 4.

30 Michelle Fine, «Sexuality, Schooling, and Adolescent Females: The Missing Discourse of Desire», *Harvard Educational Review* 58 (1988): 29–53.

31 Deborah Tolman, *Dilemmas of Desire*, Harvard University Press, Cambridge, Mass., erscheint demnächst.

32 Linda Harris, Robert W. Blum, Michael Resnick, «Teen Females in Minnesota: A Portrait of Quiet Disturbance», in Gilligan et al. (Hg.), *Women, Girls and Psychotherapy*, S. 123.

33 Anne Petersen, «Adolescent Development», *Annual Review of Psychology* 39 (1988): 583–607.

34 Lyn Brown, «The Conventions of Imagination», unveröff. Manuskript, Juli 1992, S. 30–31.

35 Herman und Lewis, «Anger in the Mother-Daughter Relationship», S. 156.

36 Apter, *Altered Loves*, S. 172.

37 Jack, *Über weibliche Depressionen*.

38 Beverly Jean Smith, «Raising a Resister», in Gilligan et al. (Hg.), *Women, Girls and Psychotherapy*, S. 137–138.

39 G. Joseph und J. Lewis, *Common Differences: Conflicts in Black and White Feminist Perspectives*, South End Press, Boston 1981, S. 94.

40 Carol Gilligan, Jill McLean Taylor, Deborah L. Tolman, Amy Sullivan, Pamela Pleasance und Judith Dorney, «The Relational World of Adolescent Girls Considered to Be at Risk», Endbericht an die Boston Stiftung zum Projekt «Understanding Adolescents: A study of urban teens considered to be at risk and a project to strenghten connection between girls and women», Juli 1992, S. 234–235. (Der zitierte Abschnitt wurde verfaßt von Jill McLean Taylor und Amy Sullivan.)

41 Rogers, «The Development of Courage in Girls and Women», S. 46.

42 Gloria I. Joseph, «Black Mothers and Daughters: Traditional and New Perspectives», in Patricia Bell-Scott, Beverly Guy-Sheftalle, Jacqueline Jones Royster, Janet Sims-Wood, Miriam DeCosta-Willis und Lucille P. Fultz, *Double Stitch: Black Women Write about Mothers and Daughters*, HarperPerennial, New York 1991, S. 96.

43 Jean Baker Miller, *Die Stärke weiblicher Schwäche. Zu einem neuen Verständnis der Frau*, S. Fischer, Frankfurt 1979, S. 28.

44 Jack, *Über weibliche Depressionen.*

45 Michelle Fine, *Disruptive Voices: The Possibilities of Feminist Research*, University of Michigan Press, Ann Arbor 1992, S. 176.

46 Michelle Fine, persönliche Mitteilung.

47 Patricia Hill Collins, «The Meaning of Motherhood in Black Culture and Black Mother-Daughter Relationships», in Bell-Scott et al. (Hg.), *Double Stitch*, S. 54.

3 Geschichten, die unser Leben begleiten

1 Peggy Sanday, *Female Power and Male Dominance: On the Origins of Sexual Inequality*, Cambridge University Press, Cambridge 1981.

2 Gilligan, «Joining the Resistance».

3 Joseph Campbell, *Der Heros in tausend Gestalten*, Suhrkamp, Frankfurt 1978, Hervorhebung von den Autorinnen.

4 Bezüge zu Freud: Freuds Perspektive findet ihre klarste Formulierung in Sigmund Freud, *Das Unbehagen in der Kultur*, Studienausgabe Bd. 9, hg. von A. Mitscherlich, Angela Richards, James Strachey, Fischer, Frankfurt 1974, S. 191–270.

5 Jean Baker Miller, *Die Stärke weiblicher Schwäche.*

6 Ebda.

7 Zitate aus: Silhouette Book's Richtlinien für zukünftige Romanheftverfasser, circa 1981.

8 Sharon Thompson, «Search for Tomorrow: On Feminism and the Reconstruction of Teen Romance», in: C. Vance (Hg.), *Pleasure and Danger: Exploring Female Sexuality*, Routledge & Kegan Paul, Boston 1984, S. 351.

9 Faludi, *Die Männer schlagen zurück*; vgl. vor allem Kapitel 6, 7 und 8.

10 Dorothy Holland und Margaret Eisenhart, *Educated in Romance: Women, Achievement and College Culture*, University of Chicago Press, Chicago 1990, S. 52. Die Untersuchung in England leitete Sue Lees, *Losing Out, Sexuality and Adolescent Girls*, Hutchinson, London 1986.

11 Zitate Patty aus Linda Christian-Smith, *Becoming a Woman through Romance*, Routledge, New York 1990, S. 108.

12 Mindy Bingham und Sandy Stryker, *Women Helping Girls with Choices: A Handbook for Community Service Organization*, Advocacy Press/Girls Club of Santa Barbara, Santa Barbara, Calif. 1989.

13 Girls Count, *In America's Future, In Tomorrow's Workforce, In Colorado's Classrooms...*, Autorin, Denver, Colo. 1992.

14 Smith, «Raising a Resister», in Gilligan et al. (Hg.), *Women, Girls and Psychotherapy*, S. 144.

15 Vgl. Gilligan et al. (Hg.), «The Relational World of Adolescent Girls», S. 234–235.

16 Jack, *Über weibliche Depressionen*. S. Jack nennt diese Stimme das «Over-Eye».

17 Ebda., S. 119.

18 Heyn, *The Erotic Silence of the American Wife*, S. 65.

19 Ebda., S. 210.

20 hooks, *Black Looks*, S. 20.

21 Michel Foucault, zitiert nach Alexander Nehamas, «Subject and Object: The Examined Life of Michel Foucault», *New Republic*, 15. Februar 1993, S. 33.

II Strategien des Widerstands

4 Wiedergewinnung

1 Gilligan, «Joining the Resistance», S. 501–36. Es handelt sich dabei um Gilligans Synthese grundlegender psychologischer Einsichten, wie sie von Sigmund Freud und anderen psychodynamischen Theoretikern, von John Bowlby und anderen Bindungstheoretikern, von Jean Piaget und anderen Theoretikern der kognitiven Entwicklung definiert wurden und die sich ebenso in der Erzählkunst Shakespeares, Tschechows, Virginia Woolfs, Toni Morrisons und anderer Chronisten des menschlichen Lebens finden.

2 Gloria Steinem, *Revolution from Within. A Book of Self-Esteem*, Little, Brown, Boston 1992, S. 36–38.

3 Sigmund Freuds Verfahren der Traumdeutung orientiert sich an Traumbildern, indem ein bestimmtes Traumbild an den Ausgangspunkt assoziativer Erinnerungen gestellt wird, an die sich wieder Assoziationen anschließen können, bis schließlich die Assoziationskette erschöpft ist und das dem

Traum zugrundeliegende Rätsel gelöst ist. Vgl. Sigmund Freud, *Die Traumdeutung*, Studienausgabe Bd. 2, hg. von A. Mitscherlich, Angela Richards, James Strachey, Fischer, Frankfurt 1972.

4 Brown und Gilligan, *Meeting at the Crossroads*, S. 133–34; Analyse des Interviews von Elizabeth Debold.

5 Zitat Simone in Herman, *Trauma and Recovery*, S. 40.

6 Jacqueline White und John Humphrey, Vortrag am Jahrestreffen der American Psychological Association, gemäß Bericht in der *New York Times*, 17. August 1992.

7 Steinem, *Revolution from Within*, S. 5–6.

8 Lenore Terr, *Too Scared to Cry: Psychic Trauma in Childhood, HarperCollins*, New York 1990.

9 Alison M. Jaggar, «Love and Knowledge: Emotion in Feminist Epistemology», in A. Jaggar und S. Bordo (Hg.), *Gender/Body/Knowledge*, Rutgers University Press, New Brunswick, N. J. 1989, S. 161.

10 Claudia Bepko und Jo-Ann Krestan, *Das Superfrauen-Syndrom. Vom weiblichen Zwang, es allen recht zu machen*, W. Krüger, Frankfurt 1991.

11 Tracy Robinson und Janie Victoria Ward, «‹A Belief in Self Far Greater Than Anyone's Disbelief›: Cultivating Resistance among African American Female Adolescents», in Carol Gilligan et al. (Hg.), *Women, Girls and Psychotherapy*, S. 89.

12 Elisabeth möchte darauf hinweisen, daß ihr Verständnis von Angst, deren Wirkungsweise und Bewältigungsmöglichkeiten vom Therapeuten Peter Martynowych stammen, der in der Arbeit zur Angst mit Klienten einzigartige Vorgehensweisen entwickelt hat.

13 Zitat Pogrebin aus Paula Caplan, *So viel Liebe, so viel Haß. Zur Verbesserung der Mutter-Tochter-Beziehung*, Kiepenheuer & Witsch, Köln 1990.

14 Rich, *Von Frauen geboren*, S. 216.

15 Caplan, *So viel Liebe, so viel Haß*, S. 30–31.

16 Rich, *Von Frauen geboren*, S. 217.

17 Ebda.

18 Ebda.

19 Rich, *Von Frauen geboren*, S. 238.

20 Zitat Hall aus Brown und Gilligan, *Meeting at the Crossroads*, S. 220–22.

21 Vgl. Herman, *Trauma and Recovery*.

5 *Stimmübungen*

1 Maxine Hong Kingston, *Die Schwertkämpferin*, Ullstein, Berlin 1982, S. 224–228.

2 Auszug aus Rogers, «The Development of Courage in Girls and Women», S. 45.

3 Saiving, «The Human Situation», S. 37.

4 Minnesota Women's Fund, Reflections of Risk; Christine Renee Robinson, «Working with Adolescent Girls: Strategies to Adress Health Status», Carol Gilligan et al. (Hg.), *Women, Girls and Psychotherapy*, S. 241–52.

5 Heyn, *The Erotic Silence of the American Wife*, S. 44.

6 Auszüge aus Rogers, «The Development of Courage in Girls and Women», S. 48.

7 Pearl Cleage, *Mad at Miles: A Blackwoman's Guide to Truth*, Cleage Group, Southfield, Mich. 1990.

8 Brown und Gilligan, *Meeting at the Crossroads*, S. 12, 15–16.

9 Herman und Lewis, «Anger in the Mother-Daughter Relationship», S. 144.

10 Vgl. Susan Brownmiller, *Weiblichkeit*, S. Fischer, Frankfurt 1991, die die anatomischen Unterschiede beschreibt, und Kristin Linklater, *Freeing the Natural Voice*, Drama Books, New York 1976, die festhält, daß Frauen- und Männerstimmen beide einen Umfang von drei Oktaven erreichen können.

11 Carol Gilligan und Annie Rogers, «A Paradigm Shift in Psychology: Reframing Daughtering and Mothering», in Jannecke van Mens-Verhulst (Hg.), *Daughtering and Mothering*, Routledge, London, erscheint demnächst, S. 7.

12 Apter, *Altered Loves*, S. 118, 126.

13 Margaret Atwood, *Katzenauge*, S. Fischer, Frankfurt 1990.

14 Jamaica Kincaid, *Annie John*, DVA, Stuttgart 1988.

15 Apter, *Altered Loves*, S. 134.

16 Brown, «Narratives of Relationship», S. 196–97.

17 «Strengthening Healthy Resistance and Courage in Girls: A Prevention Project and a Developmental Study», Endbericht an die *Lilly Endowment*. Carol Gilligan, leitende Forscherin, Annie G. Rogers, Projektleiterin und

Herausgeberin. Mit Kathryn Geismar, Amy Grillo, Sarah Ingersoll, Naomi Noel, Kate O'Neill, Heather Thompson. Entwurf vom 23. Juni 1992.

18 Annie G. Rogers und Kate O'Neill, «Mapmaking: Exploring the Landscape of Girl's Psychological Development», in ebda., S. 9.

19 Smith, «Raising a Resister», S. 147.

20 Apter, *Altered Loves*, S. 117.

21 Adrienne Rich: «Women and Honor: Some Notes on Lying», in *On Lies, Secrets, and Silence*, Norton, New York 1979, S. 188.

6 *Gemeinsam sind wir stark*

1 Apter, *Altered Loves*, S. 170.

2 hooks, *Black Looks*, S. 116.

3 Rich, *Von Frauen geboren*, S. 240.

4 Cleage, *Mad at Miles*, S. 44.

5 Steinem, *Revolution from Within*, S. 120, zitiert nach Linda T. Sanford und Mary Ellen Donovan, «If Only We Had Learned Differently: The Impact of Formal Schooling», in *Women and Self-esteem*, Anchor/Doubleday, New York 1984, S. 177–96.

6 Adrienne Rich, «What Does a Woman Need to Know?» in *Blood, Bread, and Poetry: Selected Prose 1979–1986*, Norton, New York 1986, S. 2.

7 Ebda.

8 The Women's Sports Foundation Report, «Minorities in Sports: The Effect of Varsity Sports Participation on the Social, Educational, and Career Mobility of Minority Students», Autorin, New York 1989, S. 5.

9 Rich, «What Does a Woman Need to Know?», S. 2.

10 Virginia Woolf, *Drei Guineen*, Frauenoffensive, München 1987.

11 Gerda Lerner, *Die Entstehung des Patriarchats*, Campus, Frankfurt 1991, zitiert nach Steinem, *Revolution from Within*, S. 125.

12 Zitiert von Marilyn Webb, «Our Daughters, Ourselves: How Feminists Can Raise Feminists», *Ms.*, November/Dezember 1992, S. 34.

13 Zitat Pavis-Weil, in ebda., S. 32.

7 *Die Macht des Begehrens*

1 Lorde, *Sister Outsider*, S. 54, 57. Was wir «Begehren» nennen, nennt Lorde «erotisch». Während wir Lordes Aneignung des Wortes «erotisch» schätzen und lieben, schien uns das Wort *Begehren* weniger spezifisch sexuell in seiner allgemeinen Konnotation.

2 Heyn, *The Erotic Silence of the American Wife.*

3 Zora Neale Hurston, *Their Eyes Were Watching God*, University of Illinois Press, Chicago 1978, S. 10–11.

4 Colette, *Earthly Paradise*, hg. von Robert Phelps, Farrar, Straus & Giroux, New York 1966, S. 4.

5 Seit in den achtziger Jahren die verbindlichen Richtlinien für das Fernsehprogramm in den USA aufgehoben wurden, sind Kinder Werbebeiträgen von Spielzeugfirmen ausgesetzt, die Spielfilmlänge erreichen – eine Situation, die in andern Ländern nicht denkbar wäre. Versuche, den wildgewordenen Vermarktungsstrategien im Kinderprogramm beizukommen, führten zu neuen Gesetzen, die ein schwacher Kompromiß sind und wenig Veränderung bewirkten.

6 Juliet Schor, *The Overworked American: The Unexpected Decline of Leisure*, Basic Books, New York 1991, S. 107.

7 Fine, «Sexuality, Schooling, and Adolescent Females», S. 29–53.

8 Beide Zitate aus: Christine Renee Robinson, «Working with Adolescent Girls: Strategies to Address Health Status», in Carol Gilligan et al. (Hg.), *Women, Girls and Psychotherapy*, S. 244–245. Im zweiten Zitat zitiert Robinson die Arbeitsgruppe des National Institute on Allergies and Infectious Disease, «Sexually Transmitted Diseases Summary and Recommendations», United States Department of Health, Education, and Welfare; National Institutes of Health, Washington D. C. 1980.

9 Ungefähr 40 000 Teenager infizieren sich pro Jahr mit dem HIV-Virus. Babys, die mit HIV geboren wurden, kommen mittlerweile in die Pubertät. Vgl. Charles Kaiser, *New York Times*, 30. November 1992, A 15 : 15; und *New York Times*, 12. Juli 1992, XIII–LI, 6 :4.

10 Nan Stein, Nancy L. Marshall und Linda R. Tropp, *Secrets in Public: Sexual Harassment in Our Schools*, Wellesley College, Center for Research on Women, Wellesley, Mass. 1993.

11 Levy, *Dating Violence.*

12 Tolman, *Dilemmas of Desire.*

13 Heyn, *The Erotic Silence of the American Wife*, S. 81.

14 Deborah Tolman, «Just Say No to What: Adolescent Girls' Sexual Subjectivity in Sexual Decisionmaking Narratives». Referat vor der American Orthopsychiatric Association, Miami, Florida, April 1990.

15 Sigmund Freud, «Die ‹kulturelle› Sexualmoral und die moderne Nervosität», in Studienausgabe Bd. 9, hg. von A. Mitscherlich, Angela Richards, James Strachey, Fischer, Frankfurt 1974, S. 9–32.

16 Unveröffentlichte Studie von Elizabeth Debold mit Anne Elizabeth Blais und Martina Verba, Harvard Graduate School of Education, 1992.

17 Simone de Beauvoir, *Memoiren einer Tochter aus gutem Hause*, Rowohlt, Reinbek 1960, S. 96.

18 Rosabeth Moss Kanter, *Men and Women of the Corporation*, Basic Books, New York 1977, S. 164.

19 Zitat Eleanor aus Heyn, *The Erotic Silence of the American Wife*, S. 333.

20 Nathalie Akin Vanderpool, «Communication between Mothers and Adolescent Daughters on Issues of Sexuality: A Review of the Literature», Bewerbungsarbeit, Harvard University, November 1991.

21 Leslie McGovern, die Leiterin des *Alliance Project* in Seattle, hat in dem Selbstbehauptungsprojekt *Discoveries* mit weiblichen Jugendlichen an der «scheinbaren Anpassung» gearbeitet. Sie hat eines der wenigen erfolgreichen Projekte in diesem Land geschaffen, das Mädchen die Fähigkeit vermittelt, ihr Wissen zu behalten und ihre Kompetenz zur Geltung zu bringen, während sie sich gleichzeitig scheinbar an die Konventionen anpassen, die Mädchen so sehr schädigen können, wenn sie sich nicht bewußt dagegen zur Wehr setzen. Wir sind Leslie für dieses Konzept zu Dank verpflichtet.

22 The Women's Sports Foundation Report, «Minorities in Sports».

8 *Körperlektionen*

1 Zitat aus Judith Krantz, *Skrupel*, Goldmann, München 1978, zitiert nach Wendy Chapkis, *Schönheitsgeheimnisse – Schönheitspolitik,* Orlanda Frauenverlag, Berlin 1986.

2 Faludi, *Die Männer schlagen zurück*.

3 Joyce Canaan, «Building Muscles and Getting Curves: Gender Differences in Representations of the Body and Sexuality among American Teenagers», Unver. Arbeit, University of Chicago 1984, S. 8.

4 Ebda., S. 6.

5 Zitat Sara aus ebda., S. 14.

6 Andrew Garrod, Lisa Smulyan, Sally Powers und Robert Kilkenny, *Adolescent Portraits: Identity, Relationships, and Challenges*, Allyn & Bacon, Boston 1991, S. 19–40.

7 Deborah L. Tolman und Elizabeth Debold, «Living an Image: A Problem of Body in Female Adolescence», Vortrag an der 99. Jahrestagung der American Psychological Association, San Francisco, Calif., August 1991, als Teil eines Forums mit dem Titel «Resisting Silence: Women Listening to Girls». Eine überarbeitete Fassung wird unter dem Titel «Conflicts of Body and Image: Female Adolescents, Desire and the No-body Body» in M. Katzmann und S. Wooley (Hg.), *Feminist Perspectives on Eating Disorders*, Guilford Press, New York, demnächst erscheinen.

8 Minnesota Women's Fund, *Reflections of Risk*.

9 Joan Jacobs Brumberg, *Fasting Girls*, New American Library, New York 1988, S. 231.

10 Zitat Peters aus ebda., S. 241.

11 «Statistical Miss America», *Allure*, September 1992.

12 Oni Faida Lampley, «The Wig and I», *Mirabella*, März 1993, S. 146.

13 bell hooks, *Black Looks*, S. 3.

14 Ann M. Martin, *Mary Anne's Makeover*, Scholastic, New York 1993, S. 25, 48, 53, 64, 66.

15 Linda K. Christian-Smith, *Becoming a Woman through Romance*, Routledge, New York 1990, S. 44.

16 Susan Bordo, «Anorexia Nervosa: Psychopathology as the Crystalization of Culture», in Helen Crowley und Susan Weit Himmel (Hg.), *Knowing Women: Feminism and Knowledge*, Polity Press, Cambridge 1992, S. 100, 103.

17 Brumberg, *Fasting Girls*, S. 32.

18 Robinson und Ward, ‹A Belief in Self Far Greater Than Anyone's Disbelief›, S. 89.

19 Rich, *Von Frauen geboren*, S. 238.

20 American Psychiatric Association, *Diagnostic and Statistical Manual of Mental Disorders*, 3. Aufl., APA, Washington, D. C. 1980, rev. 1987.

21 Brumberg, *Fasting Girls*, S. 2.

22 Robinson und Ward, S. 88.

23 Bordo, «Anorexia Nervosa», S. 92.

24 Herman, *Trauma and Recovery*, S. 81.

25 Steinem, *Revolution from Within*, S. 225–26.

III Eine Revolution der Mütter

9 Revolutionäre Zellen

1 Elizabeth Janeway, «Women and the Uses of Power», in H. Einstein und A. Jardine, *The Future of Difference*, Rutgers University Press, New Brunswick, N. J. 1980, S. 328, 330.

2 hooks, *Black Looks*, S. 116.

3 Patricia Hill Collins, «The Meaning of Motherhood in Black Culture and Black Mother-Daughter Relationships», in Bell-Scott et al. (Hg.), *Double Stitch*, S. 47. Den Begriff [andermutter] entnimmt Collins der Arbeit von Rosalie Riegle Troester im selben Band.

4 Janeway, «Women and the Uses of Power», S. 332.

5 bell hooks, *Feminist Theory: From Margin to Center*, South End Press, Boston 1984, S. 36.

6 Letty Cottin Pogrebin, *Family Politics: Love and Power on an Intimate Frontier*, McGraw-Hill, New York 1984. Die befreiende Vision der Familie, die dieses Buch vor zehn Jahren entwarf, hat seine Gültigkeit nicht verloren.

7 Cottin Pogrebin, S. 34.

8 Ebda., S. 213–14.

9 Schor, *The Overworked American*, S. 25.

10 Daniel Goleman, «Studies Find No Disadvantage in Growing Up in a Gay Home», *New York Times*, 2. Dezember 1992.

11 Gilligan und Rogers, «A Paradigm Shift in Psychology», S. 5–6.

12 Greenberg-Lake, *Shortchanging Girls*.

13 hooks, *Feminist Theory*, S. 72.

14 Michael Lamb, Margaret Tresch Owen und Lindsay Chase-Lansdale, «The Father-Daughter Relationship: Past, Present and Future», in Claire B. Koff (Hg.), *Becoming Female: Perspectives on Development*, Plenum, New York 1979, S. 98, zitiert nach Judith Levine, *Geliebter Feind. Frauen sehen Männer*, Econ, Düsseldorf 1992.

15 Miriam Johnson, «Fathers and ‹Femininity› in Daughters: A Review of the Literature», *Sociology and Social Research* 67 (1982): 4–5, zitiert nach Levine, *Geliebter Feind.*

16 Levine, *Geliebter Feind.*

17 Apter, *Altered Loves*, S. 8.

18 Deborah Tannen, *Du kannst mich einfach nicht verstehen. Warum Männer und Frauen aneinander vorbeireden*, E. Kabel, Hamburg 1991, S. 62.

19 Apter, *Altered Loves*, S. 87.

20 Ebda.

21 Gilligan, «Teaching Shakespeare's Sister», in *Making Connections*, S. 6–29.

22 Lorde, *Sister Outsider*, S. 42.

23 Rich, *Von Frauen geboren*, S. 244–245.

24 Collins, «Meaning of Motherhood», in Bell-Scott et al. (Hg.), *Double Stitch*, S. 49.

25 Collins, ebda., S. 54.

26 Judith S. Musick, «The High-Stakes Challenge of Programs for Adolescent Mothers», in Peter Edelman und Joyce Ladner (Hg.), *Adolescence and Poverty: Challenge for the 1990s*, Center for National Policy Press, Washington D. C. 1991.

27 Josefina Villamil Tinajero, María Luisa Gonzalez und Florence Dick, *Raising Career Aspirations of Hispanic Girls*, Phi Delta Kappa Educational Foundation, Bloomington, Ind. 1991.

28 Leslie McGovern ist Therapeutin und Leiterin des *Alliance Projects* in Seattle. Sie arbeitet seit längerem mit Müttern und Töchtern zum Thema der Selbstbehauptung von Mädchen.

29 Steinem, «Helping Ourselves to Revolution», *Ms.*, November/Dezember 1992, S. 29.

30 hooks, *Feminist Theory*, S. 63.

31 Peter Martynowych, ein Therapeut, der Workshops über Klassenbewußtsein leitet, hat festgestellt, daß Schuldbewußtsein und die dagegen errichteten Schutzmaßnahmen die wichtigsten Hindernisse in der Konstruktion einer produktiven Solidarität darstellen.

32 Judith Anderson Dorney, «‹Courage to Act in a Small Way›: Clues toward Community and Change among Women Teaching Girls» (unveröffentlichte Diss. Harvard University, 1991), S. 235.

33 Herman, *Trauma and Recovery*, S. 9.

10 *Vom Verrat zur Macht*

1 Vgl. Ehrenreich und English, *For Her Own Good.*

2 Rich, «What Does a Woman Need to Know?», S. 7.

3 hooks, *Feminist Theory*, S. 18.

4 Michael Kelly, «Hillary Rodham Clinton and the Politics of Virtue», *New York Times Magazine*, 23. Mai 1993, S. 63, 66.

5 Im letzten Kapitel von *Die andere Stimme* vermutet Gilligan, daß sich beim Erwachsenen die beiden moralischen Stimmen, die sie definiert, vereinigen müßten – die Stimme der Gerechtigkeit und diejenige der Fürsorge.

6 Vgl. zum Beispiel: Martha Albertson Fineman, *The Illusion of Equality: The Rhetoric and Reality of Divorce Reform*, University of Chicago Press, Chicago 1991.

7 Vgl. zum Beispiel: die Studie zur Abtreibung in Carol Gilligans *Die andere Stimme.*

8 Eugenia Acuna-Lilli, «The Reproductive Health of Latinas in New York City: Making a Difference at the Individual Level», Vortrag vor der 1989 Third World Women's Conference in New York, N. Y. 1989.

9 Lorde, *Sister Outsider*, S. 45.

10 Der Begriff *Kostüme* wurde von Arbeiterinnen in den Women's Voices Arbeitsgruppen 1992 häufig benutzt. Der Begriff wurde beiläufig und zwanglos verwendet, er erschien als Alltagsbegriff. Vgl. Linda Williams, «Ending the Silence: The Voices of Women of Color», *Equal Means: Women Organizing Economic Solutions* 1 (Winter 1983): 13. Nach Williams «bestanden weiße Arbeiterinnen darauf, daß sie mit ‹Professionellen›, mit ‹Frauen, die Kostüme tragen› und auf Anzeigen von American Express abgebildet

sind, nichts zu tun hatten. Innerhalb aller Arbeitsgruppen bestimmten Schicht und Lebensart, nicht Rasse, jede Abgrenzung.»

11 Eine ähnliche und eingehendere Analyse dieser Punkte findet sich bei: Suzanne Pharr, *Homophobia: A Weapon of Sexism*, Chardon Press, Inverness, Calif. 1988.

12 Schor, *The Overworked American*, S. 119.

13 Schor, *The Overworked American*, vgl. vor allem: «The Creation of Discontent» in Kapitel 5, «The Insidious Cycle of Work-and-Spend», S. 114–17.

14 Ebda., S. 120.

15 Robert Bellah, Richard Madsen, William M. Sullivan, Ann Swidler und Steven M. Tipton, *Gewohnheiten des Herzens. Individualismus und Gemeinsinn in der amerikanischen Gesellschaft,* Bund-Vlg., Köln 1987.

Bibliographie

Geschichten von Mädchen und Frauen

Allende, Isabel, *Geschichten der Eva Luna*, Suhrkamp, Frankfurt 1990. Dies., *Eva Luna*, Suhrkamp, Frankfurt 1988.

Allison, Dorothy, *Bastard Out of Carolina*, Dutton, New York 1992. (Der Kampf eines Mädchens, das vom Stiefvater sexuell mißbraucht wird und dessen Mutter sich weigert, davon Kenntnis zu nehmen)

Alvarez, Julia, *Wie die Garcia Girls ihren Akzent verloren*, Econ, Düsseldorf 1992.

Angelou, Maya, *Ich weiß, daß der gefangene Vogel singt*, Stroemfeld/Roter Stern, Basel/Frankfurt 1980. (Autobiographische Kindheits- und Jugenderinnerung der Autorin)

Anzaldua, Gloria (Hg.), *Making Face, Making Soul: Creative and Critical Perspectives of Women of Color*, Aunt Lute Foundation Books, San Francisco 1990.

Atwood, Margaret, *Katzenauge*, S. Fischer, Frankfurt 1990. (In einer Rückblende in die eigene Kindzeit erzählt eine Malerin von der Grausamkeit junger Mädchen gegeneinander)

Augenbraun, Harold und Ilan Stavans (Hg.), *Growing Up Latino: Memoirs and Stories*, Houghton Mifflin, Boston 1993.

Barry, Lynda, *The Good Times Are Killing Me*, HarperCollins, New York 1991. (Zwei Freundinnen, ein schwarzes und ein weißes Mädchen, erfahren, was Rasse in Amerika bedeutet)

Bateson, Mary Catherine, *Mit den Augen einer Tochter. Meine Erinnerungen an Margaret Mead und Gregory Bateson*, Rowohlt, Reinbek 1987.

de Beauvoir, Simone, *Memoiren einer Tochter aus gutem Hause*, Rowohlt, Reinbek 1960.

Brontë, Charlotte, *Jane Eyre*, Manesse, Zürich 1945.

Brown, Rosellen, *Before and After*, Farrar, Straus & Giroux, New York 1992. (Als der Sohn der Familie seine Freundin ermordet, fordert seine kleine Schwester eine offene Auseinandersetzung mit der Tat)

Calderón, Sara Levi, *The Two Mujeres*, Aunt Lute Foundation Books, San Francisco 1992. (Auf der mexikanischen Bestsellerliste)

Cameron, Anne, *Daughters of Copper Woman*, Press Gang Publishers, Vancouver, British Columbia 1981. (Indianische Erzählungen von der Schöpfung und vom Erwachsenwerden)

Chopin, Kate, *Das Erwachen/The Awakening*, Stroemfeld/Roter Stern, Basel/Frankfurt 1985. (Die Geschichte einer Frau aus dem neunzehnten Jahrhundert, die mit dem Erwachen ihrer eigenen Wünsche die Restriktionen einer sexistischen Gesellschaft erfährt)

Cisneros, Sandra, *Das Haus in der Mango Street*, Goldmann, München 1992. (Lyrische Vignetten eines mexikanischen Mädchens, das in einer amerikanischen Stadt aufwächst) Dies., *Kleine Wunder*, Goldmann, München 1992.

Conway, Jill Kerr (Hg.), *Written by Herself, Autobiographies of American Women: An Anthology*, Vintage Books, New York 1992.

Cook, Blanche Wiesen, *Eleanor Roosevelt: Volume One, 1884–1933*, Washington Square Press, New York 1985.

Dorris, Michael, *Gelbes Floß auf blauem See*, P. Zsolnay, Wien 1991. (Geschichte dreier indianischer Frauen aus drei Generationen)

Dragu, Margaret, Sarah Sheard und Susan Swan (Hg.), *Mothers Talk Back: Momz Radio*, Coach House Press, Toronto, Canada 1991. (Interviews mit Müttern über das Muttersein)

Duras, Marguerite, *Der Liebhaber*, Suhrkamp, Frankfurt 1985. (Geschichte eines Mädchens, das seine knospende Weiblichkeit benutzt, um seine Familie aus Vietnam zu retten)

Flagg, Fannie, *Grüne Tomaten*, Bastei Lübbe, Bergisch Gladbach 1992. (Auch ein toller Film)

Frank, Anne, *Die Tagebücher der Anne Frank*, Niederländisches Staatliches Institut für Kriegsdokumentation – S. Fischer, Frankfurt 1988. (Annes Version – nicht die gereinigte Fassung, die ihr Vater und ein Priester zusammengestrichen hatten)

Frazer, Sylvia, *My Father's House: A Memoir of Incest and of Healing*, Perennial Library, New York 1987.

Gibbons, Kaye, *Ellen Foster oder Tausend Arten, meinen Vater zu töten*, Goldmann, München 1990. (Herzzerreißend komische Kindheitsgeschichte eines weißen Mädchens in den amerikanischen Südstaaten)

Gómez, Alma, Cherríe Moraga und Mariana Romo-Carmana (Hg.), *Cuentos: Stories by Latinas*, Kitchen Table/Women of Color Press, Latham, N.Y. 1983.

Kincaid, Jamaica, *Annie John*, Deutsche Verlags-Anstalt, Stuttgart 1989. (Eine Kindheit in Antigua, geprägt vom stürmischen Verhältnis der Protagonistin zu ihrer Mutter) Die Fortsetzung von derselben Autorin: *Lucy*, W. Krüger, Frankfurt 1991.

Kingsolver, Barbara, *Animal Dreams*, HarperPerennial, New York 1990. (Vergangenheitsbewältigung einer jungen Frau)

Kingston, Maxine Hong, *Die Schwertkämpferin*, Ullstein, Berlin 1982. (Autobiographische Kindheitsgeschichte einer China-Amerikanerin)

Lightfoot, Sara Lawrence, *Balm in Gilead: Journey of a Healer*, Addison-Wesley, Reading, Mass. 1988. (Eine Tochter erzählt vom Leben ihrer Mutter)

Lorde, Audre, *Zami. Ein Leben unter Frauen*, S. Fischer, Frankfurt 1993. (Szenen aus der Kindheit der Dichterin)

McCullers, Carson, *Frankie*, Diogenes, Zürich 1992. (Klassische Geschichte eines weißen Mädchens, das in den Südstaaten Amerikas seine eigene Frauwerdung erfährt)

Markham, Beryl, *Westwärts mit der Nacht*, Nymphenburger, München 1987. (Kindheit eines mutterlosen Mädchens in Afrika)

Marshall, Paule, *Brown Girl, Brownstones*, Feminist Press, New York 1981. (Gegen den Willen seiner Mutter geht ein farbiges Mädchen in Brooklyn seinen eigenen Weg) Dies., *Daughters*, Macmillan, New York 1992.

Miller, Sue, *Die gute Mutter*, Droemer Knaur, München 1988. (auch als Film)

Moraga, Cherríe und Gloria Anzaldúa (Hg.), *This Bridge Called My Back: Writings by Radical Women of Color*, Kitchen Table/Women of Color Press, Latham, N. Y. 1984.

Morrison, Toni, *Sehr blaue Augen*, Rowohlt, Reinbek 1979. (Drei afroamerikanische Mädchen erlernen die Verzerrung des Blicks durch die weiße Kultur) Dies., *Menschenkind*, Rowohlt, Reinbek 1989, und *Sula*, Rowohlt, Reinbek 1980.

Munro, Alice, *Kleine Aussichten. Ein Roman von Mädchen und Frauen*, Klett-Cotta, Stuttgart 1983. (Ein Mädchen wird zur Frau im kanadischen Hinterland)

Neale Hurston, Zora, *Their Eyes Were Watching God*, University of Illinois Press, Chicago 1978. (Atemberaubende Geschichte vom Lieben und Erwachsenwerden)

Olsen, Tillie, *Erzähl mir ein Rätsel*, Frauenoffensive, München 1988. (Erzählungen – besonders bemerkenswert: «Ich stehe hier und bügle», die Gedanken einer Mutter zum Erwachsenwerden ihrer Tochter)

Payne, Karen (Hg.), *Between Ourselves: Letters between Mothers and Daughters*. Houghton Mifflin, Boston 1983.

Penelope, Julia und Susan J. Wolfe, *The Original Coming Out Stories*, The Crossing Press, Freedom, Calif. 1989.

Quindlen, Anna, *Object Lessons*, Random House, New York 1991.

Rhys, Jean, *Sargassomeer*, S. Fischer, Frankfurt 1982. (Was geschah vor *Jane Eyre* – wie die erste Frau durchdrehte und auf dem Dachboden eingesperrt wurde)

Rose, Phyllis, *Parallele Leben. Fünf viktorianische Ehen*, Rowohlt, Reinbek 1987.

Santiago, Esmeralda, *When I Was Puerto Rican*, Addison-Wesley, Reading, Mass. 1993.

Saxton, Marsha und Florence Howe (Hg.), *With Wings: An Anthology of Literature by and about Women with Disabilities*, The Feminist Press, New York 1987.

Schoenfielder, Lisa und Barb Wieser (Hg.), *Shadow on a Tightrope: Writings by Women on Fat Oppression*, Aunt Lute Foundation Books, San Francisco 1983.

Slovo, Shawn, *A World Apart*, Faber & Faber, New York 1988. (Ein zwölfjähriges Mädchen erzählt vom Kampf ihrer Mutter in Südafrika)

Smith, Barbara (Hg.), *Home Girls: A Black Feminist Anthology*, Kitchen Table/ Women of Color Press, Latham, N. Y. 1983. (Persönliche Gedanken und politische Analysen)

Tan, Amy, *Töchter des Himmels*, Goldmann, München 1990. (Geschichten von vier chinesischen Frauen und ihren in den USA aufgewachsenen Töchtern)

Vélez, Diana, *Reclaiming Medusa: Short Stories by Contemporary Puerto Rican Women*, Aunt Lute Foundation Books, San Francisco 1988.

Walker, Alice, *Sie hüten das Geheimnis des Glücks*, Rowohlt, Reinbek 1993. Dies., *Die Farbe Lila*, Rowohlt, Reinbek 1984.

Winterson, Jeanette, *Oranges Are Not the Only Fruit*, Atlantic Monthly Press, New York 1987. (Ein junges Mädchen, das von glaubensstrengen Christen adoptiert wurde, entdeckt seine Liebe zu Frauen) Dies., *Verlangen*, S. Fischer, Frankfurt 1993.

Yanamoto, Hisaye, *Seventeen Syllables and Other Stories*, Kitchen Table/Women of Color Press, Latham, N. Y. 1988.

Zahava, Irene (Hg.), *My Mother's Daughter: Writings by Women*, The Crossing Press, Freedom, Calif. 1991.

Zandy, Janet (Hg.), *Calling Home: Working-Class Women's Writings. An Anthology*. Rutgers University Press, New Brunswick, N. J. 1990.

Psychologische Studien und Forschung zum Leben von Frauen und Mädchen

Apter, Terri, *Altered Loves: Mothers and Daughters during Adolescence*, St. Martin's, New York 1990.

Belenky, Mary Field, Blythe Clinchy McVicker, Nancy Rule Goldberger und Jill Mattuck Tarule, *Women's Ways of Knowing: The Development of Self, Voice and Mind*, Basic Books, New York 1986.

Brown, Lyn Mikel und Carol Gilligan, *Meeting at the Crossroads: Women's Psychology and Girls' Development*, Harvard University Press, Cambridge, Mass. 1992.

Caplan, Paula, *So viel Liebe, so viel Haß. Zur Verbesserung der Mutter-Tochter-Beziehung*, Kiepenheuer & Witsch, Köln 1990.

Eichenbaum, Luise und Susie Orbach, *Understanding Women: A Feminist Psychoanalytic Approach*, Basic Books, New York 1983.

Fine, Michelle, *Disruptive Voices: The Possibilities of Feminist Research*, University of Michigan Press, Ann Arbor 1992.

Gilligan, Carol, *Die andere Stimme. Lebenskonflikte und Moral der Frau*, Piper, München 1984.

Gilligan, Carol, Nona Lyons und Trudy Hanmer (Hg.), *Making Connections: The Relational Worlds of Adolescent Girls at Emma Willard School*, Harvard University Press, Cambridge, Mass. 1990.

Gilligan, Carol, Annie Rogers und Deborah Tolman (Hg.), *Women, Girls & Psychotherapy: Reframing Resistance*, Haworth Press, Binghamton, N. Y. 1991.

Goodrich, Thelma Jean (Hg.), *Women and Power: Perspectives for Family Therapy*, Norton, New York 1991.

Herman, Judith, *Trauma and Recovery*, Basic Books, New York 1992.

–, *Father-Daughter Incest*, Harvard University Press, Cambridge, Mass. 1981.

Heyn, Dalma, *The Erotic Silence of the American Wife*, Signet/Penguin Books, New York 1993.

Holland, Dorothy und Margaret Eisenhart, *Educated in Romance: Women, Achievement and College Culture*, University of Chicago Press, Chicago 1990.

hooks, bell, *Sisters of the Yam: Black Women and Self-Recovery*, South End Press, Boston 1993.

Jack, Dana Crowley, *Immer hab' ich mich dir angepaßt. Wenn Frauen ihr Selbst zum Schweigen bringen. Über weibliche Depressionen*, Heyne, München 1993.

Jordan, Judith, Jean Baker Miller, Irene Stiver und Janet Surrey, *Women's Growth in Connection: Writings from the Stone Center*, Guilford Press, New York 1991.

Josselson, Ruthellen, *The Space between Us: Exploring the Dimensions of Human Relationships*, Jossey-Bass, San Francisco 1992.

Levy, Barrie (Hg.), *Dating Violence: Young Women in Danger*, Seal Press, Seattle 1991.

Marone, Nicky, Gute Väter – selbstbewußte Töchter. Die Bedeutung des Vaters für die Erziehung, W. Krüger, Frankfurt 1992.

Miller, Alice, *Das verbannte Wissen*, Suhrkamp, Frankfurt 1988.

Miller, Jean Baker, *Die Stärke weiblicher Schwäche. Zu einem neuen Verständnis der Frau*, S. Fischer, Frankfurt 1979.

Minnesota Women's Fund, *Reflections on Risk: Growing Up Female in Minnesota*, Author, Minneapolis Februar 1990.

Orbach, Susie, *Anti-Diätbuch. Über die Psychologie der Dickleibigkeit, die Ursachen von Eßsucht*, Frauenoffensive, München 1979.

Schaef, Anne Wilson, Weibliche Wirklichkeit. Ein Beitrag zu einer ganzheitlichen Welt, Bögner/Kaufmann, Heidelberg 1985.

Steinem, Gloria, *Revolution from Within. A Book of Self-Esteem*, Little, Brown, Boston 1992.

Tannen, Deborah, *Du kannst mich einfach nicht verstehen. Warum Männer und Frauen aneinander vorbeireden*, E. Kabel, Hamburg 1991.

Terr, Lenore, *Too Scared to Cry: Psychic Trauma in Childhood*, HarperCollins, New York 1990.

Kritische Denker

Albert, Michael, Leslie Cagan, Noam Chomsky, Robin Hannet, Mel King, Lydia Sargent und Holly Sklar, *Liberating Theory*, South End Press, Boston 1986.

Albrecht, Lisa und Rose M. Brewer, *Bridges of Power: Women's Multicultural Alliances*, New Society Publishers, Philadelphia 1990.

Alexander, Jacqui, Lisa Albrecht, Sharon Day, Mab Segrest und Norma Alarcón, *The Third Wave: Feminist Perspectives on Racism*, Kitchen Table/Women of Color Press, Latham, N. Y. 1993.

Ascher Carol, Luise DeSalvo und Sara Ruddick, *Between Women: Biographers, Novelists, Critics, Teachers and Artists Write about Their Work on Women*, Beacon Press, Boston 1984.

Bateson, Mary Catherine, *Composing a Life*, NAL-Dutton, New York 1990.

Bellah, Robert, Richard Madsen, William M. Sullivan, Ann Swidler and Steven M. Tipton, *Gewohnheiten des Herzens. Individualismus und Gemeinsinn in der amerikanischen Gesellschaft*, Bund-Vlg., Köln 1987.

Bell-Scott, Patricia, Beverly Guy-Sheftalle, Jacqueline Jones Royster, Janet Sims-Wood, Miriam DeCosta-Willis und Lucille P. Fultz, *Double Stitch: Black Women Write about Mothers and Daughters*, HarperPerennial, New York 1991.

Brandt, Barbara, *Whole Life Economics: Revaluing Daily Life*, New Society Publishers, Philadelphia 1993.

Brownmiller, Susan, *Weiblichkeit*, S. Fischer, Frankfurt 1991.

Brumberg, Joan Jacobs, *Fasting Girls: The Emergence of Anorexia Nervosa as a Modern Disease*, New American Library, New York 1988.

Chapkis, Wendy, *Schönheitsgeheimnisse – Schönheitspolitik*, Orlanda Frauenverlag, Berlin 1986.

Cleage, Pearl, *Mad at Miles: A Blackwoman's Guide to Truth*, Cleage Group, Southfield, Mich. 1990.

Davis, Angela, *Rassismus und Sexismus. Schwarze Frauen und Klassenkampf in den USA*, Elefanten Press, Berlin 1982.

Dinnerstein, Dorothy, *Das Arrangement der Geschlechter*, Deutsche Verlags-Anstalt, Stuttgart 1979.

Ehrenreich, Barbara und Deirdre English, *For Her Own Good: 150 Years of the Expert's Advice to Women*, Anchor/Doubleday, New York 1978.

Faludi, Susan, *Die Männer schlagen zurück. Wie die Siege des Feminismus sich in Niederlagen verwandeln und was Frauen dagegen tun können*, Rowohlt, Reinbek 1993.

Fink, Rus Ervin, *Stopping Rape: A Challenge for Men*, New Society Publishers, Philadelphia 1988.

Harris, Maria, *Women and Teaching*, Paulist Press, New York 1988.

Heilbrun, Carolyn, *Writing a Woman's Life*, Ballantine, New York 1989.

Hine, Darlene Clark (Hg.), *Black Women in America: A Historical Encyclopedia*, 2 Bde., Carlson Publishing, Brooklyn, N. Y. 1993.

hooks, bell, *Feminist Theory: From Margin to Center*, South End Press, Boston 1984. (Alle Texte dieser Autorin sind wichtig und erhältlich bei South End Press)

Janeway, Elisabeth, *The Powers of the Weak*, Knopf, New York 1980. (vergriffen)

Joseph, G. und J. Lewis, *Common Differences: Conflicts in Black and White Feminist Perspectives*, South End Press, Boston 1981.

Lorde, Audre, *Sister Outsider*, Crossing Press, Freedom, Calif. 1984.

McAllister, Pam, *This River of Courage: Generations of Women's Resistance and Action*, New Society Publishers, Philadelphia 1991.

Miedzian, Myriam, *Boys Will be Boys: Breaking the Link between Masculinity and Violence*, Doubleday, New York 1991.

Olsen, Tillie, *Silences*, Laurel/Seymour Lawrence, New York 1978.

Omolade, Barbara, *It's a Family Affair: The Real Lives of Black Single Mothers*, Kitchen Table/Women of Color Press, Latham, N. Y. 1987.

Pharr, Suzanne, *Homophobia: A Weapon of Sexism*, Chardon Press, Inverness, Calif. 1988.

Pogrebin, Letty Cottin, *Family Politics: Love and Power on an Intimate Frontier*, McGraw-Hill, New York 1984.

Rich, Adrienne, *Von Frauen geboren. Mutterschaft als Erfahrung und Institution*, Frauenoffensive, München 1979. (Auch ihre anderen Aufsatzsammlungen: *Blood, Bread and Poetry*, Norton, New York 1986, und *On Lies, Secrets and Silences*, Norton, New York 1979.)

Ruddick, Sara und Pamela Daniels (Hg.), *Working It Out: 23 Women Writers, Artists, Scientists and Scholars Talk about Their Lives and Work*, Pantheon Books, New York 1977.

Schor, Juliet, *The Overworked American: The Unexpected Decline of Leisure*, Basic Books, New York 1991.

Spender, Dale, *Women of Ideas and What Men Have Done to Them*, Pandora Press, London 1982.

Steinem, Gloria, *Unerhört: Reportagen aus «Ms.»*, Rowohlt, Reinbek 1984.

Walker, Alice, *Auf der Suche nach den Gärten unserer Mütter. Beim Schreiben der Farbe Lila. Essays*, Goldmann, München 1989.

Wolf, Naomi, *Der Mythos Schönheit*, Rowohlt, Reinbek 1991.

Woolf, Virginia, *Drei Guineen*, Frauenoffensive, München 1987. (Kraftvoller Aufsatz über Frauenbildung und die Beendung des Kriegs. Auch in der Gesamtausgabe des S. Fischer Verlags). Ebenso wie: Dies., *Ein Zimmer für sich allein* (Einzelausgabe), S. Fischer, Frankfurt 1992.

Ein Sack voller Bücher und Ratgeber für klasse Mädchen (und ihre Mütter)

Capacchione, Lucia, *Die Kraft der anderen Hand. Ein Schlüssel zu Intuition und Kreativität*, Droemer Knaur, München 1990.

Chelsea House Publishers, New York, gibt zwei Biographienreihen für ältere Kinder und Jugendliche heraus. Zum einen die Reihe «American Women of Achievement» mit 50 Frauenporträts, von Georgia O'Keefe bis Gloria Steinem. Zum andern die Reihe «Black Americans of Achievement», in der viele Lebensgeschichten von Frauen wie Alice Walker, Angela Davis und Rosa Parks enthalten sind.

Dorris, Michael, *Morning Girl*, Hyperion Books for Children, New York 1992.

Griffin, Lynne und Kelly McCann, *The Book of Women: 300 Notable Women History Passed By*, Bob Adams, Holbrook, Mass. 1992. (Geschichten von weiblichen Rodeo-Stars, Teufelsmädchen und Draufgängerinnen, Frauen, «die auszogen, das Fürchten zu lernen», und anderen wilden Weibern)

Hart, Carol, Letty Cottin Pogrebin, Mary Rodgers und Marlo Thomas (Hg.), *Free To Be… You and Me*, Bantam Books, New York 1987.

Heard, Georgia, *For the Good of the Earth and the Sun – Teaching Poetry*, Heinemann Educational Books, Portsmouth, N.H. 1989. (Hilfeleistungen für kreatives Schreiben bei Kindern)

Hunter, Latoya, *The Diary of Latoya Hunter*. (Authentisches Tagebuch einer Siebtkläßlerin)

Rainer, Tristine. *The New Diary: How to Use a Journal for Self-Guidance and Expanded Creativity*, Tarcher, Los Angeles 1978.

Starck, Marcia, *Women's Medicine Ways: Cross-Cultural Rites of Passage*, The Crossing Press, Freedom, Calif. 1993. (Anregungen für Festlichkeiten zum Übergang in die Pubertät)

Selbstorganisation und Widerstand

Coover, Virginia, Ellen Deacon, Charles Esser und Christopher Moore, *Resource Manual for a Living Revolution: A Handbook of Skills and Tools for Social Change Activists*, New Society, Philadelphia 1985.

Haug, Frigga (Hg.), *Sexualisierung der Körper*, Argument, Hamburg 1990 (Beschreibt und definiert einen Prozeß der Selbsterkennung in einer Gruppe von Frauen)

Sarachild, Kathie, «A Program for Feminist Consciousness-raising». In *Women Together*, Judith Papachristou (Hg.), Knopf, New York 1976.

Steinem, Gloria, «Nachwort» zur Taschenbuchausgabe von *Revolution from Within*, Little, Brown, Boston 1992.

Danksagung

Wir möchten unseren Müttern und Schwestern der Revolution Dank sagen – Gloria Steinem und Carol Gilligan. Ihre Vision, ihre Stimme und ihre Unterstützung haben uns ermutigt und geleitet. Die Mütter, die mit uns ihre Schwierigkeiten und Errungenschaften als Mütter von Töchtern und als Töchter von Müttern geteilt haben, waren für unser Vorhaben eine Inspiration. Ihre Offenheit und ihre Großzügigkeit, ihre Liebe zu ihren Töchtern haben dieses Buch ermöglicht. Wir sind den Forschern des Harvard-Projekts *Women's Psychology and Girls Development* zu tiefem Dank verpflichtet, ebenso dem Vorstand und den Mitarbeitern des Ms. Foundation for Women.

Elizabeth: Während endloser Stunden des Gesprächs mit meinen Kolleginnen und Freundinnen vom Harvard-Projekt wuchs mein Verständnis der Entwicklung von Mädchen. Ich danke ihnen für ihre Großzügigkeit und Liebe, ihre Einsichten und ihre Leidenschaft. Besonderen Dank an Lyn Brown, Judy Dorney und Barb Miller von der Laurel-Gruppe; an Deb Tolman für ihr grenzenloses Begehren und an Martina Verba, Annie Blais und Amanda Federman für ihre scharfsichtige Analyse der Interviews. Ganz besonderen Dank an meine Studenten und an die Mädchen und ihre Familien, die an unserer Arbeit teilgenommen haben. Sarah Hansons Ruhe, ihrer Intelligenz und ihrem großen Herzen bin ich zu tiefem Dank verpflichtet. Dank an alle feministischen Forscherinnen, wie Michelle Fine und Judith Herman, die unseren Blick auf die Menschenwelt revidieren.

Ich möchte auch den Mitmüttern und Verbündeten in meinem eigenen Leben danken. Henry Duda und Jan Mellinger gaben mir neues Leben, meinen Weg und meine Stimme fand ich jedoch mit Hilfe von Kay Miller, Adriana D'Amico, Shyam Bhatnagar, Sara Andrews und Asma Hamdani. Ich bin meinen Freunden und meiner Familie zutiefst dankbar, daß sie meiner nicht überdrüssig wurden, als ich verschwand, um zu schreiben. Besonderen Dank an Emily, Barb, Deb, Sara, Alison, Maria, Sharon, Hila, Flora, Karen, Nancy, Jennifer, Buzzy, Catherine, Lisa, Kathleen und alle anderen, mit denen ich während des Schreibens gelebt und von denen ich gelernt habe. Dank an meinen Bruder Richard, den Computer-Crack, und an Michael und Amy, die an mich glaubten. Besonderen Dank an Esti und Gaby, die monatelang mit mir ihr Heim und ihre Mutter teilten. Zuletzt aber danke ich dir, Peter Martynowych; ohne deine Einsichten, deine Intelligenz, deinen Humor und deine Liebe hätte ich dieses Projekt vielleicht nicht zu Ende gebracht, geschweige denn Spaß dabei gehabt. Ich habe so viel von dir gelernt.

Marie: In diesem Buch und im Leben wurde meine Stimme durch wechselseitig reiche und fruchtbare Beziehungen zu Frauen genährt. Zuallererst durch Nancy Lee, die allen Widerständen zum Trotz ihre Stimme behalten hat und mir half, meine zu behalten. Lois Braverman, Laurisa Sellers und Kitty Kolbert lehrten mich den Wert des Lebens in einer Gemeinschaft von Frauen. Die gesamte Familie der Ms. Foundation for Women, die Idelisse unten aufführt, hat eine Atmosphäre geschaffen, in der sich Mädchen entfalten können; ihr Einsatz für die Töchter dieses Landes war eine tägliche Inspiration für die Fertigstellung dieses Buches. (Die Liste bitte zweimal lesen, um meinen persönlichen Dank mit einzubeziehen.) Wendy Purifoy bestärkte mich in meinem Entschluß, den Implikationen der Harvard-Projektforschung nachzugehen; Catlin Fullwood und Ann Roberts ließen mich an ihren eigenen Erfahrungen mit Mädchen teilhaben, und die Jungianische Analytikerin Jean Shinoda Bolen rief unverdrossen in den wichtigsten Momenten an, um mir die richtige Geschichte zu erzählen.

Mehrere alte und neue Freundinnen wurden zu Mitmüttern für dieses Buch. Nancy Meyers Interview war anregend, darüber hinaus aber war ihr unerschütterliches Vertrauen in die Bedeutung dieses Buches unbegrenzt. Dan Hunter, der Manager meiner politischen Kampagne, drängte mich zehn Jahre lang zu schreiben. Paula Pressley lehrte mich als erste die Bedeutung von Mitmüttern für unsere Töchter ebenso wie für unsere Söhne. Ich habe unendlich viel von Thelma Jean Goodrich, Judith Musick, Anne St. Germaine und Michael Resnick gelernt, die ihr Fachwissen über Mädchen und Adoleszenz ohne Vorbehalt zur Verfügung stellten. Nell Merlinos kreative Arbeit in *Take Our Daughters to Work* schuf den Weg zu einem neuen Bewußtsein von Mädchen. Judith Stern Peck half mir, einen Anfang zu finden, und Joan Stein ermöglichte ein Ende. Und schließlich, mein Vater: Ich danke dir dafür, daß du dein ganzes Leben auf mich stolz warst.

Idelisse: Meine Beziehung zu meiner Tochter Esti hat ihren Weg in dieses Buch gefunden, wie jede Leserin und jeder Leser sofort erkennen wird. Weniger offensichtlich, aber nicht weniger bedeutsam war für die Entstehung dieses Buches meine Beziehung zu meinem fünfzehnjährigen Sohn Gabriel. Ihr Dasein in meinem Leben ist für mich eine Gnade, ebenso wie die Liebe und bedingungslose Unterstützung meiner Eltern, die während der Arbeit an diesem Buch mich und meine Kinder umsorgten, wann immer und wie immer wir es brauchten. *Gracias, Mami y Papi.* Meine Freundinnen, die Mitmütter der Kinder, Judy Katz, Laura Norman, Anne Mendel McCormack, Adele Marano und Aurea Nieves überschütteten uns mit ihrer Liebe, Aufmerksamkeit und Fürsorge. Sie waren mit den Kindern unterwegs, während ich arbeitete, und verbrachten Stunden und Stunden am Telefon mit mir. Ich danke ihnen und allen meinen Freunden und Freundinnen für ihre Großzügigkeit und Rücksichtnahme und für alle Ideen, die sie begeistert mit mir teilten. Zu den größten Freuden in meinem Leben zählt die gemeinsame Erarbeitung von Gedanken mit euch. Besonderen Dank an Sandra Garcia, Elba Montalvo, Barbara Keleman, Myra La Joie, Marion Kaplan und an meine Nichte, Melissa Malavé.

Ich möchte allen Frauen, mit denen ich bei der Ms. Foundation for Women arbeite – und von denen ich lerne –, persönlich danken:

Susan, Jean, Martha, Kristen, Sara, Hana, Susie, Catherine, Nell, Patty, Marianna, Yvette, Kalima, Robin, Joanne, Therese, Tani, Bette und Carol. Das Zusammensein mit euch ist wundervoll.

Als dieses Buch kaum mehr als eine Idee war, lag es schon in den besten Händen. Katinka Matson und John Brockman, unsere Agenten, gaben uns klugen und begeisterten Rückhalt. Liz Perle McKenna, unsere Lektorin, ist uns mit endloser Geduld und Weisheit beigestanden. Liz teilte unsere Vision und half uns, sie so zu formulieren, daß wir sie mit andern teilen können. Wir danken ihnen für ihren Beistand während der letzten langen Nächte. Es war eine Freude, mit der Gruppe in Addison-Wesley zu arbeiten. Wendy Hickok Robinson gab ihre Nächte und Wochenenden für letzte Änderungen am Manuskript. Beth Burleigh, Produktionsleiterin, Sharon Sharp, Redakteurin, und Carol Woolverton, Herstellerin, taten ihr äußerstes, um dieses Buch termingerecht fertigstellen zu können. Mehr Unterstützung von einem Verlag können sich Autorinnen nicht wünschen; wir danken euch allen.

Register

Susan Faludi

Die Männer schlagen zurück

Wie die Siege des Feminismus sich in Niederlagen verwandeln und was Frauen dagegen tun können

Deutsch von Sabine Hübner
720 Seiten. Gebunden.

«Man sagt uns, Frauen hätten alles erreicht: die Gleichberechtigung sei gewonnen. Aber diese endlos wiederholte ‹Frohe Botschaft› wird durch eine andere Botschaft ausgehöhlt: Ihr seid zwar jetzt frei und gleichberechtigt, aber ihr wart nie unglücklicher.» Susan Faludi, Pulitzerpreisträgerin und Reporterin des *Wall Street Journal*, widerlegt in ihrer großen Studie über die neue Frauenfeindlichkeit die Lügen der Männer, die Siege des Feminismus hätten den Frauen nur geschadet.

«Faludi setzt ihnen ordentlich zu – indem sie die Strategien des Patriarchats bloßlegt, die Protagonisten des Männerkults respektlos beäugt, die Verräterinnen unter den Frauen geißelt.» *Die Zeit*

Marilyn French

Frauen

Roman
Deutsch von Barbara Duden, Monika Schmid
und Gesine Strempel
rororo 4954

«Marilyn French hat einen Superroman geschrieben... Kein feministisches Besserwisserwerk – im Gegenteil...»
Karin Reschke, Konkret

«Es ist viel über Frauen und Frauenbewegungen geschrieben worden. Von Männern und Frauen. Engagiertes, Pamphletisches, Ewiggestriges – Einsichtiges und Uneinsichtiges. Kein Buch jedoch läßt die Lebens-, Erfahrungs- und Empfindungswelt von Frauen so sinnlich faßbar nachvollziehen, macht in diesem Nachvollzug so betroffen wie Marilyn Frenchs Roman ‹Frauen›.» *Westermanns Monatshefte*

«Lassen Sie sich durch den Umfang des Buches nicht abschrecken: So bald wird nicht mehr so Wichtiges geschrieben werden.» *Irene Kabanyi, Volksstimme*

Anja Meulenbelt

Bewunderung

Roman
Deutsch von Helga van Beuningen-Blum
192 Seiten. Kartoniert

Geliebtes Untier
Von Sara und anderen Katzen

Deutsch von Helga van Beuningen-Blum
Mit Illustrationen von Teuny Vogel
96 Seiten. Gebunden und als
rororo Band 13255

Scheidelinien
Über Sexismus, Rassismus und Klassismus

Aus dem Niederländischen von Silke Lange
336 Seiten. Kartoniert

Ich wollte nur dein Bestes

Roman
Aus dem Niederländischen von Silke Lange
144 Seiten. Kartoniert und als
rororo Band 12866

Die Gewöhnung ans alltägliche Glück

Roman
Aus dem Niederländischen von Silke Lange
160 Seiten. Kartoniert und als
rororo Band 12534